陽明學研究

第六辑

郭齐勇 主编

武汉大学阳明学研究中心
贵阳孔学堂文化传播中心 编

人民出版社

责任编辑：洪　琼

图书在版编目（CIP）数据

阳明学研究 . 第六辑 / 郭齐勇　主编；武汉大学阳明学研究中心，贵阳孔学堂文化传播中心
　　编 . —北京：人民出版社，2021.10
ISBN 978 – 7 – 01 – 023575 – 2

I. ①阳…　II. ①郭…②武…③贵…　III. ①王守仁（1472—1528）－哲学思想－研究
　　IV. ① B248.25

中国版本图书馆 CIP 数据核字（2021）第 136621 号

阳明学研究
YANGMINGXUE YANJIU
（第六辑）

郭齐勇　主编

武汉大学阳明学研究中心　贵阳孔学堂文化传播中心　编

人 民 出 版 社 出版发行
（100706　北京市东城区隆福寺街 99 号）

北京中科印刷有限公司印刷　新华书店经销

2021 年 10 月第 1 版　2021 年 10 月北京第 1 次印刷
开本：889 毫米 ×1194 毫米 1/16　印张：17.75
字数：410 千字

ISBN 978 – 7 – 01 – 023575 – 2　定价：60.00 元

邮购地址 100706　北京市东城区隆福寺街 99 号
人民东方图书销售中心　电话（010）65250042　65289539

目　录

东亚阳明学

清代心学研究

现代新儒学研究

文本辑佚与考证

论萧萐父的学术思想与交游*

——以 20 世纪 80 年代致韦政通书信为中心

刘依平　吴佳丽

（广东广州暨南大学文学院 510632）

摘要：萧萐父先生与韦政通先生相识相交二十年，二人思想风格相近，论学投契。近期发现的 20 世纪 80 年代末萧先生致韦先生书信四通，反映了两位学者相识相交相惜的过程，也从一个侧面反映了萧先生此一时期的学术活动和理论思考，即以"伦理异化""历史接合点""早期启蒙思潮"为主要论点，探索中华文化现代化的道路。

关键词：萧萐父；韦政通；异化；启蒙；现代化

大陆著名学者、武汉大学教授萧萐父先生（1924—2008），与台湾独立学者、思想家韦政通先生（1927—2018）以文论交，结下了长达二十年的友情。韦先生生前，收藏了四封萧先生亲笔手札、一副自撰自书诗词、一份论文誊抄稿。韦先生辞世后，深圳大学王立新教授初步整理了这批珍贵文献并公之于众。本文试图以这些文献为切入点，略述二先生的交往情形，同时概见两位杰出思想者的学术精神与时代忧思。

一、难忘星岛直心谈

20 世纪 70 年代，新加坡在工业化引领下迎来了经济腾飞，并与韩国、中国台湾、中国香港一道获得了"亚洲四小龙"或"亚洲四虎"（Four Asian Tigers）的美誉。长期高速的经济增长引发了快速的社会变革，加之新加坡本身就是一个新兴的、多元化的移民国家，如何建构社会伦理和文化认同，成为当局最关心的问题。创国总理李光耀先生主张强化以东亚价值为核心的道德教育，抵御西方价值的侵袭。另一位最高领导人、副总理吴庆瑞博士亲自致力于推行道德教育，并

* 本文涉及的萧先生四通书札、一副诗词照片均由深圳大学王立新教授提供；华中师范大学何卓恩教授、池州学院尹文汉教授、内蒙古大学张志强博士、五邑大学柳恒博士为本文的写作提供了宝贵线索和相关文献，特此致谢。

在实践中将其与原有的"宗教学习"课程合并。新的"宗教知识"课程提供了六项选择，包括新加坡四大宗教即"佛教""基督教""伊斯兰教""印度教"，面向无神论者的"世界宗教"，以及后来加入的"儒学"。吴庆瑞邀请了哈佛大学的杜维明教授等一批著名海外华人学者，负责为新加坡选择合适的儒家价值观并制定道德教育推行大纲。同时在教育部课程发展署下面，还成立了一个儒家伦理撰写小组，负责编写教程、训练师资。基础性的学术研究也得到重视。1983年6月，由吴庆瑞出任所长（后改任董事会主席）的东亚哲学研究所正式成立，专司发扬和重视儒家学术，并实际承担政府智库功能。因此，无论在亲身经历者还是在观察者那里，这场道德教育运动本质上就是以社会工程（socialengineering）方式推行的一场儒学运动①，"将儒家学术引入学校课堂标志着整个道德教育运动达到了顶峰"②。

作为新加坡儒学运动的重要一环，1988年8月29日至9月3日，东亚哲学研究所主办召开了"儒学发展的问题及前景"学术会议（以下简称"儒学会议"）。来自中国大陆、台湾、香港，以及北美和新加坡的40余位学者参加了这次会议③，如大会主席杜维明先生所说，以韦政通、林毓生为代表的"判定儒家民主资源薄弱的自由主义者"，以蔡仁厚、唐端正为代表的"强调儒学可以开出民主科学的新儒家"，以及深受马克思主义影响的大陆学者，"三大思潮的代表人物都聚集一堂"④。会议围绕"儒家在当代中国的坎坷之途以及儒学在现代世界的自处之道"，前瞻性地"从文明对话和多元主义来审视儒家传统的现代转化"，预见性地讨论了"儒学发展的方法问题""儒学传统的内在资源及其限制""西方现代文明对儒学传统的挑战"等主题。会议在当时就产生了巨大影响，韦先生观察到："台湾两大报连日报导，对一个纯学术性的会议，引起报纸如此关注，在过去是很少见的。地主国虽正值选举热潮，中文报纸每天仍巨幅刊出会议过程和学人专访，在新加坡历史上，恐怕也属于空前。"⑤ 他也肯定了儒学会议的价值："在海峡两岸学术交流中断了四十年后，使双方的学者能又重聚一堂，交换学术上的见解，即此一点，已使会议具有重大的历史意义。"⑥ 八年之后，杜维明更是将这次儒学会议看做是"文化中国"——包括中国大陆、中国香港、中国台湾、新加坡和北美在内——"儒学第三期发展"的里程碑。

---

① 杜维明文，白琼芳、谭家瑜整理：《工业东亚与儒家精神》，载郭齐勇、郑文龙编：《杜维明文集》第1卷，武汉：武汉出版社2002年版，第542—545页。

② （新加坡）黄明翰著，戚畅译：《吴庆瑞和新加坡的中国研究：从儒学到"现代中国问题研究"》，《东南亚研究》2011年第5期。

③ 中国大陆学者有萧萐父、汤一介、孙长江、朱维铮、庞朴、余敦康、金春峰、方克立、陈来、吴光等；北美学者有杜维明、秦家懿、张灏、傅伟勋、林毓生等；中国香港学者有劳思光、唐端正、刘述先、赵令扬等；中国台湾学者有蔡仁厚、戴琏璋、张亨、梅广、沈清松、韦政通、傅佩荣等；新加坡青年学者有梁元生、李焯然、王心扬、刘国强等。

④ 杜维明：《儒学发展的宏观透视序》，载郭齐勇、郑文龙编：《杜维明文集》第4卷，武汉：武汉出版社2002年版，第442—443页。本段接下来引用这篇文章，不另出注。

⑤ 韦政通：《新加坡儒学会议的感想》，载《历史转捩点上的反思》，台北：台湾东大图书股份有限公司1989年版，第73页。

⑥ 韦政通：《新加坡儒学会议的感想》，载《历史转捩点上的反思》，台北：台湾东大图书股份有限公司1989年版，第76—77页。

在这次会议上，萧先生宣读了《传统·儒家·伦理异化》一文。这篇文章分为四部分，第一部分批判了"保存国粹论"和"全盘西化论"，认为传统"是至今活着的文化生命。它渊源于过去，汇注于现在（经过现实一代人的参与），又奔流向未来"，以"多元""流动"为其特性。第二部分指出，儒家是多元的、流动的传统文化中的一环，"历史上并不存在统一的儒家，也不存在一脉相承的儒家传统"，先秦儒家就"以'杂'见称"，汉代以后，儒学内部也"发生了文字训解、师说家法、思想原则等各方面分歧"，后人评价也各不相同，"无不是按各自的先入之见和历史意识去建构、去诠释自己的儒家文化"。第三部分指出，在客观历史上，儒家思想"形成一个多向度而可供诠释者自我选择的丰富传统"，这一传统经历了"原生、衍生、变异、衰落诸阶段"，包括儒经、儒行、儒学、儒治等多个内在层级结构，"故所谓儒家传统，并不仅是一种学术思想或精神资源，而是依附于一定的经济政治制度的伦理规范、社会风习、文化心态、价值理想等的综合体"。第四部分指出，原始儒家"肯定了人作为主体的道德自觉的意义，并没有把作为客体的社会必需的伦理规范绝对化"，而秦汉以降的儒家发展，却产生了一种"类似于宗教异化的伦理异化现象"，"以客观化的等级名分制度和人际依附关系为基准，而使个体的主体性消融于其中"，"这种伦理至上主义，绝非人文精神；相反地，乃是一种维护伦理异化、抹杀人文意识的伦文主义"，"只有冲破伦文主义的网罗，才可能唤起人文主义的觉醒"①。

这篇文章激起了韦先生的强烈认同。后来萧先生曾以"难忘星岛直心谈，独赏新诠异化篇"②的诗句概括二人初次会面的情形。而韦先生之所以会"独赏"伦理异化论，则与他本人的思想旨趣有关。从1962年开始，韦先生先后摆脱了"传统主义者卫道的热情""西化论者反传统的激情"，最终"以理智平衡热情，以理性代替激情"，走向了"独立、批判和创新之路"③。在这场"思想的探险"之旅中④，韦先生逐渐形成了自己的思想主轴，即针对传统作出反思和创造转化，以推动中国社会和中国文化的现代化。故韦先生的会议论文《儒家与台湾的民主运动》，正表达了他本人对思想文化和社会现实的双重关切。这篇文章借助台湾的民主实践讨论了儒家与民主的关系。同时也对台湾民主化过程中出现的"台独"和"反智"两种政治现象提出了严正批评。在文章的最后，他直言"朝野对今日已有的民主成果，都有同当的贡献，但与儒家——不管是哪种意义，并无直接的关系"⑤。

萧先生强调集杂成纯、多元互动，用活泼泼的人文主义反对僵化的伦文主义，而儒学的合

---

① 这篇文章首先发表在湖北《江汉论坛》1988年第4期，全文仅三节，文字上作了较大的删削。发表在台湾《中国论坛》第27卷第1期，以及后来收入《吹沙集》的，则是该文的全貌。后二者的区别仅在于，编者为前者的第二、三、四节增添了三个标题，分别是"没有定于一尊的儒门学派""儒家活化了文化深层结构""革除'伦理异化'的意识形态"。为便于读者覆勘，以下引用该文均出自《吹沙集》。萧萐父：《传统·儒家·伦理异化》，载《吹沙集》，成都：巴蜀书社2007年版，第134—147页。

② 萧萐父：《湖海微吟》，载《吹沙三集》，成都：巴蜀书社2007年版，第521页。

③ 韦政通：《异端的勇气》，台北：水牛文化事业有限公司2018年版，第192页。

④ "思想的探险"是韦政通先生学术自传的书名，于1993年由台湾正中书局出版。

⑤ 韦政通：《儒家与台湾的民主运动》，载《立足台湾，关怀大陆》，台北：东大图书股份有限公司1991年版，第165—183页。

理面将在此过程中自然保存。韦先生尽管承认传统思想中有重视民意、主张言论自由、天下为公等宝贵之处，但这些均属于"德治"和"人治"的系统；而现代民主所亟需突破的困境，则是从"人治"转向"法治"。联系到儒学会议的背景和主旨，我们不难发现萧、韦二先生在一定程度上，都对新加坡的儒学运动提出了反思，即：在政府主导下推行这样一项社会工程，通过诉诸传统以建构现代社会的伦理共识，是否会产生新的"伦理异化"或"权威民主"？基于这一思想背景，韦先生"独赏新诠异化篇"就是顺理成章之事了。而韦先生当时正以独立知识分子的身份担任《中国论坛》编委会召集人（1982—1990）。这是一份"联合报系"下属的文化半月刊，在岛内知识分子中享有盛誉。1988 年 1 月台湾当局甫解除"报禁"，《中国论坛》第 25 卷第 7、8 两期就出版了"知识分子与中国前途"专辑，前一期为"大陆学人篇"、后一期为"台湾地区篇"①。可见韦先生对大陆学人的所思所想十分关切。正是在此两种因缘凑泊之下，韦先生将《传统·儒家·伦理异化》作为封面主题文章，发表在 1988 年 10 月 10 日出刊的《中国论坛》第 27 卷第 1 期上，同时还向萧先生进一步约稿。故星城会议结束后，萧先生托人送来了另一篇文稿，并致信韦先生，其文曰：

政通兄道席：

狮城握见，饫闻谠论，足慰平生。

前曾诺寄呈拙文一篇供贵刊审择，原拟写《论唐君毅先生对船山人文化成论之阐释》一文，尚未改定。兹将另稿《活水源头何处寻?》托江天骥教授赴港之便，转请李弘祺教授敬致砚右。此文亦匆促写成，尚望吾兄不吝指教。如有不当处，蒙郢斧删定，幸如之何！

新加坡会后，得小诗一首，亦寄呈，乞哂正。

匆此不尽，敬颂

秋祺！

萧萐父（印）

一九八八年十月廿三日

信中提到的两篇文章，我们且留待后文再述。这里先介绍萧先生提到的"小诗"。韦先生曾说："萧先生会写诗，毛笔字也写得很好，他写了两首诗给我，表达我们俩的友情，其中一首诗他写了个条幅寄给我，现在我家里还挂着。"② 诗曰：

> 劫后高吟火凤凰，南行不觉海天长。
>
> 休惊抱器人归楚，伫盼乘桴客望乡。
>
> 困境深观明剥复，游魂为变适沧桑。
>
> 春台艳说狮鱼美，苦恋神州结网忙。

戊辰夏，赴新加坡参加国际儒学会，会中海外学人多叹惋儒学之困境如"游魂"者，

---

① 柳恒：《韦政通与两岸学术交流》，载《学术评论》2019 年第 1 期。

② 韦政通：《异端的勇气》，台北：水牛文化事业有限公司 2018 年版，第 96 页。

书此志感①。萐父吟稿（印）。

　　政通先生粲正。

这首诗意蕴丰富，略作疏解如下。"文革"期间，萧先生被目为"李达黑帮"之一，被批斗、抄家、下放。拨乱反正以后，萧先生回到珞珈山，将自己1978年以后的诗稿命名为《火凤凰吟》，以示历劫重生之意②。南行与韦先生相会，自己是"抱器待时"的归楚之人，韦先生是"伫盼乘桴"的望乡之客，二人对于中华文化历经沧桑巨变的情形必然同感切肤之痛，也必然对近年来中华文化由"剥"返"复"、群阴消尽、一阳初生的情形感到由衷的欢庆。登眺揽胜之际，看到新加坡现代化之成就，复增添了为神州大地的现代化退而结网的急迫感。

当时两岸尚未通邮，故萧先生的论文和手书诗词，系托武汉大学哲学系逻辑学家、外国哲学专家江天骥教授带至香港，交香港中文大学李弘祺教授，最后由李教授转寄台北的。尽管如此周折，但萧、韦二先生的文心始终是相通的。

二、活水源头何处寻

　　萧先生信中提到的《活水源头何处寻?》一文，全名是《活水源头何处寻——关于传统文化与现代化之间历史接合点问题的思考》。信与文章寄出后不久，萧先生又写了一封信，并附上了该文的另一个誊抄本：

政通兄雅鉴：

　　前托李弘祺兄寄呈拙稿（复印件），乃以简体字抄写，且多错别字，兹另请人以繁体字重抄一遍。仍托弘祺兄转寄呈，敬乞审正。如以沟通两岸文心思路为旨，则此文似较评唐君毅文更能直抒鄙见，不知尊意印可否？盼覆。

　　端此，颂

　　著祺！

萧萐父拜上

一九八八年十一月六日

1949年以后，大陆、台湾在彼此隔绝的状态中走上了不同的发展道路。但两岸毕竟有着共同的历史文化传统，70、80年代以来也同样面临着现代化的时代任务。如何处理"中西古今"的问题，即中国文化与西方文化、传统文化与现代化的关系问题，不仅是两岸知识分子的共同关

---

① 这首诗后来收入《吹沙集》时，这段文字被移置诗前，并改为："戊辰夏，赴新加坡参加国际儒学会，会中海外学人多叹惋儒学之困境如'游魂'者，国内游客，多艳羡新加坡之富庶者，吟此志感。"（萧萐父：《滴水吟稿》，载《吹沙集》，成都：巴蜀书社2007年版，第635页）

② 萧先生《滴水吟稿》包括两部分：第一部分是《劫后忆存》，收1944年至1966年间残留下来的或尚能回忆的诗歌；第二部分是《火凤凰吟》，收1978年至1990年间诗歌。"劫后高吟火凤凰"即以此部诗集况喻自己的心境。

切，也牵涉到两岸关系的发展和中华民族的前途命运。在思考"中西古今"问题的过程中，萧先生形成了他的代表性学术观点——"早期启蒙学说"，而"伦理异化"和"历史接合点"正是"早期启蒙学说"的主要论点。正如论者所指出的："他从'西学东渐'的影响和中西文化的关系入手，确立了'历史接合点'的观念，进而剖析传统，集中清理了儒家传统的'伦理异化'现象，从而彰显了明清之际崛起的哲学思潮的反理学性质和启蒙意义。"① 因此，《异化》和《活水》就构成了前后相继的"姊妹篇"②，在萧先生的思想发展中占有极其重要的地位。而萧先生在《异化》一文之后，又推出《活水》一文，也就是希望在携手探求现代化道路的过程中，以中华民族文化的现代和未来发展为基底，在两岸之间形成一个强力的纽带，从而为大陆、台湾的和平乃至统一奠定基础——这就是"沟通两岸文心思路"的具体所指。

但《活水》一文还有更为广阔的理论视野与现实关怀。萧先生是站在世界文化的现代化进程中来论证"历史接合点"问题的必要性的。他指出，在亚、非、拉美等后发展国家和地区，"吸纳先进西学与发扬优秀传统，成为非欧文化地区的文化运动自发的两种主要倾向"，在世界范围内也形成了"并行、对流的两大文化思潮，一是'全球意识'，一是'寻根意识'"。在二者的张力作用下，探求"传统能够创造性转化的文化的'根'"，对于整个非欧地区而言"几乎具有普遍的意义"③。而在中国文化近代化过程中，也有"西学中源"和"中体西用"两种代表性观念。这些具有时代局限性的观念，虽然导致了"失败的悲剧和迷途的教训"，但其中仍隐藏着一个重大历史课题，即近代西学与中国传统文化之间的历史接合点问题。

萧先生也承认，他的这一观点同时遭到了互相对立的文化保守主义者和自由主义者的诘难。文化保守主义者认为在"政权化的儒家"之外，还存在一个以人文精神为内核的、从孔孟以来延绵不绝的"儒家传统"，传统文化现代化的关键在于继承这一传统并抉发出其中的现代性因素，而无需在儒家传统的主流之外刻意寻求"接合点"。自由主义者则认为儒学是"一个封闭的自足系统"，历史上虽然也有过调适与复兴，但不可能依靠自我批判实现自我更新，也不可能为现代民主科学提供生长点，也就是说中国文化发展史上并不存在所谓的"接合点"④。针对以上两个方面的挑战，萧先生指出：

中国文化的现代化必须从民族文化传统中找到内在历史根芽，找到传统与现代化的历史接合点，否则由于旧传统的惰力在文化深层中的排拒作用，往往使新文化难以生根；而仅是外来文化的引进，则只能是表层文化的被现代化，而不可能实现民族文化整体的代谢发展和真正的自我更新。⑤

① 秦平：《萧萐父先生"明清启蒙"学术史观之演进》，载《吹沙三集》，成都：巴蜀书社2007年版，第487页。
② 《活水源头何处寻》的第一部分，实际上就是对《传统·儒家·伦理异化》一文的缩写。
③ 《活水源头何处寻》一文，先于1989年初发表在《武汉大学学报》，1990年收入《吹沙集》时略有一些文字上的修改。本文引用该文，均出自《吹沙集》。萧萐父：《活水源头何处寻——关于传统文化与现代化之间历史接合点问题的思考》，载《吹沙集》，成都：巴蜀书社2007年版，第85—86页。
④ 萧萐父：《活水源头何处寻》，载《吹沙集》，成都：巴蜀书社2007年版，第93—94页。
⑤ 萧萐父：《活水源头何处寻》，载《吹沙集》，成都：巴蜀书社2007年版，第95页。

抽象地、理想化地将"儒家传统"视作人文精神加以笼统继承，而不能审慎地甄别其中的不合理、反现代化因素，那么文化深层结构中的"旧传统的惰力"，势必对文化现代化形成排斥、抗拒的负面作用。否定历史上的早期思想启蒙运动，全面否定中国文化的代谢、更新能力，通过引入外来文化以实现中国文化的现代化，只能是"表层文化的被现代化"，而无力促进民族文化整体性的现代化发展。显然，萧先生是以清醒的文化批判意识来响应文化保守主义者，以强烈的文化主体意识来响应自由主义者。通过对批评的反批评，萧先生也澄清了自己的构想，那就是在民族文化的历史根芽上，接引先进文化并令其落地生根；在先进文化的激发下，推进民族文化的整体代谢和自我更新——"兼顾民族性和现代性"，"把传统和现代衔接起来"①，正是萧先生构思"历史接合点"理论的用意所在。

民族文化传统现代化的内在历史根芽究竟指什么？如何探求这一历史根芽呢？萧先生遵循历史与逻辑相统一的哲学方法论，将这一根芽锚定为明清之际的早期启蒙思想。逻辑地来说，尽管传统和儒家内部存在着巨大的差异和张力，但思想家可以在杂多、流动的传统之中，"基于主体的自觉对历史中形成的传统去进行筛选和评判……从而找到传统文化与现代化的历史接合点"②，为现代化奠定思想文化的基础。历史地来说，在明清之际的社会政治大变局中，一大批文化精英掀起了一代批判思潮，"其批判风貌都直接间接地指向宋明道学，而集中抨击了道学家们把封建纲常天理化而以'存天理，灭人欲'为主旨的一整套维护'伦理异化'的说教，这就触及到了封建意识的命根子，典型地表现出中国式的人文主义的思想觉醒"。而中国近代思想家们面对中西新旧文化之争，曾"以一种朦胧的历史自觉，把明清之际崛起的早期启蒙学者看作自己的先驱，希图继其未竟之业"；虽然未能清理早期启蒙的思想遗产，或又陷入对西方文化的比附认同从而"迷失了方向"，但早期启蒙思想作为"中国近代的变法维新派、革命民主派和文化启蒙派的实际的思想先驱，事实上已历史地被证明了是中国现代化的内在历史根芽或'活水源头'"。因此，萧先生主张，"传统文化与现代化的历史接合点，虽可以多维考察，但历史地说，应主要从我国17世纪以来曲折发展的启蒙思潮中去探寻"③。具体地来说，这一启蒙思潮包括三个阶段：一是从明代嘉靖至崇祯年间的发展阶段，主要特点是"抗议权威，冲破囿缚，立论尖新而不够成熟"，其中心一环是"'人的重新发现'的近代人文主义"；二是从南明到清雍正年间，主要特点是"深沉反思，推陈出新，致思周全而衡虑较多"，其中心一环是"批判君主专制制度的初步民主思想"；三是清乾隆到道光二十年，主要特点是"执着追求，潜心开拓，身处洄流而心游未来"，中心一环是"学术独立和学术研究中的知性精神的发展"。他总结了早期启蒙学术的三大主题，即：个性解放的新道德、批判君主专制制度的初步民主思想和科学精神。以上三个阶段所构成的历史进程，以及三大主题构成的理论内核，均说明中国早期启蒙思想学术正是"中国社会从传统

---

① 张志强：《通观与涵化：萧萐父思想研究》，武汉大学博士学位论文，2015年，第71页。
② 萧萐父：《传统·儒家·伦理异化》，载《吹沙集》，成都：巴蜀书社2007年版，第136—137页。
③ 萧萐父：《活水源头何处寻》，载《吹沙集》，成都：巴蜀书社2007年版，第91—93页。

走向现代化的历史前进运动"的活水源头①。萧先生早期启蒙学说，高度重视反抗伦文主义、独立于权威和主流之外的异端思想家。韦先生则以"新型异端知识分子"自居、宣称"我爱异端"②。由此而论，在学理和生命情调两个层面，"异端"正是二先生心心相印的关键！

历史接合点问题的提出，主要是为了给中国文化的现代化发展提供理论支撑。在论证过程中，自然也要响应国内、国际学界的相关讨论。前文已经提到了他对文化保守主义者和自由主义者批评的反批评，但他的辩论对象犹不止此：

> 我之所以强调今日回顾传统应从 17 世纪说起，是因为以古代文化长期积累为背景的传统文化向现代化转化究竟起于何时、这种转化究竟有无内在历史根据、是否必要和可能、是否只能依赖西方文化的冲突而被西化或现代化，正是今日国内外颇有争议的问题。我认为，从 17 世纪以来中国的文化变动中可以找到问题的答案，可以探得古老中国文化向近代转化的"源头活水"。③

显而易见，萧先生的主要论战对象，还包括了提出"冲击—响应模式"（impact-respons modle）的费正清（John K.Fairbank）、列文森（Joseph R.Levenson）师徒。"冲击—响应模式"占据了 20 世纪 50、60 年代美国"中国研究"的学界主流地位，直至 80 年代仍有其余响。他们认为，儒学中无法产生出现代价值，中国传统社会曾长期处于停滞状态，只有在 19 世纪中叶受到西方文化剧烈冲击以后，才冲破传统框架、向现代社会演变，而在此过程中，孔子也被"保存在博物馆里，使其与现实生活完全脱离"④。这一观念蕴藏着一个判断，即中国文化的现代化只是被动"响应"西方"冲击"的产物，其生长的根本动力是外生性的。而萧先生提出的历史接合点问题，则意味着文化发展的动力既是内生性的，同时也是主体性的；既包括了"传统文化的选择和继承"，也包括了"对现今文化的建构和对未来文化的设计及追求"⑤；既是一种面向历史的"文化选择"，也是一种朝向时代的"文化组合"和"文化重构"⑥。准此而论，"历史接合点"与林毓生、傅伟勋、韦政通、杜维明所主张的"创造性转化"和"文化中国"等国际学术话语颇有相通之处，构成了对"冲击—响应模式"和"游魂说"两种国际学界流行观点的反驳。

萧先生对《活水》文是如此重视，故同年 12 月，他又寄了一份修改稿给韦先生（见下节），这一稿应当就是 1989 年初刊登在《武汉大学学报》上的一稿。事实上，韦先生这一时期正从事《中国十九世纪思想史》的撰述，这部著作关心的正是"中国思想由'传统'向'现代'的转换问题"，他将中国近代思想的本土传统系诸"17—18 世纪中国思想世界中生发出来的经世之学和《春秋》

---

① 萧萐父：《明清启蒙学术流变》，北京：人民出版社 2013 年版，第 1—15 页。
② 韦政通：《异端的勇气》，台北：水牛文化事业有限公司 2018 年版，第 196—197 页。
③ 萧萐父：《文化反思答客问》，载《吹沙集》，成都：巴蜀书社 2007 年版，第 58 页。
④ Ssu-yü Teng,John. K. Fairbank: *China's Response to the West,A Documentary Survey, 1839-1923*. Harvard University Press,1954, P.1.）[美] 列文森著，郑大华、任菁译：《儒教中国及其现代命运》，北京：中国社会科学出版社 2000 年版，第 337—338、341—342 页。
⑤ 萧萐父：《传统·儒家·伦理异化》，载《吹沙集》，成都：巴蜀书社 2007 年版，第 137 页。
⑥ 萧萐父：《活水源头何处寻》，载《吹沙集》，成都：巴蜀书社 2007 年版，第 96 页。

公羊学"①。显然，萧、韦二先生针对同一问题，给出了不同的解答。那么面对《活水》一文，韦先生是否作出了响应？二人是否有进一步的探讨？由于萧先生友朋书札尚未得到整理，这一问题我们暂时只能搁置。同样可惜的是，不知道因为什么原因，《活水》一文最终并没有刊登在《中国论坛》上、未能及时获得与台湾读者见面的机会。但韦先生对这篇文章是珍视的。他一直珍藏着这份誉抄稿，并在第一页的右侧钤上了"韦政通"和"韦政通藏书印"两枚篆体印章。

三、隔海思君云树渺

1988 年是唐君毅先生逝世十周年，中国香港法住文化书院和美国哈佛大学儒学研讨会等机构联合举办了"唐君毅思想国际会议"。萧先生和武汉大学青年教师郭齐勇分别受邀参加了这次盛会，前信中提到的《论唐君毅先生对船山人文化成论之阐释》正是萧先生为这次会议所作②。但韦先生并没有参加这次会议，所以萧先生借哈佛大学杜维明教授返回台湾之便，托他将此文转交韦先生，并致信曰：

政通兄：

践前诺，仍将此稿寄呈，乞审正。

前托李弘祺兄转去《活水……》稿，入览否？现另寄去小有修订的印稿，并乞审正。

武汉地区明清文化沙龙之中青年文稿，小集一册，亦奉呈乞正！

维明兄返台之便，谨托他代致拳拳，并贺

新年多福！

弟萧萐父

1988.12.25

于香港

这篇文章将唐君毅的思想归纳为两个相关系统，即"以'立人极'为义理中心的哲学体系"，以及"通过对中国传统哲学的遍观与反思而建立的'即哲学史以论哲学'的系统"；萧先生赞赏唐君毅立足于这一哲学史观，宏观地把握了王船山哲学思想的结构，尤其在人性论方面最能阐微显隐；也认为唐君毅准确地把握了"船山哲学体系的理论重心和最后归趋"，指明了"船山哲学之致思进程及价值取向乃在于继天道之善，立人极之尊，而归宗于人文化成论"③。在文章的最

---

① 李维武：《中国思想由"传统"向"现代"转换的新阐释——韦政通先生〈中国十九世纪思想史〉读后有感》，载《湘潭大学学报》（社会科学版）2003 年第 4 期。

② 该文后更名为《唐君毅先生之哲学史观及其对船山哲学之阐释》，1990 年收入《吹沙集》，又收入香港法住出版社 1991 年 11 月出版的《唐君毅思想国际会议论文集》第三卷。本文引用该文，均出自《吹沙集》。萧萐父：《唐君毅先生之哲学史观及其对船山哲学之阐释》，载《吹沙集》，成都：巴蜀书社 2007 年版，第 549—567 页。

③ 萧萐父：《唐君毅先生之哲学史观及其对船山哲学之阐释》，载《吹沙集》，成都：巴蜀书社 2007 年版，第 552、558—562、563 页。

后，萧先生盛赞唐君毅先生赓续中华思想慧命的历史文化意识，通过反本开新来营建中华民族新的文化历史哲学的方式。事实上，萧、唐二先生对于王船山的研究不尽相同、各有精彩，但在问题意识上，萧先生所主张的历史接合点则与唐先生所主张的历史文化意识何其相似！此行萧先生又有诗曰：

戊辰冬，赴香港参加纪念唐君毅先生学术会，书赠法住文化书院：

唐门学脉赖心传，海上潮音别有天。

今日我来寻活水，故园春意献君前。①

在唐君毅先生学脉中寻求中华传统文化现代化的"活水"，将"故园春意"献给香港法住学会的创办人霍韬晦等学友，实现"文心思路"的沟通，这是萧先生代表中国内地学人出访美国、德国、新加坡、中国内地等地，以及与来自世界各地的学者打交道时，始终念兹在兹的。

萧先生不仅身体力行，还尽力为下一代学人的沟通交往铺路。1985年，萧先生与武汉大学历史系吴于廑先生、湖北大学历史系冯天瑜先生共同组织了"明清文化史沙龙"，信中所说"中青年文稿小集一册"即是沙龙的论文集。萧先生将之寄送给韦先生，无疑是希望作为《中国论坛》编委召集人的韦先生能挑选合适的文章予以发表，一方面提升中青年学者的海外能见度，另一方面也增进新的一代大陆学者与海外学界的交流对话。事实上，作为武汉大学中国哲学学科的领头人，同时也作为改革开放以后最早一批走出国门、走向世界学术舞台的知名学者，萧先生向来主张以开放的心态和广阔的视野，彻底了解世界学界的中国学研究。同时，他也不遗余力地提携和关爱青年学者的成长，主张青年学者的研究要有世界胸襟和全局眼光，要全面回应时代问题。他的这一学科建设和人才培养思路，为武汉大学中国哲学学科迅速恢复、发展奠定了基础，也成为珞珈学风的重要组成部分。

香港会议结束后不久，萧先生再次致信韦先生，除交流前述几篇文章以外，还约请韦先生同赴由中国文化书院主办的纪念"五四"运动七十周年学术会议：

政通兄道席：

前由李弘祺兄转赐手教，早收到。客岁抄我赴港参加唐君毅世兄纪念会，以为可以见到李教授，未果愿，致迟未覆问，歉甚！顷又收到伟勋兄自美来函，附寄吾兄托转之稿费二百元，且谓他于四月将伴星云法师归访西藏、四川，将过武汉驻锡一日，立即去函欢迎星云大师和他来武大讲演一次。

吾兄来示谓拙文《伦理异化》已在去年十月贵刊发表。甚盼能赐寄一、二份。如邮寄不便，可否托伟勋兄携我，或托香港中文大学刘述先、唐端正教授托人携交中山大学转寄我？因中山大学常有教师去讲课。

五月北京"五四"纪念会，吾兄光临，一介兄亦来信嘱去，当可把晤畅叙。狮城小聚，虽仅数日，但心同理同，足慰平生。

① 萧萐父：《滴水吟稿》，载《吹沙集》，成都：巴蜀书社2007年版，第636页。

去年香港会中，曾托杜维明教授返台之便，附去论及唐君毅哲学史观拙文，尘目否？盼示。颂

春祺！

弟萧萐父

一九八九年二月廿三

1989年5月1—3日，由中国文化书院、北京二十一世纪研究院、香港中文大学中国文化研究所、香港大学中文系共同发起的"'五四'与中国知识分子"国际学术研讨会在北京香山卧佛寺饭店举行，包括中、美、加、澳、日、新、苏、意等国家和地区的200余位学者参与了盛会①。作为书院导师，萧、韦二先生都参加了这次会议。会上，萧先生发表了《中西文化异同辨》②；韦先生则发表了《科学、民主、反传统——以"台湾经验"反省"五四"》③。这是二位先生在1988年星岛儒学会议后，再一次"把晤畅叙"，惟缺乏记录，详情今已不得而知。会后，韦先生还探望了病中的梁漱溟先生④。

由于萧先生与傅伟勋、韦政通二先生的学术交往和真挚情谊，2002年9月，武汉大学与台湾佛光大学联合召开了"第一届海峡两岸傅伟勋、韦政通与当代中国哲学的创造性转化"学术研讨会。可惜的是，当时韦先生的夫人杨慧杰教授已年逾八十，且卧病在床，故而韦先生未能离台参与此次会议。他在晚年回忆中特意说明了自己当时的考虑：

> 那个研讨会照理我应该有义务得出席，而且当时哲学系系主任吴根友给我写了两封信，他是萧萐父先生的学生，他在信中说："萧先生也很想念你，他身体也不好，你一定要来。"……但是这个时候，就有轻重之分、亲疏之别了，在我太太最需要我的时候，我不能离开她，我要照顾我的太太，因此终究还是婉拒了出席研讨会。⑤

萧先生得知此事后，即席口占一首，以抒发对韦先生的友情和未能与会的遗憾：

> 1988年新加坡儒学会中，韦政通兄对拙文论及"伦理异化"部分，特加评赏，后又纳入《中国论坛》，可感！2002年珞珈之会，政通兄原慨诺莅会，同仁瞩望殷殷，惜未果愿，吟望久之，寄此致意：
>
> 难忘星岛直心谈，独赏新诠异化篇。
> 隔海思君云树渺，梦萝荒径怅盘桓。⑥

"云树交为密，雨日共成虹"（刘孝威《和皇太子春林晚雨》），诗人用"云树"形容情谊交好。然而萧、韦二先生却为一海所隔，惺惺相惜、互相思念而难得一见，这正是白居易诗所说

---

① 陈越光：《八十年代的中国文化书院》，北京：三联书店2018年版，第281页。

② 萧萐父：《中西文化异同辨》，载《吹沙集》，成都：巴蜀书社2007年版，第49—56页。

③ 韦政通：《科学、民主、反传统——以"台湾经验"反省"五四"》，载《立足台湾，关怀大陆》，台北：东大图书股份有限公司1991年版，第29—55页。

④ 陈越光：《八十年代的中国文化书院》，北京：三联书店2018年版，第195页。

⑤ 韦政通：《异端的勇气》，台北：水牛文化事业有限公司2018年版，第96页。

⑥ 萧萐父：《吹沙三集》，成都：巴蜀书社2007年版，第521页。

的："云树分三驿，烟波限一津。翻嗟寸步隔，却厌尺书频。"（《早春西湖闲游怅然兴怀寄微之》）诗人心中的惆怅、足步的盘桓，在诗中得到了淋漓尽致的体现。而韦先生行其"直"，萧先生用其"谅"，二先生恪守的正是"友直""友谅"的古交游之道。

2003 年 6 月杨教授离世以前，韦先生一直谢绝世缘，悉心照顾妻子。妻子逝世以后，韦先生才在友人劝说下，于 2004 年 4 月重新开始了大陆讲学之行。在此期间，湖北教育出版社出版了《萧萐父教授八十寿辰纪念文集》。作为萧先生挚友，韦先生亦将其未出版书稿中的一部分《主观的能动性》交特辑刊出①。但直到 2006 年，二先生才有了见面的机会。当年 4 月，韦先生应华中师范大学邀请赴武汉讲学，4 月 13 日在武汉大学发表学术演讲。萧先生提出到韦先生下榻的桂圆宾馆去看望他。韦先生则虑及萧先生身体不好，在武汉大学李维武教授和华中师范大学何卓恩教授的陪同下，于 16 日上午到萧先生家中看望。"那是萧先生去世的前两年，我们见了一面，跟他在家里好好聊了一回。"②两位相知相惜、互相扶助的老友，终于跨越山与海的阻隔，在晚年重会了一面，畅聊了两个多小时。而这一面，也是 83 岁萧先生和 80 岁的韦先生的最后一面。

结　语

由于韦先生致萧先生书信暂未整理公布，二先生之间是否还有电话通讯也不得而知，故就本文所搜集到的交游文献和事实来看，二先生之间见面不过三次，书信不过四封。但作为两岸初步走出对立隔离状态以后，最早发生接触的知识分子的代表，二先生基于共同的文化传统和两岸同胞的血脉亲情而彼此亲近，基于知识分子的独立人格和尊严而彼此尊重，基于治学态度和学术观点的相近而彼此扶持，所形成的浓重情谊真可溢于文字之外。惟其如此，这种历史的反差才足以令人喟叹：倘若生活在一个两岸交流更为顺遂、思想文化更为开放的时代，两位同样重视"异端"甚至以"异端"自诩的思想家，将碰撞出怎样思想火花，又将给中华文化慧命的赓续与发展带来怎样的创造转化之机？这是萧、韦二先生那代学人留给我们的问题，也仍是这个时代不可回避的思想文化挑战。哲人已逝，流风未远。我们需要在他们身上寻求"历史接合点"和"活水源头"，作出我们的回答！

作者简介：刘依平（1981—　），男，湖南湘潭人，哲学博士，暨南大学哲学研究所讲师，硕士研究生导师，从事宋明理学、现代新儒学和古籍整理研究。

吴佳丽（1998—　），女，浙江临海人，暨南大学 2020 级古典文献学专业硕士研究生。

---

① 韦政通：《主观的能动性》，载《人文论丛（特辑）·萧萐父教授八十寿辰纪念文集》，武汉：湖北教育出版社 2004 年版，第 574—579 页。

② 韦政通：《异端的勇气》，台北：水牛文化事业有限公司 2018 年版，第 96 页。

天人关系论说要义及其启示

郭齐勇

摘要：本文指出中国文化中天人关系论说的要义，是视人与天地万物为一体，将自然生态系统视为人与万物共生、共存的生命家园。现代科技促进了人类社会的进步，也导致人对自然的宰制及人自身的异化。中国文化中天人合一的智慧，可以为今天的生态伦理和可持续发展提供新的思路，为我们走出现代性困境提供助益。

关键词：天人合一；现代性；良知；科学

引　言

科技的昌明是我们时代的骄傲。科技促进了人类社会的进步，给人类带来福祉，但它是一把双刃剑。一方面，科技使我们的生活更加幸福、舒适、方便，它改变了人类的生产、生活方式，使得人类更加文明；另一方面，科技使人更趾高气扬，更脱离自然万物，科技又使人异化为物，异化为工具。在现代社会，人类与同类的人、与不同类的动物等的相接相处发生了问题，在21世纪的当下这一问题的严重性愈发凸显出来。

人类应如何对待同类与不同类？对待同类，我们应强调"人类命运共同体"；对待不同类，我们应强调"人与天地万物为一体"。具体历史的人总是一定的种族、民族、肤色、地域、语言、文化、宗教、性别、国家、阶级、阶层的人，有着存在的基本特质、需求和利益，而不同背景、不同群体和个体的人的这些特质、需求和利益，总是有着千差万别的差异、矛盾、对立，甚至是冲突的，因此常常发生争斗，甚至战争。当人们超越自身的限制，体认到地球上的人类是同呼吸、共命运的一个整体时，是一个多么了不起，多么难得的认识啊！认识到此还不够，在实际行为上时时处处真正体现出人类命运共同体的意识，更是难上加难了。

中国的先哲在天人关系问题上有着极为丰富，也极具创建的论说。其荦荦大者约有：对天、天地精神的信仰及对天命的敬畏，相信人与天在精神上的契合，由此对天下万物、有情众生之内在价值，油然而生出博大的同情心，进而洞见天地同根，万物一体。儒家立己立人、成己成物、博施济众、仁民爱物之仁心，道家强调自然与人是有机的生命统一体，肯定物我之间的同体融合，赞美天籁齐物之宽容，佛家普度众生、悲悯天下之情怀，都是这种精神的结晶。上述天人关系论说中的智慧，对于我们走出现代性的困境，不无助益。

一、要义

中国传统儒释道三家都有着丰富的天人关系论说，"天人合一""人与天地万物一体"可说是其中的主流。在儒家，如孟子说："亲亲而仁民，仁民而爱物"。主张把对亲人的爱推己及人，推爱于老百姓，乃至爱万物万类。在道家，如庄子说："天地与我并生，而万物与我为一"，人可以提升自己的境界以"与天地精神相往来"。佛学大师说："众生平等。"从生命本质上看，一切生命无二无别。众生都有佛性，众生都能成佛。人不是孤零零的存在，人与草木、鸟兽、山水、瓦石同在。人与天地万物是共同体，这就把人类的生存，与其他类的生存联系起来了，把人类共同体在空间上拓展了，在时间上延长了。

在儒学传统中，将天人关系问题上升到形上学层面加以讨论的是《易》《庸》与《孟子》学的系统。《周易》的"道"具有包容性，综合了天道、地道、人道三大系统："《易》之为书也，广大悉备。有天道焉，有人道焉，有地道焉，兼三材而两之故六。六者非它也，三材之道也。"（《易传·系辞下传》）这是《周易》的三才系统。

以三才系统为主轴的天人系统，有如下的维度：第一是人与终极性的天的关系，即人与天命、天道的关系问题，涵盖了人的终极信仰、信念；第二是人与自然的关系，即人与自然之天，"天""地"或"天地"，与自然山水、草木鸟兽的关系问题，也是我们今天所说的人与自然环境的关系问题；第三是人与物的关系问题，与自然物的关系我们已列入前一项，人与物的关系还应包含人与人造物、人造环境的关系，如人所驯化的作为工具的动物，饲养的家禽家畜，栽培的植物及果实，制造的工具、器物及包括衣食住行等人之生存、活动的方式或样态；第四是人与社会的关系，这包括人与人的各种现实关系和人所处的且无法摆脱的社会习俗、制度、伦理规范、历史文化传统等；第五是人的身体与精神世界、内在自我的关系问题，包括身与心的关系、人的意义世界、自我意识、心性情才等。

"天地之大德曰生"，"天地"是万物之母，一切皆由其"生生"而来。"生生"是"天地"内在的创生力量。三才系统是一个不断创生的系统，也是一个各类物种和谐共生的生命共同体。

《中庸》以天道为性，即万物以天道为其性。其开篇云："天命之谓性，率性之谓道，修道之谓教。"人与万物的性是天赋的，这天性之中有自然之理，即天理。一切人物都是自然地循当行之法则而活动，循其性而行，便是道。一切物的存在与活动，都是道的显现。就人来说，人循天命之性而行，所表现出来的便是道。人因为气质的障蔽，不能循道而行，所以须要先明道，才能行道，而使人能明道的，便是教化的作用。一般人要通过修道明善的工夫，才能使本有之性实现出来。

关于天与人、天道与人道的关系，《中庸》是以"诚"为枢纽来讨论的。"诚"是《中庸》的最高范畴。"诚"的本意是真实无妄，这是上天的本然的属性，是天之所以为天的根本道理。天赋予人以善良本性，即天下贯而为人之性；人通过修养的工夫，可以上达天德之境界。由天而人，由人而天。"唯天下至诚，为能尽其性。能尽其性，则能尽人之性。能尽人之性，则能尽物之性。能尽物之性，则可以赞天地之化育。可以赞天地之化育，则可以与天地参矣。"至诚之人，能够极尽天赋的本性，于是能够兴养立教，尊重他人，极尽众人的本性，进而尊重他物，极尽万物的本性，使万物各安其位，各遂其性。既如此，就可以赞助天地生养万物。这使得人可以与天地鼎足而三了。

就人道而言，《中庸》曰："诚者非自成己而已也，所以成物也。成己，仁也。成物，知（智）也。性之德也，合外内之道也，故时措之宜也。"诚是自己所以能实现、完成、成就自己，而道是人所当自行之路。诚是使物成其始终的生生之道，没有诚也就没有万物了。所以君子把诚当做最宝贵的东西。诚一旦在自己心中呈现，就会要求成就自己以外的一切人一切物。当人的本性呈现，即仁心呈现时，就从形躯、利欲、计较中超脱出来，要求向外通，推己及物，成就他人他物。仁与智，是人性本有的，扩充出来，成己成物，即是兼物我，合外内。

孟子"尽心、知性、知天""万物皆备于我"的说法，着眼于本心的推扩，实开启了天人合一说的另一条路子。如果我们借用康德哲学的提问方式，可以说《易》《庸》和《孟子》以"天道性命相贯通"，解决了"天人合一"如何可能的问题。后来宋明理学家正是延续这一理路而展开论说的，其核心论域便是道体、诚体、心体、性体的贯通。当代新儒家"体用不二""内在超越""智的直觉""良知坎陷"诸说都是从中生发出来的。

宋明理学家，如张载讲"民，吾同胞，物，吾与也"，百姓是我同胞，自然万物都是我们的兄弟。我们爱人类，也爱自然万物。又如程颢说："仁者以天地万物为一体"。作为人之仁心仁性，以天地万物为一体，把爱给予他人和万物，使爱具有周遍人与万物的普遍性。王阳明说："人的良知，就是草木瓦石的良知。若草木瓦石无人的良知，不可以为草木瓦石矣。岂惟草木瓦石为然，天地无人的良知，亦不可为天地矣。盖天地万物与人原是一体，其发窍之最精处，是人心一点灵明。"（《传习录》下）又说："良知是造化的精灵。这些精灵，生天生地，成鬼成帝，皆以此出，真是与物无对。"（《传习录》下）人之心（良知）—万物之心（良知）—天地之心（宇宙之心、良知）说到底上，是一个心（良知），这个心（良知）是天地万物（包括人）之内在的根据（根源），也就是最高的宇宙本体。天地万物和人原本一体，一气相通，但由于禀气偏正、通塞的不同，只有人的良知即"人心一点灵明"才是天地万物意义发窍的"最精处"。

王阳明的"一体之仁"说，贯通天理、本性与本心。本心"即存有即活动"，由此成为天理的具体表现与生发之源。不管是有知觉的动物、有生命的植物，还是如瓦石之类的无生命的物体，当它们受到破坏或损害时，每一个人都会从内心产生"不忍人之心""怜恤之心"和"顾惜之心"，并把它们视为自己身体的一部分而加以爱护。以此，人所具有的仁爱之心，由"爱人"

得以扩展到"爱物"，从而把人与天地万物有机结合起来。由于对人与万物一体同源的体悟，人们才可能对万物都持有深切的仁爱之心，将整个天地万物都看做是与自己的生命紧紧相连的，把生态系统真正视为人与万物共生、共存的生命家园。

现代西方哲学中有"他者"的理论，讲所谓"终极的他者""自然的他者""社会文化的他者"等。中国文化中关于人与天地自然万物和人与社会他人的关系，从没有孤立隔绝的看法，不把天、地、人、物看做是外在于我的。传统中国人对"自然"的看法也是如此，即不承认有所谓绝对独立客观的自然，人与自然相即不离，你中有我，我中有你。

在中国哲学中，即使如荀子、柳宗元、刘禹锡对天的自然义的偏重和对人力的彰显，但背景上对神性意义的至上天神的敬畏仍然保留，且对自然神灵仍然是崇拜的。山有山神，树有树神，自然神灵遍在。说到人与自然的关系，古人心目中的自然（天地万物）是有神灵的自然（天地万物），而今人心目中的自然是人化的自然，人宰制的对象。进一步，说到人物之性，认为人有人性，物有物性，人性物性中有神性。至于人，一方面，人不能没有终极信念、信仰与归宿感。另一方面，人只是天地万物中的一小部分，人与草木鸟兽土地山川是息息相通的，是一个整体。

儒家对万物都是关爱的，而且是从其所具的内在价值去确定这种爱的，因为万物的内在价值都是"天地"所赋予的，与人的内在价值本同出一源。儒家对动物的关怀是从肯定其内在生命价值出发的。依照荀子的论述，以内在价值的高低排列，应该是从无机物到有机物，从植物到动物，从动物再到人。在这个价值序列上，动物离人最近，其所禀有的内在价值应该是在人之外最高的。禽鸟与哺乳动物虽然没有人那么高的智慧、情感，但它们有一定的感知力，对同类有一定的情感认同，这已经远远超出于其他物种之上。万物的内在价值有很大的差异，人对它们的关爱的方式也应该有所不同。

二、问题

在儒学中有悠久的尊德性与道问学、德性之知与闻见之知、良知与闻见、性智与量智关系论说的传统，大体说来，诸对范畴中的前者均与体证本体有关。本体论是境论，体证本体便是量论。这个本体当然不是西方哲学意义上的实体，中国哲学中本质主义的色彩并不强烈，它着实是关联于心体的，心体与道体是通而为一的，所谓即本体即工夫，这就是天道性命相贯通，也就是天人合一。诸范畴的前后二者是体用、本末的关系，不过其中纯粹知识之学这一面并未被凸显出来，牟宗三的"良知坎陷"说正是要在厘清二者关系的基础上，基于儒家的传统，接纳源自西方的现代科学。

不过，中国自近代以来，在大力提倡、引进科学的同时，由此而来的问题亦接踵而至。在五四以后的中国，对科学的崇拜，或所谓科学万能论、至上论，把科学"主义"化，一度甚嚣尘上。五四主流派的启蒙呐喊，始于多元，终于一元，打破了一种编狭，导致了另一种编狭——例如把科学讲到不科学、唯科学，甚至科学主义的地步，把民主讲到不民主的地步。科学本来起于怀疑，科学精神的要旨是怀疑、批判与否定，这种精神有强大的原动力。可是，当科学被神圣化以后，科学则变成了不能质疑的最高权威，任何人要肯定某事，只要贴上"科学"的标签，盖上"科学"的印章，便畅行无阻。1958年大跃进中的"亩产万斤"等，都曾披着"科学"的外衣，让人深信勿疑。非科学的东西都被"科学"化、"主义"化了。

1923至1924年发生的"科学与人生观"论战，站在科学派健将对面的玄学家是张君劢、张东荪，以及林宰平、梁启超（中间偏玄）等。科学派的丁文江、唐钺、吴稚晖、王星拱、胡适等在哲学上主张实验主义、马赫主义、新实在论，而玄学派则主张倭伊铿、柏格森、杜里舒哲学。需要注意的是，玄学家并非"保守"，在政治层面上，玄学家极力推行西方民主政治。从一定意义上说，这场论战是西方哲学界科学主义与人文主义争论的继续。

与东西文化问题论战一样，科玄论战的水平不高，不可能真正解决科学与哲学、科学与人生观、精神文明与物质文明、客观必然与意志自由等问题，但把这些问题提出来讨论，则是我国思想界的一大进步。张君劢的人生哲学和文化哲学提出了科学不是万能的，纯科学解决不了的人生问题和文化、历史问题。他指出，中国经济、政治、文化的改造，不能忽视道德修养，认为应防止西方文明的流弊，协调精神文明与物质文明的关系。这都是很有价值的思考。

20世纪20年代初对科学主义的检讨并未能使知识界警醒。科学，特别是技术的日新月异，使学界和民众对科学，进一步对技术的崇拜，与日俱增。技术与科学本有密切的联系但又有区别，然科学被泛化，技术上升为科学，两者联手，科技更加至高无上，高科技像脱缰的野马，不可阻挡。科技和科技知识人的傲慢随处可见。

人类无节制的开发、索取、占有、破坏大自然，已引起灾难性后果。这就是人类的"文明发展"？第二次工业革命，新能源、新材料、新技术异军突起，资源糟蹋更加严重，二氧化碳和其他工业废弃物的排放无以复加，臭氧层空洞，海平面上升，生态日益恶化。高科技的后果是：自然灾害频仍，土地和水资源被污染、淡水危机、疾病增多。人类会遭到大自然更严重的报复。

人的贪欲、私欲，加上高科技，将毁灭地球，终结人类。这不是危言耸听。近年人工智能研究的新成就，如阿尔法狗二代等启发我们，具有极强自学习能力的机器人如用于战争，那就太可怕了。智能机器人一旦生成自主意识，脱离人的控制，与人类为敌，……那就不堪设想了。又如登陆别的星球，或在地球罕有人迹的高原、海洋、沙漠、湖泊、极地作科学观测与研究，是否应多设置禁区！必须有限度，至少限制其规模。人类不要侵扰现存的动植物的生存，多保留一些自然保护区，尊重生物的多样性。

著名天体物理学家史蒂芬·霍金警告说：人类要想长期生存，唯一的机会就是搬离地球，并适应新星球上的生活；除非人类在最近两个世纪内殖民外太空，否则人类将永远从世界上消失。霍金对人类的生存方式表达出的忧思值得重视。人类基因中携带的"自私、贪婪"的遗传密码，人类对于地球的掠夺日盛，资源正在耗尽。人类毁灭地球，需自食其恶果，霍金为人类找出的解决之法就是向外太空移居。

人类糟蹋了地球，又想去染指其他星球？这不正是人类的"自私、贪婪"吗？人类正热衷于瓜分、占有月球。现在大国在搞星球大战。假设将来有所谓移居新星球的工程，那岂不是要祸害宇宙？人类及地球上的万物仍需要在地球上生存繁衍，所谓移居到其他星球上生存，只能是空想。重要的是珍爱、保护地球和自然万物，不然，人类将会终结。

三、启示

如上所述，人类对于地球的掠夺日盛，资源正在耗尽，科学技术当然要有节制！高科技发展中的弊病、问题，除了要靠高科技自身发展来加以治疗、调节、解决，也应该接受人文学的批判和调剂，从伦理道德、宗教信仰与传统文化精神汲取智慧。科学是闻见之知，它当然受良知的指引。培根说知识就是力量，我们要强调良知才是方向。

人的私欲、贪欲膨胀，虐待、虐杀动物，对自然资源的取用毫无节制。应反思人类欲求的放纵对人性完善的损害，在对自然资源的取用方面力求做到有理、有节。我们必须批判人类中心主义，重建生命伦理。

我们常讲"人是目的"。人的目的有长久的有直接的，人们总是迁就浅近直截的目的，牺牲深长久远的目的。从目的与手段的关系来看，科技的发展使人异化，人由目的变成为工具、手段。反思"人是目的"这个命题，其实也是有问题的，这仍是人类中心主义的。

科学有永恒的局限，永远被主客观分立而限制。文化精神、信念信仰是高一层的原理，主观客观统一，真善美统一。我们应从天人合一的高度去思考，应当善待其他的类存在，回到中国传统的人与天地万物为一体的境界。

人应珍视动植物乃至天地万物，人与天地万物为一体，都是目的。科技发展应有限度，高科技应受到制约，应当受制于"人类命运共同体"和"人与天地万物一体"，这应是制约的总纲。

在传统"天人合一"的理念下，人与自然相互依存、和谐共处，这种对天人关系的认识有"前人类中心主义"的特点，其"天人合一"的理念可以为今天的生态伦理和可持续发展提供新的思路。

首先，"天人合一"为生态伦理的建立提供了人性反思的途径。"天人合一"是儒家特有的人性反思方式，它意味着人对天地万物一体同源的认同，天赋人性意味着人的生而平等（社会平等）；"天命之谓性"，则意味着人与万物的共存性平等（生态系统的平等），这种平等性要求一种人与万物之间的伦理关系的建立。

其次，"天人合一"为生态伦理建立了价值共识的基础。儒家生态伦理建立于对人性、物性一体同源的确信，生成万物的"天地"是价值源头。"天"代表着应然之理，人是"天地"的杰作，人能"反身而诚"，就能尽人性、尽物性，就能明白物之为物的物性源于"天地"，人之为人的善性，同样源于"天地"。后世儒家谓"民，吾同胞；物，吾与也"（张载：《西铭》），"仁者以天地万物为一体"（《二程遗书》卷二上），都是沿着先秦儒家的理路在这种价值来源的共识之上，儒家生态伦理可以建立范围天地万物的生态共同体，将生态系统真正视为人与万物共生、共存的生命家园。

再次，"天人合一"为树立人的生态义务、责任奠定了基础。人对自然资源的取用和动植物有极大不同，人不但要求维护最基本的生存需求，而且还要求创造更好的生存状态，包括物质的、精神的需求，这既意味着更多的攫取。然而，在生态系统中人的作用是最低微的，其破坏性又是最大的，人该如何去对自己要求一种对生态系统的义务与责任是必须思考的。

从儒家的观点看，人虽高于万物，能思及与天地万物同根同源，进而领会"天人合一"之理，但这绝不是说一个人体悟到这一点就上升到"天"的高度，成了完全意义上的完满的人性、天理的化身了，相反，他必然更加忧患人在生态系统中的位置及其局限。人虽灵慧，但只是一体万殊之一殊，人应该深感欲求的放纵对人性完善的损害，在对自然资源的取用方面力求做到有情、有理、有节。"天不生，地不养，君子不以为礼"（《礼记·礼器》），为满足人类的一己之私而破坏生态系统的行为，儒家是坚决反对的。

四、余论

科学是人类的伟业，所以科学的问题最终是人的问题，尤其体现在科技工作者身上。科技领域的从业人员增强自身的人文素养，是一个严肃且紧迫的任务。儒家思想很重要的一个方面就是强调人要常常反省自我，强调修养个人的身心。这对于科技工作者自身的心灵安顿是有积极作用的。科技工作者本身也是普通人，也有精神上的各种问题需要调适、引导。儒家思想中居静、守仁、行义、主敬等各种修养方式都可资利用转化，为科技工作者自身精神修养的提升起到积极作用。

传统儒家主张先修身、齐家，才能治国、平天下。科技工作者不仅仅研究技术，而且更多时候是为了人类社会谋福祉、是为了让人们生活得更好，工具理性应该接受价值理性的指导。当科技进步的最终目标放在追求人类共同幸福的情境下，儒家思想对于提升科技工作者素质的积极作用就显示出来了。科技只有在正确的价值观引导下，才能被正确发展利用。因此，我们应该调动人文理性、道德价值来批评、监督高科技的冲动与发展。科技界应有职业道德、科技伦理，受人之底线和人类基本伦理的制约。

儒家思想正可以为建立正确价值观提供丰富的资源。比如"仁"的理念，它是"体"，切近地说，它意指人要有同情心、有慈悲心、有爱心，要对人对物有真切的关怀与爱护。如果科技工作者建立起这种博爱心胸，那么科技（项目、功名利禄、金钱）本身并不是目的，而是人类长久幸福凭借的一种手段，这样科技才是服务于人类的，而不是放任自流，甚至戕害人本身的。现在的假药、食品安全的危机，不都是利字当头、见利忘义的人造成的吗？

一般地说，科学实践与文化精神在人类文化中担负着不同的使命，二者相互区别，又相互补充、相互促进。一个优秀的科技工作者，不单单需要技术精良、学问渊博，更需要有良好的道德修养。究竟地说，良知是体是本，闻见是用是末，我们应该厘清二者的关系。

作者简介：郭齐勇，武汉大学国学院院长，哲学学院教授，武汉大学人文社会科学研究院驻院研究员。贵阳孔学堂学术委员会主任。《儒家文化研究》主编，《阳明学研究》主编。

"人心惟危，道心惟微"命题的哲学意义

——兼论中国哲学史的开端*

摘要：心性之学，由来远矣。《尚书·虞书·大禹谟》"人心惟危，道心惟微；惟精惟一，允执厥中"一节，古称"虞廷十六字""十六字心传"。此四句十六字具有整齐的语言结构，前二句言人言道，后二句言危言微，皆相对应。"人心""道心"为一大张力，为哲学最大范畴，为哲学基本问题，为哲学一大主线，亦为哲学一大难题。由此而言，现代学科中"哲学"一语正宜与此四句呼应；换言之，"人心""道心"四句即是中国哲学的最早定义与中国哲学史的最初开端。历代儒家所推崇的道统，始于尧舜禹汤，接乎孔曾思孟，续以濂溪周子；惟其如此，中国哲学的最初背景乃是四代王官之学，而不得为晚周诸子家言所囿。《阳明学研究》期刊以"心学源流""阳明心学""陆九渊心学""陆王心学"为栏目选题，着力探讨"儒家心性之学"，本文试图就此作出回应。

关键词：人心；道心；十六字心传；心性之学；《尚书·虞书》；中国哲学的开端

一、"心性之学"是中国哲学的核心内涵和发展主线

"心性之学"一语，辞气甚佳，古人所常言。

王阳明《重修山阴县学记》："今之为心性之学者，而果外人伦，遗事物，则诚所谓禅矣。"

归有光《乞致仕疏》："夫学者于佛老皆知辟之矣，至吾儒心性之学常不免与之相涉者。"

全祖望《子刘子祠堂配享碑》："折节心性之学。"

黄宗羲《明儒学案·郎中王龙溪先生畿》："果有志于心性之学，以颜闵为期，非第一等德业乎？"

李元度《国朝先正事略·曹厚庵先生事略》："今天下幸而前有朱子，后有王阳明，使心性

---

* 基金项目：湖南省社科基金重大委托项目"《道南文献集成》整理与研究——中古时期以湖南为中心的儒学复兴"（项目编号17WTA08）。

之学大明于世。"

唐鉴《国朝学案小识·侯官谢先生》："康熙间，士大夫喜言心性之学。"

《四库总目提要》：唐鹤徵《宪世编》六卷，"是编发明心性之学"。

李塨《论语传注》二卷，"凡不切立身经世者，一概谓之空谈。而于心性之学，排击尤甚"。

本国学术思想的传统是经史子集四部之学，四部之学具有一个完备的体系。其一，四部以经、史、子、集为次序。其二，史部、子部、集部均以经部为核心。其三，学术是一个整体，四部其实只是一部，本国学术思想传统的最大特质就是整体观。

近代以来，由西洋学术分类引进文学（Literature）、史学（History）、哲学（Philosophy）的概念。文史哲三科可以在经史子集四部中获得近似的对应，但并不能完全吻合，尤其不能以三科取代四部。

《中国哲学小史》[①] 书前小序，表达了作者的"选出"标准："'哲学'本一西洋名词。今讲中国哲学史，其主要工作之一，即是就中国历史上各种学问中，将其可以西洋所谓'哲学'名之者，选出而叙述之。其中有西洋所谓'哲学'之成分者，有先秦诸子之学、魏晋之玄学、隋唐之佛学、宋明之道学，及清人之义理之学。"

以胡适、冯友兰为先驱的中国哲学史的构建者，不是在四部之学中寻求相似的对应，而是误解和破坏了四部之学的体系，因而即如筑楼于沙，预留下严重的隐患。学术界讨论"中国哲学史的合法性"（同时还有"中国文学史"的重写、"中国上古史"的重写问题）已有 20 年之久，诸多学术研讨都不得不回溯到"中国哲学史合法性"的原点而难于层层深入。

胡适、冯友兰对中国哲学史的开创，有三个死角：

第一，否定经学。（与之同时以疑古派为代表的史学研究也否定了经学产生的时代——虞夏商周四代，将中国古史"砍掉一半""打个对折"。）《五经》的内容仅作为文献、史料保存下来，但经学的体系以及经学之所以为经学的特质被抹杀了。

第二，颠倒经学与子学的排序。多年来中国哲学史基本上表现为 3+1 的结构：春秋战国的诸子学、汉唐的经学、宋明的理学，中间再辅以佛教。

《中国哲学小史》书前小序云："魏晋之玄学，即先秦诸子之学中道家之学之继续。隋唐之佛学，虽亦有甚大势力，然终非中国思想之主流。清代之义理之学，乃宋明道学之继续。故此《小史》所述，仅详于先秦诸子之学，及宋明之道学。"[②]

目前各种中国儒学史、中国经学史著作，都只承认经学是汉代的产物，因而将经学错置在诸子之后，成为胡适所说"婢作夫人"（今语则曰"二奶小三当家"）的状态，从而导致源流倒置，

---

① 冯友兰：《中国哲学小史》，上海：商务印书馆 1933 年版。武内义雄《支那思想史》一书，昭和十一年（1936）东京岩波书店出版，汪馥泉译本，上海：商务印书馆 1939 年版，改题《中国哲学思想史》，近年有翻版，改题《中国哲学小史》，遂与冯友兰之书"撞衫"。不过其书以诸子时代、经学时代、三教交涉时代、儒教革新时代为序，恰与冯友兰相似。

② 冯友兰：《中国哲学小史》，上海：商务印书馆 1933 年版，第 1 页。

因果颠倒。

第三，颠倒正题与反题。胡适、冯友兰二人过分表彰先秦诸子，以先秦诸子作为中国哲学的开端。为了肯定诸子，而否定诸子之前的时代，称之为"贵族垄断""信天命""信鬼神"。（同时史学界有所谓"神话""传说"，近年有所谓"巫史"之说。）

胡适说：前8世纪到前6世纪"三个世纪的时势，政治那样黑暗，社会那样纷乱，贫富那样不均，民生那样痛苦。有了这种时势，自然会生出种种思想的反动"。①

冯友兰说："自春秋迄汉初，在中国历史中，为一大解放之时代。"② 又说："古代哲学，大部即在旧所谓诸子之学之内，故在中国哲学史中，上古时代可谓为子学时代。"③

如果先秦时期有"政治那样黑暗"的时代，正当是诸子产生的春秋战国时代，胡适却把它安置在了前8世纪到前6世纪的西周。

西周是历史上的治世，晚周（春秋战国）是历史上的乱世。治世有治世之学，大都为一种平和中正、公允理智的大一统格局；乱世有乱世之学，大都为一种群龙无主、诡异多元的分裂涣散局面。治世的一统思想是正题，乱世的自由竞争是反题。正题常常沦落为反题，而反题则须归本于正题。

胡适、冯友兰等人以其自身所占据的民国乱世，而对晚周乱世大加赞颂，其结果对其自身命运不啻自掘坟墓，对于本国学术思想传统也是恶意葬送。

以往章学诚、章太炎二人对上古经学的论述，如"王官之学""世官世畴""政教不离""技进于道"等，胡适、冯友兰对此概念全无体会。胡适、冯友兰的中国哲学史是对古代"哲学家"的描述，而对中国古代哲学问题的注意根本不是从"家"开始的。

"哲学"一语，源于日本学者的发明。

早先，高濑武次郎著《"支那"哲学史》，其"上世哲学史"以"太古尧舜"为开端，并且在"执中"的标题下讨论了《大禹谟》《尧曰篇》的原文。④

谢无量《中国哲学史》与之相近，在上古哲学史、哲学之渊源部分讨论了"邃古哲学之起源""唐虞哲学""夏商哲学"以及"六艺哲学"，然后才出现儒家、道家，与高濑武次郎相近。

胡适批评谢无量："今人谈古代哲学……甚至于高谈'邃古哲学'、'唐虞哲学'，全不问用何史料。最可怪的是竟有人引《列子·天瑞篇》'有太易有太初有太始'一段，及《淮南子》'有始者，有未始有有始者'一段，用作'邃古哲学'的材料。"⑤ 恰可说明胡适不懂哲学。

胡适、冯友兰的中国哲学史是以"哲学家"为始，一以老子开头，一以孔子开头。（以老子开头则不免于牟宗三"无头哲学"之讥，以孔子开头则不免于黑格尔辈孔子只有伦理没有哲学

---

① 胡适：《中国哲学史大纲》卷上，上海：商务印书馆1919年版，第42页。
② 冯友兰：《中国哲学史》，上海：神州国光社1931年版，第29—30页。
③ 冯友兰：《中国哲学史》，上海：神州国光社1931年版，第43页。
④ 高濑武次郎：《"支那"哲学史》，东京文盛堂1910年版，第16页。冯友兰曾提及此书。
⑤ 胡适：《中国哲学史大纲》卷上，上海：商务印书馆1919年版，"导言"第23页。

之讥。）

谢无量《中国哲学史》，民国五年上海中华书局出版，是近代以来的第一部中国哲学史。（上海中华书局正式出版以前，先有四川国学学校的铅字直排线装自印本。）

谢无量说："天地恶从而生乎？万物恶从而生乎？人居其间，又恶从而生乎？知乎此者，是之谓哲。不知乎此而欲求所以知之，是哲学之所由起也。"① 这是真正由"哲学问题"开头的哲学史著作。

研究中国哲学史，可以有两种开端：其一，以心性之学为开端。其二，以"人的自觉""人的觉醒"为开端。

在高濑武次郎之前，远藤隆吉《"支那"思想发达史》，从讨论"天命"开始。② 其后，高田真治《"支那"思想の研究》，从讨论"敬天""天命"开始，连带讨论殷商的"鬼神"，引出孔子的"仁"。③

野宇哲人《"支那"哲学史讲话》，虽然篇幅精简，尚能给唐虞、九德、洪范留有位置。④ 吉田贤抗《"支那"思想史概说》则糅合诸家，兼述了"敬天思想"与"执中训"。⑤

这种以"敬天""天命"作为开端的中国哲学史，往往以"鬼神"作捆绑，作为中国哲学史兴起的一个背景，具有负面的反衬作用，大体上是被否定的元素。由"天命""鬼神"反衬出来的孔子的"仁学"，于是异军突起，与雅斯贝斯辈的"人的自觉""人的觉醒"衔接。

抗战前后，傅斯年和郭沫若大约同时探讨了"天命"问题，并痛加批判。（傅斯年著《性命古训辨证》1938年出版，郭沫若著《先秦天道观之进展》1936年出版。）二人的著作虽然不以"中国哲学史"为题，但影响极大。这一类的讨论，是将"天命"与"人文"背反。其所谓"人的自觉""人的觉醒"，是世俗的人、唯物的人，根本上说并非一种哲学的讨论，偏离了义理的概念思维的主线。

哲学绝非人类本身的学问。人类的精神也绝非人类肉体的逸出品。必须研究天道天理与人心人性的关系，相对的在史学、文学、伦理学之外讨论抽象的本质问题，方可称之为哲学。由此而言，只有传统所说的"心性之学"，可以当得起中国哲学的核心内涵和发展主线。

谢无量由"哲学问题"入手，构建"邃古哲学的起源"，较之傅斯年、郭沫若，更加具有中国哲学史学科的建设意义。

哲学研究至少有三个层面：古人学说之本义是一回事；今日之诠释是一回事；明日之"全球化"是一回事。

由第一层面而言，本国学术思想起源甚早，哲学（心性之学）的肇端以《尚书·虞书·大

① 谢无量：《中国哲学史》，上海：中华书局1916年版，第3页。
② 远藤隆吉：《"支那"思想发达史》，东京：富山房1903年版，第27—32页。
③ 高田真治：《"支那"思想の研究》，东京：春秋社1939年版，第2—18、19—28页。
④ 野宇哲人：《"支那"哲学史讲话》，东京：大同馆1914年版，第13—17、14—18页。
⑤ 吉田贤抗：《"支那"思想史概说》，东京：明治书院1943年版，第5—8、26页。

禹谟》"人心惟危，道心惟微"命题为标志，或者说唐虞为心性之学之祖（同时文学的肇端则以《尚书·虞书·舜典》"诗言志，歌永言，声依永，律和声"命题为标志，故唐虞亦为诗学与文学之祖），应当是一个事实。

由第二层面而言，我们在主观上期望中国哲学有明确的核心（心性之学），有正题的树立，有高端的起点，有尊贵的身份，有明媚的光焰。

由第三层面而言，中国哲学（心性之学）在当今与未来的全球化时代，较之其他命题概念更加具有普适意义。

二、"人心惟危，道心惟微"命题的文献来源

"人心惟危，道心惟微"是原因的层面，是从学理上作出论证的起点。

"惟精惟一，允执厥中"是结果的层面，是从政治上作出决定的终点。

以往经学、理学关注的重点在乎结果，即"精一""执中"，并且将"执中"与"中庸"相关联，所以对之有更加充分的讨论。

"心"与"性"，二者字义有别，但词性则为一类。如同道学、理学、心学、性理学诸名称，字义虽然有别，词性仍大致为一类。因此，"人心""道心"大致上也可以视为人性、道性。

"人心"也者，犹言"人之性"。"道心"也者，犹言"道之性"。

《老子·七十七章》言："天之道，其犹张弓欤？高者抑之，下者举之，有余者损之，不足者与之。天之道，损有余而补不足；人道则不然，损不足，奉有余。孰能有余以奉天下？其唯有道者。"所言"天道"，即"道心"也。所言"人道"，即"人心"也。

在人心与道心、人性与道性、人道与天道之间，始终存在回避不去的张力。

"人心惟危，道心惟微"命题，言简意赅，一语道破了哲学（心性之学）的基本内容。古今有关心性的讨论，几乎都不外乎人心危、道心微的命题范围。换言之，哲学（心性之学）的探讨，基本上便是对人心、道心的关系究竟如何提出辨析。

因此，从哲学角度而言，"人心惟危，道心惟微"命题，较之"惟精惟一，允执厥中"命题，更加具有学科建设的意义；换言之，"人心惟危，道心惟微"命题更加具有哲学性。

"人心惟危，道心惟微"命题，来源于《论语》和《尚书》。

《论语·尧曰》：

"尧曰：'咨！尔舜！天之历数在尔躬。允执其中。四海困穷，天禄永终。'舜亦以命禹。"

《论语》晚出，成于七十子后学之手。但引文出自帝尧，原文为韵文，表明引文有古老的来源。

《尚书·虞书·大禹谟》：

帝曰："来，禹！降水儆予，成允成功，惟汝贤。克勤于邦，克俭于家，不自满假，惟汝贤。汝惟不矜，天下莫与汝争能。汝惟不伐，天下莫与汝争功。予懋乃德，嘉乃丕绩，天之历数在汝躬。汝终陟元后，人心惟危，道心惟微，惟精惟一，允执厥中。无稽之言勿听，弗询之谋勿庸。可爱非君，可畏非民，众非元后，何戴？后非众，罔与守邦，钦哉！慎乃有位，敬修其可愿，四海困穷，天禄永终。惟口出好兴戎，朕言不再。"

《尚书》最古老的部分为《虞书》五篇。引文出自帝舜，原文亦为韵文（此处及上引均依韵断句）。

《虞书》有关帝尧、帝舜"命官"的记载，从技进于道、政教不离一面而论，也可以说是本国学术思想的第一个学案。（其他命官又有：命羲和四子历象日月星辰，命十二牧养民，命伯禹作司空平水土，命弃作后稷种植百谷，命契作司徒布五教，命皋陶作士掌五刑，命垂作共工掌百工，命益作朕虞掌山泽，命伯夷作秩宗掌天地人之礼，命龙作纳言出纳王命。命夔作典乐"诗言志"一节与文学史的起源有绝大关系。而"汝惟不矜，天下莫与汝争能。汝惟不伐，天下莫与汝争功"二句，则与《老子》的道家思想有一致之处。《老子·二十二章》："夫唯不争，故天下莫能与之争。"《六十六章》："以其不争，故天下莫与之争。"）

《论语》和《尚书》同时记载帝尧之言，《尚书》记载全文，《论语》记载省文，二者恰好相互印证。

《经义考》卷七十四引梅鷟曰："《尚书》惟今文传自伏生口诵者为真古文，出孔壁中者尽后儒伪作。……'惟精惟一，允执厥中'则窃《论语》'允执其中'等语成文。"其说全无依据。

2009年公布的清华大学所藏战国竹简《保训》记载："昔舜旧作小人，亲耕于历丘，恐求中，自稽厥志，不违于庶万姓之多欲。厥有施于上下远迩，乃易位迩稽，测阴阳之物，咸顺不扰。舜既得中，言不易实变名，身滋备惟允，翼翼不懈，用作三降之德。帝尧嘉之，用受厥绪。""求中""得中"之"中"字可能是"公正"之意，引申有天道的含义。因此，这篇出土文献也可以和《论语》《尚书》的相关记载相印证。

《大禹谟》篇，古文《尚书》有，今文《尚书》无。

敦煌史料中有唐人写本《隶古定尚书·大禹谟》（编号 S.801），是今人所见最早的实物文献。

三、汉宋学者对"人心惟危，道心惟微"一语的随文训解

《大禹谟》"人心惟危，道心惟微；惟精惟一，允执厥中"，汉至唐宋的古注和解读大多简略不精，举例如下：

1. 孔安国、孔颖达《尚书注疏》采取的是随文训诂、串讲句义的方式，因此比较简略。

孔安国传："危则难安，微则难明，故戒以精一，信执其中。"

孔颖达疏："民心惟甚危险，道心惟甚幽微。危则难安，微则难明。汝当精心，惟当一意，信执其中正之道，乃得人安而道明耳。"

2. 王通解释"一""中"为道。

王通《中说》卷五："'惟精惟一，允执厥中'，其道之谓乎？"

3. 司马光解释"执中"为"道之大要"。

司马光《稽古录》："危则难安，微则难明。精所以明其难明，一所以安其难安。然道之大要，莫若信执其中。"

司马光《中和论》："君子从学贵于博，求道贵于要。道之要，在治方寸之地而已。《大禹谟》曰：'人心惟危，道心惟微；惟精惟一，允执厥中。'危则难安，微则难明。精之所以明其微也，一之所以安其危也。要在执中而已。"

4. 程子解释"人心""道心"为"人欲""天理"，解释"执中"为"时中"。

《河南程氏遗书》第十一："'人心惟危'，人欲也。'道心惟微'，天理也。'惟精惟一'，所以至之。'允执厥中'，所以行之。"

同书第十九："'人心'，私欲也。'道心'，正心也。'危'，言不安。'微'，言精微。惟其如此，所以要精一。'惟精惟一'者，专要精一之也。精之一之，始能'允执厥中'。'中'是极至处。"

同书第二十一下："'人心惟危，道心惟微。''心'，道之所在。'微'，道之体也。心与道浑然一也。对放其良心者言之，则谓之道心。放其良心则危矣。'惟精惟一'，所以行道也。"

5. 胡安国解释"人心"为"仁心"。

胡安国《春秋胡氏传》卷三："仁者何？心是也。建立万法，酬酢万事，帅驭万夫，统理万国，皆此心之用也。尧、舜、禹以天下相授，尧所以命舜，舜亦以命禹，首曰：'人心惟危，道心惟微'。周公称：'乃考文王，惟克厥宅心，乃克立兹常事。'故一心定而万物服矣。"

6. 朱子、程若庸、胡炳文的解释，重点在于"精一""执中"。而且朱子起初似不同意"心"可以有两种不同的"心"，说到本心则只是一个心。

《四书大全·中庸大全》引"人心惟危，道心惟微；惟精惟一，允执厥中"，汪份集注引朱子曰："'中'只是个恰好底道理，'允'是真个执得。尧告舜只一句，舜已晓得，所以不复更说。舜告禹又添三句，这三句是'允执厥中'以前事，是舜教禹做工夫处，便是怕禹尚未晓得，故恁地说。"又曰："舜、禹相传只就这心上理会也，只在日用动静之间求之，不是去虚空中讨一个物事来。"又曰："只是一个心有道理底，人心即是道心。"

汪份引程若庸（勿斋）曰："人生而静，气未用事，未有人与道之分，但谓之心而已。感物而动，始有人心、道心之分焉。'精一'、'执中'，皆是动时工夫。"

汪份引胡炳文（雪峰）曰："《六经》言道统之传，自《虞书》始。不有《论语》表出尧曰'允执厥中'，则后世孰知舜之三言所以明尧之一言哉？朱子于《论语》'执中'无明释，至《孟子》'汤执中'，始曰守而不失，意可见矣。尧之'执中'，不可以贤者之固执例论。自尧之心推之，则圣不自圣，愈见尧之所以为圣尔。况'中'无定体，倘不言'执'，人将视之如风如影，不可捕诘矣。然'执中'之工夫，只在'精一'上。尧授舜曰'允执厥中'，如夫子语曾子以'一贯'。舜授禹必由'精一'而后'执中'，是犹曾子告门人必由'忠恕'而达于'一贯'也。"

四、朱子以"人心惟危，道心惟微"开启道统

（一）朱子对《尚书》文本的训读

朱子认为，心有二种，人心是形气之心，道心是义理之学。人心倾向于私，近似于程子所解释的"人欲"。道心倾向于公，近似于程子所解释的"天理"。

《晦庵先生朱文公文集》[①]卷六十五《杂著》：《尚书·虞书·大禹谟》（题注：古文有，今文无）：

"人心惟危，道心惟微；惟精惟一，允执厥中：心者，人之知觉，主于身而应事物者也。指其生于形气之私者而言，则谓之人心；指其发于义理之公者而言，则谓之道心。人心易动而难反，故危而不安；义理难明而易昧，故微而不显。惟能省察于二者公私之间，以致其精，而不使其有毫厘之杂；持守于道心微妙之本，以致其一，而不使其有顷刻之离。则其日用之间，思虑动作，自无过不及之差，而信能执其中矣。尧之告舜，但曰'允执厥中'，而舜之命禹，又推其本末而详言之。盖古之圣人将以天下与人，未尝不以其治之之法并而传之，其可见于经者不过如此。后之人君，其可不深畏而敬守之哉！"

（二）朱子对"人心惟危，道心惟微"的政治性阐释

《晦庵先生朱文公文集》卷十一《壬午应诏封事》："臣闻之：尧、舜、禹之相授也，其言曰：'人心惟危，道心惟微；惟精惟一，允执厥中。'夫尧、舜、禹皆大圣人也，生而知之，宜无事于学矣，而犹曰'精犹曰一'。"

同书同卷《戊申封事》："臣谨按《尚书》，舜告禹曰：'人心惟危，道心惟微；惟精惟一，允执厥中。'夫心之虚灵，知觉一而已矣。而以为有人心、道心之别者，何哉？盖以其或生于形气

---

① 朱熹：《晦庵先生朱文公文集》，《四部丛刊》景上海涵芬楼藏明刊本，下同。

之私，或原于性命之正，而所以为知觉者不同，是以或危殆而不安，或精微而难见耳。然人莫不有是形，故虽上智，不能无人心；亦莫不有是性，故虽下愚，不能无道心。二者杂于方寸之间，而不知所以治之，则危者愈危，微者愈微，而天理之公，卒无以胜乎人欲之私矣。精则察夫二者之间而不杂也，一则守其本心之正而不离也。从事于斯，无少间断。必使道心常为一身之主，而人心每听命焉，则危者安，微者著，而动静云为，自无过不及之差矣。"

朱子认为，心只是一个，发出来以后，则一分为二，一为形气之心，一为性命之心。性命之心即前所言义理之学。人心与性命之心、义理之心不同，必服从于性命、义理。

朱子认为，"人心惟危，道心惟微"十六字为三圣相传治道大法，故在写给朝廷的奏疏中加以援引。

"精一"是遵循道理、天理、天道。"厥中"是历史意义上之随时而中。"允执"是政治力量（同时也是学术力量、人文力量）。

（三）朱子与其师友的斟酌讨论

《晦庵先生朱文公文集》卷三十六《答陈同甫》[1]："所谓'人心惟危，道心惟微；惟精惟一，允执厥中'者，尧、舜、禹相传之密旨也。夫人自有生而梏于形体之私，则固不能无人心矣。然而必有得于天地之正，则又不能无道心矣。日用之间，二者并行，迭为胜负，而一身之是非得失，天下之治乱安危，莫不系焉。是以欲其择之精，而不使人心得以杂乎道心；欲其守之一，而不使天理得以流于人欲。则凡其所行，无一事之不得其中，而于天下国家无所处而不当。夫岂任人心之自危，而以有时而泯者为当然？任道心之自微，而幸其须臾之不常泯也哉？夫尧、舜、禹之所以相传者既如此矣……"

《晦庵先生朱文公文集》卷四十四《答蔡季通》："人之有生，性与气合而已。然即其已合而析言之，则性主于理而无形，气主于形而有质。以其主理而无形，故公而无不善；以其主形而有质，故私而或不善。以其公而善也，故其发皆天理之所行；以其私而或不善也，故其发皆人欲之所作。此舜之戒禹，所以有人心、道心之别。盖自其根本而已然，非为气之所为，有过不及，而后流于人欲也。"

又云："然但谓之人心，则固未以为悉皆邪恶；但谓之危，则固未以为便致凶咎。但既不主于理而主于形，则其流为邪恶以致凶咎亦不难矣。此其所以为危，非若道心之必善而无恶，有安而无倾，有准的而可凭据也。故必其致精一于此两者之间，使公而无不善者，常为一身万事之主，而私而或不善者不得与焉，则凡所云为，不待择于过与不及之间，而自然无不中矣。凡物剖判之初，且当论其善不善。二者既分之后，方可论其中不中。'惟精惟一'，所以审其善不善也。'允执厥中'，则无过不及而自得中矣，非精一以求中也。"

---

[1] 朱熹《晦庵先生朱文公文集》卷三十六《答陈同甫》，陈亮《龙川文集》永康胡氏退补斋刊本《附录朱文公经济文衡》题为《论尧舜禹相传之旨答陈同甫》。

以下再补充两节学者间接引用的朱子之言：

"孔子之所谓'克己复礼'，《中庸》所谓'致中和，尊德性，道问学'，《大学》所谓'明明德'，《书》曰'人心惟危，道心惟微；惟精惟一，允执厥中'。圣人千言万语，只是教人存天理，灭人欲。人性本明，如宝珠沈溷水中，明不可见。去了溷水，则宝珠依旧自明。"①

"邹应博奏对谓：《书》曰：'人心惟危，道心惟微；惟精惟一，允执厥中。'朱熹谓：人不能无人心，亦未尝无道心。人心者，如饮食、男女、好乐、忿懥之类是也。若无此，则何以为人乎？惟其纵而不知检，则逐物而迁，故曰'人心惟危'也。道心者，良能良知也，而此心必甚微而难见，圣人充吾良能良知之心，使天理流行而昭著，则人心自入于检防之中也。"②

黄榦和许谦的意见，也与朱子一致：

《宋元学案·勉斋学案》③引黄榦《圣贤道统传授总叙说》："'人心惟危，道心惟微；惟精惟一，允执厥中。'舜因尧之命而推其所以执中之由，以为：人心，形气之私也。道心，性命之正也。精以察之，一以守之，则道心为主，而人心听命焉。则存之心，措之事，信能执其中，曰精曰一。此又舜之得统于尧，禹之得统于舜者也。"

许谦《读论语丛说》④卷下《尧曰章》："'人心惟危，道心惟微；惟精惟一，允执厥中。'人心者，耳目、口鼻、四肢之于声色、臭味、安逸是也，为流于欲，故危。道心者，恻隐、羞恶、辞让、是非之端是也，为欲所昏，故微。精则欲察其人心道心之异，一则惟守道心而不移。此乃'允执其中'之法也。"

朱子此处以人心为形气，道心为天理，与前文所引相同，但师友之间，斟酌讨论，则论述更加细密。

朱子不仅将"人心""道心"与"人欲""天理"对应，而且直接将二者与善恶对应。

"人欲""天理"是承接了《乐记》"人生而静，天之性也……灭天理而穷人欲者也"的话题，"且当论其善不善"则是承接了孟子"良知良能"的话题。

照说，"善恶"真是人生一大难题。从孔孟到程朱，明明生平多的是坎坷，明明眼中多的是恶人，却要坚信人性之善。天道昭昭，无往不在，其实却并不扶持善良，惩治凶恶。

朱子认为，人心并不一定为恶，但却可以为恶。私欲并非没有依据，但却不可膨胀。那么，如果人心、私欲是没有依据的，它为什么会存在？如果人心、私欲是有依据的，它一定是依据于天道、天理而来。这是矛盾的。

宇宙间有道、有天理、有一、有诚、有统一的秩序，因此宇宙万物一定是善良的。

现实中有恶，恶既然存在，一定有其依据；现实中有恶，恶一定要克制，所以恶必须要它没有依据。

---

① 《宋元学案》卷四十八《晦翁学案》引。
② 《宋元学案》卷七十《沧洲诸儒学案下·槎溪门人·提刑邹先生应博》引。
③ 黄宗羲原本、全祖望修定：《宋元学案》，《续四部丛刊》景道光道州何氏刊本。
④ 许谦：《读论语丛说》，《四部丛刊》景常熟瞿氏铁琴铜剑楼藏元刊本。

儒家学说需要拿出论证，需要同时满足矛盾中的双方。

"人心惟危，道心惟微"，字面的含义是：人心是对的，但是人心常常很危险；道心是存在的，但是道心往往看不见。

"微"，隐微。孔子言"大道既隐"，老子言"道隐无名"，庄子言"道乌乎隐"。

人心之"危"，则如庄子所言："崔瞿问于老聃曰：'不治天下，安臧人心？'老聃曰：'女慎无撄人心！人心排下而进上，上下囚杀，淖约柔乎刚强，廉刿雕琢，其热焦火，其寒凝冰。其疾俯仰之间而再抚四海之外，其居也渊而静，其动也悬而天。偾骄而不可系者，其唯人心乎！'""安臧人心"之"臧"，有本作"藏"，世德堂本作"臧"。"臧"，善也。郭象注："撄之则伤其自善也。"成玄英疏："既问'在宥不治人心，何以履善？'答曰：'宥之放之，自合其理，作法理物，则撄挠人心。'"

一方面须肯定人文的作用，参天地、赞天地；另一方面须警惕人类自身，而使之归向均衡、公正、无私、善良。两种倾向同时并存，在人心和道心之间是永远的张力。这个就是心性之学。孔孟、程朱建立它，不为一时，而为万世。（庄生言天道之与人道相去远矣，太史公言究天人之际，皆此张力所在。）

（四）朱子以《中庸》构建道统而援引《虞书》

朱子《中庸章句序》云："《中庸》何为而作也？子思子忧道学之失其传而作也。盖自上古圣神，继天立极，而道统之传，有自来矣。其见于《经》，则'允执厥中'者，尧之所以授舜也；'人心惟危，道心惟微；惟精惟一，允执厥中'者，舜之所以授禹也。尧之一言，至矣尽矣，而舜复益之以三言者，则所以明夫尧之一言必如是而后可庶几也。"

《中庸》是子思所作，但"中庸"的思想却早有渊源。

《中庸》云：孔子"祖述尧舜，宪章文武"。至汉代，儒家道统再顺延一阶梯，《汉书·艺文志》云：儒家者流"祖述尧舜，宪章文武，宗师仲尼"。可知儒家自身所共认的思想渊源，就是尧舜。

《中庸章句序》又云："盖尝论之：心之虚灵知觉，一而已矣，而以为有人心、道心之异者，则以其或生于形气之私，或原于性命之正，而所以为知觉者不同，是以或危殆而不安，或微妙而难见耳。然人莫不有是形，故虽上智不能无人心；亦莫不有是性，故虽下愚不能无道心。二者杂于方寸之间，而不知所以治之，则危者愈危，微者愈微，而天理之公卒无以胜夫人欲之私矣。"

此言形气的人心、性命的道心，都是同时存在的；并且形气每每很嚣张，性命每每很微弱。

《中庸章句序》又云："精，则察夫二者之间而不杂也；一，则守其本心之正而不离也。从事于斯，无少间断，必使道心常为一身之主，而人心每听命焉，则危者安，微者著，而动静云为，自无过不及之差矣。"

此言推论的结果是，人类必精必一。

《中庸章句序》又云："夫尧、舜、禹，天下之大圣也。以天下相传，天下之大事也。以天下之大圣，行天下之大事，而其授受之际，丁宁告戒，不过如此。则天下之理岂有以加于此哉？"

朱子曾说："圣人千言万语，只是说个当然之理。"（《朱子语类》卷十一）"圣人千言万语，只是要人收拾得个本心。"（《朱子语类》卷二十三）

可知人心、道心问题，是心性之学的根本问题。

《中庸章句序》又云："自是以来，圣圣相承，若成汤、文、武之为君，皋陶、伊、傅、周、召之为臣，既皆以此而接夫道统之传。若吾夫子，则虽不得其位，而所以继往圣、开来学，其功反有贤于尧、舜者。然当是时，见而知之者，惟颜氏、曾氏之传得其宗。及曾氏之再传，而复得夫子之孙子思，则去圣远而异端起矣。子思惧夫愈久而愈失其真也，于是推本尧、舜以来相传之意，质以平日所闻父、师之言，更互演绎，作为此书，以诏后之学者。"

此言儒家道统自尧舜至子思，一脉相传。

《中庸章句序》又云："盖其忧之也深，故其言之也切；其虑之也远，故其说之也详。其曰'天命''率性'，则'道心'之谓也；其曰'择善固执'，则'精一'之谓也。其曰'君子时中'，则'执中'之谓也。世之相后千有余年，而其言之不异，如合符节。历选前圣之书，所以提挈纲维，开示蕴奥，未有若是其明且尽者也。"

此言《虞书》之"执中"，《中庸》之"时中"。

《朱子语类》卷五十八："问：'孔子时中，所谓随时而中否？'曰：'然。'"

《中庸章句集注》："'中庸'者，不偏不倚，无过不及，而平常之理，乃天命所当然，精微之极致也。……君子之所以为中庸者，以其有君子之德，而又能随时以处中也。……盖中无定体，随时而在，是乃平常之理也。"

"中庸"之"中"虽然重要，而"时中"之"时"亦不可忽视。因为"中"无定体，须是在"时"上才能体现。"中"是正当、适宜，"时"是时代、时势。儒家心性之学的中、诚、道、理，之所以拥有自身的内在能力，得以适应现代与未来的社会，关键在一个"时"字。

《中庸章句序》又云："自是而又再传，以得孟氏为能推明是书，以承先圣之统，及其没而遂失其传焉。"

此言道统自子思传到孟子。自孟子以下，道统之传，恰有《宋史·道学传·序》，与《中庸章句序》相接。"孔子没，曾子独得其传，传之子思，以及孟子，孟子没而无传。两汉而下，儒者之论大道，察焉而弗精，语焉而弗详，异端邪说起而乘之，几至大坏。千有余载，至宋中叶，周敦颐出于舂陵，乃得圣贤不传之学。"

儒家道统，始自《中庸》二句"祖述尧舜，宪章文武"，接以《汉志》一句"宗师仲尼"，继当接以《宋史》一句"近尊濂溪"。如此方成其为道统。

五、陆九渊的阐释及其"涵养"论

《象山先生全集》[①]卷三十二拾遗，"人心惟危，道心惟微；惟精惟一，允执厥中"条云："知所可畏，而后能致力于中；知所可必，而后能收效于中。夫大中之道，固人君之所当执也。然人心之危，罔念克念，为狂为圣，由是而分。道心之微，无声无臭，其得其失，莫不自我。曰危曰微，此亦难乎其能执厥中矣，是所谓可畏者也。苟知夫危微之可畏也，如此则亦安得而不致力于中乎？毫厘之差，非所以为中也，知之苟精，斯不差矣；须臾之离，非所以为中也，守之苟一，斯不离矣。惟精惟一，亦信乎其能执厥中矣，是所谓可必者也。苟知夫精一之可必也，如此则亦安得而不收效于中乎？知所可畏而致力于中，知所可必而收效于中，则舜、禹之所以相授受者，岂苟而已哉！"

陆九渊对"人心惟危，道心惟微；惟精惟一，允执厥中"文本的理解，与朱子无大差异。

《尚书·多方》："惟圣罔念，作狂；惟狂克念，作圣。"陆九渊认为，人心可以有两种倾向，罔念则作狂人，克念则作圣人。"由是而分"，意谓人心是可以一分为二，打作善恶两橛的。

但陆九渊不似朱子之关注在于人心、道心的张力，而是取径伦理一途，将结果落实为"可畏""涵养"。

《象山先生全集》卷三十五语录："'惟精惟一'，须要如此涵养。"

六、王阳明的"心学"观与"功夫"论

（一）王阳明的"心学"观

朱子所说的"道统"，王阳明称之为"心学"。除此表述不同外，王阳明对于儒家统绪的追述与朱子大体一致。

王阳明《象山先生全集·叙》云："圣人之学，心学也。尧、舜、禹之相授受，曰：'人心惟危，道心惟微；惟精惟一，允执厥中。'此心学之源也。中也者，道心之谓也。道心精一之谓仁，所谓中也。"

王阳明明确断言，儒学就是心学，"人心惟危，道心惟微；惟精惟一，允执厥中"十六字就是心学的渊源。这个心学，当然是道心，而不是人心。

《象山先生全集·叙》又云："孔孟之学，惟务求仁，盖精一之传也。而当时之弊，固已有外求之者。故子贡致疑于多学而识，而以博施济众为仁。夫子告之以一贯，而教以能近取譬，盖

---

① 陆九渊：《象山先生全集》，《续四部丛刊》景明李氏刊本，下同。

使之求诸其心也。迨于孟氏之时，墨氏之言仁，至于摩顶放踵，而告子之徒，又有仁内义外之说，心学大坏。孟子辟义外之说，而曰：'仁，人心也。学问之道无他，求其放心而已矣。'又曰：'仁义礼智，非由外铄我也，我固有之，弗思耳矣。'盖王道息而伯术行，功利之徒外假天理之近似，以济其私，而以欺于人，曰天理固如是。不知既无其心矣，而尚何有所谓天理者乎？自是而后，析心与理而为二，而精一之学亡。世儒之支离外索于刑名器数之末，以求明其所谓物理者，而不知吾心即物理，初无假于外也。佛老之空虚，遗弃其人伦事物之常，以求明其所谓吾心者，而不知物理即吾心，不可得而遗也。"

此言心学之道心，却须向内求之，而向内求之之心，即称为"良知""仁"的"吾心"。

朱子将人心分为形气与性命二种，王阳明将人心分为向内与向外二种。朱子较为强调天道、天理，王阳明较为强调本心、吾心。

《象山先生全集·叙》又云："至宋，周、程二子始复追寻孔、孟之宗，而有'无极而太极'、'定之以仁义中正而主静'之说，'动亦定，静亦定，无内外，无将迎'之论，庶几精一之旨矣。"

王阳明承认《宋史·道学传》所构建的道统，承认周濂溪与二程子的地位。

《象山先生全集·叙》又云："自是而后，有象山陆氏，虽其纯粹和平若不逮于二子，而简易直截真有以接孟氏之传。其议论开阖，时有异者，乃其气质意见之殊，而要其学之必求诸心则一而已。故吾尝断以陆氏之学，孟氏之学也。……"

王阳明再以陆九渊承接周子、二程子。如果从哲学即是心性之学的角度而论，陆九渊的思想确乎占据着哲学（但非周孔儒学）的主线。而清代的实学更多倾向于政治学，朴学更多倾向于文献学。

此一脉络，即如明方学渐《心学宗·自序》所云："吾闻诸舜：'人心惟危，道心惟微。'闻诸孟子：'仁，人心也。'闻诸陆子：'心即理也。'闻诸王阳明：'至善，心之本体。'一圣三贤，可谓善言心也矣。"

（二）王阳明的"功夫"论

《传习录》上："问：惟精惟一，是如何用功？先生曰：惟一是惟精主意，惟精是惟一功夫。非惟精之外，复有惟一也。'精'字从'米'，姑以米譬之。要得此米纯然洁白，便是惟一意。然非加舂簸筛拣，惟精之功，则不能纯然洁白也。舂簸筛拣，是惟精之功，然亦不过要此米到纯然洁白而已。博学、审问、慎思、明辨、笃行者，皆所以为惟精而求惟一也。"

《阳明全集》[①] 卷四《寄诸弟书（戊寅）》："人皆曰：人非尧舜，安能无过。此亦相沿之说，未足以知尧舜之心。若尧舜之心，而自以为无过，即非所以为圣人矣。其相授受之言曰：'人心惟危，道心惟微；惟精惟一，允执厥中。'彼其自以为人心之惟危也，则其心亦与人同耳。危即过

---

① 王守仁：《阳明全集》，《续四部丛刊》景明谢氏刻本，下同。

也，惟其兢兢业业，常加精一之功，是以能允执厥中，而免于过。古之圣贤，时时自见己过而改之，是以能无过，非其心果与人异也。"

《阳明全集》卷七《重修山阴县学记（乙酉）》："夫圣人之学，心学也。学以求尽其心而已。尧、舜、禹之相授受曰：'人心惟危，道心惟微；惟精惟一，允执厥中。'道心者，率性之谓，而未杂于人，无声无臭，至微而显，诚之源也。人心则杂于人而危矣，伪之端矣。见孺子之入井而恻隐，率性之道也。从而内交于其父母焉，要誉于乡党焉，则人心矣。饥而食，渴而饮，率性之道也。从而极滋味之美焉，恣口腹之饕焉，则人心矣。惟一者，一于道心也。惟精者，虑道心之不一，而或二之以人心也。道无不中，一于道心而不息，是谓'允执厥中'矣。"

《重修山阴县学记》又云："一于道心，则存之无不中，而发之无不和。是故率是道心而发之于父子也无不亲，发之于君臣也无不义，发之于夫妇长幼朋友也无不别、无不序、无不信，是谓中节之和，天下之达道也。放四海而皆准，亘古今而不穷，天下之人同此心，同此性，同此达道也。"

《重修山阴县学记》又云："舜使契为司徒而教以人伦教之，以此达道也。当是之时，人皆君子，而比屋可封，盖教者惟以是为教，而学者惟以是为学也。圣人既没，心学晦而人伪行，功利、训诂、记诵、辞章之徒，纷沓而起，支离决裂，岁盛月新，相沿相袭，各是其非，人心日炽，而不复知有道心之微。间有觉其纰缪而略知反本求源者，则又哄然指为禅学而群訾之。呜呼！心学何由而复明乎？"

七、历代学者对"人心惟危，道心惟微"的称断

1. 叶适称"人心惟危，道心惟微"等语为"道始"

《宋元学案》卷五十四《水心学案》引叶适《总述讲学大旨》：

"道始于尧'钦明文思安安，允恭克让'，命羲和'历象日月星辰，敬授人时'。次舜'浚哲文明，温恭允塞'，'在璇玑玉衡，以齐七政'。其微言曰：'人心惟危，道心惟微；惟精惟一，允执厥中。'……呜呼！尧、舜、禹、皋陶、汤、伊尹，于道德、性命、天人之交，君臣、民庶，均有之矣。"

2. 宋姚希得称"人心惟危，道心惟微"为《五经》之冠

《经义考》卷八十二引徐侨《尚书括旨》姚希得《序》："夫《五经》为诸书之冠，而《虞》《周》二书皆圣训典谟，'惟精惟一'之旨又为《五经》之冠。苟非深明其奥，曲洞其理，安能妄措一词。"

3. 元姚然以"人心惟危，道心惟微"构建道学正统

《永乐大典》卷五千三百四十五《潮州府》引至元三十一年姚达泉《重建元公书院记》："吴

古鸿荒，有熊氏以上无箅。'惟精惟一'，自尧始传而舜、禹。又传而文王、周公、孔子、孟轲，是谓道之正统。轲后道脉微，扶正学者如荀、杨、仲淹之辈，皆功不迨轲。寥寥千载，始有元公疏源导流，太极动静之体，五殊二实之气，仁义中正之理，凡天地人所由立，万事万物所从出，天下学者所以正心修身者。二程、朱、张四先生又引而派之，遂使道学涵濡人心，养成士君子之质，非后来孔孟欤？"

4. 明宋仪望称"人心惟危，道心惟微"为万世心学之原、传心之祖

《明儒学案》卷二十四《中丞宋望之先生仪望》引《阳明先生从祀或问》："或有问于予曰：古今学术，自尧、舜至于孔、孟，原是一个，后之谈学者何其纷纷也？予答之曰：自古及今，人同此心，心同此理。……或曰：人之心只有此个生理，则学术亦无多说，何至纷纷籍籍，各立异论，何也？予曰：子何以为异也？曰：'精一'、'执中'，说者以为三圣人相与授受，万世心学之原，至矣。成、汤、文、武、周公以后，又曰'以礼制心，以义制事'，曰'熙缉敬止'，曰'敬以直内，义以方外'。孔门之学，专务求仁。孟子又专言'集义'。曾子、子思述孔子之意，作《大学》《中庸》，圣门体用一原之学，发明始尽。至宋儒朱子，乃本程子而疑《大学》古本缺释'格物致知'，于是发明其说，不遗余力。说者谓孔子集群圣之大成，而朱子则集诸儒之大成。其说已三百余年，至阳明先生始反其说。初则言'知行合一'，既则专言'致良知'。以为朱子'格物'之说，不免求理于物，梏心于外。此其说然欤否欤？予答之曰：上古之时，人含淳朴，上下涵浸于斯道而不自知。伏羲氏仰观俯察，始画八卦，以通神明之德，以类万物之情，然当时未有文字，学者无从论说。至尧、舜、禹，三大圣人更相授受，学始大明。其言曰：'人心惟危，道心惟微；惟精惟一，允执厥中。'盖此心本体纯一不杂，是谓'道心'，即所谓'中'也。若动之以人，则为'人心'矣，非中也。微者，言乎心之微妙也，危则殆矣。精者，察乎此心之不一，而一于道心也。一者，一乎此心之精，而勿夺于人心也。如此则能'允执厥中'，天命可保矣。此传心之祖也。……"

5. 明苏伯衡以"人心惟危，道心惟微"构建心学正学

苏伯衡《苏平仲文集》[①] 卷四《心学图说后序》："夫尧、舜、禹之相授受也，曰：'人心惟危，道心惟微；惟精惟一，允执厥中。'万世正学于是乎出焉。商、周继之，其间圣贤焉不学，而亦焉有外此以学者哉！逮乎周衰，圣人不作，异端并起，其所以为学者，大抵非帝王之学。汉兴，群儒掇拾遗经于秦火之余，往往溺于训诂而不知反求诸心，则既失矣，后千数百年，濂洛诸大儒出，当宋世，相与倡明圣学而论著焉。子贡之徒所不得闻于仲尼者，昭然若揭日月。天下学士始知不知道不可以言学，不明心不足以为学。夫何积习既久，虽有豪杰之材，亦皆笃惟先儒之成言是诵，莫肯以精力自致。而今为甚，譬如侏儒之观场，人抵掌亦抵掌，人揶揄亦揶揄，其目且犹

---

① 《四部丛刊》景上元邓氏群碧楼藏明正统壬戌刊本；又见《皇明文衡》卷四十。

无见也，其心况有得乎？则其失愈远矣。夫千古帝王之学，固因濂洛诸大儒而复明，至于天地事物之伦理，性命道德之精微，诸大儒又岂敢自谓其言尽矣备矣、后之学者无所容心无所容喙也乎哉？此彦渊之书所以作也。"

6. 明夏尚朴称"人心惟危，道心惟微"为万古心学之源

《明儒学案》卷四《太仆夏东岩先生尚朴》引《夏东岩文集》："尧之学以钦为主，以执中为用，此万古心学之源也。舜告禹曰：'惟精惟一，允执厥中。'又曰：'钦哉！慎乃有位，敬修其可愿。'曰钦、曰中、曰敬，皆本于尧而发之。且'精一'、'执中'之外，又欲考古稽众，视尧加详焉。盖必如此，然后道理浃洽，庶几中可得以执矣。近世论学，直欲取足吾心之良知，而谓诵习讲说为支离，率意径行，指凡发于粗心浮气者皆为良知之本。然其说蔓延，已为天下害，揆厥所由，盖由白沙之说倡之耳。"（黄宗羲注："'执中'从事上说，故以为用，谬甚。"）

7. 明王渐逵称"人心惟危，道心惟微"为圣学之大要

《经义考》卷八十八引王渐逵《读书记·自序》："予读《书》至尧、舜、禹之相授受，曰'人心惟危，道心惟微；惟精惟一，允执其中'，然后知圣学之大要也。夫心也者，天人相禅之机也；而学也者，又所以维持此心，令其自作主宰，无间断而不息焉者也。三代盛王，如汤之'圣敬日跻'，文王之'缉熙敬止'，武王之'敬义警戒'，得于此者也。太甲之'仁义惩艾'，高宗之'始终典学'，成王之'缉熙光明'，勉乎此者也。下至桀、纣、幽、厉，昧乎此者也。故得此学，然后能大其心；大其心，然后能崇其德；崇其德，然后能广其业；广其业，然后能成其治。帝王而非此，则无以同乎天地；学者而非此，则无以齐乎圣贤。此读《书》者之首务也。外此而今文古文之异，孔壁伪书之辨，平易艰涩之证，残篇断简之考，此其未焉而已矣。"

8. 清曹续祖以"人心惟危，道心惟微"为心学之始

《学案小识》卷六《守道学案·大宁曹先生》引曹续祖《原心》："古圣人言'心'自舜始。别危微于人心道心，而即授以择执之方，曰'惟精惟一，允执厥中'。故圣如孔子，以其心为具明德之心也，必格致诚意以正之。贤如孟子，以其心为同然理义之心也，于有放也，必学问以求之。况又曰'尽其心'，曰'充其心'，是明以理不外气，必用功夫以全本体，而后能立此大者也。孔孟言之，程朱从而解之，心学一道，已日月中天矣。

以上所举，远非完全。但仅此而论已经可知，历代学者皆以孔曾思孟为承接尧舜禹汤，心性之学如此而相承不绝。今日学者如称"心性之学"，而冠以"儒家心性之学"，或称"思孟学派开启儒家心性之学"，则与历代学者之共识不符，亦与四代官学事实不符。"儒家心性之学"之说是否成立，当再斟酌。

作者简介：张京华，1962 年生，北京人。1983 年北京大学历史学系本科毕业，1993 年北京

大学破格副教授，现为湖南科技学院二级教授，国学院院长，兼任深圳大学、湖南科技大学特约教授，湖南省濂溪学研究会会长，湖南省濂溪学研究基地首席专家，国务院政府特殊津贴专家。研究道家学派，出版《庄子哲学辨析》《庄子注解》《庄子的生命智慧》，点校《庄子义海纂微》《庄子雪》《庄子因》《列子鬳斋口义》。研究古代史、古史辨派，出版《古史辨派与中国现代学术走向》《中国何来轴心时代》，合著《二十世纪疑古思潮》，合编《疑古思潮回顾与前瞻》《古史辨学说评价讨论集》，点校《新元史》。研究诸子学，出版《晚周诸子学研究》，点校《读子厄言》《诸子通考》。研究国学、经学、儒学，出版《日知录校释》，点校《国学发微》《新体经学讲义》《文史通义注》。研究地域文化，出版《燕赵文化》《古都纵览》《五公山人集》《王余佑集》。研究湖湘文化，出版《湘楚文明史研究》《鹖子笺证》《湘妃考》《道州月岩摩崖石刻》《湖南朝阳岩摩崖石刻考释》《永州摩崖石刻拓片精选》，点校《渠阳集》。研究濂溪学，出版《新译近思录》《近思录集释》《周敦颐与湖南》，主编《周敦颐诞辰1000周年国际学术研讨会论文集》。研究文学、东亚文化交流史，发表《三夷相会》《作诗的使臣》《鲁迅与盐谷温》《湖南浯溪所见越南朝贡使节诗刻》《丁愚潭四诗之儒贤意蕴》等，《中国文学史论》即将出版。

《尚书》中"德"的概念及其政治哲学意蕴

钱潇荣　秦平

摘要："德"概念对中国政治哲学思想的形成和发展有着极为重要的价值。《尚书》中"德"观念的形成和演变是基于周人反思"天命"及政治得失，深入探讨"德"与"天"的关系的结果，具有重要的政治哲学意蕴。《尚书》中"以德配天"的思想，集中体现了对于政治正当性的思考。因而对《尚书》中"德"的范畴以及其政治哲学意蕴进行研究，显得十分有必要。

关键词：《尚书》；"德"；政治哲学；"以德配天"；政治正当性

《尚书》中蕴含着丰富的古典政治哲学思想，基本上奠定了儒家政治哲学的基础。我们应当重新理性的看待《尚书》，不能使《尚书》研究仅仅局限于文本的真伪问题。《尚书》中蕴含了早期古代超越性的政治理念和命题，不仅推动了后期儒家政治哲学体系的建构与发展，对我们当下发展中国特色的政治文化也有重要价值和启示。我们需要真正回到传统，来审视中国政治哲学的原本对现代政治哲学有何重要启示。

"德"在前轴心时代是具有支配性地位的核心范畴，"德"的概念乃是前轴心时代的"时代精神"和"思想主题"之经纬。[1] 在《尚书》中，"德"字出现次数高达116次，主要是在政治视域中使用的。[2]《尚书》中"德"观念的形成和演变是基于周人反思"天命"，反思为政得失，深入探讨"王德"与"天命"之间的关系的结果，具有重要的政治哲学意义。《尚书》中"以德配天"的思想，集中体现了对于政治正当性的思考。所以，对《尚书》中"德"的概念及其政治哲学意蕴进行研究，显得十分有必要。

一、"德"概念的演变

目前学界对于《尚书》"德"概念的研究是比较多的，但是由于所依据的注文不同以及问题

---

[1] 郑开：《德礼之间——前诸子时期的思想史》，北京：三联书店2009年版，第1页。

[2] 《尚书》今古文真伪及其成书年代的问题，历来众说纷纭，但拙文探讨的是其中"德"的概念及其政治哲学意蕴，故将《尚书》看成一个整体，论述范围涵盖今古文。

视域不同，对于"德"概念的解释存在诸多争议。① 原因在于《尚书》中的"德"观念具有复杂性，它和其他早期思想观念范畴一样，经历了一个从产生、发展到成熟的动态的历史演变过程，"德"观念在不同的历史时期有着不同的思想内涵。② 以现代意义上的道德含义解释"德"不仅不能展现出它的原初含义，甚至会出现误解和偏差。

作为《尚书》中频繁出现的重要概念以及中国古代政治思想的核心范畴，"德"观念的复杂性主要在于两个方面，首先是自殷商至西周"德"观念有一个动态的演变发展历程，其次是后来汉学与宋学两大注释传统对"德"观念的解释存在差异。③ 另外"德"概念在其动态演变的过程中，其引申义也在不断丰富，从而导致"德"字的含义非常繁杂。"德"字即使在同一典籍文本即《尚书》中，它的具体内涵也没有一个统一的定义。

目前古文字学家已明确西周金文中存在"德"字，但关于殷商甲骨卜辞中是否已出现"德"字至今仍未能形成定论。关于"德"观念的起源存在诸多争议，大致有两种观点，一种认为周之前没有"德"的概念，"德"概念是周人的独创；另一种观点更加注重"德"概念的演变历程，认为"德"概念在三代有一个形成发展的过程。笔者更倾向后一种观点。持第一种观点的以郭沫若、顾颉刚等为代表，郭沫若先生认为甲骨文中没有"德"字，《虞书》《夏书》作为战国时期儒者伪造的，可信度很小，其中的"德"观念自然也就没有研究的价值。他说："这种'敬德'的思想在周初的几篇文献中就像同一个母题的和奏曲一样，翻来覆去地重复着。这的确是周人所独有的思想。"④ 顾颉刚先生认为，《尚书·盘庚》篇从思想内容来看确实是较为可信的商代文献，但"德"字却不是商代文献所应该有的，商代根本不可能产生"德"的概念，也没有产生"德"字的理由，"德"字是周人鉴于殷商的灭亡才提出来以济"天命"之穷的。⑤ 张光直先生认为"'德'，也是西周时代在王权观念上新兴的一样东西。……神的世界与祖的世界之分立，及将'德'这一观念作为这两个不同的世界之间的桥梁，乃是西周时代的新发展。"⑥ 如果以"德"字的出现及文字考证作依据，那么大多数学者认为甲骨文中没有"德"字，"德"字在周代彝铭中才出现，所以"德"概念应为周人独创，然而甲骨文中没有出现"德"字，并不能完全证明殷商时期尚未有"德"的观念出现，毕竟作为比较可信的商代文献《尚书·盘庚》中也多次出现"德"字。所以我们并不能完全否认"德"概念在殷商时期尚未出现，只能说明"德"在殷商时期还不是非常重要的概念范畴，而周代却明确地将其提出并加以强调。

另一种观点认为"德"观念在不同时期有不同的内涵，应该更注重研究"德"概念的演变过程，虽然殷商时期的"德"概念还未明确形成，但也不能完全否认殷商时期没有"德"的观念。持这种观点的主要代表为晁福林、李泽厚、徐复观、陈来等。晁福林认为"德"概念的形成演变

---

① 李准：《今文尚书"德"观念研究》，湖南大学硕士学位论文，2018年。
② 李德龙：《先秦时期"德"观念源流考》，吉林大学博士学位论文，2013年。
③ 苗玥：《〈尚书〉中"德"观念的演变——基于对〈盘庚〉和〈召诰〉两篇的思考》，《国学学刊》2016年第3期。
④ 郭沫若：《先秦天道观之进展》，载《郭沫若集》，北京：中国社会科学出版社2005年版，第60页。
⑤ 顾颉刚、刘起釪：《〈盘庚〉三篇校释译论》，《历史学》1979年第2期。
⑥ 张光直：《中国青铜时代》，北京：三联书店1983年版，第307—308页。

经历了原始社会、殷商、西周、春秋战国四个不同时期，原始社会后期就已经有了关乎人的品行的观念，如"勇敢""正直"等。殷商时，"德"主要是指得到上帝或祖先的恩惠。西周时期，"德"概念与"民"和"天"联系在一起，"德"主要是指包涵具体"保民"行为的"政德"。而"德"观念真正脱离天命神学，深入到人的内在心灵层面则是春秋以后了。[①]李泽厚也认同"德"的内涵有一个演变的过程，他认为"德"是"巫史传统"理性化完成的标志之一，并且也大致将"德"内涵的演变分为循行"巫术礼仪"规范、君王的行为及品格、个体心性道德这三个阶段。而周初的"德"是处在第二个阶段即君王的行为和品格的层面。[②]徐复观先生认为"德"字的原初意义是指由心而发的行为，这种行为是中性的，只有加上"敬"或"明"的前提才表示好的行为，而外在的行为也可以进而内化为人的内在心灵、品格，于是"德"的含义由"德行"发展为"德性"。根据徐复观先生的解释，可以认为"德"概念的内涵应该大致经历了从表示一般的行为到具体的德行再到个人内在的德性这样的一个演变过程。[③]

"德"概念的演变过程大致表明，"德"的原初涵义与行、行为有关，一开始指个别、具体的行为，后来逐渐发展为一般、抽象的行为、心意，产生具体的德行观念，最后发展为抽象的道德意义上的，即表示好的、善的行为和心意。从它演变的不同时期来看，"德"在原始社会与"习惯法"、氏族社会的图腾崇拜有关。在殷商时代，"德"的意义多训为得到之"得"，即指得到"天"或祖先的恩惠与眷顾。在周代，"德"概念的宗教神学色彩有所淡化，周人意识到君王的"德行"才是获取天命、永葆天命的关键和根据。在春秋后期，"德"概念经过诸子百家的继承发展才具有系统性的道德伦理观念的指向，其伦理、哲学意蕴得以确立。[④]

通过梳理"德"概念的演变史，我们可以发现以下几点：首先，持周以前没有"德"观念的这种观点，多认为"德"概念是周人为了"济天命之穷"而明确提出的，"德"概念和"天"概念结合起来是周人的独创和新发展。其次，持"德"观念在三代有一个演变过程，不同时期有不同的内涵的这种观点，也认为"德"概念在西周经历了重大转变，其转变特征也是与"天""天命"概念联系在一起，"德"的内涵主要指君王的行为、品格、德行。因而虽然学界关于"德"概念的出现和演变，存在一些分歧，但"德"概念在周代发生重大转变，有了新的内涵和意蕴是普遍的认识。而"德"概念在周代的转变主要是与"天""天命"的概念相关联，周人通过提出"以德配天"的思想来为其政治权力的来源及转移寻求政治上的合法性、正当性，在一定程度上体现了周人政治理性的觉醒。

那么"德"观念在周代究竟发生了什么样的转变呢？我们可以从《尚书》文本中探析"德"在不同语境下所呈现的含义。在《尚书》中"德"字不仅以"敬德""明德"等表述屡次出现，而且多与"天命"和"民"等概念范畴联系在一起。周人不仅明确提出并极为重视"德"这一概念，

① 晁福林：《先秦社会思想研究》，北京：商务印书馆 2007 年版，第 92—118 页。
② 李泽厚：《说巫史传统》，北京：三联书店 2006 年版，第 173 页。
③ 徐复观：《中国人性论史》（先秦篇），上海：上海三联书店 2001 年版，第 21 页。
④ 巴新生：《试论先秦"德"的起源与流变》，《中国史研究》1993 年第 3 期。

并且在殷商"天命"观的基础上自觉地引入了"敬德保民"的思想，关注了民众的重要性，虽然其注意力仍然在"天"，但通过将"德"概念与"天""民"等概念联系在一起从而为其现实的政治寻找合法性根据，这体现了周人对于政治正当性问题的思考。

二、《尚书》中"德"概念的具体内涵

由于《尚书》文献并未对"德"进行明确的定义，所以只有通过对《尚书》文本所展现的各种不同语境下的"德"的含义进行追溯，才能更准确地把握"德"概念的义蕴。[①] 在《尚书》文献里，"德"在不同的语境当中有着不同的内涵。概括来说，主要有两个层面：一是指各种具体的行为、规范要求；二是关联于"天命"的概念。"德"的原义并不具有今天所说的"道德"的含义，而是源自于父系家长制氏族中的传习、风俗、法规。周人巧妙地将"德"转化为具有道德性质的概念，并且将"德"作为王权统治者的行为规范，用德来管理和教化百姓。

在《尚书》中"德"字的意义多与人的行为有关，比如在《尧典》中有"克明俊德"，[②]《舜典》中称颂舜"柔远能迩，惇德允元"等。[③] 另外《尧典》最后有"否德忝帝位"，[④] 可以看出"俊德""否德"等都是在德的前面加上一个形容词，来表示好的或坏的行为、意识，而"德"字在这种语境下并不表示道德意义上的行为状态，否则前面所加的形容词便无任何意义。另外《舜典》中所出现的"浚哲文明，温恭允塞，玄德升闻"以及"舜让于德，弗嗣"，[⑤]"德"在这两种语境下的意义则表示有美德和有德者。所以陈来认为在《尚书》二典中，"德"字已经包括三种用法含义：一是无价值规定的一般品行；二是指美德，好的行为品格；三是指有德之人。进而陈来提出，根据二典文献，虽无法断定其写定年代和思想反映时代，但还是可以看出在三代早期就传留了一种由君主领袖的美德品行来建立合法性的传统，这或许可作为周代"以德配天"观念产生的政治文化渊源。[⑥] 徐复观也认为，周初文献中的"德"字指的都是具体的行为，这种行为在一开始并没有道德意义上的好坏之分，有的称为"吉德"，有的称为"凶德"，只有在"敬德""明德"之类的字眼才表示好的品行。[⑦] 而《尚书·洪范》中的"三德"是指三种统治方式，"一曰正直，二曰刚克，三曰柔克。"[⑧]

---

① 施阳九：《先秦"德"概念的变与不变——以〈尚书·周书〉为诠释中心》，《云南大学学报（社会科学版）》2016 年第 2 期。

② （汉）孔安国传，（唐）孔颖达正义，黄怀信整理：《十三经注疏·尚书正义》，上海：上海古籍出版社 2007 年版，卷第二，《尧典第一》，第 36 页。

③ 《十三经注疏·尚书正义》，卷第三，《舜典第二》，第 96 页。

④ 《十三经注疏·尚书正义》，卷第二，《尧典第一》，第 58 页。

⑤ 《十三经注疏·尚书正义》，卷第三，《舜典第二》，第 72 页。

⑥ 陈来：《古代宗教与伦理——儒家思想的根源》，北京：北京大学出版社 2017 年版，第 339—340 页。

⑦ 徐复观：《中国人性论史（先秦篇）》，上海：上海三联书店 2001 年版，第 21 页。

⑧ 《十三经注疏·尚书正义》，卷第十一，《洪范第六》，第 465 页。

《尚书》中关于"敬德"和"明德"的论述也多次出现,那么为什么周人这么重视"敬德"和"明德"思想呢?这就涉及周代"德"观念内涵转变的另一个重要特征,即"德"始终与"天命"的概念联系在一起。

关于"天"的观念,陈梦家认为"天"的概念也是周人首提的,"西周时代开始有了'天'的观念,代替了殷人的上帝,但上帝在西周金文和周书、周诗中仍然出现。"① 陈来认为,已有资料和讨论尚不足以对"天"观念的起源作出确定无疑的论断,但在逻辑上并不能否认殷商没有"天"的观念。笔者赞同此种说法,今文《尚书》中,商书所涉及的"天"与"上帝"都只是一种作为自然与人世的主宰的神格观念,尚未涉及德、民、人等。而在周书文献中,"敬德""明德"等论述多与"天命""保民"相关联。殷人认为,天命是不可转移的,商纣王就曾认为"我生不有命在天"②(《尚书·西伯戡黎》)。从商纣王的这句自信的话里,可以看出:第一,商朝已经有了天命观念,并且,上天之命还成为王朝统治的合法性的终极依据。换言之,商朝之所以能行使并保有统治天下的权力,是因为商王享有天命的保护;只要天命仍然在保佑商王朝,那些现实的威胁(如文王西伯的崛起和扩张)对商王朝的统治就产生不了致命的影响。第二,对于纣王而言,"天命"恐怕不仅仅是他欺骗民众、巩固统治的工具,他也不是刻意地要把自己打扮成天命的拥有者。可以说,"天命"对他而言是真实存在的,是其信心的源泉。第三,商纣王并不认为自己的所作所为("德")会影响到天命对商王朝的保佑,这表明商纣王并没有天命依德而变革的观念。在这样的"天命"观念背景下,小邦周似乎很难为自己的犯上作乱的造反行为找到合法性的基础。因而周人将"德"的观念引入"天命"思想,来为政权转移寻找合法性依据。周革殷的史实,使周公等人认识到"天命靡常",而是可以转移的,而天命转移的关键是统治者能否"敬德保民"。

"敬德"和"明德"的表述在周书中反复出现,指努力修明其德行。敬是敬慎努力,明指修明。其中关于"敬德"的表述有:

> 惟不敬厥德,乃早坠厥命。③(《召诰》)
>
> 肆惟王其疾敬德,王其德之用,祈天永命。④(同上)
>
> 天亦哀于四方民,其眷命用懋,王其疾敬德。⑤(同上)

可以看出,"敬德"的概念表述多与"天命"联系在一起,因为殷代统治者不"敬德",对于民施行暴政,因而"早坠厥命"。上天哀怜百姓,便将天命转移给了有德的周代统治者,使殷商统治政权转移到小邦周,而周人的统治要想"祈天永命",就必须"敬德","德"便成为统治者受天命及天命转移的根据。敬德就是指要谨慎地修养德行,也指德政的施行。"敬德"具体表现为保民、重民,关注百姓的疾苦。周公的谈话、训词与文告类文献中频繁出现的一个字就是"民"。在《康

---

① 陈梦家:《殷墟卜辞综述》,北京:中华书局1992年版,第562页。

② 《十三经注疏·尚书正义》,卷第九,《西伯戡黎第十六》,第384页。

③ 《十三经注疏·尚书正义》,卷第十四,《召诰第十四》,第586页。

④ 《十三经注疏·尚书正义》,卷第十四,《召诰第十四》,第587页。

⑤ 《十三经注疏·尚书正义》,卷第十四,《召诰第十四》,第580页。

诰》中，周公要求卫康叔要像照料小孩一样保护百姓，使百姓康乐安定。可以看出周初统治者将"敬德保民"作为立政之根本；"崇德贵民"以及重视民意的天命观成为以周公为代表的西周政治思想的核心。明德的表述更多：

克明德慎罚。①（《康诰》）

自成汤至于帝乙，罔不明德恤祀。②（《多士》）

惟天不畀不明厥德。③（《多士》）

克慎明德。④（《文侯之命》）

在《康诰》中，周公为告诫康叔如何治理卫国，提出了"明德慎罚，不敢侮鳏寡"，⑤并且将"文王之德"与受天命联系起来，文王具有"克明德慎罚"之德，因而"闻于上帝，帝休，天乃大命文王已殪戎殷，诞受厥命越厥邦民"。⑥这表明周公在通过引入"敬德"这一概念来为周代政权转移的现实寻求合法性的根据。《多士》篇对于周革殷命的总结是"惟天不畀不明厥德"，上天不会把天命给予不行德政的君主。殷人丧失了继续统治的合法性，因而上天就要收回天命，收回人世的治理权。因而从对历史现实及政治背景的反思中，周人认识到只有"敬德保民"方能获得天命、政权。

《尚书》中，将"天"与"德"联系起来，在政治上意味着什么呢？首先《尚书》中以天论德，以德配天，这就将德的形上本体意义提高了一个层次。在《吕刑》篇中"天德"概念首次出现，"惟克天德，自作元命，配享在下"。⑦这就明确提出了"以德配天"的概念。而"以德配天"一方面要求敬天，对"天"或"天命"要恭顺和敬畏；另一方面强调保民，重视民意。敬天是在为受"天命"寻找形而上的依据；保民是讲"天命"可以通过"民意"来体现。而"天命"转移和赋予的根据是什么呢？就是"德"，"德"成为君主受"天命"从而获取政权的正当性或合法性根据。其次，《尚书》中"天德"概念的提出，是出于当时统治者随着巩固政权问题而进一步神化王权的必然结果。在一个新政权刚建立时，如何论证政治权力的合法性，以及如何谋求政权的持久性是有待解决的永恒的政治话题。⑧而"天德"概念就是为了论证周人政权的合法性而提出来的。《尚书·召诰》中有："我不敢知曰，有夏服天命，惟有历年；我不敢知曰，不其延。惟不敬厥德，乃早坠厥命。"⑨天命是可以发生转移的，而天命转移的根据就是"德"。有德的统治者受命于天，无德的统治者会丧失天命，这就为周人政权的来源的合法性做了说明，并以德作为规范依据。

周人强调对"民"的重视以及引入"德"的概念来解释"天命"转移的合法性，是周代政治

---

① 《十三经注疏·尚书正义》，卷第十三，《康诰第十一》，第 532 页。

② 《十三经注疏·尚书正义》，卷第十五，《多士第十六》，第 621 页。

③ 《十三经注疏·尚书正义》，卷第十五，《多士第十六》，第 621 页。

④ 《十三经注疏·尚书正义》，卷第二十，《文侯之命第三十》，第 800 页。

⑤ 《十三经注疏·尚书正义》，卷第十三，《康诰第十一》，第 532 页。

⑥ 《十三经注疏·尚书正义》，卷第十三，《康诰第十一》，第 532 页。

⑦ 《十三经注疏·尚书正义》，卷第十九，《吕刑第二十九》，第 778 页。

⑧ 李德龙：《〈尚书·吕刑〉中的"天德"意蕴阐微》，《通化师范学院学报》2014 年第 11 期。

⑨ 《十三经注疏·尚书正义》，卷第十四，《召诰第十四》，第 586 页。

理性开始有所觉醒的重要表现。上天哀怜百姓，所以将治理天下的天命转移给周人，而转移的根据就是"德"。由此也可以看出周人认为天意可以通过民情来显现，而民情又决定于王之敬德与否。所以王权的合法性根据就落在"德"这一概念范畴。君主要想永葆天命，就要以"德"为国家政治运行的核心规范，并在具体的治理上体现为保民善民的政治行为措施。由此可以看出"德"是出于"祈天永命"的政治性目的而被引入和加以强调的概念，但这并不意味着"德"的含义是消极的，恰恰相反，这显示了"德"与政权合法性之间十分紧密的关联性，甚至在周人的政治视域中，获取"天命"并保有政权的充分必要条件就是"德"。

三、"德"的政治正当性意涵

权力的来源问题，或者说，政治合法性问题，始终是政治哲学中的核心问题。因为任何统治秩序和权力，如果不被所统治的民众视为合法，并承认其有效性，那它就不可能长久维持下去。任何统治者都会为其执政地位和统治秩序进行辩护，提出要求服从的理由。[1] 中国古代早期政治文化中虽然没有与西方语言里"合法性"相对应的词汇，但是古代文献中并不乏对于政权统治的必要性、转移的合法性根据等等这类问题的讨论。政治合法性理念的核心是政治统治权威的正当传承，西周就非常重视政权统治的合法传承。《尚书》中关于政治统治的合法性、正当性理念论述的很多。《尚书》中所反映的政治正当性理念是围绕一个核心的概念范畴——"德"展开的。[2]尤其是周代在总结了夏商周三代以来历史衰亡教训的基础上，提出了核心政治范畴"德"，将"德"与"天"联系起来，以天论德，以德配天，来为政权转移寻找合法性依据，这集中体现了其对于政治正当性问题的思考和诉求。政治正当性是现代政治哲学讨论的焦点，以之为视角，解读《尚书》中的"德"，有助于我们深入理解其中所蕴含的政治哲学意蕴及其现代价值。

首先周代在夏商已经形成的"天命"思想基础上，为其政权的转移寻求合法性的权威根据。[3]周王以"天命"承受者自居，名义上宣扬"替天行道"。而天命只能降予那些实行德政、敬天保民的明君贤王，如果统治者无"德"，那么"天"就会剥夺他所享有的"天命"权威。周人在继承殷商"天命"思想的同时也发展了自己的关于统治权威的理念意识。陈来曾指出，殷商文化是典型的"祭祀文化"。[4] 商代君王每逢重大的事情都要占卜。在殷人的观念中，上帝具有绝对的权威，他主宰自然与人类社会，同时又具有很大的神秘性，他的喜怒哀乐没有规律可循。商代人们的政治理性尚未觉醒，也没有看到"德"对于君主统治权力的重要性。周初统治者们则看到了

---

① 杜崙：《秦汉儒家政治合法性思想探源——〈尚书·周书〉研究》，载《国际儒学研究》第十六辑，北京：九州出版社 2008 年版，第 508—533 页。

② 赵俊岗：《周初德性政治观初探》，河北师范大学硕士学位论文，2012 年。

③ 王健：《论西周王朝政治意识中的合法性理念——以今文〈尚书〉为中心》，《江海学刊》2003 年第 6 期。

④ 陈来：《古代宗教与伦理——儒家思想的根源》，北京：北京大学出版社 2017 年版，第 120 页。

"德"在统治过程中的重要性，如"皇天无亲，惟德是辅"（《尚书·蔡仲之命》）在一定程度上表明了周人"以德配天"的政治理念。君主个人的德行修养与国家的政治兴衰是紧密相关的，所以，君主的德行在某种程度上讲也是政治的一部分。君德的核心在于如何更好地进行统治，从而维系天命。

《尚书》中"以德配天"的思想，集中体现了对于政治正当性的寻求。"以德配天"的政治理念强调统治者自身的德行，但是其政治权威的最终源头仍是"天"。"德"以"天"为超越的根据，以"天"为价值之源。周人意识到"天不可信"（《君奭》），统治者不能只安于天命，"德"才是保证政治正当性的必备条件。而"以德配天"的政治理念落实在具体治道方面的主要体现就是要求统治者"敬德保民"、做到"明德慎罚""以民为本"。《康诰》中多次强调"敬"的观念，强调周初统治者们应保持谨慎和忧患意识，如"敬哉！天畏棐忱，民情大可见，小人难保"，"敬明乃罚"等。① 这种"敬德"的观念落实在政治现实中，就是"保民"。周人意识到，只要对"天"和"民"都保持一种"敬"的态度，统治者努力使自身的行为顺乎天、应乎民，就能获得天命的眷顾，从而使政权具有权威性。《皋陶谟》中曾说："天聪明，自我民聪明，天明畏，自我民明威"，② 明确提出了"天"与"民"具有某种相通性，上天的惩恶扬善、判断意志都来自于民意，所以为政者不仅要有"德"，还需要保民安民。③ 这表明民众的需求明显得到了更多的重视。

周人提出其合法性思想最终是为其新政权辩护。这本身并不特别，特别的是他们致思的方向和特点。周人通过引入"德"这一范畴，反复的申述"敬德""明德"等，最终又将这些价值规范的根源落在超越性的"天"。不仅如此，还在"天命"与"德"的联系环节中纳入了对于"民"意的考虑和重视，已初步形成了"天——君（统治者）——民"三者之间环环相扣的政治结构，在此基础上提出"天命""敬德"和"保民"的思想，体现出比较系统的早期政治哲学的思想意蕴。在这里，君处于三合一的关系的中心，而"德"则是能把天、君、民相连接的媒介和纽带。"天命"是政治合法性的终极来源，"保民"是获得和保有"天命"的现实政策条件，而"德"则是能使统治者上获"天命"、下得"民心"的关键依据。从统治合法性的角度来看，要得到和保持天命，对天而言，就是"以德配天"，对民而言，就是"怀保小民"；对统治者自己而言，就是"敬德"。但是在周人的合法性思想中，"天"和"天命"的信仰是最基本的要素，如果没有对"天"和"天命"的信仰，那么其他"敬德""保民"都不足以保证政权转移的合法性。"天命"是统治合法性的终极来源，这在殷商时期也是如此，但"敬德"和"保民"是得到和保有"天命"的价值前提和条件，是周人基于殷亡的历史教训而对正当性理由的寻求和辩护。

周代将天命与统治者的德行结合起来，提出了"以德配天"的思想，是中国古代政治思想的一大飞跃。天命政治具备对人发展的引导、统合的功能，使群体之人合为社会，具有重要意义。作为"以德配天"政治理念的具体体现，无论是敬德保民也好，明德慎罚也罢，实际上主要

① 陶毅：《论〈尚书〉的王道观》，湖南师范大学学位论文，2019 年。
② 《十三经注疏·尚书正义》，卷第四，《皋陶谟第四》，第 153 页。
③ 翟明女、钱宗武：《论〈尚书〉明德思想与我国尚德文化的形成》，《南京社会科学》2019 年第 4 期。

都是在思考和探讨如何对待民、如何巩固统治的问题。"德"观念的具体化运作，使得民意与天意、天命结合起来，尽管这种思想依然存在着浓厚的神秘色彩，但是在一定程度上提高了人民的地位。《尚书》中"以民为本"的思想强调民意的重要性，虽然没有否定君权神授，但是在一定程度上构成了对君权神授政治观的制约。在当时，政治需要有天命来作为其合理性的支持。因而《尚书》中"德"的概念与"天""天命"概念结合起来具有一定的历史合理性。

《尚书》中"以德配天"的思想强调的是君主自身的德行，这种"德"行并不具有普遍性，它不涵摄"民"的行为规范，它只是周人为了说明统治者之所以获得天命、周代政权之所以合法、正当的理由依据，虽然敬德的含义包括了"保民"以及《尚书》中屡次强调"民意"的重要性，但它始终不是现实政治中真正的最终的合法性、正当性依据，这也是与现代民主政治最大的区别。当然，《尚书》中的"天听自我民听，天视自我民视"①（《尚书·泰誓》）说明天命是通过民意来显现的，体现了中国早期政治中的民本主义的重要思想，但这只是在"治道"或者说"政治证成性"的意义上而言。最终政治权威的来源仍然是超越性的"天"，这在中国早期政治中是无法避免的。

现代民主意义上的政治，是以"民"，即被统治者对王即统治者的认可为根本特征的。在当时，民对天的信仰或许是真实存在的，但民对统治者的认可才应该是正当性的根本保证。这里就涉及了现代政治哲学中一个重要的区分，即政治正当性与政治证成性，也即牟宗三先生讲的"政道"与"治道"。政道是对统治者所以拥有权力的道德基础的追问，即政治正当性；治道所关注的是统治者应该如何进行统治，即政治证成性。政治正当性关注的是政治权力的来源；而证成性关注的是政治权力的效用和达成的目的。②牟宗三在《政道与治道》一书中指出，儒、道、法三家中，对政道问题有触及者只有儒家。儒家对政道问题的反省，虽有所不足，但也有触及。③这种不足主要体现在中国早期传统政治是"理性内容之表现"，而缺乏"外延表现"，也即缺乏西方那些形式概念、法律契约，在建立民主政体上是不够的，但它对于政道问题的触及是有价值的。④但牟宗三先生认为，中国以前只有治道，没有政道。中国早期政治思想中的"德治"只注意到了政治证成性，即强调统治者要修养自己德行对"民"施以"德政"，而未注意到政治正当性，即"民"对统治者的认可。"德治"属于政治证成性的范畴，并不足以充分说明政治正当性的条件。所以牟宗三认为无论德化的治道发展到了何种程度都不足以转出政道来，他主张改造中国传统政治，变成现代的政治，确立人民的主体性，从而建立起政道。

成中英认为，君主理应有内在的德性，能够使政治趋善，这就叫做德化论，这是中国政治哲学中很重要也很有价值的一部分。中国政治哲学的起点，是德的目标的认识，德的实践的认

---

① 《十三经注疏·尚书正义》，卷第十，《泰誓中第二》，第412页。
② 周濂：《现代政治的正当性基础》，北京：三联书店2008年版，第32页。
③ 牟宗三：《政道与治道》，台北：学生书局1987年版，第10—15页。
④ 牟宗三：《政道与治道》，台北：学生书局1987年版，第58页。

识，德的目标，即政道的标准，德的实践，在于如何将德实际践履出来，即治道。^①因而他认为中国传统政治哲学是有其政道的，他批判牟宗三所说的政治是指西方政治哲学所说的民主自由意义上的现代民主政治，没有反思中国早期的政治理想的存在。中国的政道，应该追溯到《尚书》中的"以民为本"的德政思想，这种政治理想要求以民为本，某种意义上也可以算是民主政治，基于民意、公意、天意来建立儒家政治权力。^②当然中国古代早期的民本思想与现代民主的区别以及能否直接转化为现代民主是存在很大问题的，需要进一步商榷。但是成中英对牟宗三的批判也不是全无道理的，中国古代早期政治或者儒家政治对政道问题的反省，虽有所不足，但毕竟尚有涉及，有其政治理想。完全以西方的民主自由来界定政道的标准，是有所缺失的。当然，《尚书》中关于"德"概念的政治哲学思想是有其局限性的。它显然不能直接等同于现代民主政治，因为现代民主是以公民的认可为根本特征的。在现代社会，政治的正当性并非来自于超越的天命，而是源自世俗社会公民的认可。离开公民的认可，来谈统治者个人道德的修养和完善，其政治统治的正当性仍然是不充分的。在当时的时代，不可能发展出以被统治者，或者说公众的认可为特征的现代民主政治思想，但是其对权力来源合法性问题的思考，具有重要的意义。^③虽然"德治"理念并不能直接推导出政治统治的正当性，但是不能因此而完全否定《尚书》中关于"德"概念所透显出的政治哲学意义和价值。

四、结语

《尚书》中的"德"概念出现频率极高，它是当时政治视域中的一种政治理念，也可以说是一种政治行为方式，衍生出了一些具有重大政治哲学意义的核心命题，阐述了统治阶级"以德配天""明德慎罚""敬德保民"等重要政治内容。《尚书》中的"德"观念可以说兼具政治内涵和伦理内涵，并通过与"天"概念的联系，而上升到具有政治哲学意义的层面，这在"德"观念的发展史上具有重要意义，并且对后代儒家政治思想的建构与发展起到了巨大的推动作用。

《尚书》中"德"概念的内涵涉及"敬德""明德慎罚""保民"等一系列原则和价值规范，从合法性的角度看，这些原则和价值规范通过最终与"天"这一超越性的根源连接起来，从而可以视为政权统治的"合法性理由"。它体现了周人政治理性的某种觉醒及对政治正当性的寻求，当然"德"和"天命"究竟能否是"正当性"的政治辩护还有待商榷，尤其是把"正当性"理解为现代民主政治意义上的话，那中国早期政治当然不会也不可能发展到这一层面。周代"以德配天"政治命题的提出还是具有重要的政治哲学意义和价值的，它在一定程度上还是体现了周人的

① 成中英：《〈尚书〉的政治哲学：德化论的发展》，《扬州大学学报（人文社会科学版）》2014年第4期。
② 成中英：《〈尚书〉的政治哲学：德化论的发展》，《扬州大学学报（人文社会科学版）》2014年第4期。
③ 谢远笋：《儒家视野下政治正当性的三种进路》，载《人文论丛》2014年第一辑，北京：中国社会科学出版社2015年版。

政治理性以及对于政治正当性的寻求，体现了周人对于政治秩序合法性问题的关注和辩护，不能因为它的辩护理由不具有现代意义上的"正当性"就否认它的价值意义。

《尚书》，作为中国古代政治思想的源头与基础，能够给我们很多价值启示。我们今天虽然应该吸收借鉴西方政治传统的典范价值，但也应该重视中国原有的政治哲学中的理想主义传统。现代学界对于中国传统政治的研究依然比较少，对《尚书》的研究也多局限于真伪考辨、历史记事等方面，受西方政治文化冲击，多以现代西方的民主宪政思想来反观中国政治思想的优劣，西方自传统至现代的政治价值固然值得借鉴，但是我们也应该真正回到传统，反思中国传统政治哲学的原本可以给我们带来什么价值和启示，中国政治的发展应该以中国传统政治哲学作为真切的基础，吸取精华而扬弃糟粕。

作者简介：钱潇荣，武汉大学哲学学院研究生，主要研究儒家哲学。秦平，武汉大学哲学学院副教授，主要研究先秦儒家、道家哲学，《春秋》经学，魏晋玄学等。

论作为圆教文本的《中庸》*

张晚林

摘要：历史上的佛教徒之重视作为儒家经典文献的《中庸》，就是因为《中庸》之义理可以会通佛教之圆修境界，也就是说，至少北宋早期的佛教徒是把《中庸》作为一种圆教文本来认知的。这种认知直接影响了二程、朱子等理学家，最后由朱子完成了以"四书"为主要文本的圆教教化体系。同时，"小人之中庸也"这一章，更能凸显《中庸》作为圆教文本之内涵。《中庸》作为圆教文本，其所以为"圆"主要体现在：确证人、社会、世界万物作为一种宗教性的圆满存在。

关键词：《中庸》；圆教；佛教徒；理学家；确证

一、佛教徒对于《中庸》圆教之认知

我们知道，《中庸》与《大学》一样，最早均见于小戴《礼记》，分别为其中的第三十一篇与第四十二篇。由此可知，《中庸》与《大学》只是《礼记》中的篇目之一，淹没在浩繁的《礼记》四十九篇之中。那么，是什么机缘使得《中庸》与《大学》在宋代的时候，地位突飞猛进、急剧上升，既而与《论语》《孟子》分签并架而被尊为"四书"的呢？笔者认为，这与佛教徒对《中庸》圆教义理的认知与开发不无关系。

小戴《礼记》成书以后，至东汉郑玄为之作注，《中庸》作为其中的一篇，自然也在注解之列，但并无特别的地位。郑玄注《中庸》之篇目云："以其记中和之为用也。庸，用也。孔子之孙子思作之，以昭明圣祖之德也。"显然，郑玄是在纯粹礼学的立场来解释"中庸"二字的，盖基于《论语·学而》"礼之用，和为贵"而来也。唐孔颖达依郑玄之注而作《礼记正义》，且然郑玄对《中庸》篇目之解释。由此可见，无论是郑玄还是孔颖达，都是在礼学的范畴之内理解《中庸》的，与宋明所理解的天人性命之教相差甚远，既如此，则《中庸》就自然没有必要从《礼记》众礼学篇什中单独拿出来的必要。但郑玄作注给《礼记》带来的好处是，使得它的地位上升，到了魏文帝时，

＊ 本文为国家社科基金项目"先秦儒学宗教性内涵演进之脉络研究"（编号：17BZX048）的阶段性成果。

《礼记》与《周礼》《仪礼》一起并立为学官，这在整个汉代都是没有的事。至东晋元帝时期，郑注《礼记》置博士，而《周礼》《仪礼》则没有置博士。迨及有唐，把"诗、书、礼、易、春秋"，合称"五经"，孔颖达为之"正义"而刊行《五经正义》，使得《礼记》进一步上升为"经"的地位。《礼记》上升为"经"，《中庸》的地位自然随之上升，可能会受到更多人的关注，但《中庸》自身的地位依然没有从整部《礼记》中凸显出来。

南朝宋时期的著名隐逸人物戴颙（377—441 年），不但著有《逍遥论》，还专门把《中庸》从《礼记》中抽出来而为之作注，这是文人独立重视《中庸》的开始。戴颙固以孝称著（《宋书·隐逸传》谓其"颙年十六，遭父忧，几于毁灭，因此长抱羸患。以父不仕，复修其业。父善琴书，颙并传之，凡诸音律，皆能挥手"。），且《中庸》以多处论及孝，但显然，孝并非是戴颙特别要给《中庸》作注的原因，因为《礼记》中论孝的篇什比比也，何必独钟情于《中庸》。戴颙之重视《中庸》并为之作注，肯定是认为《中庸》所体现出来的终极境界与道家所向往的"逍遥"境界类似。无独有偶，南北朝时期，不但道家人物重视《中庸》，佛教人物也开始重视《中庸》了。梁武帝萧衍作为帝王，自然不能轻视儒学，因为这是治国之根本大道，但从个人的立场看，他似乎更迷恋佛教，曾数度出家。梁武帝曾著有《中庸讲疏》一篇。与戴颙的《中庸注》一样，虽然俱在后世遗失不见，其具体内容无从知晓，但应该是从境界上体现儒佛之会通。

佛道人物之重视《中庸》，对于我们理解《中庸》的思想有特别的意义，因为佛道乃出世之品格，多讲境界之圆修，而儒家则是入世的品格，多讲纲常礼法之治。佛道人物之注解《中庸》，阐释其大义，说明儒学也是可以臻于圆修之境的。实际上，这种认知在宋代初期得到了确证。北宋时期有两位佛教大师——智圆与契嵩，不但非常重视《中庸》，而且其作品流传了下来。智圆自号"中庸子"，著有《中庸子传》上中下三篇；契嵩则著有《中庸解》五篇。

智圆（976—1022 年），字无外，自号中庸子。智圆在世时间为北宋初期，乃佛教浸盛，儒学式微之时代，智圆则是由佛教高僧自觉回归儒学的第一人。在智圆看来，儒道释三家，若从其最高境界看，应该是相通而不违的，故其曰："释道儒宗，其旨本融，守株则塞，忘筌乃通。"（《闲居编》卷十六《三笑图赞》）又曰："平生宗释复宗儒，竭虑研精四体枯。莫待归全寂无语，始知诸法本来无。"（《闲居编》卷三十七《挽歌词》）很有趣的是，智圆这种三教本融的思想，明确地体现在他的名字号中。智圆，代表佛教之最高境界；无外，代表道家之最高境界；中庸，当然是代表儒家的最高境界，故其曰："中庸之德，人鲜久矣。而能以中庸自号，履而行之者，难矣哉！世或之诈，吾取诈焉。"（《闲居编》卷十九《中庸子传》下）很显然，他是希望通过他的名字号来说明三者是圆融合一的。具体落实到儒家那里，那么，这种最高境界就是由子思的《中庸》来完成的，也就是说，《中庸》是一个圆教文本。下面，我们将进一步依据智圆的论述，来看看《中庸》作为圆教文本究竟是如何"圆"的。智圆在《中庸子传》上中说：

> 或者避席曰：儒之明中庸也，吾闻之于《中庸》篇矣，释之明中庸，未之闻也，子
> 姑为我说之。中庸子曰：居，吾语汝！释之言中庸者，龙树所谓中道义也。曰：其义何
> 邪？曰：夫诸法云云，一心所变，心无状也，法岂有哉！亡之弥存，性本具也；存之弥

亡，体非有也；非亡非存，中道著也。此三者派之而不可分，混之而不可同，充十方而

非广，亘三世而非深，浑浑尔，灏灏尔。（《闲居编》卷十九）

依智圆的看法，龙树的中道义与中庸表现的是同一圆满境界。龙树在其著名的《中论》中，阐发了他的非有非无的中道圆教。《中论·观因缘品第一》云：

不生亦不灭，不常亦不断，不一亦不异，不来亦不出。能说是因缘，善灭诸戏论。

我稽首礼佛，诸说中第一。

这著名的"八不偈"意味着：对于现象世界，只有缘起缘生，此缘起缘生一线到底，并没有独立自存的事物之生与灭。同样，"常""断"，"一""异"，"来""出"俱没有，此即是八"不"。[①]知此因缘一线到底后，则此八者皆是戏论，俱可灭也。龙树认为，佛教首先端明乎此，是为"中"也。除"八不偈"之外，还有"三是偈"：

众因缘生法，我说即是空。亦为是假名，亦是中道义。（《中论·观四谛品第二十四》）

正如牟宗三所理解的，"空是抒义字，并非实体字"。[②] 也就是说，世界上并非有一个"空"放在那里，"空"只是描述缘生法的无自性而已。这样，对于"三是偈"，牟宗三理解为："众因缘所生的一切法，我说它们就是空，同时亦是假名，因而这亦就是中道义。同一'缘生法'主语，就其义而言，说空，就其事为而言，说假名（说有）。空有不离，同在一缘起法上呈现，名为中道。"[③]但龙树如此讲中道义，并非就是为了讲现象界的缘起法，而是要通过此而证圣者的涅槃境界。故龙树曰："若不依俗谛，不得第一义。不得第一义，则不得涅槃。"（《中论·观四谛品第二十四》）这意味着，涅槃并非是离开缘起法之现象世界而别有一番境界，涅槃就在缘起世界之中。故龙树又曰："涅槃与世间，无有少分别。世间与涅槃，亦无少分别。涅槃之实际，及与世间际，如是二际者，无毫厘差别。"（《中论·观涅槃品第二十五》）求涅槃并非是要远离世间，恰恰是要栖居在世间。这样，印顺在总结龙树的中道义时说：

世间的生死，是性空缘起，出世的生死解脱，也是性空缘起。所不同的，在能不能理解性空，能理解到的，就是悟入出世法，不能理解到的，就是堕入世间法。[④]

张祥龙以海德格尔的"同等原初"来说明这种中道义。他说：

涅槃不是与存有相对的完全寂灭，而是人可以经历，而且在某个意义上必然经历的活生生的境况。这就是缘起性空的世间。这种结论与海德格尔所说的缘在从根底上就"在世界之中"，以及缘在的在世的不真正切身的存在状态与真正切身的存在状态的

---

① 印顺释之曰："若一切法是实在的常尔的独存的，那甲乙两者发生关系时，你说他是一还是异？异呢，彼此独立，没有关系可谈。一呢，就不应分为甲乙。若说亦一亦异，或者非一非异，那又是自语相违。"（黄夏年编：《印顺集》，北京：中国社会科学出版社1995年版，第49页）

② 牟宗三：《现象与物自身》，台湾：学生书局1984年版，第371页。

③ 牟宗三：《现象与物自身》，台湾：学生书局1984年版，第371页。

④ 黄夏年编：《印顺集》，北京：中国社会科学出版社1995年版，第51页。

"同等原初"等看法很有相通之处。①

世间与涅槃并无区别，同等原初，这里的关键问题是：觉悟不觉悟，能觉悟缘起性空，自然可证涅槃，否则，就永远在世间的生死海中不能解脱。世间与涅槃不即亦不离，这就是圆教之所以为"圆"的意思；若涅槃须离世间绝尘而去，就是"隔离"之教而非圆教。龙树的《中论》就明显地体现了佛教的那种"圆"，而智圆以《中庸》与《中论》相比类，显然，在智圆看来，《中庸》亦是一种圆教形态。

我们现在再来看另一位佛教人物契嵩。契嵩生于1007年，死于1072年，与当时的儒学宗师欧阳修的生卒年正同。契嵩生活的时代与智圆迥异，智圆之时代，佛教兴盛而儒学式微，但契嵩之时代，则儒学渐盛，且士大夫多辟佛，故契嵩特站出来，说明儒佛是可以相通的，他这方面的著作主要是《辅教篇》与《中庸解》。《中庸解》盖亦是创发其中的圆教大义。其曰：

> 夫中庸也者，不为也，不器也，明于日月而不可睹也，幽于鬼神而不可测也（"测"或作"无"）。唯君子也，故能以中庸全；唯小人也，故能以中庸变。全之者为善，则无所不至也；变之者为不善，则亦无所不至也。（《镡津文集》卷第四）

契嵩所说的"不为""不器"就是性德之圆妙境界。契嵩在《广原教》篇中云：

> 妙，有妙，有大妙；中，有事中，有理中。夫事中也者，万事之制中者也；理中也者，性理之至正者也。夫妙也者，妙之者也；大妙也者，妙之又妙者也。妙者，百家者皆言而未始及其大妙也；大妙者，唯吾圣人推之极乎众妙者也。夫事中者，百家者皆然，吾亦然矣；理中者，百家者虽预中而未始至中，唯吾圣人正其中以验其无不中也。

（《镡津文集》卷第二）

契嵩认为，"中"有事中，有理中；事中是为的结果，而理中则是性理之正，这是圆修的结果。只有理中，才能至于大妙之境界，《中庸》所说的"中"应为性理之大妙境界，而绝非事为之中。契嵩还进一步把"中庸"与《尚书·洪范》中的"皇极"相比较，并认为，"皇极，教也；中庸，道也。道也者，出万物，入万物，故以道为中也"（《镡津文集》卷第四《中庸解》）。我们知道，孔安国之《洪范传》云："皇，大；极，中也。"这意味着，"皇极"乃大中之至教，故陆象山进一步释之曰："皇，大也；极，中也。洪范九畴，五居其中，故谓之极。是极之大，充塞宇宙，天地以此而位，万物以此而育。古先圣王皇建其极，故能参天地赞化育。"（《陆九渊集》卷二十三《荆门军上元设防讲义》）这也完全是以《中庸》之义诠释皇极大中之至教。皇极以大中言，故谓之至教；中庸以道也，实则亦不过是大中至教之圆妙境界也，实可谓之圆教。

智圆与契嵩之重视《中庸》，不过是认为《中庸》所说之境界与佛教之圆修境界相契合，这就说明了谓《中庸》乃为一圆教文本是有历史依据的。佛教人物对《中庸》的这种认定，实影响了二程及朱子对于《中庸》的看法。《中庸》由释家回流至儒门，不只是使得宋代儒者提升了《中庸》的地位，最终与《大学》《论语》《孟子》组成"四书"的教化系统，更重要的是，佛教人物对《中

---

① 张祥龙：《海德格尔思想与中国天道》，北京：三联书店1996年版，第231页。

庸》圆教义理的阐发，使得宋代儒者且最后由朱子完成了"四书学"的建构，而《中庸》就意味着"四书学"的完成，因其已臻于圆教之理境矣。

二、理学家对于《中庸》圆教的认知

由此，我们再来看看宋代儒者特别是朱子对于《中庸》的理解。

> 《中庸》之书难看。中间说鬼说神，都无理会。学者须是见得个道理了，方可看此
> 书，将来印证。（《朱子语类》卷六十二）

圆教文本本境界浑融，机锋隐秘，若不能开机锋而体境界，则自然难懂，乃至一头雾水。朱子说"学者须是见得个道理"，就是让我们认知到《中庸》乃是一个圆教文本，非秩序整严之渐教文本也。所以，朱子又曰："《中庸》多说无形影，如鬼神，如'天地参'等类，说得高；说下学处少，说上达处多。"（《朱子语类》卷六十二）《中庸》所说的"天地参""万物育""上天之载无声无臭"，俱是就上达处说，即圆教之为圆处说。但圆教之为圆乃境界之浑融，此是上达之完成处，若不能开决那隐秘之机锋，则于此境界之浑融常茫茫然而不知所云。由此，我们须进一步去理解"中"字。许慎《说文解字》释"中"云："中，内也。从口丨。下上通也。"很明显，"中"有上下通达的意思。在《中庸》里，"上"以"中"表示，"下"以"庸"表示，或者以"时中"表示。二者相互通达而圆成，"有中必有庸，有庸必有中，两个少不得。"（《朱子语类》卷六十二）但二者又有差异，"中"是纵向的，"庸"是横向的，故朱子曰："中则直上直下，庸是平常不差异。中如一物竖置之，常如一物横置之。唯中而后常，不中则不能常。"（《朱子语类》卷六十二）在朱子看来，若不能有纵向的"中"的开辟，便不能有横向的"庸"的圆成。故当有人问："'中庸'二字孰重"时，朱子的回答是："庸是定理，有中而后有庸。"（《朱子语类》卷六十二）显然，"中"是动力因，"庸"是生成因。朱子又曰：

> 读书先须看大纲，又看几多间架。如"天命之谓性，率性之谓道，修道之谓教"，
> 此是大纲。夫妇所知所能，与圣人不知不能处，此类是间架。（《朱子语类》卷六十二）

"大纲"就是"中"，乃隐微而不显者，此须从"天命之谓性"处理解。"间架"就是"庸"，乃摆出来之可见者。这个摆出来的"庸"亦可谓"时中"，《中庸》云："君子之中庸也，君子而时中。""时中"里的"时"并非是一个时间概念，而是一个境域概念。境域性的时间概念虽然来自海德格尔，但《中庸》之"时中"的确与此可以相通。海德格尔的时间概念并非是流俗的"将来""过去"与"当前"之含义，也不是"主观的"和"客观的"，或"内在的"和"超越的"时间概念①，而是与先行的决断相关，而先行的决断乃是让人最切身的存在来到自身的决断。这样，海德格尔给时间性的内涵就是：

---

① 海德格尔：《存在与时间》，陈嘉映、王节庆译，北京：三联书店1987年版，第387页。

此在本真地从将来而是曾在。先行达乎最极端的最本己的可能性就是有所领会地回到最本己的曾在来。只有当此在是将来的，它才能本真地曾在。曾在以某种方式源自将来。①

时间性意味着人的存在的构成境域，而这个构成境域是由人的先行决断而牵引着的将来而到时的"此"。时间性就是由人之先行决断所贯穿的人之存在的动态过程，每一个具体的此在之"此"，就称之为"时"。

《中庸》所说的"时中"亦可作如是之理解。"时"即是"此"，即一个具体的境域，而每一个具体的境域都有"中"贯穿于其中。故朱子曰：

> 他所以名篇者，本是取"时中"之"中"。然所以能时中者，盖有那未发之中在。所以先开说未发之中，然后又说"君子之时中"。（《朱子语类》卷六十二）

"时中"里必有"未发之中"在，方称之为"时中"，方是君子之所为。"时"中必有"中"方其为"时"，"中"必在"时"中方成其为"中"。由此，即可在庸常之中透见高明，凡俗之中显露神圣，此与智圆、契嵩所说之世间与涅槃不即不离同一主旨也，是以可称之为圆教。故杨龟山曰：

> 《中庸》为书，微极乎性命之际，幽尽乎鬼神之情，广大精微，罔不毕举。……世之学者，智不足以及此，而妄意圣人之微言，故物我异观，天人殊归，而高明中庸之学始两致矣。谓"高明者，所以处己而同乎天；中庸者，所以应物而同乎人"，则圣人之处己者常过乎中，而与夫不及者无以异也。为是说者，又乌足与议圣学哉？②

这一段话的意思是，《中庸》本是圆教，物我天人会归于一，高明即是中庸。但世人常不知此，以为高明者才同于天，而中庸者只是现象世界的人为。由此，天人两隔。是此，则《中庸》作为圆教的本旨顿失，乌足以知《中庸》也哉？

正因为《中庸》所表之义理为圆教，所以才引用孔子"中庸其至矣乎，民鲜能久矣"之论，因为作为圆教的"中庸"，俗众自然是不容易达到的。又引孔子之言曰："天下国家可均也，爵禄可辞也，白刃可蹈也，中庸不可能也。"我们知道，程子曾曰："不偏之谓中。"但什么是"不偏"呢？一般多从人之行为去理解，即"中庸"就是行为上的中正不偏，但若"中庸"只是如此，孔子怎么会说它比"均国家""辞爵禄""蹈白刃"更难呢？由此可见，"中庸"一定是一种圆教。故朱子曰："历选前圣之书，所以提挈纲维，开示蕴奥，未有若是之明且尽者也。"（《中庸章句序》）

三、从"小人之中庸也"之诠释看《中庸》作为圆教

《中庸》所引下面这段话，更能证明"中庸"是一种圆教。

---

① 海德格尔：《存在与时间》，陈嘉映、王节庆译，北京：三联书店1987年版，第386页。
② 杨少涵校理，（宋）卫湜撰：《中庸集说》，桂林：漓江出版社2011年版，第3页。

> 仲尼曰："君子中庸，小人反中庸。君子之中庸也，君子而时中；小人之中庸也，
> 小人而无忌惮也。"

这段话在文字上有争论，就是"小人之中庸也"这一句。对于这一句，东汉郑玄注《礼记》时，不认为有问题，但稍后的王肃传本《礼记》，则认为这一句少了一个"反"字，故此句应为"小人之反中庸也"。宋之程伊川基本认同王肃的说法，"小人更有甚中庸？脱一'反'字。小人不主于义理，则无忌惮，无忌惮所以反中庸也"。① 但是不是《中庸》原本真的有"反"字，而在流传之过程中错简缺漏了呢？朱子认为，无"反"字亦是可通的，他说：

> "小人之中庸"，王肃、程子悉加"反"字，盖迭上文之语。然诸说皆谓小人实反
> 中庸，而不自知其为非，乃敢自以为中庸，而居之不疑，如汉之胡广，唐之吕温、柳
> 宗元者，则其所谓中庸，是乃所以无忌惮也。如此则不须增字，而理亦通矣。②

这就是说，若从事为上看，小人也可以达到中庸，但其达到中庸纯粹是外在经验上的，并无内在的神圣性贯穿于其中，故事纯技术上的作为，是以谓之无忌惮也。如此看来，小人之这种中庸，恰恰是反中庸的。是以沈清臣曰："反中庸者，小人之常也，然又乐闻君子时中之说，乃同乎流俗，合乎污世，时尚纵横则为苏秦，时尚刑名则为申韩，时尚虚无则为黄老，窃时中之名而流入于无忌惮，此所以谓小人之中庸也。"③ 此即意味着，小人把"时中"给庸俗化经验上的世事洞察与人情练达，由此而恰恰走向了反"时中"与反中庸。从沈清臣这段话来看，其实他是不认为掉了一个"反"字的，因为小人之中庸，自身即是反中庸的，并不需要特地加一个"反"字来凸显。

不过，朱子又认为，从文势的角度看，似乎加一个"反"字更好。他说：

> 小人之情状，固有若此者矣，但以文势考之，则恐未然。盖论一篇之通体，则此
> 章乃引夫子所言之首章，且当略举大端，以明别君子小人之趣向，未当遽及此意之隐
> 微也。若论一章之语脉，则上文方言君子中庸而小人反之，其下且当平解两句之义以
> 尽其意，不应偏解上句而不解下句，又遽别解他说也。故疑王肃所传之本为得其正，
> 而未必肃之所增，程子从之，亦不为无所据而臆决也。诸说皆从郑本，虽非本文之意，

① 杨少涵校理，（宋）卫湜撰：《中庸集说》，桂林：漓江出版社 2011 年版，第 46 页。
② 杨少涵校理，（宋）卫湜撰：《中庸集说》，桂林：漓江出版社 2011 年版，第 49—50 页。胡广（91—172 年），东汉时期重臣。《后汉书》本传谓其"性温柔谨素，常逊言恭色。达练事体，明解朝章。虽无謇直之风，屡有补阙之益。故京师谚曰：'万事不理问伯始，天下中庸有胡公。'"但范晔却在传赞中云："胡公庸庸，饰情恭貌。朝章虽理，据正或桡。"吕温（771—811 年）、柳宗元（773—819 年）俱因中唐权臣王叔文（753—806 年）而得高官，亦因"永贞革新"失败而俱遭贬谪。《旧唐书》列传第一百一十之史论云："贞元、太和之间，以文学耸动缙绅之伍者，宗元、禹锡而已。其巧丽渊博，属辞比事，诚一代之宏才。如俾之咏歌帝载，黼藻王言，足以平揖古贤，气吞时辈。而蹈道不谨，昵比小人，自致流离，前隳素业。故君子群而不党，戒惧慎独，正为此也。"又，同传之史赞云："天地经纶，无出斯文。愈、翱挥翰，语切典坟。牺鸡断尾，害马败群。僻涂自噬，刘、柳诸君。"这大概是朱子斥胡广、吕温、柳宗元为小人之历史依据。
③ 杨少涵校理，（宋）卫湜撰：《中庸集说》，桂林：漓江出版社 2011 年版，第 53 页。

然所以发明小人之情状，则亦曲尽其妙，而足以警乎乡愿乱德之奸矣。①

"小人之情状，固有若此者矣"，这是说，"小人之中庸也，小人而无忌惮也"这句话足以描述小人上述所说之情状，无须加一"反"字。但从文势之平衡与对称上看，似乎应有一个"反"。孔子这段话之前两句是主旨，表明君子的基本特征是"中庸"，而小人的基本特征是"反中庸"。后四句之前两句是解释为什么君子是"中庸"，因为君子能够"时中"，那么，依此推之，后四句之后两句当解释小人之"反中庸"，因为小人"无忌惮"。朱子依据文势如此类推，认为王肃应属正传，"反"字非其妄增之也，而程子从其说亦非臆断也。但朱子又反过来说，若从郑玄所传无"反"字，似乎更能曲尽小人"乡愿乱德之奸"，亦不失其为正义也。

朱子的意思很清楚，从文势上看，应该有一"反"字，但从表小人乱德而"反中庸"的主旨来看，解释之句中似乎不要"反"字似更佳。其实，还有很多儒者认为并不需要这个"反"字。吕东莱曰：

> 如《中庸》说"君子之中庸，君子而时中；小人之中庸，小人而无忌惮"，人说"小人中庸"欠一"反"字，亦不消著"反"字。盖小人自认无忌惮为中庸，如后世庄老之徒，亦子莫之学，如说不死不生，如说义利之间，皆是不得时中之义，止于两事中间求其中，如何会识得中？②

吕东莱的意思是，从事为上求其"中"，必至于无忌惮。而从事为上求其"中"，正小人以乡愿眩人耳目之强项，是以小人亦必有"中庸"，然小人愈有此"中庸"，愈无忌惮，适足成"反中庸"矣，虽不明言其"反"，而其"反"之实已朗然也，故不须叠床架屋再加一"反"字。倪正甫曰：

> "小人之中庸"，无反字，《正义》为小人"亦自以为中庸"，得之矣，王肃添反字，非也。忌者，有所疑也；惮者，有所畏也。人惟有所疑忌，故不肯为不善；有所畏惮，故不敢为不善。小人托中庸以自便，借中庸以文奸，曰吾亦中耳，我亦庸耳，何为不可？此之谓无忌惮也。无忌惮与戒谨恐惧相反，唯其无忌，是以不戒谨；惟其无惮；是以不恐惧。何谓无忌惮？因孔子圣之时，于是借以为说仕于不可仕之时，如汉末假儒者之说，以仕于莽朝，以干利禄；如孟子有"言不必信，行不必果"之说，于是借以自便，如乡原之"言不顾行，行不顾言"，作伪欺世，故曰"无忌惮"。③

这是明确表示，正本不应有一"反"字，王肃本反是误传。因为小人往往假借"中庸"之名而饰其实，文其奸，然无论其如何文饰，总难掩其"无忌惮"之实也。

我们现在再综合衡论一下，到底应该有"反"字，还是没有"反"字呢？若原文为"小人之反中庸也"，那么，"反"一定是建立在有所认知的基础上，即小人一定是认知到了"中庸"是什么以后，他们才开始反。但若"中庸"是事为上的"不偏"，则小人正欲借此饰其实而文其奸，焉能去反之？但若"中庸"是上述所说的圆教，则小人根本达不到这个境界，于此根本茫然，何

---

① 杨少涵校理，（宋）卫湜撰：《中庸集说》，桂林：漓江出版社2011年版，第50页。
② 杨少涵校理，（宋）卫湜撰：《中庸集说》，桂林：漓江出版社2011年版，第52页。
③ 杨少涵校理，（宋）卫湜撰：《中庸集说》，桂林：漓江出版社2011年版，第55页。

反之有？因此，小人一说"中庸"，总是落在事为上讲，而"中庸"一旦落在事为上，恰恰就是"反中庸"。所以，"反"并非是"反对"之"反"，而是事为上的"中庸"所体现出来的结果。也就是说，寡头的事为上的"中庸"本身即是"反"，"反"什么？反君子圆教之"中庸"。沈叔晦曰："'小人反中庸'，反不是倍，计较揣度，用私意以为之，此之谓反。"① 很明显，只要是在经验世界计较揣度，最后以私意为之，那么，一定就是"反中庸"。这里的"反中庸"是以"非反"的方式"反"那个圆教之"中庸"，也就是说，小人以事为之"中庸"否定了那个圆教之"中庸"。事为之"中庸"，在君子看来就是"无忌惮"。小人文奸饰非，"居之似忠信，行之似廉洁"（《孟子·尽心下》），看上去戒惧谨慎而忌惮多多也。这样看来，原文正本不应有一"反"字。因此，有君子之中庸，有小人之中庸。君子之中庸是圆教，而小人之中庸是事为上的计较揣度，但二者并非是层级或类别上的不同，而是根本背反的。严格来讲，小人之中庸并不能名之曰"中庸"，只能谓之计较揣度，但小人常自以为是"中庸"，且居之甚信，其结果必"反中庸"。因此，子思以"君子之中庸也，君子而时中；小人之中庸也，小人而无忌惮也"对照，无非是要凸显"中庸"是一种圆教，一旦在此把持不住而下滑，即落入"反中庸"的境地当中，故我们于此不可以不戒惧谨慎也。又，朱子曰："君子而处不得中者有之，小人而不至于无忌惮者亦有之。惟其反中庸，则方是其无忌惮也。"（《朱子语类》卷六十三）君子在事为上固有不得"中"的时候，但神圣性总是在兹念兹，故不会无忌惮而反中庸；小人在事为上固有不无忌惮的时候，但因为神圣性之执守，故随时可能无忌惮而反中庸。

但《中庸》之所以为圆教，乃因为"中庸"是"时中"，而"时中"意味着上下通达的境域的开显。"上"乃是"尽精微"之神圣，"下"乃是"致广大"之庸常，二者不即不离，故谓之"圆"。若在上的"尽精微"之神圣不下贯至于在下的"致广大"之庸常，则在上者孤悬而偏枯，蹈空而不实；若在下的"致广大"之庸常不上达至于在上的"尽精微"，则在下者物化而胶固，低俗而虚幻。因此，章太炎下面这段话是非常没有见地的：

> 若说实话，《大学》《中庸》，只是《礼记》中间的两篇，也只是寻常话，并没有甚么高深玄妙的道理，又不能当作切实的修身书，只要还归《礼记》，也不必单行了。②

把《大学》《中庸》还归于《礼记》繁复之篇什中，完全抹杀了以朱子为首的宋明儒建构"四书学"，而以《中庸》为圆教、为归宿的大旨与高义，而儒学之为宗教义，亦随之而淹没，此诚"夏虫不可以语冰"之论也。同时必须指出的是，我们由智圆、契嵩对于《中庸》之认知与反省，而比照佛教之义理，而谓《中庸》为圆教，但《中庸》与佛教特别是龙树之《中论》之间毕竟尚有区别。龙树之《中论》乃人之般若智凌虚觉照的结果，其开的境域是"识"之圆境，故《中论》是"识"之圆教，而其神圣性与宗教性不实，仅以"识"之圆显其神圣性与宗教性；但子思之《中庸》乃形上之体下贯通达之结果，其所生成的是神圣圆境，故《中庸》是真正宗教意义上的圆教，因神圣之形上之体贯穿于其中也。真正的神圣性与宗教性必因"体"而立，不可只在"用"上显。

---

① 杨少涵校理，（宋）卫湜撰：《中庸集说》，桂林：漓江出版社 2011 年版，第 52 页。

② 章念驰编订：《章太炎演讲集》，上海：上海人民出版社 2011 年版，第 72 页。

《中庸》属于前者，而《中论》属于后者，二者之大较，不可不辩也。

四、《中庸》作为圆教之基本内涵

《中庸》的这种圆教义理形态，就体现在其第一章中：

> 天命之谓性，率性之谓道，修道之谓教。道也者，不可须臾离也，可离非道也。是故君子戒慎乎其所不睹，恐惧乎其所不闻。莫见乎隐，莫显乎微，故君子慎其独也。喜怒哀乐之未发，谓之中；发而皆中节，谓之和。中也者，天下之大本也；和也者，天下之达道也。致中和，天地位焉，万物育焉。

上述一段文字，朱子《中庸章句》引杨氏之言曰："所谓一篇之体要是也。"可以说，这段文字乃《中庸》之经文，其余的可谓注经之传文。此段经文的前三句有四个关键词：天、性、道、教，四者之间的关系应该是：天→性→道←教（修性或养性）。"修道"就是让"道"表现出来，这是从结果而言；不过，表现这种结果有两条路线：一条是圣人之路线，圣人性体自足，故其率性而为，即是"道"，故在圣人那里无所谓"修"。另一条是常人之路线，常人资性驳杂，故须养性、修性，而后才能表现"道"，故"教"即修性、养性以表现"道"之谓也。总之，这四个关键词中，"道"才是最终的指向与落脚点，只有"道"表现出来的时候，才可称之为圆教，或者说，"道"的到来，保证了圆教之到来，或者说，道＝圆教。我们不妨来看先儒对"道"的解释。程明道曰："道之外无物，物之外无道，是天地之间无适而非道也。"又曰："一物不该，非中也；一事不为，非中也；一息不存，非中也。何哉？为其偏而已矣。故曰：'道也者，不可须臾离也，可离非道也。'"（《二程遗书》卷四）程明道的意思在于说明：道与物是相互通达与确证的。若有一物外于道，则此物不可谓之物；若有道中缺一物，则此道不可谓之道。又，黄演山（1044—1130年）曰："道之无不在也，虽稊稗瓦甓之间，无不在也；道之不可须臾离也，虽蹞步跬蹈之间，不可离也。惟其无不在，故不可须臾离。"[1] 此即表示，道之不可须臾离，意味着道是世界的确证者，只有道之灵显才能保证世界的到来，一旦道阙如，则世界隐退，根本没有到来。正是在这个意义上，我们认为《中庸》所说的道乃是圆教，即道确证了世界之存在，一事一物之存在。但道只是"万物并育而不相害"之境界，故道是世界的确证者是从果上说；若从因上讲，确证之动力来自哪里呢？即因上的确证者是谁呢？答案就是：唯有人才有确证之动力，才是确证之完成者。故朱子曰：

> 所谓道也，是乃天下人物之所共由，充塞天地，贯彻古今，而取诸至近，则常不外乎吾之一心。循之则治，失之则乱，盖无须臾之顷可得而暂离也。（《四书或问·〈中庸〉或问》）

---

[1] 杨少涵校理，（宋）卫湜撰：《中庸集说》，桂林：漓江出版社 2011 年版，第 28 页。

道虽然是天下人物之所共由，充塞天地，贯彻古今，即道确证了世界之为世界的到来，但这个确证之动力，却来自于吾人之一心。而心性贯通，心从动态之力量说，性从静态之存有说。世界之为世界的确证来自吾人之一心，而心之动力来自哪里，故又须进一步深掘人性。所谓深掘人性，就是要确证人的到来，即世界之为世界的到来首先要确证人之为人的到来。这是《中庸》作为圆教必须首先解决的问题。论述至此，我们可以进一步来分析这段经文所隐藏之基本内涵了。

一、"天命之谓性，率性之谓道，修道之谓教。道也者，不可须臾离也，可离非道也。"这一段话从天→性→教→道之线索，来为道进行形上的奠基，且这样的道是世界之为世界的确证者，故不可须臾离也。

二、"是故君子戒慎乎其所不睹，恐惧乎其所不闻。莫见乎隐，莫显乎微，故君子慎其独也。"道确证世界之为世界，但人是唯一的具有动力的觉知者，道只有在人那里才能灵现出来，因此，人才是世界之为世界最终的确证者。但人之作为世界最终之确证者，必须通过慎独之工夫而通达绝对体——天。

三、"喜怒哀乐之未发，谓之中；发而皆中节，谓之和。中也者，天下之大本也；和也者，天下之达道也。致中和，天地位焉，万物育焉。"只有人与绝对体通达以后，才谓之"中"，有了这个"中"，再发用出来，才是"和"。"中也者，天下之大本也"，即表示"中"是确证世界之为世界的最终根据。到"和"这里，世界之为世界之确证得以完成，亦即是圆教得以完成，故曰"致中和，天地位焉，万物育焉"。

基于上述三种内涵，《中庸》整篇文章主要论述三个主题：

其一，人为什么能成为世界之为世界的最终确证者。人的确证之动力即来自于人对"天"之回应，这就是"慎独"。

其二，人自身及其社会之确证。人自身的确证就是人要成为君子乃至圣人，社会的确证就是政治须行王道。

其三，世界万物之确证。世界万物的确证就是"天地位焉，万物育焉"。

必须指出的是，所谓"确证"并非指一般意义的证明，而是指世界万物与绝对体贯通，从而成为一种宗教性的圆满存在。这意味着，凡未与绝对体贯通之存在，俱是纯物质性的偶然之存在，其存在性随之可以消亡，故其存在并未得到确证，因其无价值贯通其间故也。当然，因为篇幅之关系，这部分内容只能另文论之了。

作者简介：张晓林（1968—），湖北大冶人，哲学博士，现为湖南科技大学教授，湖南省孔子学会副会长，主要研究方向：儒家哲学。

阳明心学中的知性问题商议

潘朝阳

摘要：古代儒家主张本心为体而双彰其德性和知性，两者皆是人之理性。儒家古典，重视道德实践，亦重视知识系统之建立乃至科学体系的展现。德性是本心的"体证"之境，而知性则是本心发用，定着和徼向于外物，必须是"外延性"和"架构性"的客观建立，因之而为世界"立法"，使人从其主体发出思维之后，对此世界建立其客观性的认识，故知性是本心的"认知"之境，它是道德和事功的载具，依托之而具现德行的价值和文明的存在。

后世的心学家，一般而言，多视良知只是德性心之义，不免轻忽了良知亦具有知性理性之思维和认知之功。因此，心学家末流往往堕于虚玄荡越空疏飘悬之光景中，而少掉了脚踏实地的客观义之实学、实政、实功。笔者取阳明心学经典《传习录》来分疏其对"德性理性"和"知性理性"的观点，简扼诠析其思想重心，乃可明白阳明的《传习录》是一种锻炼心性的心法之书，而"知性理性"形态的阳明，须就其《全集》记载和表现的事功之内涵才能掌握。

关键词：王阳明；心学；本心良知；德性理性；知性理性

一、前言：古儒重视知性

古代儒家，从先秦到两汉，无论经、史、子、集，其文章论述的表现，既有本心德性义的显扬，也同时有知性义的开展。我们阅读《五经》或是儒家子书、包括孟荀乃至于汉儒贾谊《新书》、董仲舒《繁露》以及重要史籍，如《左传》《史记》《汉书》等，其内容都是知性的，大儒积极地表现了本心的"知性理性"之实现义，本心的"德性理性"固然是人之所以为人之开端，但古儒不只是反复宣说德性重要，他们亦正面地、积极地重视知识的建设和展显，因此通读古籍，其中记载了中国古代的"知性理性"以及依之创造、累积、蕴蓄且又再新创的"知识系统"和顺之而发明的"科学体系"。

固然从孔子始，就在其讲学和经典中，提出"德性理性"是人之所以为人的首出义，揭示仁心、仁人、仁政的"道德理想主义"的儒家基本观念。此之后，曾子、子思以及孟荀大儒均强调德教、德政之重要。

但是古儒们所说的道德之义，是具有"外延性"和"架构性"之客观实践面向的，并不是后世受佛禅影响之下的儒家偏重心性之在其内面而"孤明独照"之个体修为义的那种主观内在之道德性质。换言之，后儒特别是心学家，往往倾向"主体之在其自己"的本心自满的观念和信仰，这只是本心的德性之自我觉照而已，但却忽视了本心的"知性理性"是实践其德性价值的必须之承载器具，或是德性由其主体之光源必须照射世界才有存有意义的那个它需要的客体。儒家本心的践履重视"知性理性"而不能轻忽"外延性""架构性"的知识。此层意义和认知，在古儒来说，根本不是问题，甚至来看中国科学史那些具有儒者素养和身份的大科学家，譬如北宋的沈括、明的宋应星、李时珍而言，德性和知性是自然而然地同时存在且彰显的。只有在后世发达的心学家以及腐儒酸士那里才会演变成一种类似于宗教内修形式的看待、处理儒学和儒教之取向，它本身有轻知、反知的倾向和执着；而这种取向有违儒家重知的本质。

大心学家王阳明的思想影响后世极深远，后世批评阳明及其后徒之心学犯了虚无玄空之大病，结果丢弃了经世济民的内圣外王之儒家本业，一般怪异空疏之心学末流，确实多有掉入禅道的自悦自足的玄空之如黑洞一般的不关心世间，但是阳明是否如此？须加以严谨细致地予以研析检证。故作本文。

二、阳明在与徐爱的问答中所显示的与朱子之认知差异

《传习录》是阳明最主要的思想凝聚之书，其精神纯是"炼心术"，是锻炼"心法"的宝典。《传习录》的话语，有阳明自己的心性论以及对于"知性理性"和知识的判别表述。以下仅举阳明与弟子徐爱对话为例加以剖明。

> 爱问："'知止而后有定'，朱子以为事事物物皆有定理，似与先生之说相戾？"先生曰："于事事物物上求至善，却是义外也。至善是心之本体，只是明明德到至精至一处便是，然亦未尝离却事物。本注所谓'尽夫天理之极，而无一毫人欲之私'者得之。"①

徐爱提及朱子认为"事事物物皆有定理"，但老师却有不一样的观点，请示差别。阳明的回答，却将"事事物物皆有定理"一句改为"于事事物物上求至善"。"定理"和"至善"是不同的词汇，前者浮泛地说，是指"一定的道理、原理"，学术性地说，则就是"定理、定律"；后者浮泛地说，是指"至乎其极的完善"，学术性地说，则就是《大学》第一章的"大学之道，在明明德，在新民，在止于至善"的这个"止于至善"。所以"定理"和"至善"，根本具有不同的意义。阳明随意把词汇更动替换，不免对于"知识"和"逻辑"之态度不太严谨。朱子如何安排"定理"和"至善"的用法呢？他说：

---

① （明）王守仁：《传习录上·徐爱录》，收入李生龙注译：《新译传习录》，台北：三民书局2004年版，第7页。

物格知至，而于天下之事皆有以知其至善之所在，是则吾当止之地也；能知所止，则方寸之间，事事物物皆有定理矣。既有定，则无以动其心而能静矣。①

朱子认为学者研究事物、现象的精神和态度，应该追求研究的对象物之认知的最完美境界，此即朱子所说的：于"天下之事"，有以"知其至善之所在"，亦即学者宜不断地研究而深入他研究的对象物，至乎这个被研究之对象物的"存在性""结构性""变化性"和"发展性"等物理内容被确切认识而掌握了其原理，且将研究的动机、过程和结果，笔之为论文或形之为数学，而完成了一种"知识系统"和"科学体系"。此种论述是科学家依据科学典范而进行其研究的基本用心，是严谨认真于研究工作之中的学者之基本态度。

其次，阳明所说的"本注所谓'尽夫天理之极，而无一毫人欲之私'者得之"。此句乃是引了朱子的话语。"本注"也者，是指朱子的《大学章句》的注释，且看朱子如何说。首先看"明德"：

明德者，人之所得乎天而虚灵不昧以具众理而应万事者也。但为气禀所拘、人欲所蔽，则有时而昏，然其本体之明，则有未尝息者，故学者当因其所发而遂明之，以复其初也。②

朱子所理解的"明德"，就是人之本心，是天命而有且具有"虚灵不昧"的本质和功能，所以它可以含具一切理以应对一切事物和现象，此意思是指本心是"虚灵不昧"的，能够面对、进入事物现象之中而加以探讨、究明，于是可以得出事物、现象之存在性、结构性的"理"。朱子此种认知，是"知性理性"之进路的对于本心之看法，此处并无"唯道德主义"之色彩（此处所谓"唯"，不是作"唯一""唯有"解，而是指"特殊""着重""突出"）。他提到的"人欲、气禀的拘蔽本心"，会使心之清明虚灵有时昏沈，亦不必指人之不德而为恶，此纯然是说人在治学、对人、应事时，往往也会昏沈迷糊而出状况，何以如此，即因为本心的虚灵不昧的本质之可能拘蔽而昏昧掉举之故。

再看朱子解释"止于至善"：

"止"者，必至于是而不迁之意；"至善"，则事理当然之极也。言"明明德""新民"皆当止于至善之地而不迁，盖必其有以尽夫天理之极而无一毫人欲之私也。③

朱子认为君子之"明明德"和"新民"的功夫，须刚健不息且没有退转而达到他所明了、处理的一切事物，都能臻于它的理则之当然之最完善的状态和最高度的境界，此所谓的一切事物，包括了一切人事物，亦即在生命中、生活中，会遇见的所有的存在性、现象界。无论就君子之为政，或就儒士之治学，或就科学家之研究，乃至于一般人在生活世界之学习和实践伦理，都必须保持此虚灵不昧，依其自新、新民之施行而达乎最高的完善、完美。在朱子之解释，这个"至善"，何止于只是内在于本心之它自己的维持虚灵清明之本质，而必得推拓出去，令万事万物经由本心的"不昧"，而均能成就其天性和状态，在此，即是"德性体证"之义，也是"知性成就"

---

① （南宋）朱熹：《大学或问》卷一，收入《朱子全书》。
② （南宋）朱熹：《四书集注·大学章句》，台北：世界书局1997年版，第5页。
③ （南宋）朱熹：《四书集注·大学章句》，台北：世界书局1997年版，第5页。

之义。

与此相对，阳明全然乃是"心学""心法"的一种"炼心术"之观点，他将"至善"收缩于本心之"内在的它之在其自己"，不免剩下"主体义"而抹杀了"客体义"；"主体"只是"体证"，不必知性之分解，"客体"却必须是"知解"，是知性之"认知"，不是"体证"。

因此，顺着上述之意思，可以进一步看朱子对于致知格物的理解：

> "知"，犹"识"也。推极吾之"知识"，欲其所知无不尽也。"格"，"至"也；"物"，犹"事"也。穷至事物之理，欲其极处无不到也。
>
> "物格"者，物理之极处，无不到也。"知至"者，吾心之所知无不尽也。知既尽，则意可得而实矣，意既实，则心可得而正矣。①

朱子此释，是理学家正面、积极地重视、肯定本心的"知性理性"而得出"知识系统"甚至"科学体系"以处理事物而得出其"理则"之传统。理学家认识到治己、治人、治国、平天下须依赖客观性知识，而此知识的求得，乃是本心的"知性理性"之本来能力，只要不阻塞它而加以发扬作用即可。至于"德性理性"，程朱的理学体系，亦是重视的，但"德性理性"的发用，不是"分解"或"分析"，而是"体证"或"悟证"，此路是从本根上的"唤醒""启发"，而不在发散出去的在枝叶上的"剪裁""剖析"。

阳明心学，却着重在本心的德性面向的唤醒，且以为由知性发用出去的知识系统，不是最重要的，而是次要之务。

> 爱曰："'至善'只求诸心，恐于天下事理有不能尽。"〔……〕"如事父之孝，事君之忠，交友之信，治民之仁，其间有许多理在，恐亦不可不察。"②

徐爱的观点，是理性客观的，只根据常识，即知并无错误，他说的孝悌之道、事君之方、朋友之谊、仁政之策，都必须有许多的伦理、事理和物理，此等理，是当事者必须明白且须遵循而行的；这些世上之理，背后是"知性理性"发用于事事物物之中，而依据事物的结构、内容等客观性而得出的"外延性""运作性"的学理，亦即知识之理，才能真确实践，譬如"政治"是存在的，也必得推展，"专制政治"和"民主政治"的制度性，当然差别很大，其等的施行，当然有各自的"理"在，这个政治之专制或民主之理，是必然"架构地""客观地"存在的，焉可视而不见？徐爱的思考、判断乃尊重了伦理面、社会面、政治面等事物和事务之中的"存有之理"和"构造之理"以及"操作之理"。这条思路和判准，是依据本心的"知性理性"而来的"合理性性"及"合知识性"。

然而，阳明的响应却只关注"理"的"内在主体义"反而轻忽了其"外延客观架构义"。且看阳明的说法：

> 且如事父，不成，去父上求个孝的理？事君，不成，去君上求个忠的理？交友、治民，不成，去友上、民上求个信与仁的理？都只在此心，心即理也！此心无私欲之

---

① （南宋）朱熹：《四书集注·大学章句》，台北：世界书局1997年版，第6页。

② （明）王守仁：《传习录上·徐爱录》，收入李生龙注译：《新译传习录》，台北：三民书局2004年版，第9页。

蔽，即是天理，不须外面添一分。以此纯乎天理之心，发之为事父便是孝，发之事君便是忠，发之交友、治民便是信与仁，只在此心去人欲、存天理上用功便是。①

其实，应该需要这样追问：为何"事父不成"呢？就必须正确地深自省而察之，人如果真有孝心，就正是要"去父上求个孝的理"，此意思就是要好好去认知我之孝顺父母，是什么地方没有做好，是不是做错了；同理，为什么会"事君不成"呢？在哪里没有尽忠呢？就必须认真去检证，在"君上求个忠的理"。换言之，人若有孝心和忠心，这只是必要条件，而不是充分条件；只有主体上的忠孝之心，此只是"开端"，孟子曰："恻隐之心，仁之端也"，仅是有个端点，哪是完备？必得"扩充"而"推恩"才行。忠孝的心之端，是还没完成孝之行和忠之行的，在怎样的状态下，才是忠孝的完成？那必须是忠行、孝行的正确实践出来之后才是。而人去实践忠行和孝行时，不是主观上证明自己的心是否有忠之思、是否有孝之思就算是忠、算是孝，而必须是发用推拓出去，依"知性理性"之思维和践行，能够"架构地""客观地""知识地"行孝、行忠，此处十分重要，孝行和忠行，要根据正确的知识之客观判断和行事，不正确的错误的行忠、行孝，谓之愚忠、愚孝。

阳明强调的是忠孝的心，但对于忠孝必须依据之而具有的充分之行忠、行孝的那个所以"行事"的健全正确之知识、技术，却没能正面、积极地展开来叙论。简言之，阳明之教，是"心"，而欠缺"行"，前者是"德性"，天生就有，不必学习，它天然具成，它是"自证"；后者则是"知性"，是后天学习、明白其外延的"架构性""客观性"，才可以实践成就的。举例说：官吏治理地方，若是忠臣，必有一片忠心，但并非似木偶天天呆坐在堂上默祷天子康泰就是"忠"，他必须熟习治理之实政，知道水利设施、农业生产、地方文教、当地治安、百姓康健、环境卫生……事务，并非本心之在主观状态中就可以明白、处理、改进、建设的，它是实学，是知识。所以，忠臣的心，是本心的德性，源于"证悟"，而忠臣的忠于仁政之践履，则是本心的知性，是外延推拓，是"逻辑"推理而在事物上进行"客观性""架构性"的认知，依此认知才能够正确践履，此才是忠的完成。

三、阳明对于"音律学""测候学"的态度

再来看其他弟子与阳明的对话之内容。

> 陆澄（字原静）问《律品新书》。先生曰："学者当务之急，就算此数熟，亦恐未有用。必须心中先具礼乐之本方可。且如其书说，多用管以候气，然至冬至那一刻时，管灰之飞或有先后，须臾之间，焉知那管正值冬至之刻？须自心中先晓得冬至之刻始得，此便有不通处。学者须先从礼乐本原上用功。"②

---

① （明）王守仁：《传习录上·徐爱录》，收入李生龙注译：《新译传习录》，台北：三民书局 2004 年版，第 9 页。
② （明）王守仁：《传习录上·陆澄录》，收入李生龙注译：《新译传习录》，台北：三民书局 2004 年版，第 96 页。

按《律吕新书》，是朱子高弟蔡元定（1135—1198）的著作。学者李生龙解释此书是一本说明校正乐律，亦是测定气候的专书。他说明《律吕新书》是什么主旨，曰：

> 我国古代用竹管校正乐律，以管的长度来确定音高，从低音管算起，成奇数的六个管称为"律"；成偶数的六个管称为"吕"。律吕不仅用于校正乐律，而且也用于测定节气，其中包含历法、天文、气候知识，是古代自然科学的一个重要组成部分。①

此处指出所谓"律吕"，是古代的一种与音乐、音韵、乐律等有关的科学及其技术。同时，古人又用此种器具来测定节气，此领域亦是一种科学及其技术。李氏再又在注中提及古人亦有测定节气、气候的方法，谓之"候气"，他引《律吕新书》的候气之法曰：

> 为室三重，户闭，涂衅（指房间的缝隙）必周，密布缇缦（橘红色的丝织品）。室中以木为桉，每律各一桉，内庳外高，从其方位。加律其上，以葭（芦苇）灰实其端，覆以缇素，按历而候之。气至则吹灰动素，小动则气和，大动为君弱臣强，专政之应，不动为君严猛之应。②

上述是李生龙对蔡元定的《律吕新书》中关于候气的一种构筑的叙述，此种空间构筑是一套气候测定的仪器。此叙述必从实际的观察和了解而有，而此种构筑空间之候气是否有效、是否准确，我们不能确知，但它是一种科技的描述，是大气科学的一个存在和叙述，其中具有宋时的"气象学""气候学"的认知及其"科学体系"。

陆澄拿蔡元定的《律吕新书》来问阳明，起码显示陆澄的心中认知到宋人有此种著作，有此种"知识系统"，而陆澄自己能够如此提出问话，则显出其有对于自然科学发生兴趣和徽向的"知性理性"。

但是阳明的响应却表现出一种不加隐藏的对于"科学"之知识和技术的轻视。首先，阳明不是宋人，亦无蔡元定所说的候气之构筑空间的实物，亦无得实际验证，却直截回应说"至冬至那一刻时，管灰之飞或有先后，须臾之间，焉知那管正值冬至之刻？"此就"知性理性"的标准而言，不甚严谨，因为陆澄提到的那个现象和事情，是必须进行"再检证"的，而不可以在没有实验、检证的状况下凭主观径以回答，故宜曰："不知。"对照之下，孔子的态度才是正确的，孔子遇见自己不知道的事物，其态度是"知之为知之，不知为不知"。再者，如果阳明能与他同一时代的那些科学家如李时珍、宋应星等人一样地重视客观知识的实作性、实验性，就应该依据蔡氏专著之说明，重新制作一个候气的建筑空间来实际实证一番，或可得其真相，这才是"知性理性"实践知识的科学态度。

复次，阳明的响应内容有一个地方，需提出来商榷，即他说的"学者须先从礼乐本原上用功"，"必须心中先具礼乐之本方可"和"须自心中先晓得冬至之刻始得"此三句话语；阳明在这里表现了本心之"内证具足"的心学观，有一种与佛门"万法唯心造"的共同性之"心法""炼心术"。但儒家本义，却非如此，"礼乐"也者，不是本心之本体，而是文明、制度的发用，"礼乐"是客

---

① 李生龙：《新译传习录》，台北：三民书局2004年版，第97页。
② 李生龙：《新译传习录》，台北：三民书局2004年版，第96页。

观之事物，有其"架构性"和"具体性"，人们对于"礼乐"的认识、改进、变化以及依靠和施行，不是在心中主观的"感觉"，任何人之心中若有"礼乐"的认识，那是依据本心之"知性理性"，在历史传延下来的经史文献中学习而来，它是"知识系统"，而不是心之主体证会的"主观内在境界"。同理，任何人之明白"冬至"是什么节气、什么日子及其气候和天文性质，是需要从中国的历书以及天文科学史中获得认知，这是"知性理性"之"逻辑理路"而非本心主观的体证之"玄理默会"，换言之，人对"礼乐"与"冬至"的掌握和主导，是知识和科学的学习而得其"事理"和"物理"，并从"事理""物理"中得其"操作性"。阳明在此处之回复学生之好知、求知之心的兴趣和方向，显然答非所问，也表现了轻忽儒家本来重视"知性理性"及"客观认知"之本义。

阳明要表达的真义为何？他只是要回溯到人的生命存在的最终极意义之源，即孔子提揭的"仁"。孔子曰："礼云，礼云，玉帛云乎哉？乐云，乐云，钟鼓云乎哉？"此意谓"礼乐"的真正核心不在外缘的玉帛钟鼓，其真正价值另有深层和高层，孔子曰："人而不仁，如礼何？人而不仁，如乐何？"依此，"仁"之心体，才是一切礼乐文明体制的"价值核心"。这在孟子称为"良知"，而阳明取孟子之言而畅论"良知"和"致良知"，但其所以"致"之功夫，阳明只就"内在义""证悟义"而说，其作用的"外延义""认知义"则缺乏积极地、架构地展开，故对于良知的致用层的知识建构和科学发展的方向和领域，理解不足，重视不够，所以，若就"礼乐"的"外延客观性"的具体存在而言，阳明显然是没有积极正面地重视，只重视了"本心的在它自己"，但对于本心推出去，在人间世、社会层应该具有的文明架构之实践客体，却没有充分地客观认知以及展开研究。

四、阳明以黄金比拟圣人

再来从另一师徒对话了解阳明心学之本义以及其对于知性和知识的态度。

> 希渊问："圣人可学而至，然伯夷、伊尹于孔子才力终不同，其同谓之圣者安在？"先生曰："圣人之所以为圣，只是其心纯乎天理而无人欲之杂。犹精金之所以为精，但以其成色足而无铜铅之杂也。人到纯乎天理，方是圣；金到足色，方是精。然圣人之才力亦有大小不同，犹金之分两有轻重，尧、舜犹万镒；文王、孔子有九千镒；禹、汤、武王犹七八千镒；伯夷、伊尹犹四五千镒。才力不同，而纯乎天理则同，皆可谓之圣人；犹分两虽不同而足色则同，皆可谓之精金。以五千镒者而入于万镒之中，其足色同也。以夷、尹而厕之尧、孔之间，其纯乎天理同也。盖所以为精金者，在足色而不在分两；所以为圣者，在纯乎天理而不在才力也。故虽凡人而肯为学，使此心纯乎天理，则亦可为圣人。"①

---

① （明）王守仁：《传习录·薛侃录》，引自李生龙注译：《新译传习录》，台北：三民书局 2004 年版，第 134—135 页。

问话者是蔡宗兖，字希渊，号我斋。中进士，以教授奉母，系阳明高足之一。[1] 他以孟子论孔子之圣和伯夷、伊尹之圣之同异来请教阳明如何判别。

且先看孟子如何论圣人类型。孟子在其论述中先举了前于孔子的古代大君子伯夷、伊尹、柳下惠，而称颂他们为"圣人"。其弟子万章问孟子说世人多曰伊尹是厨师，烹煮了美食来引起商汤的注意而得见商汤，因而被商汤重用，由此助商灭夏。这当然是野人无稽之谈。孟子庄严地告诉万章一大段关于伊尹的大志，最后一句引伊尹的话语如此：

> 与我处畎亩之中，由是以乐尧舜之道，吾岂若使是君为尧舜之君哉！吾岂若使是民为尧舜之民哉！吾岂若于吾身亲见之哉！天之生此民也，使先知觉后知，使先觉觉后觉也。予，天民之先觉者也，予将以斯道觉斯民也，非予觉之而谁也！[2]

引述伊尹之言之后，孟子接着说：

> 思天下之民，匹夫匹妇，有不被尧舜之泽者，若己推而内之沟中，其自任以天下之重如此。〔……〕吾闻其以尧舜之道要汤，未闻以割烹也。[3]

孟子引述伊尹之一番话语，其实是孟子借伊尹辅汤之史事来表达自己的最高政治理想，在伊尹之论言中，有三个重点，一是"尧舜之道"，一是"天民"，再一是"先知觉后知，先觉觉后觉"，而孟子在此章的结论中的重点则是"尧舜之政"。

"尧舜之道"和"尧舜之政"，代表或象征了儒家的"内圣外王"的理想，前者是"内圣"，后者是"外王"，而依孟子另外术语，则"仁义内在"即"内圣"；"仁政王道"即"外王"，内外必须是连续整合为一体的，前者是本心；后者是本心的发用、践履到外面的世界。本心之本质的把握和修正，即"内圣"，但光是只有"内圣"，是不可以的，因为它是"孤明内照"，只是一个"抽象玄体"及其光影；而后者即所谓"外王"，则是本心发用实践到全天下的"客观性""架构性"的仁义之道的政治、社会的华夏人文总体。

关于这个"内圣外王"整合而内外一体的观念，在《孟子·滕文公》第一章就表达出来了，该章句说："孟子道性善，言必称尧舜。"[4] 前句提揭"性善论"，后句提揭"仁政论"；前者是"内圣"，后者是"外王"。而关于"外王之仁政论"，何以不是举"文武之政"呢？亦即孟子何以不是"言必称文武"，却是"言必称尧舜"呢？此处就含藏了孟子的微言，因为"尧舜之政"是"公天下禅让政治"，[5] 而"文武之政"则只是"六君子君王世袭政治"，[6] 层次境界是有差别的。

孟子告诉万章，伊尹之辅佐商汤灭夏，这是"革命"，孟子是公开主张人民有革命的天赋人权的；革杀暴君、消灭暴政而新建国家、平治天下，是基本民权，从这点来说，人民就是"天民"。更重要的则在于伊尹之辅商执政，乃是以"尧舜之道"来"行尧舜之政"，此种道和政，就

---

① （明）王守仁：《传习录·薛侃录》，引自李生龙注译：《新译传习录》，台北：三民书局2004年版，李生龙注释。
② 《孟子·万章》。
③ 《孟子·万章》。
④ 《孟子·滕文公》。
⑤ 关于尧舜的"公天下禅让政治"，见《尚书·尧典》。
⑥ 关于"六君子君王世袭政治"，见《礼记·礼运》。

是孟子所言的"仁义内在"的"性善本心"来推展实践"仁政王道"于天下的意思，在他而言，有一顺序和次第，那就是从"六君子之政"而上升到"公天下之政"。这种"内圣外王一体连续观"和"由升平世至太平世的公天下仁政观"，不但是孟子的思想，也是孔子之道的本义，亦是《春秋》之学的主旨。

再者，由仁义行而发政施仁，还有一个更要紧的任务，那就是这个内圣外王之道，不止于执政者自己去做而已，他还有一个更深远广博的责任，那就是"先知觉后知，先觉觉后觉"，这是什么呢？这就是儒家最重视的教化之功，以内圣外王的尧舜之道来教化人民，而能达到"见天下群龙无首吉"① 以及"人人皆有士君子之行"② 的王道荡荡的"大同世"亦即"太平世"之境界。

从这个基本观点出发，才能明白孟子所言伊尹、伯夷、柳下惠之所以为"圣"之真义。孟子论及伯夷，其重点是"当纣之时，居北海之滨，以待天下之清也。故闻伯夷之风者，顽夫廉，懦夫有立志"。③ 孟子藉伯夷的行事点明君子不可阿附、仗恃、谄谀、帮办不仁不义的暴政，若逢此不仁不义的暴政，若无力量革命推翻，则应避世隐居而远远离开以待天下局势转为清明。这样的高尚人格，其风范之传扬，使"顽夫廉，懦夫有立志"。

关于柳下惠，孟子如何评述？其重点是："柳下惠不羞污君，不辞小官。进不隐贤，必以其道；遗佚而不怨，阨穷而不悯。与乡人处，由由然不忍去也。'尔为尔，我为我，虽袒裼裸裎于我侧，尔焉能浼我哉？'故闻柳下惠之风者，鄙夫宽，薄夫敦。"④ 此以柳下惠之为人从政之风格点明君子之政治之道，一旦从政，其用心之重点不在君王的优劣，亦不在自己的官职的大小，而是尽心作好治道之功，其治道的施行，乃依正道而进用贤士，对于官位权力，则淡泊视之，纵然失势穷困，亦洒然而不怨尤，喜与民共患难共幸福，因为为政的目的本来就是以民为主体的，所以柳下惠之治道，真的是"人民主体的政治"，"乡人"就是"庶民百姓"，我们一般俗称的"各位乡亲父老兄弟姊妹"，为政者不可以为自己是"贵族"，因而鄙视贱待人民，人民才是主人，为政者是"为人民服务"者也。此即柳下惠表现出来的仁爱百姓的治道。孟子认定此种风范会使"鄙夫宽，薄夫敦"。

基于上论，孟子才下结语，而高举三位古代大君子为"圣"。孟子曰：

> 伯夷，圣之清者也；伊尹，圣之任者也；柳下惠，圣之和者也；孔子，圣之时者也，孔子之谓集大成。⑤

朱子注释，说到"清"，是"无所杂者"；"任"，是"以天下为己责"；"和"，是"无所异者"。⑥ 分别界定了伯夷之圣，是人格、事业皆"清澈无杂"；伊尹之圣，是人格、事业皆能"志任天下"；

---

① 《易·乾卦》，是指天下所有人皆是"龙"，而没有统治阶级，所以没有统治者和被统治者。政治是众人依据自己的道德、知识来经营、管理。这是中国儒家本身既有的"民主"思想。
② 董仲舒：《春秋繁露·俞序》，董子认为太平世的境界是人人有士君子之行。士君子，从士到贤人，再到圣人。
③ 《孟子·万章》。
④ 《孟子·万章》。
⑤ 《孟子·万章》。
⑥ （南宋）朱熹：《四书集注·孟子集注》。

柳下惠之圣，则是人格、事业皆"一贯无异"。三位上古圣人，孟子皆予极高的评价，其标准，一则是人格生命的高贵无污染，一则是志业的弘毅承担。

相对之下，孟子则是以孔子之圣为至高之圣。孔子是"圣之时者"，何谓"时"？朱子说："孔子仕止久速，各当其可，盖兼三子之所以圣者，而时出之，非如三子之可以一德名也。"[①]朱子之所以会如此理解"时"的意思，是因为同一章句前段有孟子提及"孔子之去齐，接淅而行；去鲁，曰：'迟迟吾行也。'去父母国之道也，可以速而速，可以久而久，可以处而处，可以仕而仕，孔子也"。[②]此句的重心其实不是"这个时候这样，那个时候那样"，着重其时间义，而是指孔子居仁由义来处世做事，何以去齐如此之速，是因为确证齐君不仁；何以去鲁迟迟，是因为虽然鲁君不仁，但鲁是父母之邦，鲁于孔子是家国、乡邦，其情深重。此处重点不在于为官之"可不可"或"久不久"。而且，孟子亦非拿孔子来与三古圣做比较，需知孔子是不能比较的，孟子焉有不知？这是因为万章一口气提到数字古代大君子之风格，其中又带出世俗人对孔子人格之侮辱式的负评，所以，孟子之响应，亦就连带着就孔子之至圣而论之。这个"时"之真义是关键，先师爱新觉罗毓鋆先生有其诠释：

> 孔子之学是"时"字。中国的道统才是"仁"字。"仁"是中国的道统，因为"元"生"两仪"，就是"仁"了。"仁"是二人，"仁"就是"生"，懂得"仁"就能养人，所以，"仁"是生命；"元"是生之机，就是"阴阳合德而刚柔有体"（《易经·系词下传》第六章），所以"生生之谓易"（《易经·系词上传》第五章），生生不息，就有生命。懂得这些，就得养生机。[③]

依此，所谓"时"，就是仁心与天地生机若合符节的状态，而不是那个抽象的"时间"。古儒多以"时间"来理解，都没有得其契机，都把握得太浅。在任何情形之下，圣人或圣王，均能对于一切人一切物一切事而"养其生机"，使生生之仁，畅通兴旺，这就是"圣之时"也，孔子之道，正是彰着、弘扬这个道理。不是伯夷、伊尹、柳下惠以及其他中国的一曲之圣者可以达到的。

关于"时"的深义，在《论语》就已著明。子曰：

> 学而时习之，不亦说乎？有朋自远方来，不亦乐乎？人不知而不愠，不亦君子乎？[④]

朱子将这个"学而时习之"，解释为"既学而又时时习之"，[⑤]就是浮泛地视这个"时"只是"时常""经常""时时刻刻""经常"的意思。清儒刘宝楠更依文字学角度来注释"学而时习之"的"时"，他说：

> 王曰："时者，学者以时诵习之；诵习以时，学无废业，所以为说怿。"（……）《说文》："时，四时也。"此谓春、夏、秋、冬。而日中晷刻亦得名"时"，引申之义也。《皇疏》云："凡学有三时，一是就人身中为时，《内则》云：'六年教之数目，十学学书计，

① （南宋）朱熹：《四书集注·孟子集注》。
② 《孟子·万章》。
③ 爱新觉罗毓鋆：《毓老师讲孟子》（1995），许晋溢、蔡宏恩笔记，许晋溢整理，台北：中华奉元学会 2016 年版，第 198 页。
④ 《论语·学而》。
⑤ 《四书集注·论语集注》。

十三年学乐，诵《诗》，舞《勺》，十五年成童舞《象》。'并是就身中为时也。二就年中为时，《王制》云：'春夏学《诗》《乐》，秋冬学《书》《礼》。'三就日中为时；前身中、年中二时，而所学并日日修习，不暂废也。今云'学而时习之'者，'时'是'日中之时'。"①

像刘宝楠的此种形态的注解，如同朱子的注解以及汉时经学家之注疏，乃是依据文字训诂之方，外在地认知"时"之意思，此种解释，亦无错误，但是少掉了内在性的意义诠释。简单地说，就是把"学而时习之"，浅显简单地译为"认真学了之后要时刻不断地好好复习，以至于熟悉"，以这样的浅薄的方式去认知那么重要的《论语》第一章，把孔子视如村塾夫子一般只教蒙童背诵书本，课堂读毕，吩咐他们回家莫忘时时再背诵而直到熟悉课文。

我们谨以完全不同的诠释系统来予以对照，在对照中可以体悟孔子所言"时"的深义，也能进一步明白孟子赞孔子为"圣之时者"，亦即孔子是"时之圣人"的本质。

爱新觉罗毓鋆先生在其诠释《论语》的讲述中，他说：

"学而时习之"，就是"学能时习之"，"而"不当"然而"讲，是当"能够"的"能"字讲。"时"不能当"时时刻刻"的"时"讲，这个"时"就是"圣之时者也"的"时"。为什么这么讲？因为"不可为典要，唯变所适"（《易·系辞下传》第八章），如果孔子"时"的观念没有特殊意义，孟子就不会打这个批："圣之时者也"。

按传统说法："孔子的学说是'仁'字。"但这讲法不对。中国的道统是'仁'字，孔子的道统是"仁"字，但是孔子的学说是个"时"字，所以，孟子才赞美他是"圣之时者也。"怎么证明"时"是孔子思想？孔子在《易经》上说，不论什么东西，都"不可为典要"；若"为典要"，那就一成不变了。这样子怎么活呢？必要"唯变所适"！"适"，要适这个"时"，就是要恰到好处，那不就是合乎这个"时"吗？搞《易经》一印证，"唯变所适"，以合适于这个"时"，（……）②

"学而时习之"和"圣之时者"的"时"，不是"时空刻度的时间"，而是指"不可为典要，唯变所适"的发用、显出、实践、完成。然则，在孔孟而言，是什么事物、状态或存在，是必须"不可为典要，唯变所适"地发用、显出、实践、完成呢？那就是仁体、仁心以及仁教、仁政。如果用孟子的语言来说，就是"内在的仁义"为"体"，而必须发用外延，而实践、完成"仁政王道"的"理"之宣扬以及"事"的架构；这个实践、完成的"仁政王道"即是"用"。"理"，是由仁义的教化而显；"事"，是由仁义的政治而成。

基于上述，乃能扣紧孟子赞美孔子为"圣之时者"的要义，那不是浮泛地如汉宋传统儒者那种认知。而必得是指孔子之所以是"大成至圣先师"，乃是因为唯有孔子是在"内圣外王"的仁道仁体中，而能完整地加以弘扬、教化并试图加以实践真正的最终的理想型、完美型政治，即

---

① （清）刘宝楠：《论语正义》（上），台北：文史哲出版社1990年版，第2—3页。

② 爱新觉罗毓鋆：《论语——毓老师讲论语》第一册，蔡宏恩、许晋溢笔录，许晋溢整理，台南：奉元出版公司2020年版，第11—12页。

《春秋》微言的最高理型之"太平世"（亦即《礼记·礼运》的"大同世"）。相对于此，孔子之前的三古圣人，当然是还不圆满的。孟子接着说"孔子集大成"，朱子将其理解为"孔子集三圣之事，而为一大圣之事。"① 这样的说法，把孔子之道，理解为"仓储公司"或"杂货铺"，实在将孔子与古代三圣的层次摆在同一位阶，将孔子看低看小。伯夷、伊尹、柳下惠的成就，是以德而为政，此为一曲的模范，但孔子不是在现实的国家之政治地位上的以德治理之风范、成就而已，孔子是给中国建立文化和政治的总体性"道统"，确立"内圣外王"的"太平世"之"大宪章"，此谓之"集大成"。惜乎大儒朱子未能见及此层，而以为孔子只是古代三圣事功的收集者。

孟子接着说到孔子之"集大成"，有如奏乐，又有如射箭：

> 集大成也者，金声而而玉振之也。金声也者，始条理也；玉振之也者，终条理也。始条理者，智之事也；终条理者，圣之事也。智，譬则巧也；圣，譬则力也。由射于百步之外也，其至，尔力也；其中，非尔力也。②

今人蒋伯潜解释此段，如此说：

> 金，"镈钟"，声，发声也；玉，"特磬"，振，收也。凡奏乐，先击"镈钟"以发其声，终击"特磬"以收其音。条理，指众乐合奏之节奏言，言以"镈钟"始之，以"特磬"终之也。凡做人，始用修养工夫，是智之事，《中庸》所谓"诚身"必先"明善"也。智者，始能"择善"，而"固执"以底于成，则有赖乎毅力，能始终如一，则为圣矣。下文又以射为喻，"由"，同"犹"，能射到百步之外，这是"力"；其射中正鹄，则是"巧"也。③

孟子用演奏乐曲的钟磬之始终功能来比喻孔子之为"圣之时者"的"集大成"的意思，乃是说凡事之圆满成功必得有一个有始有终的条理和程序，而"圣之时者"的孔子之"集大成"，就是从"内圣"而到"外王"的条理之终始的圆满和完成。在此体系中，"圣德"与"王政"，需是内外一贯的，从个人之本心的德操到发用实践于外面客观世界的仁政德业，是连续贯达而为一个整体，这才是"集大成"，孟子对孔子的判准，不是如朱子所以为的杂集古代圣人如柳下惠、伯夷、伊尹之事功或人品之类型的"小成"而累积为"大成"。孔子并无政治上的大事功，他一生流浪奔波诸国却得不到施行其政治理想的位子，连"小成"都无，哪有此种积"小成"而有的"大成"？孔子的"集大成"是指孔子的整理中国文化思想历史之总体，包括内在精神和外在文献，而新建了以"仁"为体而以"礼"为用的中国人文的核心，再者，晚年返鲁的文献整理和诠释工作："删《诗书》""订《礼乐》""修《春秋》""赞《周易》"，这个人文学术工程不是学究的书房之事，而是继已崩溃无功的周公之"封建礼乐"而重新为中国政治、社会、人心创建了文明礼乐大法和道统，我们称此文本为《六经》。在这个高层次，孟子称颂孔子乃"集大成"的至圣，后世赞孔子为"大成至圣先师"，即是由此脉络而来。

孟子以奏乐和射箭来点明所谓"集大成"者，同时具备"智巧"和"圣力"。如上所引，蒋

---

① （南宋）朱熹：《四书集注·孟子集注》。
② 《孟子·万章》。
③ 蒋伯潜：《广解语译四书读本·孟子》，台北：启明书局（未注出版年份），第237页。

伯潜注解奏乐的条理，有说到众乐合奏之节奏，是以"镈钟"始之，而以"特磬"终之，此即孟子说的"金声玉振"。而蒋氏依此而提到，凡是做人之功夫亦是一样，始用修养工夫，是"智"之事，即如《中庸》所说的，人要"诚身"，其必以"明善"为先；"至善本体"的这个"善"，必须"明之"，也就是人之"知性心"要能明了"善"之本质，这个去明了的功夫就是"智"，是先行者。"智"之所以是"智"，是因为知性启动发用了，人才能明白什么是"善"以及什么是"不善"，如此，始能"择善"，后面的功夫就是"固执"，亦即坚决持守以底于成功，此则有赖乎人的择善而实践的不屈不挠的毅力，而始终如一，此境界就是"成圣"。在此，我们发现孟子观点下的孔子圣人的功夫和境界，是本心的"德性理性"与"知性理性"之双重彰著，两者合一，才是"圣之集大成"。以射箭来比喻，其意思也是相同的。射箭到百步而达到箭靶的位子，这是"力"，喻人生意义的实践之德性心的坚守，就是"圣力"；射箭能射中箭靶的红心，这则是"巧"，喻人生意义的实践之知性心的效用，就是"智巧"。前者是孟子所言的"圣"，后者则是"智"，而在此处，孟子言之"圣"，就是本心的"德性理性"；其所言"智"，就是本心的"知性理性"。

此种圣与智或德与知双彰合一的道理，可举医生来说，合格的医生，先是有医生的"德性心"，这就是医德，但好的医生，光有慈悲仁爱的"德性心"是不充分的，他必须有优秀的医学知识，否则他亦无法医好以及救活病人或伤员，此充分条件就是他的"知性理性"认知掌握且能有效运用的医术。但良医必须终身坚持保任他的仁慈，不可下堕，而且也须时时学习更进步的医学、医术；医生的仁慈，就是"圣力"，他的活到老学到老的医学和医术，就是"智巧"。

以上已经深入地讨论了孟子论圣之思想，可以再返回《传习录》来看阳明的观点。阳明回答弟子拿孟子论孔子、伯夷、伊尹、柳下惠的圣境的那一章来说明圣人，显然不必是孟子本义。阳明用黄金来区分圣人的境界，他认为所谓"圣人"是指"其心纯乎天理而无人欲之杂"，如同黄金之无任何铜、铅等其他金属之掺杂，而为精纯之金，此才谓之足色的精金；人格和心性如同"足色的精金"之人，就是"圣人"。唯，阳明却又认为圣人虽然成色皆是精金，其之所以为圣皆一也，但是他们的"分两"却有不同，亦即重量不一。基于此种观点，阳明遂予古代圣王、圣人乃至孔子以不同的轻重。他的意思是包括了尧舜、禹汤、文武、孔子、伯夷、伊尹等人，在成色上，都是"精金纯一之圣"，但重量上却不一样，依他的标准，尧舜是万镒之金；文王、孔子有九千镒；禹、汤、武三王则有七八千镒；伯夷、伊尹则仅有四五千镒。

实在不知道阳明是拿什么标准来分类古圣王和圣人的"重量"。若依儒家的标准言之，如果真要对华夏古圣论斤称两，则大成至圣先师孔子是最高的，因为他就是"道统"；尧舜是"禅让仁政公天下的理想型"，象征最高的"政道"，故次之；禹汤文武四圣王，则是"六君子之政"的政统之楷模，但却是"血统君主世袭的私天下制度"，在此种"不合理性"的政治形式中，只能要求"圣君贤相"的"优良的爱民之治道"，故又次之；而至于伯夷、伊尹，就只是古代的贤德智能且有大功的大臣，是儒家心目中最优秀的行政人物，因此其排序是在最后。

阳明显然不是依此合于儒家理性之标准来回答弟子重要的提问。他的回应是不严谨的，其予尧舜、禹汤、文武、孔子以及伯夷、伊尹的"重量"，没有经过"知性理性"的认真思考判断。

再者，阳明视所谓"圣之分两"，亦即圣王、圣人的轻重，是他们每人的"才力"使然，"才力"之高低会决定圣之轻重有差，如同黄金的分量有别。但其所谓"才力"，实不知何所指，盖因人之为人，有其禀赋、才气、心理、体质等各类型的天生之能，不适宜只用"才力"一词笼统说之，或者，我们姑且就认为阳明的意思就是指一般人的努力用功的能力，只要努力用功，伯夷伊尹就可以上升为禹汤武；禹汤武亦可升至文王孔子；而文王孔子可以升至尧舜。

此处，阳明显露了他对于"圣"之认知的不够精准，因为"圣"之所以为"圣"，若依黄金为例，则只要是纯金即是，而非其"分两"，此层道理，何止儒家对本心德性的本质之认定？佛门亦是如此，禅宗六祖就很明澈，《六祖坛经》记六祖惠能初见五祖弘忍求佛法时，五祖与六祖的初次对话：

> 祖问曰："汝何方人，欲求何物？"惠能对曰："弟子是岭南新州百姓，远来礼师，惟求作佛，不求余物。"祖言："汝是岭南人，又是獦獠，若为堪作佛？"惠能曰："人虽有南北，佛性本无南北；獦獠身与和尚不同，佛性有何差别？"①

就佛性而言，人皆有之，岂有獦獠或和尚之分？岂有北人南人之别？只要是众生，皆有天生本来佛性，一生具足，何待外求？《大般涅盘经》说过连"一阐提"那种极恶之人，或如善星比丘那种极坏的破戒僧人，本来就有圆满佛性，只是后天蒙昧积尘，久而不显，如同明镜的本性是本来清澈，但被尘埃所垢而已。

故就"圣"之本质言，只要是天理纯一就是"圣"，因此，哪有尧舜、禹汤、文武、孔子、伯夷伊尹等轻重差异？何必讲求在"才力"上用功？若依阳明对孔子的轻重论断，则岂不是说孔子的"才力"的用功不够吗？此种说法，不啻侮蔑至圣先师矣！阳明却又说："所以为圣者，在纯乎天理而不在才力也。故虽凡人而肯为学，使此心纯乎天理，则亦可为圣人。〔……〕学者学圣人，不过是去人欲而存天理耳。"②此句指出"圣"在乎天理之纯，而纯一精粹的天理，与"才力"无关，可是，却又认为圣人有"分两"之等级之别，即"圣"之为"圣"，在于"成色"，但"圣"又有"分两轻重"，然则，若果"圣"之所以为"圣"，其关键"不在才力"，亦即与人之才情、能力、禀赋等天生之材质无关，则圣人之等级就不可能跨越，它是一道天堑，而凭你如何依凭"才力"去学习用功，亦不能与"圣"有份，"九千镒的孔子"，永远不可能企及"万镒的尧舜"。可是阳明却又说"凡人肯为学，亦可以为圣人"，而其所谓"学"，就只是学习一种工夫，那就是"使此心纯乎天理"，就是"去人欲而存天理"，若以"炼金业"喻之，也就是靠炼金炉以及炼金术，而把掺杂在金矿中他类金属如铜、铁、铅等汰炼除尽而使金矿成就为纯一精粹的黄金。于是，大黄金是大黄金，如尧舜；小黄金是小黄金，如伯夷伊尹。前者万镒，最重；后者四千镒，属于轻型，但提炼而出，皆为黄金。演论至此，乃能明白阳明的观念，即圣人可学而至，学圣人就是"去人欲存天理"，使此心"纯乎天理"。但是，既然圣人之心只是"纯乎天理而无一毫人欲之私"，只需反身自省，它就在那里，何必事学？本心德性，也就是良知，是自己本来就自存于己身的，

---

① 《六祖法宝坛经·行由品第一》。
② （明）王守仁：《传习录·薛侃录》，引自李生龙：《新译传习录》，台北：三民书局2004年版，第135页。

是与生俱足的本来，此即孔子所说："仁远乎哉？我欲仁，斯仁至矣。"孟子所言："反身而诚，乐莫大焉。"这一核心价值观，阳明是很明白的，那么还叫人"学"什么？

其实，圣心之境不是"学"的，而是"悟"，自身的良知德性之感应，不是外在、外缘的学习，而是本心自己的体证、觉悟，心之一旦觉、一旦悟，它就是本来圣境。我们回到先秦，孔孟原型儒家，都能够明白本心的"自我体证"和本心的"外延认知"，是两重俱存的功能，前者是"直觉证悟"之事，后者是"逻辑思维"之事。而"直觉体证"，不能称为"学"，且不待"学"，这就是孟子所言"未有先学养子而后嫁者也"的意思，因为本心良知，它与生而来，由天所命，就本来在自己里面当家作主，所以称此为本我的"直觉体证"的"悟"，一旦有此觉、此悟，就是本心良知的"完全在腔子里的常惺惺"。先秦儒家经典，关于此种本心之"本觉"的说词很多，譬如"慎独"的提法，在《中庸》《大学》皆是很关键性的意思，如《中庸》曰："君子戒慎乎其所不睹，恐惧乎其所不闻。莫见乎隐，莫显乎微。故君子慎其独也。"而又如《大学》曰："所谓'诚其意'者，毋自欺也；如恶恶臭，如好好色。此之谓自慊。故君子必慎其独也。"依两部经典，君子敬慎于"独"，乃是自省明察之功夫，不待"学习"，譬如人对于香臭、美丑，天生就能直觉感知，不必先去学习香臭美丑，而只是"感通体悟"即是。

其实关于这种对于生命、心灵、本体的本我良知的体悟，在儒家、佛教、道家、耶教，克就最终极境界的面对，都是一样的，皆非"外延性"的学习，此最终极境界的面对，在耶教，是所谓"信望爱"，是坚定的信仰上帝，而不是去用知识来"刺探'主'是什么"，你若要明白"主"，你就要去信祂，用你的心去全然地祈祷，"主"就会来到你身旁听你的祷告；又如佛教，法身、佛性、涅槃，亦属"言语道断，心行路绝"的"觉悟境"而非"外求境"，不是遍读佛经就可以进入的，它是"觉之道"而非"学之道"；道家亦然，老子一开始就明言"道可道，非常道；名可名，非常名"；"大道"之本身是不可言说、不可给名之境。总之，这些大教的智慧都启发世人，"圣"的本身，不是学习之路而可得，它只是本心的"体证觉悟"之它自己的朗现而已。

阳明在回答了其弟子蔡希渊关于"圣"之本质和如何达至的提问之后，接着就发挥其观点而曰：

> 后世不知作圣之本是纯乎天理，却专去知识、才能上求圣人，（……）不务去天理上着功夫，徒弊精竭力从册子上钻研，名物上考索，形迹上比拟。知识愈广而人欲愈滋，才力愈多而天理愈蔽。（……）吾辈用功，只求日减，不求日增。减得一分人欲，便是复得一分天理。何等轻快脱洒，何等简易！①

阳明此句表现了反对、轻视"知性理性"以及"客观性""架构性"的"知识系统"和"科学体系"的态度。他肯定、强调"只求日减，不求日增"之功，分明与道家、禅家无异。他搞错了一种情况，抓错了罪犯，即他以为"人欲愈滋、天理愈蔽"，乃是因为"知识愈广、才力愈多"带来的祸患。其实不是，人欲泛滥无归而天理遮蔽昏昧之因，是孟子所言的"失其本心"之故，亦

---

① （明）王守仁：《传习录·薛侃录》，引自李生龙：《新译传习录》，台北：三民书局2004年版，第136页。

即人之自己丧失了本心良知的本来之明觉，如此情形，并非消灭克制知识才力，而应该是反求自省，以求本心之复初。换言之，本心的返回，是在于"唤醒"和"觉悟"，此点其实是阳明所言"用功在于只求日减，不求日增"之所言的"用功"之所在，用的功是心境之"锻炼功"也，这是心学的"心法"，此在儒门、道家、佛教乃至于日本武士道皆明白、皆重视，但却不可以认为一个人若"从册子上钻研、名物上考索、形迹上比拟"，就会带来"人欲愈滋、天理愈蔽"的败德情况；须知"册子的钻研、名物的考索以及形迹的比拟"，乃是本心的"知性理性"之外延发用于万事万物而有的知识研究和科学发明的正路，孔子就非常积极重视，所以才有所谓"博学于文"的话语，这个所谓"文"，不可狭义作文字、文章解，而是广义的文明、文化之意思，包括了"书册""名物""形迹"，因此，《中庸》乃曰："博学之，审问之，慎思之，明辨之、笃行之。"若是"知识"和"才力"居然会妨害天理本心的清明洁净，然则，孔子和子思就不该强调"博学"。当然，本心的保持维护本来的明觉，不使其丧我、迷失，亦是人生最关键的要务，那就是孔子所言的"约之以礼"，所以，在《论语》，孔子是完整地表达了本心的既重"德性体证"和"知性认知"的双重性，那就是"博学于文，约之以礼"，孔门之教是颜回所赞叹的"博我以文，约我以礼"。"约礼"就是重返其天理之本心，是"体"，而知识和才力之功，即"博文"，则是"用"，就是有效发用实践本心之知性认知来建立实学实功而能治国、平天下。所谓"工欲善其事，必先利其器"，此之谓也。儒家欲行仁政施仁教，需是贤士君子在位，但若无专业知识且又缺充分才力，则国家天下大事必不能成功。

五、结语——实务、实政、实学形态之阳明

王阳明是传统中国的明朝大儒，他究竟不是类似西方的纯粹思辨的哲士，也不是佛门的以出世法为主旨的出家人。王阳明的一生，一半讲学，另一半则在事功。他的事功却与一般人物或儒官大不相同，他用兵打仗平乱。阳明在用兵征乱的大局势之中，一方面实践良知的本来定力，这是他的心法的极高造诣的表现，但一方面，在行军征战和重建地方的实务实功之中，又验证了他其实是非常根据"知性理性"行事的一位政治家。他一点都不虚玄、空疏，也一点都不驰骋形而上的逍遥齐物之心境而往而不返。事功面的阳明，是脚踏实地的传统儒家，是从孔孟和程朱一脉传承下来的经世济民型的大实践者。我们依据《王阳明全集》相关记载和文章，举例略加明之。

阳明在平乱之后，关心地方恢复和治理。与传统儒官的专注民间的治道一样，阳明对于地方的治安、农事以及教化，非常在意，也具有其实学而来的实政、实务。

古代以农立国，农耕最关键处在于水利和气象。一有水旱之灾，政府必须努力对治拯济。官吏之优劣往往在此显现。明武宗正德十四年，江西大旱，阳明平定宁王之变之后，数次上疏陈明江西庶民遭逢战祸、旱灾以及暴政多重摧残的惨状而提出振济救难的方策，其相关内容如下：

照得正德十四年七月内，节据吉安等一十三府所属庐陵等县，各申为旱灾事，开

称本年自三月至于秋七月不雨，禾苗未及发生，尽行枯死，夏税秋粮，无从办纳，人民愁叹，将及流离。（……）续该宁王谋反，（……）就使雨旸时若，江西之民亦已废耕耘之业，事征战之苦；况军旅旱干，一时并作，虽富室大户，不免饥馑，下户小民，得无转死沟壑，流散四方乎？设或饥寒所迫，征输所苦，人自为乱，将若之何？①

明武宗十四年夏，江西吉安一带广大范围，遭逢久旱不雨，禾苗尽枯，又再发生宁王宸濠的造反之乱，黎民百姓，阳明引用孟子的话语而说"不免饥馑"，而多"转死沟壑，流散四方"。阳明上奏之文，是以社会的实事告诉皇帝实际的江西灾变惨状，而且也提出警告，流离失所、转死沟壑的难民会造反作乱。阳明请求明武宗宜行恤民之政以舒难民之困，才可预防发生民变之可能，所以，他说："乞敕该部暂将正德十四年分税粮通行优免，以救残伤之民，以防变乱之阶。伏望皇上罢冗员之俸，捐不急之赏，止无名之征，节用省费，以足军国之需，天下幸甚。"② 在此，我们可以发现阳明身为一位儒官，他的忧国爱民之心，是良知的自然呈现，而他的明白江西庶民的被灾蒙祸的实况，则是他的知性心的客观和理性的认知。

当然，阳明无法唤醒、感召那个心理变态的恶帝。宸濠之乱平定后，武宗与奸竖佞臣搞一个皇帝亲擒叛贼宁王丑剧，阳明上疏，表面是劝谏，其内在则是深刻对于明朝的腐败凶残之暴政提出严厉谴责，由其文的陈述，一方面显出明朝是一个天怒人怨的幽暗冷酷政权，一方面则表达了阳明的本心的德性与知性双彰的良知本义。阳明身为大儒重臣，他的治理观，并非天天坐在堂上讲论天理良知就可成其功效；只恃本心的良知之自明，是不充分的。必须在经世济民的实务上，有一番实际之认识和掌握，才能济事。关于治理的实务和实政，阳明亦呈现了本心的"知性理性"的定着于实事的"客观性"和"架构性"之知识轨辙，而非心性式空谈虚语。兹引其一篇奏疏稍以明之。

明孝宗时代，阳明为进士，于弘治十二年，他给皇帝上了一奏疏，曰：《陈言边务疏》，③ 陈述其备边、守边的八个实政。

阳明文一开始提到虏寇犯边实为中国大患，所以"军情之利害，事机之得失，苟有所见，是固刍荛之所可进，卒伍之所得言者也，臣亦何为而不可之有？"阳明表示，虽黎民百姓或兵卒行伍之微，均有其天赋的言论自由之权利，他身为进士之臣，在职责和天权而言，当然可以上言表达自己的治理边务之方。他的八项边疆实政是：

一曰"蓄材以备急"；二曰："舍短以用兵"；三曰"简师以省费"；四曰"屯田以足食"；

五曰"行法以振威"；六曰"敷恩以激怒"；七曰"捐小以全大"；八曰"严守以乘弊"。

由于其文甚长，此处只略举其一方策来加以明之。阳明论"屯田以给食"曰：

---

① （明）王守仁：《乞宽免税粮急救民困以弭灾变疏（正德十五年三月二十五日）》，收入《王阳明全集》（上），上海：上海古籍出版社1992年版，第426—429页。

② （明）王守仁：《乞宽免税粮急救民困以弭灾变疏（正德十五年三月二十五日）》，收入《王阳明全集》（上），上海：上海古籍出版社1992年版，第426—429页。

③ （明）王守仁：《陈言边务疏》，收入同前揭书，第285—290页。

何谓"屯田以给食"？臣惟兵以食为主，无食，是无兵也。边关转输，水陆千里，踣顿捐弃，十而致一。故兵法曰："国之贫于师者远输，远输则百姓贫；近师贵卖，贵卖则百姓财竭。"此之谓也。今之军官既不堪战阵，又使无事坐食以益边困，是与敌为谋也。三边之戍，方以战守，不暇耕农。诚使京军分屯其地，给种授器，待其秋成，使之各食其力。寇至则授甲归屯，遥为声势，以相犄角；寇去仍复其业，因以其暇，缮完虏所拆毁边墙、亭堡，以遏冲突。如此，虽未能尽给塞下之食，亦可以少息输馈矣。

此诚持久俟时之道，王师出于万全之长策也。

阳明年少既已学兵，所以甚悉战略和战术，其领兵平乱，皆以捷报，根本无败仗的记录。立军屯之法以守边御敌克寇进而拓疆，阳明之后，多有效法者，晚明郑延平王入台，即实施军屯制开发台湾南北两路，现代中国亦以军屯制安定并且开发新疆，皆著其效。而由此阳明论述的军屯制度，依其叙说内容来看，是用兵的战略性方策，这是经世济民的实学、实政、实务型的儒学，与心性论形上学无逻辑关系，它不是"德性知性证悟的境界"，而是"知性理性推理的逻辑"。在此处可以清楚发现知识系统形态的王阳明，而不是只在讲会时显露的形上学家、心性论者的哲学形态的王阳明。

欲全面掌握有明大儒阳明的总体之"良知学"及其践履，不可仅看《传习录》，而必须周全深入地遍读《王阳明全集》，不可依现代学术分类的哲学家来看阳明；王阳明不是思辨的心性论哲学家，他是中国传统中的集经史之学和实践事功的大儒，他的良知践成，是本心的德性与知性的双重彰著。若欲遵循阳明心学来修为良知，使己心本色清澈明觉，可读《传习录》，但若欲明白王阳明的整体儒家三达德，则须深入《王阳明全集》，才能摄握阳明整体的内圣外王之人格和生命。

作者简介：潘朝阳，台湾师大东亚学系荣退暨兼任教授、中华奉元学会常务理事。主要研究人化地理、宗教地理、地理思想、空间论、环境伦理、中国儒学、台湾儒学、东亚儒学。

胡宏核心政治理念及其生成机制析论*

邹啸宇

摘要：胡宏以心性之学备受学林瞩目，而其政治方面的洞见却仍隐而未彰。依其慧识，良善政治的建构端赖于道德、法制、实业的协同作用与兼重并修：首先，修德明道以立善政之体，即以知天识心之道德实践，挺立仁道这一善政的根本性精神、原则、方向与原动力；其次，立法建制以显善政之相，即以制度建设保障仁道得以普遍、客观、有效地呈现；最后，务实兴业以致善政之用，即以兴办实业完全坐实仁道及相关法制，从而切实达到经世致用的目的。此三者同体（皆统摄于仁道）而异用（各有不同的意义与作用），并且相依互成、层层推进、步步落实。以上认识建基于胡宏"体用相须，贵体重用"的观念，该观念肯认体、用之别并注重二者的辩证融合与平衡统一。由此足见其在儒家政治理论上的卓识，并能在一定程度上回应古今学林对宋明儒空谈心性或贵体贱用的批评。

关键词：胡宏；善政；道德；法制；实业；体用相须

胡宏作为湖湘学派的奠基者，历来以心性之学见称于世，而实则他在政治方面也有重要的理论探索与切身实践。因其生逢两宋动乱之际，且极富儒者之现实关怀与担当精神，故当面临内忧外患的时代困局及动荡不安的社会境况，虽身居山野、境遇维艰，也仍不忘关心国运民生，慨然以济世救民为己任，尽力参与现实政治，直言劝谏，不畏权贵，为抗击外扰、改革弊政与救亡图存积极贡献一己之力。由此，胡宏承续其父文定公之志业，倡导经世致用的为学旨趣，力求把对天道性命的探讨与对家国天下的关怀有机结合起来。他自觉从知、行两个层面融通内圣与外王，既注重心性之学的创发，又强调经济之学的建构与坐实。在他看来，"学者，所以学为治也"，① 即为学的宗旨乃在于安邦治国、经世济民。而对于如何经世致用、实现善政，他既坚持儒家一贯的德治主张，而又颇为重视制度的建构与实业的兴办。易言之，在为政理念上，他强调道德、法制与实业的一体并建、兼重并修。并且，他以"体用相须，贵体重用"的观念来把握三者的关系与地位，认为它们相倚互成、相资互济，既都统摄于仁道这一根本精神与价值原则（同

---

* 基金项目：湖南省社科处科研项目"上博楚简与早期儒家政治哲学建构研究"（16YBA289）。

① 胡宏：《与丁提刑书》，载《胡宏集》，吴仁华点校，北京：中华书局 1987 年版，第 128 页。

体），而又各有其自身的意义与作用（异用）。这无疑体现出他在政治理论建构上的自觉与创见。

胡宏在政治方面的洞见与卓识，对湖湘学派的儒学建构产生了重要影响，并对宋明儒家政治思想的丰富与发展有其独特而可贵的价值，乃至对现代政治建设亦有积极指引作用。然而目前探讨胡宏政治学说的成果尚比较有限，且以往研究主要停留于陈述其政治思想的某一具体内容，而对其颇有见地的核心政治理念及其建构逻辑，则缺乏必要而明确的揭示及充分而深入的论析，① 而这些恰恰又能从深层次体现胡宏儒学的精神与特质。更有甚者，包括胡宏在内的理学家常遭遇空谈心性而无益世用的责难。② 甚至晚近的一些儒学研究者，仍有同样的批评。③ 职是之故，本文立足于胡宏的政治哲学，顺其内在理路而以"体""相""用"的观念与架构，④ 依次从"修德明道""立法建制""务实兴业"三个方面，来重构和展示胡宏既敦本而又务实的德政思想，并对其生成逻辑予以剖析。希冀由此本真地呈现胡宏在儒家政治理论上的洞见，并在一定程度上回应古今学林对宋明儒空谈心性或贵体贱用的批评。

一、修德明道以立善政之体

在为政治国方面，胡宏首重根本原则与价值方向的确立，从而主张以敦本立体为要。对他而言，执政者若"知本"，则可以"身立、家齐、国治、天下平"；若"不知本"，则"纵欲恣暴，恶闻其过，入于灭亡"。⑤ 他还认为："本则不立，将何以识轻重，定取舍，济天下之艰难乎？是故衡陈，然后可以决轻重；本立，然后可以趋变化。"⑥ 这就指明了知本、立本对于为政治国的关

---

① 参见王立新：《胡宏》，台北：东大图书公司 1996 年版，第 55—84 页；朱汉民：《湖湘学派史论》，长沙：湖南大学出版社 2004 年版，第 99—115 页；苏子敬：《胡五峰〈知言〉哲学课题之研究——以"内圣外王"概念展开之》，台湾新北：花木兰文化出版社 2009 年版，第 81—88 页；柯文容：《胡宏的经世致用思想》，重庆师范大学学位论文，2008 年，第 11—18 页；胡皓萌：《胡宏理学政治思想研究》，四川师范大学学位论文，2015 年，第 22—59 页；方国根：《胡宏的经世致用思想》，《湖湘论坛》2000 年第 4 期；曹宇峰：《胡宏政治思想三论》，《山西大学学报（哲学社会科学版）》2008 年第 3 期；陈欣：《胡宏"封建"思想研究》，《船山学刊》2008 年第 4 期。
② 如颜元云："宋、元来儒者却习成妇女态，甚可羞。无事袖手谈心性，临危一死报君王，即为上品矣。岂若真学一复，户有经济，使乾坤中永享治安之泽乎！"（颜元：《存学编》卷一，载王星贤等点校：《颜元集》，北京：中华书局 1987 年版，第 51 页。）熊十力先生曰："宋儒不深究儒学之全体大用，而但以心性之谈，攻击禅师，自居辟佛。……若乃宋儒之有本而无末，则晚明诸子已慨然痛诋之，可谓其纯为诬诋哉？"（熊十力：《读经示要》卷二，载萧萐父主编：《熊十力全集》第 3 卷，武汉：湖北教育出版社 2001 年版，第 802 页）
③ 参见陈赟：《从"贵体贱用"到"相与为体"——中国体用哲学的范式转换》，《许昌学院学报》2003 年第 1 期；陈寒鸣：《〈孟子微〉与康有为对中西政治思想的调融》，《国学学刊》2014 年第 3 期。
④ "体""相""用"本佛学用语，因胡宏善政理念的建构逻辑与此相应，故借用之以方便申论义理。当然，只是形式与名义上的借取，对其实质内涵则予以转化。具体而言，"体"指善政的根本性精神、价值、原则、方向和动力；"相"乃"体"之实相，即"体"之客观、具体而真实地呈现；"用"则是"体"之实用，即因"体"得以真正坐实而产生的治世大用。
⑤ 参见胡宏：《知言·汉文》，载《胡宏集》，第 40 页。
⑥ 胡宏：《皇王大纪论·伊尹放太甲》，载《胡宏集》，第 235 页。

键性影响。"本"（或"体"）在胡宏看来，实则为善政的精神实质，它决定了良善政治的根本性原则、价值、方向和动力。而对于如何挺立此为政之根本，他则以修德明道为重。依其所见，为政者唯有"知道"，方可明通治国的"几会本原之事"；①唯有"修德"，方可成就王道政治。②在此基础上，胡宏进一步指出，明道之本在于"知天"，修德之要在于"识心"。又因天道心性相贯通，所以这两者相涵互摄、相须互成，协同作用以为善政的实现奠立根基。

（一）知天明道

胡宏所倡导的乃是仁政，亦即王道政治。而王道之内容和意义在他看来，即根源于、取决于天道。他说："王者，法天以行其政者也。"③"王者，至大至正，奉天行道，乃可谓天之子也。"④对他而言，王之所以为王，就在于其治国理政能效法天道而行。这即是以天道明言王道之实质，并进而将法天道行政视为君王的本然职分，以此劝勉执政者效法天道经邦治国。而欲法天道为政，就当先明识天道。胡宏云："法天之道，必先知天。"那么如何才能知天？他指出："知天之道……察诸乾行而已矣。"对天道的认识，需通过体察乾道之运化流行来实现。而乾道的运行又具有何种特点？胡宏曰："乾元统天，健而无息。大明终始，四时不忒。云行雨施，万物生焉。"此即以刚健不息、生生不已为乾道运化的根本特征，亦即认为乾道具有不已的能动性、创生性。人君若能深切体察乾道创生无已的精神，也就可以明识天道。由此胡宏说："察乎是，则天心可识矣。"并认为："是心也，陛下怠之则放，放之则死，死则不能应变投机，而大法遂不举矣。臣子可以乘间而谋逆，妾妇可以乘间而犯顺，夷狄可以乘间而抗衡矣。后嗣虽有贤明之君，亦终不能致大治矣。"⑤由此可知人君不明天道对于执政的巨大危害，并反显知天、法天对于为政治国的重要性。

知天明道对善政的建构与实现之所以具有如此这般的意义，据胡宏所思，主要在于：第一，天道具有至大至正的特征，主张法天行政，也就是认为君王应当本于大公至正的原则执政。所谓"天道，至大至正者也。王者，至大至正，奉天行道，乃可谓天之子也"，⑥即是此意。第二，天道生生不已、健行无息，主张法天行政，即是规劝君王勤于政事、积极作为而奋斗不止。胡宏云："人君不可不知乾道。不知乾道，是不知君也。君道何如？曰：'天行健。'"⑦他强调君王治理天下，应当如天道般自强不息、奋进不已。这当然与其所处的时代背景密切相关。当时朝廷腐败，金敌入侵，内患外扰，形势十分严峻，而宋室南渡以后，统治者却偏安一隅，不思进取。胡

① 参见胡宏：《知言·纷华》，载《胡宏集》，第26页。
② 参见胡宏：《皇王大纪论·千八百国》，载《胡宏集》，第231页。
③ 胡宏：《知言·复义》，载《胡宏集》，第38页。
④ 胡宏：《知言·汉文》，载《胡宏集》，第40页。
⑤ 以上引文均见胡宏：《知言·复义》，载《胡宏集》，第38页。
⑥ 胡宏：《知言·汉文》，载《胡宏集》，第40页。
⑦ 胡宏：《知言·中原》，载《胡宏集》，第44页。

宏甚为忧虑，孜孜于谋求救国济民之道，切盼统治者能法天行政，奋发有为以救治时弊、抗击外侵、复兴中原，于是他上书光尧皇帝："陛下大雠未报，叛臣未诛，封疆日蹙，危乱交至。义之不可以已，孰若大禹？迫切于心，不可以急，孰若大禹？陛下诚蓄乾元之德，施刚果之用，以大禹之事反求诸心，则轻重缓急可知，必不肯一日苟安其居矣，又何忍以九年之久尝试群臣哉！"[1]由此可见其法天行政观念蕴藏着深切的现实关怀。第三，天道乃万事万物存在及运行的根本法则，唯有明识天道，才能使事事物物各得其宜、各安其居。所以主张法天行政，也即在于劝勉君王遵循相应的法则应物处事，以使天下事物都能得到合宜有效的安顿。胡宏曰：

> 欲修身平天下者，必先知天。欲知天者……必先识乾。乾者，天之性情也。乾道变化，各正性命，命之所以不已，性之所以不一，物之所以万殊也。万物之性，动殖、小大、高下，各有分焉，循其性而不以欲乱，则无一物不得其所。非知道者，孰能识之？是故圣人顺万物之性，惇五典，庸五礼，章五服，用五刑，贤愚有别，亲疏有伦，贵贱有序，高下有等，轻重有权，体万物而昭明之，各当其用，一物不遗，圣人之教可谓至矣！[2]

在他看来，圣王治理天下最终是为了使天下事物皆各得其所、各尽其性。要达到此目的，就得依循事物本然之性来治理事物。而这又必须以对万事万物之性的认识为前提。因为万事万物之性（性之用）皆根源于天道本体（性之体），都是道体发用流行之表现，所以把握事物之性的关键即在于体认天道。"非知道者，孰能识之"即表明，唯有明道者方能真正洞识万事万物之性。既然天下治理以事事物物各正性命为根本目的，而把握万事万物之性又端赖于对天道的体认，所以为政治国就必当知天明道。

（二）识心修德

胡宏一方面主张治国理政必须知天、法天，同时又强调执政者当该察识仁心、本于仁心治天下。根据其"性体心用"之说，[3]天道（性体）在人即落实为仁心，仁心即天道内在于人者。所以，识仁心乃能知天道。

胡宏云："治天下有本，修其本者，以听言则知其道，以用人则知其才，以立政则知其统，以应变则知其宜。何谓本？仁也。何谓仁？心也。"[4]在他看来，仁心乃治国平天下之本，为政者若能挺立仁心，本于仁心行政，则于听言、用人、立政、应变等诸事无不处理得当。而仁心何以能成为立政之本？"盖良心者，充于一身，通于天地，宰制万物，统摄亿兆之本也。故孔子作《春

---

① 胡宏：《上光尧皇帝书》，载《胡宏集》，第90—91页。
② 胡宏：《知言·汉文》，载《胡宏集》，第41页。
③ 参见牟宗三：《心体与性体》（第2册），台北：正中书局1968年版，第436—454页；向世陵：《善恶之上：胡宏·性学·理学》，北京：中国广播电视出版社2000年版，第127—147页；曾亦：《本体与工夫：湖湘学派研究》，上海：上海人民出版社2007年版，第114—133页。
④ 胡宏：《上光尧皇帝书》，载《胡宏集》，第83页。

秋》，必书元立本以致大用；孟子告诸侯，必本仁术以行王政。元，即仁也。仁，人心也。"① 这就指出，仁心作为天下之大本，能够统摄、融贯、主宰天地间的万事万物，具有经邦济世、平治天下之大用。既然如此，那么执政者就当察识仁心。胡宏曾上书宋高宗道："陛下亦有朝廷政事不干于虑，便嬖智巧不陈于前，妃嫔佳丽不幸于左右时矣。陛下试于此时沉思静虑，方今之世，当陛下之身，事孰为大乎？孰为急乎？必有歉然而馁，恻然而痛，坐起仿偟，不能自安者。则良心可察，而臣言可信矣。坐大廷而朝群臣，守是心而推之于事；退便殿而幸便嬖，亦守是心而推之于事；入燕寝而御妃嫔，亦守是心而推之于事。凡无益于良心者，勿可为也。"② 此即规劝君王于闲居独处之时反省、体察，以觉识其本有之仁心。而仁心一旦显明，就应当全然本于仁心行事作为，凡一切有违良心之事皆不为之，以至于将仁心充分贯彻、落实于日用常行之中。君王若能念兹在兹，坚持以仁心执政，则终将实现"灭仇雠，诛叛逆，恢复中原，仁覆天下"之目的；③ 反之，则必将"无以保天下"。④ 因此，人君治理天下就必须重视对仁心的体察、涵养。这显然是对孟子仁政思想的继承与发挥。

胡宏以知天明道、识心修德为执政之基，乃在于首先确立政治的根本目的、根本精神、根本原则、根本方向和根本动力，明确以仁政德治为本的治国理念。⑤ 此中蕴涵这样一种逻辑：知天识心、修德明道在于"立体"，而法天道或本仁心为政在于"承体以致用"。因为体是用得以生发的基础，所以唯有体立，而后方能承体以致用。换言之，"立体"对于"承体以致用"具有一种逻辑上的优先性。由此，"致用"就当以"立体"为基。正是本于此种体用逻辑，胡宏在为政理念上首重修德明道以立体。这便蕴含着用依体立、体为用本的思想。

二、立法建制以显善政之相

胡宏承续先秦儒家以德为本的仁政思想，并立足"天人合一"的观念，来阐述修德明道对构建良善政治的重要意义。对他而言，知天识心或明觉仁道（明体）对于治理好天下（达用）固然具有根本性的影响。然而这是否意味着，只要能知天识心、达道至德就可以治理好天下？或者说，明体之后就直接能、必然能达用？如若根据人们对儒家政治观念的一般认识（外王乃内圣的直接扩充，政治即道德的线性延展），则答案无疑是肯定的。可是胡宏之睿识与此成见迥然相异。在他看来，明识仁心、仁道虽为治理天下确立了根基，但仍只是具备了平治天下的潜在可能性。

---

① 胡宏：《上光尧皇帝书》，载《胡宏集》，第 83 页。
② 胡宏：《上光尧皇帝书》，载《胡宏集》，第 83—84 页。
③ 胡宏：《上光尧皇帝书》，载《胡宏集》，第 103 页。
④ 胡宏：《上光尧皇帝书》，载《胡宏集》，第 94 页。
⑤ 牟宗三先生指出："'外王'者，即客观而外在地于政治社会方面以王道（非霸道）治国平天下之谓也。此所谓'王道'……已成一有确定意义之政治上之最高原则。"（牟宗三：《心体与性体》（一），台北：正中书局 1968 年版，第 193 页。）胡宏主张为政须以知天识心、修德明道为本，首先重在确立善政的根本原则（仁道或王道）。

若要将这一潜能转化为现实，还必须依赖于法制、教育、经济、军事、国防等各方面的建设。换言之，明体只是达用的前提和基础（即必要条件），而并不必然保证"用"就能在客观上完全实现出来（即并非达用的充分条件）。要真正由体以致用，制度的建构与实业的兴办等方面是不可或缺的。胡宏云："学圣人之道，得其体，必得其用。有体而无用，与异端何辨？井田、封建、学校、军制，皆圣人竭心思致用之大者也。"① 所以他主张，为政治国必须"体用不遗，本末并行"，② 即坚持德业双修、伦制共举，如此才能取得治理天下的实效。这即是在以德治为本的前提下，又充分肯定了制度建设与发展实业的必要性和重要性。当然，就这两方面而言，立法建制又相对为重为先。

在为政之道上，胡宏强调立法、变法，颇为重视制度性构建。对于法制（广义）的重要性，他多有论及，如谓："封井不先定，则伦理不可得而敦。"③"田里不均，虽有仁心而民不被其泽矣。井田者，圣人均田之要法也。"④ 在他看来，若无封建、井田等制度的建立，则道德伦理精神便无法得到普遍、客观、有效地体现和落实。因此，为政治国绝不能只重道德，还必须重视法制。从胡宏对"法"或"法制"的相关论述来看，他所崇尚的"法制"是指一切合乎天理、人情，且用于应对现实问题的法则和制度，内容涉及政治、经济、军事、教育等多个方面。胡宏曰："欲复古者，最是田制难得便合法，且井之可也。封建，择可封者封之，错杂于郡县之间，民自不骇也。古学校之法，今扫地矣，复古法与今法相增减，亦可也。军制，今保伍之法犹在，就其由增修循，使之合古，行之二十年，长征兵自减而农兵日盛。但患人不识圣人因天理、合人情、均平精确、广大悠久之政，不肯行耳。"⑤ 在此，他主张通过推行圣人本于天理、人情所制定的法制来达到经世致用的目的。诸如"井田""封建""古学校之法"和"保伍之法"，便是他在经济、政治、教育、军事等方面所推重的法制。姑且不论这些法制在当时是否行之有效，以及与今日所言者在内容与意涵上的差异，但至少足以表明胡宏对于制度建设的自觉与重视，并且他所推崇的制度并不限于道德伦理规范之域。这在内圣之学大盛的时代脉络下显得难能可贵。

当然，胡宏并非只是笼统、浮泛地肯定了法制的地位和作用，而是通过积极的理论建构给予法制以适当的安排和定位，从而令其在德政的框架中具有了实质性的积极意义。这就体现在他以"体用相须"的理念来处理道德与法制的关系。胡宏认为，执政者必须于道德和法制两面兼重并修，如此方能真正实现善政；否则，若缺失或轻忽其中任何一面，均会导致国家的衰亡。他说：

> 法制者，道德之显尔。道德者，法制之隐尔。天地之心，生生不穷者也。必有春秋冬夏之节、风雨霜露之变，然后生物之功遂。有道德结于民心，而无法制者为无用。

---

① 胡宏：《与张敬夫》，载《胡宏集》，第131页。
② 胡宏：《上光尧皇帝书》，载《胡宏集》，第99页。
③ 胡宏：《知言·一气》，载《胡宏集》，第27页。
④ 胡宏：《知言·文王》，载《胡宏集》，第19页。
⑤ 胡宏：《与张敬夫》，载《胡宏集》，第131页。

无用者亡。（自注：刘虞之类）有法制系于民身，而无道德者为无体。无体者灭。（自注：暴秦之类）是故法立制定，苟非其人，亦不可行也。[①]

在他看来，对于经邦理政，道德与法制必是相互依存、一体不离的：一方面，道德（仁道仁德）为法制之体、之隐，是法制确立的根基；另一方面，法制为道德之用、之显，是道德的体现与落实。若仅有法制而不立道德，法制就会缺乏确当的理据和范导，从而也就很难确保其正当性与合理性，以致堕为偏私邪乱之法而祸国殃民；若仅有道德而不立法制，道德即难以发挥其立国安民的真实效力，从而成为无济于事的空洞说教，这也只会导致国家的败亡。既然如此，为政治国就当该既重视德治，又重视法制建设。唯有两者结合、共同用力，才能切实达到平治天下的目的。在此，胡宏以"体用""隐显"观念来把握道德与法制的关系，主张道德为体、为隐，而法制为用、为显。其中"体"与"隐"相通，"用"与"显"（即"相"）同义。这其实表明，道德乃法制的根本精神与内在依据，法制为道德所显之实相，亦即道德之客观、具体、真实的表现。而"体"无"用"必亡、"用"无"体"必灭，则说明二者实乃"体用相须"即相互依存、相互成就而不可分割的关系。这就使得法制在德政的脉络中获得了不可缺如的重要地位。当然，胡宏并非完全平列地看待道德与法制在治国中的重要性，而是以道德为本。因为体是用得以生成的依据，所以相对于用而言，体往往更为根本。但无论如何，"用"是不可或缺的，必有其自身无可替代的作用与价值。易言之，在道德之体与法制之用（相）相依相成的观念中，法制既非道德的消极附庸，更非妨害道德运化的绊脚石，而是与道德一体成就治世的不二法门。由此，法制得到了颇为正面的肯认与积极的建构。

可见，在为政理念上，胡宏既坚持以德治为本，又十分注重法制建设。对他而言，治国理政之所以须以立德为本，主要是为了端本澄源、正定大纲。他说："仁义不立，纲纪不张，无以缔固民心，而欲居之安久，可乎？"[②]"欲拨乱兴治者，当正大纲。知大纲，然后本可正而末可定。大纲不知，虽或善于条目，有一时之功，终必于大纲不正之处而生大乱。"[③]据此可知，治国以道德建设为本，主要在于确立根本宗旨及确当的原则和方向，从而使一切法令制度和行事作为都能始终依循正道而行。但胡宏又深刻意识到，为政只讲仁义道德是远远不够的，还必须依靠法制等建设才能产生经世济民的实效。就此，他又颇为强调法制建设的重要性："荀子曰：'有治人，无治法。'窃譬之欲拨乱反之正者如越江湖，法则舟也，人则操舟者也。若舟破楫坏，虽有若神之技，人人知其弗能济矣。故乘大乱之时必变法。法不变而能成治功者，未之有也。"[④]胡宏以渡越江湖比喻拨乱反正这一为政目的，以船喻指治国所需之法制，以舵手喻指治国者。他认为，如果船破桨坏，即使舵手有高超的行船技术，那么也是无法跨越江湖的。这就意味着，若没有法制或

---

① 胡宏：《知言·修身》，载《胡宏集》，第6页。
② 胡宏：《知言·文王》，载《胡宏集》，第19页。
③ 胡宏：《知言·事物》，载《胡宏集》，第24页。
④ 胡宏：《知言·事物》，载《胡宏集》，第23—24页。

者法制存在问题，则必将无以治理好天下。所以胡宏说："若根本无法制，则万事将如之何？"①
由此足见其对法制的重视。

总之，胡宏立足"体用相须"的理念来诠释道德与法制的关系，以道德为法制之隐、体，法
制为道德之显、用（相），二者相资互发、相须互济。依此，则必须体用融合、两面兼修，方能
成就善政与治世。其中道德方面之实质，即为仁道。在仁政的理念下，法制固须本于仁道而生
成、运作，而仁道这一根本精神与原则，亦须通过法制方得以普遍、客观、有效地呈现。若法制
不立不修，则仁道无法切实显明于天下。在此，法制作为仁道显发于世的客观保障，无疑也是善
政必不可少的重要元素。其地位和作用岂能轻忽？胡宏作为理学家，对制度建设如此重视，这在
整个宋明儒学乃至儒家政治思想史中当有其重要而独特的意义。

三、务实兴业以致善政之用

通过以上两个环节，良善政治的根本原则（仁道）可得以确立，并随着相关制度的建构而
能普遍、客观、真实、具体地呈现于世。然而对胡宏来说，仅仅如此，尚不足以促成善政与治世
的实现。执政者还必须重视各方面实业的建设，才能将仁道及相关制度真正坐实，从而切实达到
天下大治的目的。

对于实业（解决实际问题的各部门、各行业）在善政中的地位与作用，胡宏仍以"体用相须"
的观念来加以评定和安顿。这主要见之于其"天险"与"地险"兼修并进的主张。所谓"天险"，
乃就德治而言；"地险"是指国防建设，引申为各实业的兴办。胡宏以"天险"为体、"地险"为用，
认为惟有两者兼修并治，方能真正实现仁政。他在《上光尧皇帝书》中指出：

> 昔魏武侯浮西河而下，中流顾谓吴起曰："美哉！山河之固。此魏国之宝也。"起对
> 曰："在德，不在险。君若不修德，舟中之人皆敌国也。"魏氏失于不知本，吴起失于不
> 知末。夫道有污隆，势有强弱，因时处事，体用不遗，本末并行，然后为得也。是故
> 圣王明于天险、尊卑之分、贵贱之等，定天下之制，而奸邪莫能越；明于地险，山川丘
> 陵以为阻，城郭沟池以为固，而暴客莫能干。险设如是，然后能守其国矣。不然，天
> 险废乱，虽潼关，何有于秦？地险不修，虽仁义，何有于赵？②

魏武侯曾泛舟西河顺流而下，行至中游时对吴起感叹道：山河如此壮美、险固，这可是魏国之大
宝！而吴起则认为：国家的护卫和治理，关键在于立德行善，而不在于险要的地理环境。君王若
不修德立本，则即便同船共渡之人也会成为敌对者。针对魏、吴二人各执一偏的看法，胡宏指
出，魏武侯的缺失在于不知本，即未明立德行善为治国安邦之本；而吴起的缺失则在于不知末，
即未明险要的地理位置或防御工事对于保国安民的重要性。在他看来，为政必须"体用不遗，本

---

① 胡宏：《皇王大纪论·建国井田》，载《胡宏集》，第 266 页。
② 胡宏：《上光尧皇帝书》，载《胡宏集》，第 99 页。

末并行"，即德治与国防两面兼顾、双管齐下。圣明的君王一方面注重立德行善，明识天理人伦，贞定天下大法，由此即可以抵御内部奸邪；同时又精通国防险要，注重防御工事的建造，由此便能抵御外部侵扰。如此天险与地险双修，体和用兼重并举，才能切实护国安邦。反之，若仁义道德不立，则即使有潼关这么重要的地理位置，也无法保秦不亡；若不重视国防建设，则即便有仁义道德，亦难以卫赵不灭。可见，天险与地险对治邦理政均为不可或缺者，必须兼重并修而不能有所轻忽。由此，"地险"在国家治理中无可取代的价值即得以认定。

从胡宏的根本政治理念来说，所谓"地险"并非局限于国防建设这一方面，而是可以指代治理天下所需的各种实业。胡宏力主天险与地险双修，即在于强调为政治国除须以立德为本，尚须重视经济、教育、军事、国防等各方面实业的建设。正如他说："士选于庠塾，政令行乎世臣，学校起于乡行，财出于九赋，兵起于乡遂，然后政行乎百姓，而仁覆天下矣。"[1] 这就指出，只有士人选拔于私塾，政令施行于世臣，学校兴起于乡行，财税来源于九赋，军队产生于乡遂，然后仁政方得以实现于天下。由此他主张，"有天下者……治其国家"，对于"上之天文，下之地理，中之人伦，衣食之源，器用之利，法度之章，礼乐之则"等，皆必须"推明制作之"而不可轻忽。[2] 显然，实业的发展对胡宏而言乃关系国计民生的大事，在国家的治理中发挥着十分重要的作用。唯有通过大兴实业，仁道原则与相关制度方可真正坐实于天下百姓，而仁政平治天下的大用也才能得以充分实现。离却实业，则仁政理念与制度设计便无法落于实地，从而终将挂空而无以致用。可见，胡宏对空谈误国、实业兴邦有着深切的认识。

显然，胡宏对实业的推重绝非流于形式、止于浮泛，而是本于"体用相须"的理念，对实业在德政中的意义予以明确肯认和定位。而这与他对儒家务实精神的注重和阐扬密不可分。无论是内圣成德之教，抑或是外王经世之学，胡宏都十分强调践履笃行、务实致用。如其谓："学，即行也……学也，行之也，行之行之而又行之。"[3] 此即以"行"规定"学"的本质，强调为学乃是一个不断实行践履的过程，他所倡导的正是能够切实致用的为学之道。由此，胡宏大力批判当时儒林内部所出现的空谈心性、不究实用的歪风。针对时人高谈性命而不务实事的作风，他指出："伊洛老师为人心切，标题'天理人欲'一句，使人知所以保身、保家、保国、保天下之道。而后之学者多寻空言，不究实用，平居高谈性命之际，亹亹可听，临事茫然，不知性命之所在者，多矣。"[4] 在他看来，二程论人心、明天理人欲之辨，是为了让人知晓如何去修身、齐家、治国、平天下，但后世学者往往空谈性命之理，一旦应物处事则茫然不知性命所在，而不能将天道性命之理真正贯彻落实于世。如此空谈心性，既不利于安身立命，亦无助于经邦济世。胡宏曾批评孙正孺"才亲生产作业便俗了人"的看法道："岂可专守方册，口谈仁义，然后谓之清高之人哉！"

---

① 胡宏：《知言·天命》，载《胡宏集》，第 1 页。
② 参见胡宏：《皇王大纪论·五帝无裔》，载《胡宏集》，第 233 页。
③ 胡宏：《知言·中原》，载《胡宏集》，第 46 页。
④ 胡宏：《与樊茂实书》，载《胡宏集》，第 124 页。

并告诫孙氏："当以古人实事自律，不可作世俗虚华之见也。"① 他还指出，对于儒家的仁道大本，"只于文字上见，不是了了，须于行持坐卧上见，方是真也"。② 这充分表明胡宏颇能正视儒学直面现实生活的本质，具有一种强烈的入世情怀与务实精神。

胡宏之所以如此反对空谈心性而强调务实致用，既源于他对儒家精神的深切体认，也与其现实境遇密切相关。宋室南渡以后，金敌继续入侵，而朝廷仍旧软弱无能、腐败不已，他们对外则一味屈膝，对内则大肆欺压民众，这使得整个时局日益混乱、困厄不堪。面对"关、河重地，悉为敌封；园陵暴露，不得瞻拜；宗族拘隔，不得相见；土地分裂，人民困苦，不得鸠集；怨恨之气，外薄四海，不得伸雪"的艰难时世，③ 胡宏忧心如焚，汲汲于谋求救世济民之道。他在《上光尧皇帝书》《中兴业》《与高抑崇书》等书文中对时政的弊失作了深刻的反省，并为改革弊政、救亡图存、恢复中兴指明出路。其中既有宏观的理论建构，亦不乏具体、切实的为政主张。如他从"易俗""官贤""屯田""练兵""定计""知人""罢监司"和"整师旅"八个方面，大举复兴中原之实业。④ 这说明胡宏拒斥空谈而注重以实业兴邦，积极探索现实政治问题的有效解决途径。

总的来说，胡宏颇为注重发挥儒学本有的务实品格，在为政方面力主通过实业的兴办，以使道德理想与制度安排贯彻、落实于天下。并且，他以道德为体、实业为用，立足体用相依相成的观念，来阐明实业在治国中的重要地位与作用，从而给予实业以积极的肯认与恰当的定位。此与明清之际众多思想家对宋明儒空谈或清谈的整体印象恰恰相反，而与他们所反复强调的务实精神则若合符契。这恐怕是一个值得省思的问题。

结　语

胡宏作为身处两宋动乱之际的理学家，大力倡导经世致用的为学旨趣，颇为注重儒学本有务实精神的阐扬。故而其学不只有心性之维的精深建构，而且在儒家政治哲学方面亦颇有创发。道德、法制、实业，即胡宏作为善政之构建与实现的三大支柱。这三者一方面"同体"，即皆统摄于仁道这一根本性原则与核心价值理念；另一方面则"异用"，即各有其不同的意义与作用：修德明道在于立体，即通过知天识心之道德实践，挺立仁道这一善政的根本性精神、原则、方向与动力；立法建制在于显相，即通过相关制度的建立以确保仁道能普遍、客观、有效地显明于天下；务实兴业在于致用，即通过各方面实业的兴办来充分坐实仁道及其相关制度，从而切实达到经世致用的目的。并且，三者在德政的脉络下既环环相扣、层层推进、步步落实，而又相互作用、相互影响、相互成就。基于此，为政治国既须以道德为本，亦须重视法制与实业。唯有三者

---

① 胡宏：《与孙正孺书》，载《胡宏集》，第145—146页。
② 胡宏：《与孙正孺书》，载《胡宏集》，第147页。
③ 胡宏：《与高抑崇书》，载《胡宏集》，第113页。
④ 胡宏：《中兴业》，载《胡宏集》，第208—218页。

有机融合、兼重并修，方能真正实现仁政、成就善治。胡宏之以上洞见，乃生成、建基于"体用相须，贵体重用"的观念。① 所谓"体用相须"，是指体用之间相依相成、互须互济的辩证统一性，强调体与用的双向互动及其对称圆融关系；"贵体重用"则是指对体用双方采取不偏不倚、兼重并举的态度，即所谓"体用合一，未尝偏也"。② 这两个方面当然具有内在关联性：正因为认识到体与用是相须互济的关系，所以才会采取既贵体又重用的态度。胡宏对儒家政治理念的诠释与建构，即端赖于此充满圆融、辩证色彩的体用观。这足以体现出他在儒学外王一面的理论自觉。

显然，胡宏并不只是一般性地关心时政，而是有其深入的考察和积极的理论创建。对于良善政治的建构，他不单是注重道德的力量，并且充分肯定了制度建设和兴办实业的重要性，从而充满了理性的精神。这令其政治学说的建构，明显具有德业共举、伦制双彰的特点，着实可谓彻上彻下、本末不遗、内外兼备。据此可知，他并非一个泛道德主义或唯道德主义论者，而是深切认识到道德伦理在经邦治国中的意义与限度。或者说，他并未将政治简单化约为道德的线性延展，而是能够正视道德与政治之间的张力，即一方面认识到它们的密切关联，另一方面又洞察到二者的分别及其相对独立的意义，而非混同视之。由此来看，时贤以为宋明儒于外王方面"缺少积极的讲论和表现"以致"内圣强而外王弱"，③ 恐怕并非十分精确的论断。而一般性地认为宋明儒空谈心性或贵体贱用，则更是与宋明儒学之具体实情难以尽合。实则，胡宏之儒学建构所要应对的一个主要问题即是空谈心性的学风，这既是针对佛、道二家之弊而发，也是就当时儒林内部出现的不务实际、不究实用的虚浮学风而言。为了对治虚谈、匡济时艰，胡宏力倡躬行实践与经世致用，乃至于在为政理念上颇为重视制度与实业的发展。人们固然可以批评胡宏等理学家在政治方面致思不够或举措不得力，以及通过体用观念构建德政理论可能存在弊失，但绝不能因此而否认他们在政治方面的努力，亦不可无视其政治观念上的洞见。既以达道至德为本，又兼重制度与实业之维，此乃较为平实、合理的善政观念。制度建设对于现代政治诚然至关重要，但如若缺乏道德伦理的范导与调控，良善政治的追求似乎也将难以实现。因此胡宏敦本务实的善政理念及其关于道德、法制与实业辩证融合的慧识，不仅丰富和深化了传统儒家政治学说，且对现代政治的发展亦不无积极借鉴意义。

参考文献

[1] 胡宏：《胡宏集》，吴仁华点校，北京：中华书局 1987 年版。

---

① 胡宏对道德与法制之关系及道德与实业之关系的处理，均秉持"体用相须，贵体重用"的理念。只是在前一关系中，"用"取实相义；在后一关系中，"用"取实用义。本文"体用相须，贵体重用"观念中的"用"，乃统摄此二义而言。
② 胡宏：《与原仲兄书二首》，载《胡宏集》，第 122 页。
③ 蔡仁厚：《新儒家的精神方向》（第 2 版），台北：学生书局 1984 年版，第 18 页。

[2] 陈谷嘉、朱汉民：《湖湘学派源流》，长沙：湖南教育出版社 1992 年版。

[3] 杜保瑞：《南宋儒学》，台北：台湾"商务印书馆" 2010 年版。

[4] 何俊：《南宋儒学建构》，上海：上海人民出版社 2004 年版。

[5] 牟宗三：《心体与性体》（第 2 册），台北：正中书局 1968 年版。

[6] 王立新：《胡宏》，台北：东大图书公司 1996 年版。

[7] 王开府：《胡五峰的心学》，台北：学生书局 1978 年版。

[8] 向世陵：《善恶之上：胡宏·性学·理学》，北京：中国广播电视出版社 2000 年版。

[9] 曾亦：《本体与工夫：湖湘学派研究》，上海：上海人民出版社 2007 年版。

[10] 朱汉民：《湖湘学派史论》，长沙：湖南大学出版社 2004 年版。

作者简介：邹啸宇（1985—），男，湖南衡阳人，湖南师范大学公共管理学院哲学系讲师，哲学博士，主要研究宋明儒学。

从现代学术视野看朱熹与王阳明的本体分歧

袁永飞

摘要：朱王是宋明道学的灵魂人物与集大成者，一个为南宋理学的代名词，一个成明代心学的象征符号。朱熹的理本体，是其思想内涵的经典表述，它为多心本体、天理本体、性理本体、性灵本体、真理本体；而王阳明的心本体，是其独特学说的基础内核，它为一心本体、良知本体、心理本体、心灵本体与本心本体。二者在人类伦理道德精神的绝对观念把握上高度一致，但在文化思想认知的具体历史条件上有实质性差异。对此，我们既不能笼统讲他们的本体是天理或本心，也不能绝对相信其差异是恒定不变的，需在人类变化的理论场景中修订其内涵赋予与形式表达。

关键词：朱熹；王阳明；本体；理本体；心本体

朱熹与王阳明是宋明道学的灵魂人物与集大成者，一个为南宋理学的代名词，一个成明代心学的象征符号，二人是后世学者必须经常面对又不得不超越的两座思想高峰。本文在近现代生命自然与道德自觉而非文化真相与逻辑真值的本体论语境中，对其理论与学说内涵的根本分歧处，做一点总结性权量。需承认，二人思想的相关性表述与今人对此深入研究，已十分细密与丰厚，由此做些必要提炼与适度推阐。据目前掌握的释读朱王的文献资料，存在两种基本的学术意见：一种是二者本体一致甚至一样，仅有工夫或功夫的差异；另一种是二者本体不同，导致其工夫的差别。具体讲法见后，我较认同后一种看法。下面从二者本体的经典表述、一致诉求与差异存在，探讨其可能意蕴与实际征象。

一、朱熹与王阳明对本体的经典表述

朱熹（1130—1200），字元晦，号晦庵，谥文公，南宋徽州婺源（今属江西省）人，其主要哲学著作有《四书集注》《太极图说解》《通书解》《西铭解》《近思录》《周易读本》《伊洛渊源录》《朱子语类》等。一生著述宏富，思想深沉，博通古今，引领天人，成就经典，创造规范，树立标杆，继往开来。其后王阳明（1472—1528），字伯安，世称阳明先生，明代中叶浙江余姚人，他的哲学著作主要有《传习录》上、中、下与《大学问》（今都收录在《王阳明全集》）。其生命充满传奇，生活波澜壮阔，事功惊天动地，德行超凡脱俗，著作精雕细琢，理论独树一帜，影响连绵不绝。此二人，是今天发掘、整理、融通、反思、重塑中国传统文化精神内核的先行者与路标，值得我们将其思想精髓部分的认知要点与理论主旨作不断澄明和拓展。对其本体思想的大致论述，是希望在前贤的学术研究基础上，尽力呈现其实有与当有的理论要旨。

　　钱穆说，朱熹"不认有所谓心体""体只属性与理"，其"心"是"工夫的把柄"，他讲"心统性情"是"不致把工夫与本体划分了"。① 即朱熹的体是天的普适之性体与理体，不是人的特定之心体，其心是工夫，性理才是本体，本体与工夫的关系认证是合而不是分。彭永捷明确分辨"朱子的哲学本体论"主要是"伦理本体论"，而"象山哲学本体论主要是道德本体论"，并界定中国哲学史上的本体含义为"本然义"与"根据义"，从根据义强调"'理'是朱子哲学的本体"。② 此以本体的根据义，判定朱子哲学是伦理本体、象山哲学是道德本体，对伦理与道德的本体内涵差异未过多探讨究竟原委，但朱陆的本体差异在一定意义上显示出朱王思想的本体分歧。傅小凡讲"朱熹建立的客观本体论中""'太极'、'道体'、'天理'较为重要"，三个观念包含了"对道学的创造性发挥"，称为"精神性的本体"、能构建其伦理学意义上的"主体本体论"。③ 得朱熹的客观本体之天理与王阳明的主体本体之良知，都是精神性本体，非物质性实体。蔡方鹿指出"朱熹哲学的理，作为超越主、客体之上的绝对观念，是宇宙的本体"，此"哲学的心""不具宇宙本体之义"而为"认识主体"。④ 这与钱穆讲法大体同，但在本体识别上更直接、明了，以理为宇宙本体，心为认识主体，未有效界定二者即心与理的关系如何。从钱、彭、傅、蔡四人对朱熹哲学本体思想的这些论述中，可推得在朱熹的哲学思想系统里，性与理是本体的固有内涵、作客观本体，心是工夫的把柄功用、作认识主体，但心能直接把本体之理（或性）与工夫之事（或情）统合；本体论是规范义的伦理本体论、作为人类社会存在与发展的最高根据，绝非生成意义上的本然的根源上的道德本体论。也可称其为客观精神的本体论，为认知主体的本体论奠基。因而，它是绝对观念认知上的宇宙本体，不是逻辑形式规定的抽象本体。可见，朱熹的哲学本体是理，是客观本体，是伦理本体，是客观精神本体，是天地的宇宙本体，与工夫合一。同时，通过陆九渊的哲学本体是心，是主体本体，是道德本体，是主观精神本体，是人心的宇宙本体，可反

① 钱穆：《宋明理学概述》，北京：九州出版社 2010 年版，第 127 页。另，赵胤的《试析朱熹本体工夫相结合的格物致知学说》（《金田》2014 年第 2 期），突出朱熹思想"本体工夫相结合"的原义，说其"本体论是一个兼有本源论与本体论的双意链条"。

② 彭永捷：《朱陆之辩：朱熹陆九渊哲学比较研究》，北京：人民出版社 2002 年版，第 64、67—68、84 页。

③ 傅小凡：《宋明道学新论：本体论建构与主体性转向》，北京：社会科学文献出版社 2005 年版，第 88、89 页。

④ 见蔡方鹿：《宋明理学心性论》，成都：巴蜀书社 2009 年版，第 133—134 页。另，向世陵有《"性之本体是如何"——朱熹性论的考究》（《孔子研究》2011 年第 3 期，分"性即天理与'二性'、'二善'"和"性之本体是理是善"两议题）与《论朱熹的"心之本体"与未发已发说》（《湖南大学学报（社会科学版）》2012 年第 1 期，分成"知觉之心与心用合一"与"心体自明与发而中节"）。其"性之本体"即理与"知觉之心"即主体的旨趣，大体接近宇宙本体与认知主体。

射出王阳明的本体观念内涵指向。除了客观与主体、伦理与道德的本体差异外，在人心理的精神本体与宇宙本体上朱陆、陆王、朱王的核要看法无别，可归结在心与理、主与客上推阐其他本体界定。这反映朱熹与王阳明的本体异同，即他们在什么认知前提条件下是有可能一致甚至一体；若不在这种前提条件下，则各有其自身的理论特色。这为进一步讨论二者的本体观念分歧，提供可能的理据（即本体认定）与可行的理路（即方法说明）。

王阳明的心本体表述是否和朱熹的理本体内涵完全相同呢？陈来认为"在朱子哲学中，心之本体指心的本然性质、面貌、状态，实际上即指纯粹主体"，其"心之本体重在认知主体，故强调心体的'虚明'，而阳明哲学中的心之本体重在道德主体，因而强调心体的'至善'"。① 对朱熹的心本体说法与前述彭永捷等的本体界分一致，为纯粹理性主体或认知主体，是依托于理这个绝对观念的宇宙本体和人类社会的伦理本体，而王阳明哲学的心本体与陆九渊的道德本体同一，是生活世界的道德主体或实践理性主体，基于心自身的宇宙实体与人性命的道德真体。就心而言朱子是认知主体，阳明是道德主体；二者指向一个虚明，一个至善，确有明显差别。也可以说，朱王的心本体内涵特质与诉求在根系与归宿上不同。此仍未能实质性回应开始提出的问题，着重从心本身的意思与旨趣来解说其分歧，还需具体阐述阳明的心体，并认真比较它与朱熹的理本体之同异。鲍世斌说"朱子理学中""性体是其第一原理"，他的"理学对心与性（理）关系的定位意味着形而上之性（理）与形而下之心的对峙和紧张""心学以'心即理'为第一原理，主张形上与形下、理性本质与感性存在的贯通"，这使王阳明由此完成"心体的重建"。② 即在第一原理上，一个是性体而有形上、形下的对峙，一个是心体而贯通形上与形下；当然，朱王学问体系归属是明确的，前者为理学，后者为心学，这是近代来西方哲学标准解构与建构宋明文化思想的主导性见识。陈立胜概述王阳明思想里"心、理、道、性、天均是同一所指，心体即性体即道体"，说"天地生生之德下贯在人心之中便是心之体"。③ 此出现心体与性体复归同一，是否意味着朱子的理本体与阳明的心本体一样？或者，这个基本判断在阳明哲学中是整全的心理合一，在朱子哲学中是分别的心理为二呢？此心与理同一、同体之判断，是难以在生德上发现关键性差别的，或在人类个体的生活觉解上，有外推天理与内生良知的可能性对照。另从阳明思想认识的"心物循环"推得"心物同体"④，其"心之本体，既是认知主体，特别是伦理主体，同时又是境界"⑤，此"'本体即工夫'则是王阳明本体工夫论的主调"⑥，也"明确地提出了

① 陈来：《有无之境：王阳明哲学的精神》，北京：三联书店 2009 年版，第 83—84 页。
② 鲍世斌：《明代王学研究》，成都：巴蜀书社 2004 年版，第 24 页。
③ 陈立胜：《王阳明"万物一体"论——从"身一体"的立场看》，上海：华东师范大学出版社 2007 年版，第 138 页。
④ 毛保华：《心与天地万物何者为本体——论王阳明哲学中的心物关系》《中国哲学史》1997 年第 4 期。
⑤ 屠承先：《王阳明的本体功夫理论》，《甘肃社会科学》1996 年第 5 期。另有，许珠武的《本体与功夫——对王阳明本体功夫观的思考》（《浙江学刊》1997 年第 6 期）提出了本体的"率性路线"与功夫的"反观路线"；杨国荣讲"心学系统中，良知一开始便被赋予本体的意义，致良知则表现为后天的工夫，良知与致良知的关系，逻辑地展开为本体与工夫之辨"（见其《本体与工夫：从王阳明到黄宗羲》，《浙江学刊》2000 年第 5 期）；等等。
⑥ 令小雄：《康德的"自由即自律"与王阳明的"本体即工夫"比较》，《宁夏社会科学》2015 年第 5 期。

'乐是心之本体'的命题，把'乐'从七情中独立出来提升到本体的层面"①，等。此心、物同体，能推出心、理同体与物、理同体，可得出朱王的理体与心体无别；同样，把其心作认知主体与伦理主体及精神境界，也会得二人的本体功能与诉求相同；明显强调本体与工夫的相即并将"乐"提到本体地位，仍无力与无法区分朱王本体异同；这些论调更多倾向于二者笼统的趋同，绝非限定的区别。由诸多论断得阳明心体内涵较为复合，天理、良知、至善、工夫、乐等是心体的基本内涵规定。

大致归纳以上要点，在人们习惯接受的哲学本体意义的经典表述上，朱熹是理本体，为观念认知的绝对本体，能实际流行，即纯粹的天理本体或伦理本体；阳明的是心本体，为人身呈现的自在本体，有认知功能，即纯粹的良知主体或道德本体。二者是天地的宇宙本体与人类的精神本体，区别在主客，即朱熹是客观的理、阳明是主体的心。

二、在何种认知限定上朱王的本体同一

据上述讨论，朱子的理本体与王阳明的心本体有可能同一。但它们在什么意义或条件下能达成同一，未明达，以下作简要考察。

蒙培元对朱王观念体系有较翔实论证，现摘录其部分要点如下：一、"理是无形体、无方所，超时间、超空间的抽象观念"，此"理在气上""气先"，且"太极是理""理无动静"；二、"理是精神本体，即最高真理和道德标准，具体事物是它的体现"，其"理是客观精神，心是主观精神"，特点是"把理性思辨和道德实践结合"在心性说上，即使有"以心与理为二"也不碍"'心即理'和'性即理'"相通；三、"朱熹的心性论，实际上是一种道德本体论"，他是"理学中第一个提出'心本体'的哲学家"，王阳明的心"同朱熹一样""不单指物质实体"也"指主体精神"，其本体的"本原"义也主要"从朱熹那里发展而来"；四、王阳明"心学思想的特点是'心之本体即天理'"，朱熹割裂"体用为二"有内外之分，王阳明是体用、心理、心物"合一"而真正做到"心无内外"，他的"心体说""实质上是道德本体论的人性论"，把朱熹哲学"进一步发展为一种道德哲学"。② 这是先见或后验式对前述学者探讨诸种观点的全面概括与系统融合，既认肯了朱王的本体差异，也不否决其必要关联与可能发展。此推出理在宇宙本体上是无形、无位、超时空、超物质、超动静的抽象观念本体，它在精神本体上是最高真理、唯一标准、主客融合、心理相通的绝对认知本体，这在道德本体上是本原意义的物质实体凸显的主体精神而由生命塑造的自由心灵本体，在心性本体上是体用不二、心物合一、心理合一、心事合一而由良知展现的规范伦理本体。也可以说，理本体是宇宙本体、精神本体、道德本体、心性本体的合体，四者为一体，凝结成此理。或者，更清楚、完整一点讲，此理是人类心灵宇宙的道德精神本体。

① 黄文红：《论王阳明本体之乐》，《湖北大学学报（哲学社会科学版）》2014 年第 4 期。
② 蒙培元：《理学的演变——从朱熹到王夫之戴震》，福州：福建人民出版社 1984 年版，第 13—22 页。

此心性理一、主客内外无分、伦理混同道德、天理成本体、良知为规范，朱熹与王阳明的体用即本体与工夫并无根本性的终极界限。即在人类道德观念认知的绝对精神基础上，理本体与心本体是一个本体意思的完整表达。

能呼应上述这种朱王思想一体认证的论文不多，就算有自信说这种判断合理的，也充满理论认知的困惑与矛盾。如张艳清不赞同牟宗三《心体与性体》分判的两种基本类型，即"朱熹终极关切""'心与理一'是认知之心合于外在之理，是认知型静摄之'横贯系统'，而不是本体论超越之'纵贯系统'"，他希望从人心"浑然一体境界"的"本体论意义"上阐发其本质内涵；大致推导"心能否通向形上明慧之本体，从而实现心理合一的全体大用的境界"，这"既是一个本体论问题"而"为心—性—理的逻辑结构"证立，"也是功夫论问题"且"主要是居敬与穷理相互关联的两个方面"统一；此实际问题在"居敬、穷理等复性的功夫，自然与心学的直指本心的功夫不同"，共同主题是"明天理，去人欲"，对其特点领会在"为道"、非"为学"上；此"穷理是内外合一之道""为了明善"而"方法重在'用心于内'"，可见"朱熹哲学自有其顺畅的路子和高远的境界"。①这是以现代新儒家领军人物牟宗三的代表作的核心表达②，检讨其对传统思想的误读与曲解及其发挥，以便能够在限定的文本资料与特殊的生活语境下，明察古今学术思想内容推阐的是非得失。或近来，确有些学者对牟氏研判朱王思想的本质特征即横贯与纵贯、存有与活动等，越来越不满意其难满足朱熹庞大思想体系较丰厚的意蕴诉求，出现新的理解与重构，希望造就更圆满的文化精神世界，这是值得鼓励的正常理论作为。以此特例的推理过程看，是一种不成熟的尝试性考量；它既要依据"为道"思路在境界诉求上趋同于天理本体，又得始终坚持在"为学"功夫上居敬穷理以去人欲、明本心，结果却是陷入"理"本体与"学"功夫的认知困境，借助纯粹人文精神超越的逻辑观念突围，这与前面蒙氏的解说一样完全抹杀其宇宙生命内在的本体张力，仅刻意维护其人类生活外在的工夫进路。同时，提出另外一个问题，即朱王的本体如果无异，那么其工夫有别，会不会相互影响而构成实质性的本体冲突呢？或者说工夫分歧，能否导致本体差异？在后面会作要领式的解析，这里补充一点是在道德境界上理本体与心本体有共同追求。

因而在笼统的人类伦理道德精神本体与境界上，理本体与心本体可在为道上完全重合，但在为学上应有严重分歧。即是在超越、绝对、普遍、永恒、终极的本体意义上，心与理应一体，但无法经验证实与证伪，这是信念的最高主体或主宰。此意味着我们只能在限定的文化经验认知条件下，描述二者的本体观念差异。

---

① 张艳清：《本体与境界——释朱熹的"心与理一"》，《北方工业大学学报》2003 年第 4 期。

② 崔大华引说牟氏的"道德的形上学"是"由道体、性体、心体所展示之形上学"，用康德的"意志自由"来诠解"性体"内涵且以"物自身"界定其本质，这使"传统理学本体观念（如理、心）"的宇宙根源与世界总体的内涵诉求发生转换（即成"本体宇宙论的陈述"而非宇宙本体论的明达，如熊十力的论证）。（参见崔大华：《20 世纪中国儒学的贡献与进展》，载《中国传统社会思想的理路及当代价值》，北京：社会科学文献出版社 2016 年版，第 441 页）

三、什么认知条件下可能造成本体差异

关于朱王思想的本体差异的说法很多，不一一列举，仅归纳要点展开讨论，说明它在什么认知条件下能成立。当然不反对其相同的可能依据，对此关注不够，也无法做深入的比较研究。接下来把重点放在它们的不同上，从限定其应当如此的意义诉求上，分作五个方面来阐述其差异及原因。

第一，以近现代语境里中西体用的分合问题所引起的本体差异。这方面研究成果特别多，核心讲法有"中体西用"（张之洞）、"中西各有其体用"（严复）、"西体中用"（李泽厚）、"马魂中体西用"（方克立）等①，与上述传统的本体功夫及体用关系有暗合犀通处，疑难是各自体用的内涵界定及有效整合。就钱穆、蒙培元等人的理解看，朱熹的"体"是"理、性、心"，似可实现"三位一体"，虽然他们对性与心的分辨不同，一致指向是理本体无疑；张艳清提出朱熹哲学的"用"在"心"，呼应前述蔡方鹿、向世陵等人的"认知心"；由此推出，理体心用、合理分心，或理一心多、理恒（或常，定）心变（或非常，不定），或理是全体、心是大用。也可说，朱熹是分心或多心或杂心的理本体。王阳明的心本体，如陈来、鲍世斌、陈立胜等人所言，是心与理合，心即理，心体即性体、道体、理体，以心统理，非以理合心，是一心或本心或纯心的理本体或心本体。也就是说，理本体是朱熹最高级别的本体存在类型，即使他有心本体观念的阐发；同样可说，心本体是王阳明最高级别的本体存在类型，即使他也有理本体观点的破解。换言之，朱子是以理合心的本体，王阳明是以心合理的本体，如康德"哥白尼式革命"在"知识"与"对象"间②作传统解法的证合离析。

第二，孟子关于人同类、同性、同心、同理的判断所引起的本体差异。孟子说："故凡同类者，举相似也，何独至于人而疑之？圣人与我同类者""其性与人殊，若犬马之与我不同类也""心之所同然者何也？谓理也，义也"。③赵士林从孔孟思想传统谈"'本天'还是'本心'，亦即认取客观外在的'天'为最高道德形上本体，还是认取主观内在的'心'为最高道德形上本体，构成了程朱理学和陆王心学截然相反的道德本体论"；他还说"朱熹对内圣之学的独特理论建树，

---

① 张之洞提出"中学为体"以"伦纪、圣道、心术""治身心"，"西学为用"以"法制、器械、工艺""应世事"；严复讲"中学有中学之体用，西学有西学之体用，分之则并立，合之则两亡"；李泽厚主张在现代政治文化领域造就"具体的'西体中用'建构模式"，以求文化"重叠共识"与政治"范导"作用；方克立在"民族文化体用的认识基础"上"提出'马魂中体西用'学说"，试图"求解古今中西之争为中、西、马'三流合一'"。（袁永飞：《中国体用关系内涵的辨析和认知》，载何锡蓉、成素梅主编：《价值与文化：第23届全国社会科学院哲学年会论文集》，上海：上海社会科学院出版社2013年版，第164、165、167、168页）

② 康德"把知识与对象之间的关系颠倒过来"看"让对象符合知识""会有什么结果"，其哲学"哥白尼式的革命"证明"科学知识的普遍必然性"，且突出"主体在认识中的地位、作用和能动性"，但限制了"理性认识能力"、使"形而上学"成为"不可能"。（参见张志伟主编《西方哲学史》，北京：中国人民大学出版社2002年版，第538、539页）

③ （宋）朱熹题注：《孟子》，上海：上海古籍出版社2013年版，第154—155页。

正在于他否定心本体，独树天本体"；最后结论是"'天本体'的确立""从儒的思想建构"看"第一次实现了一种逻辑的彻底性"，从"儒的道德实践"讲"它较之陆王心学为突出主体尊严、自觉意识而确立的'心本体'显然更强调了外在权威的尊严、外在规范的约制"。① 对此概括，为朱熹的形上的道德天之本体与王阳明的形上的道德心之本体。此称朱熹的把仁心向外推扩的天理本体与王阳明的将其内敛自身的良知本体，这可看做是外在超越的天之理根据与内在超越的心之智根据的分别。

第三，张载的"心统性情"议题阐释所引起的本体差异。付长珍说"张载是从两个不同角度讲心性的统一性"，其"从心的认知方面"是"心小性大"而"从心的形而上道德本体"是"心统性情"，朱熹据此把"心之体称为性，心之用称为情"而成"性体情用""心主性情"。② 牟宗三认为朱熹的"性情之主"，其"真正的主人之主当在性，而不在心"。③ 李明辉从心性论与"严格主义"诠释朱熹的"道心"与"人心"的关系及其合理诉求，并指出王阳明的超越之本心即道心、良知、天理却非"气之灵"的心，进而把人心等同于人欲。④ 吴丽芳、赵黎明指出"王阳明的'心'本体比程朱的'理'本体有更高的抽象性、普遍性和适应性"，二者非"对立的关系"而有"诸多的关联"，首先是"'心'和'理'都包含有仁、义、理、智、信等道德理性在其中""'心'本体的内涵并不止于这些"，其次是"'理'本体是'心'本体的建构基础"而把"'理'本体由外内置于人心"。⑤ 可见，张载的心、性、情，已包含认知与本体两个层面；朱熹的体用二分以性为主、心为辅，是性理本体；王阳明的体用合一以心为主、性为基，成心性本体；后者的道德理性内涵比前者丰富，改造前者得更圆满。

第四，"性即理""心即理""即本体即工夫"的"即"所引起的本体差异。牟宗三对朱王的心与理的基本意蕴归根于孟子的"本心"，分疏为"'心即理'不是心合理"、其"心就是理""'心理为一'不是心与理合而为一""此心自身之自一"。⑥ 劳思光说朱熹的"理"指"超时空决定之形式及规律"（属"形而上"），其"形上学与宇宙论""连为一体"，前者决定后者；他认为应当区分阳明学说中"'心性论'与'天道观'及'本性论'之殊异"，其"心""就自觉活动之主体言""理""取规范义"而整全言是"非事物之理"的"天理"。⑦ 蒋国保认为，朱熹最后从"性即理"

---

① 赵士林：《确立天本体——孔子·孟子·程颐·朱熹》，《北京社会科学》1990 年第 2 期。
② 付长珍：《宋儒境界论》，上海：上海三联书店 2008 年版，第 140 页。
③ 牟宗三：《心体与性体》（下册），上海：上海古籍出版社 1999 年版，第 429 页。
④ "阳明论'心'，是指超越的'本心'，而非作为'气之灵'之心。因此，他所理解的'道心'即是本心，即是良知，而良知即天理。在这个脉络下，'道心'与'人心'之关系自然等同于'天理'与'人欲'之关系，但王阳明忽略人心与人欲在朱子的义理系统中"并非一回事"，而且朱子对"'道心'与'人心'的关系""采取心性论的诠释"与"'严格主义'的观点"。此见其《朱子对"道心""人心"的诠释》，《湖南大学学报（社会科学版）》2008 年第 1 期，第 27 页。
⑤ 吴丽芳、赵黎明：《实体形上本体的建构——阳明心学"心"本体的意义》，《河北大学学报（哲学社会科学版）》2005 年第 4 期。
⑥ 牟宗三：《从陆象山到刘蕺山》，上海：上海古籍出版社 2001 年版，第 152 页。
⑦ 劳思光：《新编中国哲学史》第三卷（上），桂林：广西师范大学出版社 2005 年版，第 206—215 页。

走向"性即天理"，是为"在以'理'来定'性'之前，先以'天'定'理'"，这"决定了'理'不只是与人之'心'相关联的概念，而是表示'理是个公共底物事'，是独立于'心'的客观的存在"；阳明"'心即理'不是从知性认知"而是从"忘知"的意义上立论，"'心即理，理即心'"是从"人的'本心'即'天理'"的角度立论，此"无非是'于虚灵知觉中辨出天理'"。① 如果从心、本心、理、天理的关系判断看其命题构成，朱王都可得到同样的命题形式来表达其本体诉求，但就其内涵赋予的差异看朱熹是规律义的性理本体、王阳明是规范义的心理本体，由此说"即"也有两义即等同（或就是）与依附（若即若离）、决定其命题的分判。也就是说，即使理同，为天理，其心与性异，也使此二者有别；何况，它们还受工夫不同的间接影响，反映在本体的内涵诉求上。就此推展，朱熹是性灵本体而以"天"（心）定"理"，王阳明是心灵本体而以"人"（心）定"理"。

第五，熊十力的心本体论与冯友兰的理本体论的内涵诉求②所引起的本体差异。麻天祥对熊十力的本体思想认真考察与分析后说，"从本质上讲，近代思想家如谭嗣同、章太炎、熊十力都把终极依托放在人的自心，以突出人的个体意识，努力确立以自心为本体的哲学体系，但熊十力的本心本体论既不同于谭氏的心识本体论，也有别于章氏的真如本体论"，其"本心是无形无相、独一无二而又圆融无缺的抽象精神实体"，其本心本体论"比谭氏多环状的仁学逻辑结构、章氏半开放式圆形的法相唯识哲学体系，更富于思辨性和创造性"，它尤其"突出强调对万化之原——本心的论证和直觉体悟"。③ 何柳、胡成胜认为冯友兰20世纪"80年代以后，随着'理在事先'向'理在事中'转变的完成，原来的新理学体系已被打破、被超越"，其"历经30年所完成的本体论的转化"，使其"完成100多万字《中国哲学史新编》的晚年创作高峰"。④ 此处对熊十力的本心本体论，证得比较圆满，联系其弟子牟宗三发扬陆王心学的"别子为宗"，可判定其与王阳明思想关联最近而彰显"本心本体"；但对冯友兰的新旧本体论探讨相对松散且要点不明确，似乎为理事本体而见"理在事中"。若联系其《新理学》中"真际"与"实际"划分其理与事，其接着程朱理学讲而非"照着讲"，⑤ 则可说是"真理本体"或"真际本体"，成逻辑分析的共相观念。如此推，朱熹是真理本体，作逻辑分析，得纯粹的认知观念；王阳明是本心本体，作宇宙观照，得根源的道德命脉。

---

① 蒋国保：《"性即理"与"心即理"本义辨析》，《江南大学学报（人文社会科学版）》2011年第5期。
② "冯友兰认为，本体是共相，是有层次的、人之所共由的做人之理、之道。熊十力则强调'本体非共相'，意即本体即性即心即理、亦主亦客、即存在即活动……本体是感性具体之心，是物我合一的大生命，是天赋人受的道德本性"（郭齐勇：《熊十力哲学研究》，北京：人民出版社2011年版，第240页）；由此知，冯氏的理本体是共相、是人们经验认识总括的抽象之道而当作逻辑证明，熊氏的心本体是活体、是人类生命整体的实感之心而只能内在观悟。
③ 麻天祥：《熊十力的本心本体论》，《西北大学学报（哲学社会科学版）》1991年第3期。
④ 何柳：胡成胜：《从"理在事先"到"理在事中"——从〈中国哲学史新编〉对王夫之的全新评价年冯友兰本体论的转变》，《南阳师范学院学报（社会科学版）》2006年第11期。
⑤ 冯友兰新理学"是'接著'宋明以来底理学讲底，而不是'照著'宋明以来底理学讲底"，此"就真际之本然说，有理始可有性，有性始可有实际底事物"（见其《新理学》，北京：北京大学出版社2014年版，第7、52页）。

基于中西体用分合、孟子同心同理、张载心统性情、朱王基本命题与熊、冯本体判定的认知进路，可以说朱熹的理本体是多心本体、天理本体、性理本体、性灵本体、真理本体，王阳明的心本体是一心本体、良知本体、心理本体、心灵本体与本心本体。二者虽在本体的表达形式或形态上相似或相同，但其内涵赋予与诉求有实质性的不同考量与指向。就此细微的根本性差异，我相信他们的本体认知是有分歧的。

总之，朱熹的理本体是其思想内涵的经典表述，王阳明的心本体是其主要学说的基本内核。此二者在人类伦理道德精神的绝对观念把握上高度一致，但它们在文化思想认知的具体历史条件上有实质性差异。对此，我们既不能笼统讲二者本体是天理或本心，也不能绝对相信其差异是恒定不变的，需在人类变化的理论场景中修订其内涵赋予与形式表达。

作者简介：袁永飞，男，1976 年生，贵州松桃县人，哲学博士，中华孔子学会理事。现聘为遵义医科大学人文医学研究中心副教授，目前主要从事道家哲学、生命哲学、人文医学研究。

五百年来良知学的历史境遇与学理进路

孙德仁

摘要：自王阳明拈出"良知"之学后，"良知"在不同时期的历史境遇中表现出不同的学理进路，而学理进路的不同择取与面相又是对"良知"历史境遇问题的补正。在历经明清之际的思想纠偏与近现代的话语转型后，"良知"在古今中西维度的现代呈现使得人们困惑不已：今人之"良知"还是不是古人之"良知"？这一追问不是历史向度的差别，而是存在本身的变化。良知内在品性与历史境遇的相互砥砺使得"五百年来王阳明"的问题省思，不仅涉及对良知自身绝对价值的叩问，也是关乎现代性视野下如何认领良知本真的重要问题。

关键词：王阳明；良知；历史境遇；学理进路

阳明学伴随中国人文化主体意识的自觉，自 20 世纪 90 年代以来研究成果甚为丰富，日益成为中国现代化进程中的重要精神资源。如果说现代化进程中的"富强"首先是近代以来中国在器物、制度文明方面的希冀，那么在社会文化心理上，"富强"则投射出人们对"成功"的情绪期待与行为追求。正是在这样一种文化心理诉求中，王阳明其人其学的某些特征就日益成为现代人追求"成功"的精神动力与不二法门。市面上广泛流行的阳明学读物可见一斑：从"明朝一哥王阳明"的历史功绩，到"向王阳明学习成为一个很厉害的人"的修行秘籍，再到"五百年来王阳明"的圣人成就。阳明心学已然成为当代中国人"浮躁现实里最好的心灵解药""恶劣环境中强大的精神武器"。如果仔细阅读，就会发现，这些论述的展开一定是以王阳明立功、立德、立言的"三不朽"事业作为现代人成功的标杆，并就如何成就传奇人生提出"知行合一""致良知"的方便法门。试想，如果王阳明复生而遭遇这样的"现代性"设问，看到自己被冠以"伟大的思想家、哲学家、教育家、军事家、文学家、书法家"之名，不知是否会有一种"现代性的尴尬"？

从阳明学的近代发展来看，"现代性的尴尬"并非只是一种情绪假设，而是阳明学在中国三千年未有之大变局中的一种历史境遇。这既关乎阳明学在不同时代境遇下的价值指向，也涉及阳明学解决问题所形成的不同学理进路。返观而论，"良知"在不同时期的历史境遇中都表现出不同的学理进路，而学理进路的不同择取与不同面相又是对"良知"历史境遇问题的纠偏与补正。沿着这一向度进行探索无疑有益于我们检视阳明学的"过去"与"现在"，并足以说明"五百年来王阳明"的基本问题意识以及阳明学所面临的"现代性的尴尬"。

一、明清之际阳明学的三层纠偏

自阳明殁后，王学由龙溪、泰州而风行天下。明清之际，阳明学遭遇了第一次"围剿"，而阳明学之所以会在明清之际遭遇"围剿"，与王门后学的流弊不无关系。黄宗羲在《姚江学案》中指出："然'致良知'一语，发自晚年，未及与学者深究其旨，后来门下各以意见掺和，说玄说妙，几同射覆，非复立言之本意。"① 由此可见，门人后学对"致良知"意旨的不同体会，既是对阳明心学最早的思想阐发，也成为日后产生王学流弊的端绪。阳明后学的流弊在晚明思想界引起了大震荡，学者在批评王门后学流弊的同时将矛头直接指向了阳明心学本身。有揭露阳明心学的内在弊病，"如陆、王之自以为立大体、致良知矣，而所为、所诲，皆猖狂傲悍，日骛于功利、权诈是也。凡诸谬害，皆从不穷理而空致知来。"② 有直接否定阳明良知之功，认为"（阳明）天资高，随事成就，非全副力量如周公孔子专以是学，专以是教，专以是治也"。③ 更有甚者，认定王学亡国，"以明心见性之空言，代修己治人之实学。股肱惰而万事荒，爪牙亡而四国乱，神州荡覆，宗社丘墟。"④ 这些批评也就成为明清之际世人对阳明学的主流定位。

但值得注意的是，在诸多士大夫们的批评中，形成了朱子学与阳明学两种不同方向的纠偏与补正。其中，顾宪成、高攀龙为代表的东林党人以朱子学的工夫纠偏王学玄虚之弊，而刘宗周则意识到只从外在工夫的落实难以真正纠偏，反而以主体道德实践为根基，从心学内部进行补正。当晚明王朝君权的崩溃，从内在道德精神上难以抗衡君权时，黄宗羲则继承师学，以心学的立场与做人的原则，对明王朝的政治体制作出了深刻反思与尖锐批评，这是黄宗羲由反思政治制度对阳明学更进一步的推进。因此，明清之际由东林学派、刘宗周、黄宗羲的层层纠偏，也就构成了近代阳明学流衍中的第一次转进。

晚明政治的腐败与王学的流弊成为当时士大夫不得不面对的时代问题，以顾宪成、高攀龙为代表的东林学派在政治生态的压迫下，以讲学的方式直面晚明社会政治与思想的弊病，展开批驳与矫正。其中对王学流弊的纠偏具有一定代表性。众所周知，顾宪成、高攀龙在学理上顺承明代朱子学的发展，但又对当时广泛传播的阳明学有着清晰的认识。如顾宪成所说，"当士人桎梏于训诂辞章间，骤而闻良知之说，一时心目具醒，恍若拨云雾而见白日，岂不大快。"⑤ 这也就意味着，东林学派并非直接盲目地否定阳明学，而是在认可其积极意义的同时指出后学的玄虚与猖

① 黄宗羲：《姚江学案》，载《明儒学案》，北京：中华书局 1985 年版（下同），第 178 页。
② 吕留良：《吕晚村先生四书讲义》，载《续修四库全书》第 156 册，上海：上海古籍出版社 2002 年版，第 374—375 页。
③ 颜元：《存学编》，载《颜元集》，北京：中华书局 1987 年版，第 45 页。
④ 顾炎武：《日知录集释》，长沙：岳麓书社 1994 年版，第 240 页。
⑤ 顾宪成：《小心斋札记》卷三，载《顾端文公遗书》第一册，清光绪三年重刻本（下同），第 5 页。

狂，所以，在此基础上的评价也就非简单的朱王门户之见。

顾宪成一方面批评王门后学拈得高明话头，人人言说良知，却无实致良知之功。另一方面又以后天功夫扭转良知的思辨玄虚。在顾宪成看来，本体的追求是通过下学上达的功夫实践而成，离开功夫而言说本体，本体就会流为"光景""意见""议论"。因此，注重后天功夫，在功夫中达致本体与工夫的合一，就成为顾宪成对王学流弊开出的"药方"。而这一"药方"的具体内容与方法就是持守朱子学读书穷理以至于尽性。他在《东林会约》中写道：

> 学者诚能读一字便体一字，读一句便体一句，心与之神明，身与之印证，日就月将，循循不已，其为才高意广之流欤，必有以抑其飞扬之气，必敛然俯而就，不淫于荡矣。①

显然，顾宪成所倡读书穷理的功夫是针对王门后学的流弊而发，其立根处是以致知的方式进学。这也就意味着顾宪成是基于朱子学的立场对阳明学的问题作出省思，即以朱子学的"格物"之致知纠偏阳明学的"诚意"之致知。就狭义而言，所谓"格物"与"诚意"，实为两种不同进路的"致知"，前者表征朱子学的即物穷理，后者表征阳明学的正心诚意。虽然二者"致知"的指向相同，或为明人伦、通世故；或为致吾心之良知，但"致知"方式的不同则导致了最终实现结果的差异。因此，我们可以说，朱子学与阳明学的功夫分歧也就在于"格物"与"诚意"的不同进路。而顾宪成的纠偏看似是将本体落入功夫中而成就本体功夫，实则仍然面临着两种"致知"的鸿沟，其纠偏只是一种外在夹持、补充。

这一问题在同为东林道友的高攀龙那里，得到了进一步的解决。关于高攀龙的格物之学，黄宗羲曾概述：

> 先生（高攀龙）之学，一本程、朱，但程、朱之格物，以心主乎一身，理散在万物，存心穷理，相须并进。先生谓"才知反求诸身，是真能格物者也"。颇与杨中立所说"反身而诚，则天下之物无不在我"为相近。是与程、朱之旨异矣。②

可见，高攀龙虽然本于程朱之格物，但又并非以程朱之即物穷理的方式展开，反而由"反求诸身"达致格物。在此基础上，高攀龙指出"吾辈格物，格至善也；以善为宗，不以知为宗也"。③当格物以"反求诸身"为基本进路，以善为终极追求，也就不再是一种简单的外向求知活动，而是"以善为宗"的道德活动。由此来看，高攀龙的格物之学，一方面，以程朱的格物穷理纠偏王学因过分强调内在灵明而缺乏外向穷理的规范；另一方面，以阳明诚意之致知修正"以知为宗"从而转向了"以善为宗"。在朱子学与阳明学的双向矫正过程中最大限度地实现了对王学流弊的纠偏。

顾宪成、高攀龙作为东林学派的代表，针对阳明后学的"玄虚""猖狂"而以朱子学的实在功夫进行纠偏，这就表现出明代理学朱王互纠其偏的努力。对于当时的王学流弊而言，这无疑具

---

① 顾宪成：《东林会约》，载《顾端文公遗书》第五册，第10页。
② 黄宗羲：《忠宪高景逸先生攀龙》，载《明儒学案》，第1402页。
③ 高攀龙：《答王仪寰二守》，载《高子遗书》卷八，清文渊阁四库全书，第68页。

有扭转方向的作用。但方向的扭转并不意味着朱子学与阳明学内在矛盾的解决，从顾宪成以朱子后天功夫的纠偏，到高攀龙在朱王互救中的双向矫正，无不面临着这一矛盾的张力。而刘宗周则意识到仅仅在朱王的互救互补上难以真正解决王学流弊的问题，于是反向追溯，认为王学流弊的根源就在于良知本身，因此从心学内部对阳明学进行了省思与补正。

作为明代心学的殿军人物，刘宗周思想的心学定位是毫无疑问的，但其心学旨趣的形成并非来自于程朱理学与阳明心学的理论"门户之见"，而是缘于其人生际遇与学术性格。刘宗周在具体的人生遭际中实用自得之功，层层透显，无不归于心性之涵养。对于这一点，其子刘汋有所说明：

> 先生从主敬入门，敬无内外，无动静，故自静存以至动察皆有事而不敢忽，即其中觅主宰曰独，谓于此敬则无所不敬，于此肆则无所不肆，而省察于念虑皆其后耳。故中年专用慎独工夫，谨凛如一念未起之先，自无杂念，既无夹杂，自无虚假。慎则敬，敬则诚，工夫一步推一步，得手一层进一层。①

可见，刘宗周在心上用功，工夫层层推进，从存静之主敬到无杂念之慎独都是心学的工夫进路。而心学工夫进路的形成，既是其学问根系的确立，也是由此对阳明学作出了重大补充。从刘宗周对阳明学的批评来看，其论主要由朱、王《大学》之辩切入，对良知本身进行了反思："'良知'之说，本不足讳，即闻见遮迷之说，亦是因病发药。但其解《大学》处，不但失之牵强，而于知止一关全未勘入，只教人在念起念灭时，用个'为善去恶'力，终非究竟一。"②刘宗周批评阳明于《大学》"知止"一关未破，其意在于：阳明虽主"诚意"是大学之道，但所诚之意却为心之所发，在发用流行中仅表现为意念起灭。如此意念之起灭，无所主宰便容易在"为善去恶"中冒领良知，甚至"认贼作父"。这就会产生阳明后学"现成良知"之弊。刘宗周就阳明"认意为念"之失，提出"意根"之说以补其偏：

> 《大学》之教，只要人知本。天下国家之本在身，身之本在心，心之本在意。意者，至善之所止也，而工夫则从格致始……格致者，诚意之功，功夫结在主意中，方为真功夫，如离却意根一步，亦更无格致可言。③

"意根"之"意"，是就发心动念之用上言心之所存的先天形上本体，即体上言"心之所存"，并非用上言的"心之所发"。"心之所存"方能在发用流行中有"心之所主"的真功夫。在此意义上的"意"既是本根之所存所主，又是先天形上本体的发用落实，如此真正地"知善知恶"才能在道德实践中真真切切地"为善去恶"。值得注意的是，刘宗周虽然从"意之所存"的角度提振"意"作为本体主宰的作用，但这并不意味着其所谓的"意"就是一种抽象的本体存在，反而是一种"即形色以求天性"，即将形上追求完全落实于形下的具体实践之中。而此种工夫形态的层层推进，最终必然由"意体"指向"慎独"："古人慎独之学，固向意根上讨分晓，然其工夫必用到切实处，

① 刘汋：《蕺山刘子年谱》，载《刘宗周全集》第三册，杭州：浙江古籍出版社2007年版（下同），第83页。
② 刘宗周：《答韩参夫》，载《刘宗周全集》第三册，第359页。
③ 刘宗周：《学言》上，载《刘宗周全集》第二册，第372页。

见之躬行。"① 所谓"慎独"也就是既要落实为具体工夫上的心有所发，又要在意根上心有所存，因为只有在意根的存养中才能真正挺立、主宰心有所发的现实世界。在此意义上的"慎独"也就成为修正王学流弊之形上思辨与现成良知的立根之基，从而真正回归人的真实存在与工夫日用之中。这不仅是对阳明学流弊的修正，也是对阳明学重大的突破与推进。

刘宗周对阳明学的修正，主要就表现为深入心学内部，对"天植灵根"的良知更进一步的夯实，而这一指向就在于将良知从"光景""效验"中回归真切的现实人生，这也就意味着刘宗周是以主体做人的精神夯实良知底线。但到明朝灭亡后，黄宗羲继承师学，则又不得不面对由晚明政权的崩塌与新政权的建立所带来的王学困境。而在此意义上的反思，也就不仅仅停留在现实人生中做人精神的凝结，而是转向了主体德性对君权专制体制的突破与反击。

明王朝的覆灭将阳明学推向了风口浪尖，士大夫纷纷将矛头对准阳明及其后学，直指王学误国、亡国。批评声中以顾炎武的经世之学与颜元的实学最具代表性。② 而作为心学传人，黄宗羲对阳明学的态度则不得不受到两方面的影响：一方面是心学思想谱系中刘宗周的思想遗产，另一方面则是明代政权的溃败与满清新政权的建立。如果说承接刘宗周的思想遗产是坚实他内在精神生命的基础，那么政权的更迭则成为刺激他对阳明学作出反思的直接力量。在刘宗周回归现实人生、注重后天实践工夫的影响下，黄宗羲恪守德性的具体落实，试图以个体做人精神的凝结深化心学、纠偏王学流弊。但明王朝的崩塌已经不允许黄宗羲同刘宗周一样，只是以个体的做人精神来面对阳明学的时代困境。因为明王朝的覆灭对于心学传人的黄宗羲而言，不只是故国不在的悲叹，更是对其心学底色的精神生命的釜底抽薪。如果说，东林学派、刘宗周对王学流弊的批评还可以是一种基于现实流弊的学理纠偏，那么黄宗羲则不得不以自己心学的身家性命来反思明清之际的政权更迭、社会变革。这也迫使黄宗羲从主体的道德实践走向了对明代专制集权体制的根本性反思。在《明夷待访录》中，黄宗羲直言："天下之大害者，君而已矣。"③ 从明代现实政治的批评到对中国几千年来专制集权的反思，黄宗羲直指政治君主，认为三代以后的君王背离"三代之治"的德性政治，走向了权力的私有化：

> 后之为人君者不然，以为天下利害之权皆出于我，我以天下之利尽归于己，以天下之害尽归于人，亦无不可。使天下之人不敢自私，不敢自利，以我之大私为天下之大公。④

这些"振聋发聩"的反思并非只是一种学理式的逻辑批驳，而是有其深厚、真切的人生基础。黄宗羲身处"天崩地裂"的转型时代，历览千年君权的治乱兴衰，又遭遇父亲黄尊素为阉党所害、老师刘宗周为明绝食守节、自己举兵反清而落草四明山等一系列遭际。这些人生际遇让黄宗羲始终固守心学的道德实践之根基，并以此展开了对中国千年专制集权的反戈一击。所以在《明夷待

---

① 刘宗周：《正学杂解》，载《刘宗周全集》第二册，第 264 页。
② 陈立胜：《入圣之机：王阳明致良知工夫论研究》的"导言"部分，文中展开对明清之际阳明学境遇的评述。
③ 黄宗羲：《明夷待访录》，载《黄宗羲全集》第一册，杭州：浙江古籍出版社 1985 年版（下同），第 3 页。
④ 黄宗羲：《明夷待访录》，载《黄宗羲全集》第一册，第 2 页。

访录》中，黄宗羲对专制集权祸根的直接揭露，不再像董仲舒那样以"天人感应""灾异谴告"的方式试图为大一统君权的烈马套上笼头；也不再像程朱那样以"格物穷理""正心诚意"的方式寄希望于得君行道，而是走向了对制度本身的反思与批评，这无疑是发千年儒者之未发。黄宗羲与专制王权的决裂并非空穴来风，如果说在明代专制集权与政治生态日益严峻的情况下，王阳明绝望于"得君行道"，转而撇开君主与政治，杀出了一条"觉民行道"的血路。那么，阳明虽然失望于朝廷与君主，但并未真正意识到治乱兴衰的根源所在。直至黄宗羲，身处于政权的变革、立足于心学的主体德性精神，才发出了"天下之大害者，君而已矣"的彻底决裂之声。所以说，从王阳明对个体道德理性的落实而走向觉民行道，到黄宗羲以主体道德精神的具足而对专制集权进行反戈一击，这样一个走向无疑是对阳明学最大的纠偏与推进，也成为阳明学在明清之际最大的回响。

二、近现代阳明学的话语转型与范式确立

明清之际对阳明学的纠偏与补正延续至清初，当时天下士子尽皆诋毁阳明学，但仍有如孙夏峰、李二曲等人在力主驳正。随着满清政权对道学的强压，至乾、嘉而后，汉学风行，王学其势衰微。然而，清末救亡图存的诉求又一次为阳明学带来了转机。中日甲午海战直接刺激了国人的神经，阳明精神的唤醒在近代日本明治维新中发挥了重要作用，让国人迫切地感受到阳明学主体实践品格在救亡图存中是一剂良药。因此，率先吹响复兴阳明学号角的一定是清末的维新派。康有为直言："言心学者必能任事，阳明辈是也。大儒能用兵者，惟阳明一人而已。"[1] 强烈的事功实践品格成为阳明学在清末复兴的主要内容，而这一品格也同样受到保国保皇的保守派推崇："历代理学名人，如宋之胡瑗、明之王守仁、国朝之汤斌、曾国藩等，能本诸躬行实践发为事功，足为后生则效。"[2] 可见，不论维新派还是保守派，都看到了阳明学主体实践性格对救亡图存的意义，这与晚明王学"空疏""误国"之论大相径庭。而近代士大夫对阳明学的这一诉求，一直延续至民国初年政治、学术的纷争，不论是孙中山、宋教仁为代表的革命党人，还是章太炎、陈天华为代表的学人，都将阳明学视为打破枷锁的精神资源，让阳明学打上了"革命"的烙印。正如陈立胜先生所总结的："阳明学进入现代人的视野，首先是在清末民初的维新与革命的狂风骤雨之中形成的，阳明学作为一个象征、一个符号在现代中国重新被启动，深深打上了民族主义、爱国主义、党国主义、尚武主义与军国民主主义的色彩。"[3]

阳明学在清末民初的影响更多地体现在救亡图存的政治家、社会活动家以及关怀天下的士大夫身上。除此之外，还存在着作为学术思想深化的阳明学，而这一深化就集中表现为古今中西

① 康有为：《南海师承记》，载《康有为全集》第2集，上海：上海古籍出版社1990年版，第523页。
② 冯克诚主编：《清代后期教育思想与论著选读》（中），北京：人民武警出版社2011年版，第268页。
③ 陈立胜：《入圣之机：王阳明致良知工夫论研究》，上海：上海古籍出版社2019年版，第15页。

问题激荡下的"哲学化"。如果说阳明学的革命精神是一种"不肤挠，不目逃，思以一毫挫于人"的"血气担当"，那么，阳明学的哲学深化，则是一种"自反而缩，虽千万人，吾往矣"的"义理担当"。从"血气担当"走向"义理担当"，标志着现代语境下阳明学的第一次话语转型。

阳明学作为一种学术研究对象的登场，离不开近代百年儒学之变的背景。近代儒学的剧变一方面来于古今之变，即儒学在中国古代传统社会向现代社会的过渡转型中何去何从。而这一问题的激化则来自于另一个方面——中西之争，即在西学东渐中儒学的存在方式与诠释范式应该何去何从。而这古今与中西的问题也就成为生成阳明学现代语境的两系话语坐标，决定着阳明学的话语转型与范式确立。

因此，这一时期阳明学的学术著作，无不显示出古今之变与中西之争问题的双向纠结。而作为处于传统与现代社会变革中的一代学人，在古今中西问题的激荡下，不得不对古今之变的困境作出反思。这也就首先形成了以古今之变的历史视角看待阳明学以及儒学之变的进路，以钱穆先生为代表。作为中国古代历史的研究者，思想与文化是钱穆先生治史的主要方向。如果说，思想与文化的方向是他一生忧心文化传统的关怀所在，那么历史铺陈则是其舒展关怀的具体方法与进路。钱穆先生旗帜鲜明地主张以历史的眼光展开传统儒学的解读与儒学传统的诠释，他说："什么是中国文化？要解答这问题，不单要用哲学的眼光，而且更要用历史的眼光。"[1]"求深切体会中国民族精神与其文化传统，非治中国史学无以悟入。若如宗教、哲学、文学、科学其他诸端，皆无堪相伯仲，相比拟。"[2]可见，钱穆先生对历史眼光的肯定是相较于当时的哲学眼光而言，他认为传统文化的理解首先是一个古今之变的历史视角，而并非断裂历史传统的哲学性的诠释。因此主张对文化精神的把握应当回归历史，在历史中呈现、启动文化的生命力。这也就决定了他在阳明学的理解上一方面由否定哲学性的抽象诠释走向了历史传统的再现；另一方面由历史学术传统的呈现而主张以心学解心学。在《阳明学述要》的序言中讲道：

> 讲理学最忌讳的是搬弄几个性理上的字面，作训诂条理的工夫，却全不得其人精神之所在。……尤其是讲王学，上述的伎俩，更是使不得。[3]

可见，在把握阳明学的基本进路上，钱穆先生对西方的哲学眼光与清儒的训诂方式进行了"双遣"，将中西之争压缩为古今之变的历史问题，以历史之经验、具体的方式来呈现阳明学的生命力。如果我们从古今之变的历史视角来看，钱穆先生的方法有从清学复归宋学的倾向，这无疑是对清学衰微后学术走向问题的一种回应。

在近代古今中西问题的激荡中，钱穆先生试图以古今的历史视角解决中西之争的问题。但在西学的冲击之下，以牟宗三、唐君毅、徐复观为代表的现代新儒家意识到文化传统的接续，不能仅仅以回到历史场景的方式展开具体而微的历史研究。因为对中国文化精神的透显，是在超越具体的社会历史条件基础上，指向形上的价值理想，以此超越性的价值维度提振中国文化精神。

---

① 钱穆：《国史新论》，北京：三联书店 2001 年版，第 347 页。
② 钱穆：《现代学术中国论衡》，北京：三联书店 2001 年版，第 106—107 页。
③ 钱穆：《阳明学述要》，北京：九州出版社 2011 年版，第 1 页。

这是以历史之求真的方式很难获得的。因此，现代新儒家的层层超越、层层提振，其意在于如何在儒学现代转型的时代境遇中启动文化传统，在文化价值之损益中推陈出新、续接慧命。这也就形成了以中西之争的哲学视角解决古今问题的基本进路，在新儒家群体中以牟宗三先生的探索最具代表性。

牟宗三先生对"哲学视角"的择取并非出于西学的知识好感，而是在儒学的百年剧变中看到了传统文化中客观与超越面相的缺失。但其对西学的吸收又是建立在民族文化本位、尊重儒家成德传统的基础上完成的。因而选择以客观了解与生命涵养并重的视角与方法，对王阳明"致良知"一语的分析中，牟先生这样说：

> 良知本明，知是知非。良知是个起点。良知以外无有起点。此直指玉连环而为可解之窍也。良知既是个起点，故不待复而待致。致者至也、充也、推也、通也，复是致以后的事，或从致上说。非良知全隐而待复也。如全隐而待复，则能复之机何在耶？是则良知不可为起点矣。如复之机即在觉，则觉即良知矣。是复之机即良知之自己，则良知固不能全隐也。是以复在致字上说，乃属致以后者。①

不难看出，牟先生对"致良知"的把握是以分解的理论思辨方式展开的，由直立良知本体之自性转至逻辑之层层剥离，在剥离过程中不仅将思想之转进处与易滑转处点出，更是以抽象的方式深化良知的本体意义。在此意义上的诠释，无疑走向注重本体分析的理论演绎，由此上达极致就会得出这样的结论："致良知教中，一方面恢复感应之原几而透涵盖原则与存在原则；一方面坎陷感应之几而遂成客物之了别。此即由行为宇宙之参赞，一方透露宇宙之本体，一方统摄知识也。"②在本体分析的理论演绎中，将良知本体的达致纳入超越形上学何以可能的问题，以此彰显"致良知"的理论意义。但注重本体分析的理论演绎并不意味着一味地理论思辨化，而是强调在肯认生命涵养的基础上，不偏离阳明学的实功。以此成德生命之涵养而统摄、融纳客观之了解，才能真正意义上实现对阳明真精神的透显，并赋予其新的时代意义。牟先生在阳明学诠释上的哲学视角，让近代阳明学的发展完成了话语转型与范式确立的双重转向，既是从"历史视角"走向"哲学视角"的哲学话语转型；也是由哲学话语的建构实现了现代哲学诠释范式的确立。这对近代阳明学研究有转折性的意义。

牟宗三先生的"哲学视角"诠释，虽有很强的西学形上思辨意味，但其意在于恢复哲学古义的实践智慧，以开中国哲学自身发展之路。但牟先生在本体分析中的思辨化、抽象化、概念化也遭到人们的批评与反思，同为现代新儒家代表人物的徐复观先生就曾对此有所反思。如果从现代新儒家的成就来看，熊十力的《新唯识论》、牟宗三的《心体与性体》、唐君毅的《生命存在与心灵境界》，都勤于道德形上学的本体建构。而徐复观则离开本体形上学的建构，取径思想史而著成《中国人性论史：先秦篇》。徐复观先生对抽象的观念辨析导致脱离现实而深表忧虑，这种方

---

① 牟宗三：《王阳明致良知教》，载《牟宗三先生全集》第 8 册，台北：联经出版公司 2003 年版（下同），第 15—16 页。

② 牟宗三：《王阳明致良知教》，载《牟宗三先生全集》第 8 册，第 96 页。

式无疑让儒学从作为教化形态的存在走向了知识形态的存在，成为诉诸于概念的"空言"。徐复观先生对"哲学视角"的反思虽涉及中国哲学史方法论的问题，却并未以此进路解读阳明学。如果我们将视野放至海外阳明学研究，就会发现，日本学人冈田武彦先生正是以此进路对阳明学作出了回应，可以视为20世纪阳明学研究中对"哲学视角"的一种补正。

冈田武彦先生对阳明学的研究，从《王阳明与明末儒学》的学理判析，走向《王阳明大传：知行合一的心学智慧》的传记体认，无疑来自于其研究方法的自觉。冈田武彦先生在晚年穷极心力所著阳明学大作，并未发力于阳明学的理论建构与阐发，反而选择以传记体的方式再现阳明人生、思想之转进。传记体的展开正是建立在以体验的方式追阳明之所思所虑，还原阳明学之本真。冈田先生试图通过体认阳明之经历来展现阳明的精神世界，而在此基础上所理解的学理也就显得真切而鞭辟入里。他在《王阳明大传：知行合一的心学智慧》的序言中说：

> 我们这些研究东方哲学思想的人，如果不去了解先哲们的生涯，不去体体验他们的经验，那么我们就无法深刻理解东方哲学思想区别于西方哲学思想的特点，所做的学问也就无法变成"活学"。①

这里所谓的"活学"既涉及以什么样的进路理解阳明学，又关乎什么是阳明学真精神的问题。当试图以内在性的体认方式进入阳明学时，阳明学所呈现的也就不仅仅是一套学理或是知识，而是一种实有诸己的身心实践之学。这无疑是对阳明学真精神的启动。在此基础上，冈田先生始终将阳明学定位为"知行合一"的实践之学，他说："阳明学被认为是行动哲学，其实还与王阳明独创的'知行合一'说有关。'知行合一'说的中心是'行'，而不是'知'，这是一种实践主义的思想。"② 对阳明学实践品格的把握正是其体认进路对阳明"身心之学"的精准阐发。阳明在晚年与罗钦顺的激辩中指出其学问的立根所在："世之讲学者有二：有讲之以身心者；有讲之以口耳者。讲之以口耳，揣摩测度，求之影响者也；讲之以身心，行著习察，实有诸己者也，知此则知孔门之学矣。"③ 身心之学的身心、内外并在指向，让阳明学始终不离"行著习察，实有诸己"的道德实践向度。在此意义上的阳明学也就是一种主体的道德实践之学。因此，以内在性的体认方式启动阳明学的真精神，既是对阳明学学理的真切把握，也是将阳明精神转化为一种自我精神。

三、现代语境下的"真假良知"

不同的历史境遇使得人们认领良知的方式也不尽相同，而现代语境的生成是由古与今、中与西的问题相互交织在一起所构成的，在此维度下的"良知"却面临着一定程度的落实困境，即在传统与现代的转型过渡中，人们将"良知"加以对象化的聚焦和近己之身的诠释时，就会产生

---

① 冈田武彦：《王阳明大传：知行合一的心学智慧》，重庆：重庆出版社2015年版（下同），第2页。
② 冈田武彦：《王阳明大传：知行合一的心学智慧》，第5页。
③ 王守仁：《答罗钦顺少宰书》，载《王阳明全集》，上海：上海古籍出版社2011年版（下同），第75页。

不同形态的良知。对于学者而言，良知是一个概念命题或理论形态；对于一般人而言，良知既可以是一种酸腐过时的"道德规范"，也可以是一种"于我心有戚戚焉"的成功法门。而在"一千个读者，就有一千个哈姆雷特"的现代视角之下，今人之"良知"还是不是古人之"良知"？这一追问不是历史向度的差别，而是存在本身的变化。因为这既涉及良知自身的绝对价值，也关乎在现代性视野下如何认领良知本真的重要问题。

所以，看似无意义的追问，却蕴含着良知本来面目的遮蔽。今人的"良知"可以是老人跌倒后扶与不扶的"利害算计"；可以是赤裸裸抢劫后的"自然坦率"；可以是浮躁现实与恶劣环境之中的"精神安宁"。此类种种良知的"呈现"正如阳明所痛心疾呼：

> 后世良知之学不明，天下之人用其私智以相比轧，是以人各有心，而偏琐僻陋之见、狡伪阴邪之术，至于不可胜说。外假仁义之名，而内以行其自私自利之实，诡辞以阿俗，矫行以干誉；掩人之善而袭以为己长，讦人之私而窃以为己直；忿以相胜而犹谓之徇义，险以相倾而犹谓之疾恶；妒贤忌能而犹自以为公是非，恣情纵欲而犹自以为同好恶。①

而在现代语境下，这样一个追求"成功"的时代已然不同于古代的"成人"追求，加之价值的多元性与道德的模糊性，让"良知"成为"冒领"的对象，即人人可以言良知，人人却又不信其良知，所言所行只是"认欲作理""认贼作子"。"良知"在现代语境中变得真假难辨，这也就成为"良知"存在的困境所在。而"真假良知"在当代的表现大致有以下三种情形。

一种是良知的知识化。儒学自形成之初就有其自身的知识系统，"就传统儒学作为知识系统的功能而言，它不但包含一套完整的世界观，也包含安排社会秩序与政治秩序的制度性思考。"②而良知在现代知识论的解释中逐渐蜕化为一种知识性的存在，从切于身心的实有诸己渐渐成为学院化的理论与社会化的道德规范，表现出价值层面的断裂。早在熊十力先生与冯友兰先生争论良知是"假设还是呈现"的问题中，就已经表现出来。所谓"假设"即是在经验知识层面的理论推演与预设，良知在此层面只是一种直觉的知识，本身不具有呈现之可能。良知也因此成为一种无具体生命情实的外在伦理规范。更进一步而言，知识化使得良知成为人们心中一种陈旧、过时的道德条目，人们生活在良知人人本有而受遮蔽之中，认为良知非人之本有，仅为外在道德规范之论。而当人人讲道德、讲良知时，也就如孟子所言的"率天下之人而祸仁义者"。真正的"良知"之于人一定是真实无妄与真实拥有的。其"真实"并非认识论意义上的求客观事物之"真"，而是对其所是的真实拥有。不论是"乍见孺子入井"当下直感，还是"求仁得仁"的内在本己，都是落于生命情感与意志中而为人所内在实有。这也是为什么阳明在《拔本塞源论》的结尾坚定地说："所幸天理之在人心，终有所不可泯，而良知之明，万古一日。"③ 即一当良知成为知识性的存在后，就仅仅表示主体的一种知识性拥有，至于自己是否真实认同良知便是另一码事，其认同

---

① 王守仁：《答聂文蔚》，载《王阳明全集》，第90页。
② 李明辉：《儒学的知识化与现代学术》，《中国人民大学学报》2010年第6期。
③ 王守仁：《语录》二，载《王阳明全集》，第64页。

或是由利益决定的。

一种是良知的鸡汤化。"鸡汤化"的指谓无疑是良知之于现代人有"精神补品"的效用。现代人信奉"知识就是力量"，或者"知识服务于力量"，多以工具理性的方式看待知识与道德，从而对"良知"的认识走向了功利主义的现代追求，成为追求"成功"的一种力量与工具。因此，在急于"成功"的功利主义笼罩下，心学成为讲之于口耳的心灵修养之学，它是"欲成大事，必读王阳明"的秘籍宝典；是"浮躁现实里最好的心灵解药"；更是"恶劣环境中强大的精神武器"。心学俨然成为无所不通、无所不能的"成功学"与"心灵鸡汤"。但殊不知鸡汤化让良知成为"光中之景""海中之浪"，"景"虽美丽、"浪"虽可爱却离不开光之折射与海之翻腾，如若醉心于"光中之景"与"海中之浪"，心学功夫也就沦为一种"作秀"与"表演"。正如阳明在拈出"良知"时就说："某于此良知之说从百死千难中得来，不得已与人一口说尽，只恐学者得之容易，把作一种光景玩弄，不实落用功，负此知耳。"① 我们可以说，心学确有其事功之用，但与其说心学能打仗，破山中贼，不如说心学在不断地夯实人生底线，破心中贼。因为人生底线的夯实，正是做人主体精神的挺立。朱宸濠初反时，阳明与弟子曾对其相互熟悉的人有一番讨论，弟子问："彼从濠，望拜封，可以寻常计乎？"先生默然良久曰："天下尽反，我辈固当如此做。"② 真正的良知正是一种不动心的大丈夫人格。心学也确有"心灵解药"之功效，但与其说心学可以让你逃于浮躁现实而归于心态安宁，不如说心学让你知是知非、心有所主。"古之人所以能见善不啻若己出，见恶不啻若己入，视民之饥溺犹己之饥溺，而一夫不获若己推而纳诸沟中者，非故为是而以蕲天下之信己也，务致其良知求自慊而已矣。"③ 真正的良知是在视人犹己、公是公非中有其"当生则生，当死则死"的义理担当。

一种是良知的权威化。现代语境中，权利意志的突显为良知的权威化提供了可能。尼采从权利意志的角度揭示出人类道德谱系中的非道德，他认为权利意志在"主人道德"是内在生命的赞扬，"奴隶道德"则是对本己生命的扼杀。尼采对"主奴道德"的划分以及对"权力意志"的推崇虽然意在强调权利意志的生命动力，但却涉及了本真良知与权威良知问题。就此而言，主人在权利意志的突显下成为价值的决定者，凡对他有害的，其本身就是恶的；凡对其有利的，其本身就是善的，此时的良知就成为最高的价值权威。而权威对于个体生命的规范不在于伦理领域，在于是否服从权威。在这样一种道德规范中，良知也就丧失其本来面目的个体有效性，成为"为人类谋福利"而牺牲个人"小爱小利"的"高尚价值"。这样一种"权威良知"无疑是对"本真良知"的非道德性裹挟，而"本真良知"一定是建立在每一个个体生命的内在情志之中，即使是圣人之爱，也是对个体生命的感通与尊重："夫圣人之心，以天地万物为一体，其视天下之人，无外内远近，凡有血气，皆其昆弟赤子之亲，莫不欲安全而教养之，以遂其万物一体之念。"④ 正

① 钱德洪：《年谱》二，载《王阳明全集》，第1412页。
② 钱德洪：《年谱》二，载《王阳明全集》，第1393页。
③ 王守仁：《答聂文蔚》，载《王阳明全集》，第90页。
④ 王守仁：《语录》二，载《王阳明全集》，第61页。

是基于对个体生命的感通与尊重,真正的良知决不会与权威主义的世俗权利意志合作,反而是以主体做人精神冲破权威主义。正如阳明在与罗钦顺的激辩中所言:"夫学贵得之心。求之于心而非也,虽其言之出于孔子,不敢以为是也,而况其未及孔子者乎!求之于心而是也,虽其言之出于庸常,不敢以为非也,而况其出于孔子者乎!"① 毫无疑问,"不以孔子之是非为是非"是基于人生底线而挺立的主体道德精神,以此冲破权威主义的"假大空",这可以说是一种真正的致良知精神。

四、结语

从明清之际阳明学的三层纠偏到近现代阳明学的话语转型,使得"五百年来王阳明"的问题省思指向了一个更为核心的问题——"如何守护良知"?但如阳明所说:"良知之在人心,无间于圣愚,天下古今之所同也。"② 知是知非的"良知"就当下落实于每个愚夫愚妇心头,个个心中有仲尼,即良知人人本有而亘古不变。所以,良知绝不会因时代变迁与制度更迭而丧失其生命力,反而是在不同时代境遇中的激荡,显发出良知作为人之存在的道德底线与价值根源的意义。这既是良知万古一日的真精神,也是现代人认领阳明心学价值的不二门径。

作者简介:哲学博士,陕西师范大学哲学与政府管理学院教师,清华大学哲学博士后流动站研究人员,主要从事宋明理学研究。

---

① 王守仁:《答罗整庵少宰书》,《王阳明全集》,第88页。
② 王守仁:《答聂文蔚》,载《王阳明全集》,第90页。

张居正与阳明后学*

陈寒鸣

摘要：作为明朝万历年间的内阁首辅大臣，张居正与阳明心学之间有着十分复杂的关系。他曾经参与迫害何心隐，禁毁天下书院，打击讲学活动，却与王门后学保持一定的情感交流。毋庸讳言，张居正的学术思想深受阳明心学影响，与之并无根本矛盾，且其个性和行事作风具有阳明后学的狂狷色彩。惜乎向来的史家或者只谈张居正的改革，或者只着力强调前者，而对后者则多视而不见，这致使张居正与阳明心学的真实关系长期以来被湮没无闻。

关键词：明代；张居正；阳明心学；狂者的胸次；阳明后学

张居正（1525—1582），字叔大，号太岳，湖北江陵人。少年时即聪颖绝伦，嘉靖二十六年（1547）考中进士，旋改庶吉士，授翰林编修。隆庆元年（1567），穆宗即位，迁吏部左侍郎兼东阁大学士，参与政事。神宗即位后，代高拱为首辅，执掌实权达十年之久，为一代权相。张居正执政期间，推行了一系列政治和经济制度改革，对于振兴朝纲，缓解财政困难起到一定的积极作用。不过，由于他推行的改革措施触犯了许多贵族官僚的利益，故而引起了一些不满，加以他刚愎自用，秉权过重，更成为朝野"清议"之的。据《明史》本传，他死后遭谮毁而被削爵夺谥，籍没家产，其长子自缢身亡、次子和他的弟弟"俱发戍烟瘴之地"。与其他划时代的历史人物相比，张居正对明朝政治产生了深远影响——在他秉政之前，政局混乱；在他身后，政局继续混乱。只有隆庆六年至万历十年这段时间，即张居正事业辉煌的十年，明朝政局呈现清明的样态。不唯如此，就连张居正的政敌也出现分化，无法与之抗衡。然而，他的政治改革、霹雳手段和飞扬跋扈，最终激起皇帝与朝臣的愤怒。虽然有人将他比作伊尹、周公，认为他的改革事业利国利民，但是反对者分判利弊，指摘构陷，将他比作王莽、桓温，加以全面否定。历史总是在困惑中得到深究。

既然"张居正不仅是一位杰出的政治家，同时也是一位学识渊博的思想家"①，那么，风行于

---

* 本文为"第三届中国阳明心学课题成果"阶段成果，课题编号 2019ZW0202。

① 余敦康：《张居正"敦本务实"之学》，载陈鼓应、辛冠洁、葛荣晋主编：《明清实学思想史》上卷，济南：齐鲁书社 1989 年版，第 390 页。

当世的阳明心学对他思想有无影响？他本人的思想与阳明心学有何异同？他与阳明后学有着怎样的关系，以及这种关系对阳明学的发展走向又有着怎样的影响？这些问题不仅关涉到对张居正其人其学的评价，而且在研究明代中后叶思想史时也是很值得认真论究的。

一

大凡形成比较完整体系的思想理论，总是对应着现实社会所存在的问题而提出的。明代中后叶先后出现的王阳明"良知"之学和张居正"敦本务实"之学就是如此。

众所周知，王阳明所处的时代面临上下交困的困境。贪官酷吏，巧立名目，恣意妄为，残害民众；百姓黔黎，动辄得咎，生计窘迫，铤而走险。社会矛盾愈演愈烈。明朝的统治根基日渐松动。有识之士，忧心如焚，为当时的家国天下把脉，及时开出自己的药方。辨证施治，方有疗效。在王阳明看来，社会危机的根源在于"良知之学不明"，价值观混乱，物欲横流，家庭美德沦丧，政治道德晦暗不彰，以至于人人自危，在《答聂文蔚》一文中指出：

后世良知之学不明，天下之人用其私智以相比轧。是以人各有心，而偏琐僻陋之见、狡伪阴邪之术至于不可胜说。外假仁义之名，而内以行其自私自利之实；诡辞以阿俗，矫行以干誉；掩人之善而袭以为己长，讦人之私而窃以为己直；忿以相胜而犹谓之徇义，险以相倾而犹谓之疾恶；妒贤忌能而犹自以为公是非，恣情纵欲而犹以为同好恶；相陵相贼，自其一家骨肉之亲已不能无尔我胜负之意、彼此藩篱之形，而况于天下之大、民物之众，又何能一体而视之？无怪乎纷纷藉藉，而祸乱寻于无穷矣。仆诚赖天之灵，有见于良知之学，以为必由此而后天下可得而治。①

王阳明的批评，可谓鞭辟入里。许多人假仁假义，谋求私利。不唯如此，还有人凭借黠慧，曲学阿世，沽名钓誉，贬损他人的善举，借以衬托自己的优点；侵犯他人的隐私，进而彰显自己的正直。久而久之，是非观产生了混淆。发泄私愤，相互倾轧，如同捍卫正义；巧设机关，戕害对方，就像疾恶如仇。更有甚者，嫉贤妒能被装扮为明辨是非，放纵情欲被粉饰成和光同尘。人际关系被形形色色的欺凌扭曲。骨肉至亲，相互算计，唯恐利益受损。家庭美德遭到侵蚀，天下道义何处植根？在这种风俗的熏陶渐染下，百姓很能认同"一体之仁"，纷纷攘攘，争斗残害，也就在所难免。

自古以来，忠臣孝子满怀忧患意识，对"纪纲凌夷"的惨淡现状深感痛心。王阳明更是如此。在他看来，当时的学者误以为仁义不可学、性命无裨益，是价值观混淆的真实写照。辨证施治，对症下药，先得找准病根。观念形态领域的冲突不容回避。"良知之学不明"是痼症恶化的原因。只有讲求"良知之学"，反求诸己，推己及人，才能实现"天下可得而治"的社会理想。这样，

① 吴光等编校：《王阳明全集》，上海：上海古籍出版社1992年版，第80页。

一切社会矛盾都被消融为伦理问题，似乎现实社会危机的解决并不在于更新伦理观念，也不在于依据社会政治的变化而对政治制度进行必要的调整，而仅仅只在于使人们的道德实践更好地与纲常规范一致，从而更有效地维系现实政治体制，化解客观存在的社会危机。这在逻辑上虽有因果倒置之弊，但确使王阳明的"致良知"说不同于程朱理学的纯经院之谈，而具有十分显明的政治实践意义。

基于这样的认识，王阳明力纠程朱理学"析心与理为二"之弊，重新诠释"格物"之义，主张将"格物"的"格"字理解为"正"，再者"心外无物"，"格物"就是让不正之物归于正，因而必须在身上痛下工夫。或者说，"格物"是"格心中之物"，正物就是正心，进而实现"致良知"，用王阳明自己的话来讲，就是"致吾心良知之天理于事事物物，皆得其理矣。致吾心之良知者，致知也；事事物物皆得其理者，格物也。是合心与理而为一者也。"① 与其他主张"静坐"的学者不同，王阳明认为，无论宁静与否，踏踏实实地"去人欲、存天理"就是工夫；反之，胶着于宁静，一切都挂靠于它，久而久之，就会产生喜静厌动的弊端，甚至滋生人欲。因而可以说，做功夫，动静一如，才是儒家的圣人之学。王阳明真正重视的是要实实在在依照良知去做，将纲常伦理由外在的"天理"转化成内在的"良知"，在此基础上来强调道德实践，甚至进而把认识上的是非也纳入道德实践范围，与主观上的好恶贯通起来，这就使"良知"成为人们遵从的道德律令。只要人们真正依照"良知"生活，就能在思想上、行为上与封建统治者的要求保持高度统一。

作为一名政治人物，王阳明曾经镇压民众的"叛上作乱"，致力于"破山中贼"，但他认为武力镇压并不足以从根本上杜绝民众的反叛，"民虽格面，未知格心"，比"山中贼"更为厉害的是"心中贼"，而他的"致良知"学说恰恰具有破"心中贼"的功效。即便愚夫愚妇，目不识丁，只要有致良知的诀窍，便可祛除邪思枉念，塑造高尚人格。可见，"致良知"有点石成金、闲邪存诚的功效。如果民众能够切实践履，"去人欲、存天理"，相互促进，通过唤发人们的"良知"并使人们各致其"良知"，从而使每个人都无丝毫私欲牵挂，而只存留天理于心中，就能够真正破"心中贼"，化解现实社会的危机。

然而，现实的社会既未因王阳明力破"山中贼"而有所消解，也没有因阳明提出"致良知"说以破"心中贼"而得以解决；相反地，社会危机不仅依然存在，而且更加深重了。就当时的政治生态而言，明世宗苛刻少恩，肆意诛戮，屡兴大狱，制裁异己，严重破坏了国家的政治稳定和统治阶级的向心力，加剧了统治阶级内部矛盾，君臣上下钩心斗角，朝廷内外纷争不已。操纵国家机器的高级官员贪污腐化，贿赂谄媚，无所不用其极；老百姓身边的小吏刮地皮，横征暴敛，巴结权贵。上下交征利，政治生活成为姑息养奸的温床。其结果必然是官员富、百姓穷、江山社稷摇摇欲坠。

生长于社会底层而深知时艰的张居正，是怀抱着解决现实社会危机的志向开始其政治生活的。嘉靖二十六年，他方中进士、入翰林院，即撰《翰林院读书说》，明确表白了自己的为学宗

---

① 吴光等编校：《王阳明全集》，上海：上海古籍出版社1992年版，第45页。

旨和政治抱负。他说："善学不究乎性命，不可以言学；道不兼乎经济，不可以利用。故通天地人而后可以谓之儒也。造化之运，人物之纪，皆赖吾人为之辅相；纲纪风俗，整齐人道，皆赖吾人为之经纶；内而中国，外而九夷八蛮，皆赖吾人为之继述。故操觚染翰，从骚客之所用心也；呻章吟句，童子之所业习也。二三子不思敦本务实，以眇眇之身任天下之重，预养其所有为，而欲蒲一技以自显庸于世，嘻，甚矣其陋也！"（《张太岳集》卷十五）嘉靖二十八年，他给世宗皇帝上《论时政疏》，初次陈述自己的政见，指出当时政治生活中存在的"宗室骄恣""庶官瘝旷""吏治因循""边治因循""边备未修""财用大匮"五种积弊的根源在于"血气壅阏"，并非无法救治；而所谓"血气壅阏"指的是世宗长期移居西苑，不理朝政，朝夕与宦官宫妾为伍，致使上下不通、君臣道隔，政治处于瘫痪状态。所以，他认为世宗帝如再不励精图治，"广开献纳之明，亲近辅弼之佐"，使"君臣之际晓然无所关格"，国家政治则将病入膏肓，虽有良医扁鹊也无可挽救。（详见《张太岳集》卷十五）隆庆二年（1568），已晋升为内阁大臣的张居正，给穆宗皇帝上《陈六事疏》，系统提出了自己的改革纲领，开篇即谓：

> 臣闻帝王之治天下，有大本，有急务。正心修身建极以为臣民之表率者，图治之大本也；审几度势，更化宜民者，救时之急务也。大本虽立，而不能更化之善治，譬之琴瑟之不调，不解而更张之，不可鼓也。恭惟我皇上践阼以来，正身修德，讲学勤政，惓惓以敬天法祖为心，以节财爱民为务，图治之大本既已立矣，但近来风俗人情，积习生弊，有颓靡不振之渐，有亟重难迫之几，若不稍加改易，恐无以新天下之耳目，一天下之心志。（《张太岳集》卷十五）

他以"省议论""振纲纪""重诏令""核名实""固邦本""饬武备"为六大急务，认为解决了这六大急务就能刷新政治，"新天下之耳目，一天下之心志。"（详见《张太岳集》卷三十六）如果说他嘉靖年间所上《论时政疏》着重于列举时弊，从"内圣"方面要求世宗帝励精图治，那么，隆庆年间所上《陈六事疏》则在肯定穆宗帝求治之心的前提下重点要求其解决六大急务以刷新政治，做到"外王"。张居正的这种思想无疑是以儒家"内圣外王"的经世之学为理论基础的。然而，身踞决策高位的世宗和穆宗都怠于政事，只顾追求个人的腐化享乐，而锐意改革的张居正所提出的救世良方被他们束之高阁。这使居正深切地感受到各种政治积弊及由之而引发的社会危机，其病根乃在于封建专制权力机构功能的严重失调。因此，尽管他也很看重"性命之学"，但并不认为依靠"性命之学"（如王阳明提倡"致良知"之类）就能够扫除时弊，拯救现实危机，故而把调整权力机构功能，自上而下并有针对性地推展经济、政治改革作为化解社会危机，进而达到富国强兵的途径。

隆庆六年（1572），穆宗猝然中风，召高拱、张居正、高仪三位阁臣于御榻前受顾命。时，高拱为内阁首辅，本应承担辅助神宗帝重任，但因他没有处理好与内监冯保的关系，触怒了皇后和神宗生母皇贵妃，受到革职回籍的处分，于是张居正出任内阁首辅，掌握了政权。从隆庆六年到万历十年的整整十年间，张居正一直被神宗帝以师礼相待，尊称为"元辅张先生"，实际取得了封建专制体制最高决策人的地位。他充分利用这种特殊条件，按照既定的设想，稳健而扎实地推行全面改革。他制定"考成法"以解决中央集权问题，设立"职官书屏"以解决人事问题，从而有效地遏制了吏治腐败，很快使政治面貌焕然一新，顺利建成一个操纵自如、运转灵活的权力机构。他又从整顿田赋着手，在全国范围内清丈田地，并以此为基础推行"一条鞭"法，进行赋役制度的全面改革，从而使国家财政状况有所好转，人民的经济生活也安定了。史称"万历年间，最称富庶"，说明他富国的目标成功实现了。此外，他以政治家的战略眼光找到当时外患频仍的症结，采取一系列得力措施，解决了无兵无财无将的难题，基本成功实现了他强兵的目标。

综观张居正的各项改革，其中有一个十分重要的指导思想，就是要加强中央集权，重振纪纲。张居正认为，当世危机表现最为严重的是君主势衰，政事弛靡，政局失控，"国威未振，人有侮心""人乐于因循，事趋势于苦窳"。（《张太岳集》卷三十八）他在隆庆年间即上书直言"近日以来，朝廷宗旨，多废格不行，抄到各部，概从停阁。或已题奉钦，依一切视为故纸，禁之不止、令之不从，至于应勘应报，奉旨行下者，各地方官尤属迟慢，有查勘一事而数十年不完者，文卷委积，多致沉湮，干证之人，半在鬼录，年月既远，事多失真，遂使漏网终逃"。（《张太岳集》卷三十六）万历元年（1573）在《请稽查章奏随事考成以修实政疏》中又指出："臣等窃见近年以来，章奏繁多，各衙门题复，殆无虚日，然敷奏虽勤，而实效盖鲜。……顾上之督之者虽谆谆，而下之听之者恒藐藐。鄙谚曰'菇口顽而妇耳顽'，今之从政者殆类于此。欲望底绩有成，岂不难哉！"（《张太岳集》卷三十八）针对这种君主政治赖以运行的庞大官僚机器几乎瘫痪的状况，张居正提出必须"振纲纪"。他说：

> 人主以一身而居乎兆民之上，临制四海之广，所以能使天下皆服从其教令，整齐
> 而不乱者，纪纲而已。（《张太岳集》三十六）

他所说的"纪纲"指的是君臣统治集团的权力法纪，"振纪纲"就是要强化君臣统属关系，加强君主对整个官僚体系的控制。这主要有三层内容：一是君主要亲自总揽法纪刑赏之权。他说："张法纪以肃群工，揽权纲而贞百度，刑赏予夺，一归之公道。"（《张太岳集》卷三十六）法纪刑赏之权如同"太阿之柄"，君主"不可一日而倒持也"，否则就会失去权威，失去对群臣有效控制。二是强化君主诏令的绝对权威。他说："君者，主令者也；臣者，行君之令，而致之民者也。"（《张太岳集》卷三十六）诏令是君主政治权威的实际运用和具体体现。在君主专制社会背景下，全部政治的运行主要由君主颁行诏令自上而下推动，"天子之号令，譬之风霆"，若"风不能动，而霆不能击"，君主的诏令不能得到有效、彻底的执行，则君主权威何在？君主又怎能控制群臣百官？三是君主要严明法制。他认为，君主"无威"，臣下就会"无法"，而严明法制则是强化君威的制度保障。他详细辨析了徇情与顺情、振作与操切之异同，坚决反对徇情和操切，说："徇情之与顺情，名虽同而实则异；振作之与操切，事若近而用则殊。"认为"顺情"指"整齐严肃，悬法以示民，而使之不敢犯"，"操切"则是"严刑峻法，虚使其民而已"。（《张太岳集》卷三十六）显而易见，"徇情"和"操切"是对纪纲的极大破坏，而正确的做法为"情可顺而不可徇，法宜严而不宜猛"，严明法制的关键是执法公平无私，不偏不倚，做到"法所当加，虽贵近不宥；事有所枉，虽疏贱心申"，（《张太岳集》卷三十六）如此方能提高法制权威，进而使君威振作起来。

如果说张居正试图通过一系列自上而下的改革化解现实社会危机，重振君主专制统治的纲纪，那么，对于王阳明来说，无论是其学说层面上推扬"心即理""致良知""知行合一"之说，还是实际政治操作层面上颁"乡约"、力行"十家牌法"等，都无非是要将他拯救现实社会危机，维护君主专制政治秩序的道德原则融贯到社会实践行为之中。就这方面而言，张居正和王阳明是完全相通的。

二

张居正不仅在应对社会实际问题上与王阳明有着完全一致的积极用世的态度（尽管其所采取的应对之策与阳明不尽相同），并与阳明一样，以维护纲常伦理为最终目的，而且，他更从纯学术的角度对"学本诸心"有高度评价，在《宜都县重修儒学记》中讲道："自孔子没，微言中绝，学者溺于见闻，支离糟粕，人持异见，各信其说，天下于是修身正心、真切笃实之学废，而训诂词章之习兴。有宋诸儒力诋其弊，然议论乃日益滋甚，虽号大儒宿学，至于白首犹不殚其业，而独行之士往往反为世所姗笑。呜呼！学不本诸心而假诸外以自益，只见其愈劳愈弊也矣。故宫室之弊必改而新之，而后可观也；学术之弊必改而新这，而后可久也。"（《张太岳集》卷九）可见他是在纵观学术发展大势，对汉唐诸儒以至程朱陆王之学做了认真比较以后，才选择、认同阳明心学的。

阳明心学对张居正影响最大者，乃是其所提倡的"狂者胸次"。按：关于"狂狷"精神，孔子曾经说过："不得中行而与之，必也狂狷乎！狂者进取，狷者有所不为也。"（《论语·子路》）孟子对此有进一步讨论，据《孟子·尽心下》记载："万章问曰：'孔子在陈曰：盍归乎来！吾党之士狂简进取，不忘其初。孔子在陈，向思鲁之狂士！'孟子曰：'孔子不得中道而与之，必也狂狷乎？狂者进取，狷者有所不为也。孔子岂不中道哉？不可必得，故思其次也。''敢问何如斯可谓之狂矣？'曰：'如琴张、曾皙、牧皮者，孔子之所谓狂矣。''何以谓之狂也？'曰：'其志嘐嘐然，曰古之人、古之人，夷考其行而不掩焉者也。'"汉唐诸儒似未留意于此一问题，而宋儒中二程对"狂"的论述最有影响，其言有曰："曾皙言志，而夫子与之，盖与圣人之志同，便是尧舜气象也，特行有不掩焉耳，此所谓狂也。"（朱熹《孟子集注》卷十四）至于王阳明，"良知"的信念与实践使其在百死千难的危机中从容应对，并终于化解危机，经受住了人生严峻的考验，这自然更坚定了他对"良知"学说的自信。他在与门人回顾江西平藩后那一段险恶的经历时曾说："我在南都已前，尚有些子乡愿的意思在，我今信得良知真是真非，信手行去，更不著些覆藏，我今才做得个狂者的胸次，使天下之人都说我行不掩言也。"[①] 王阳明自谓"在南都以前"（即 64 岁以前）还有些"乡愿"的意思，而此后则具备了"狂者的胸次"。这"狂者的胸次"，如其所说，就是"信得良知真是真非，信手行去，更不著些覆藏"。后来在回答弟子提出的"乡愿狂者之辨"时，王

---

① 吴光等编校：《王阳明全集》，上海：上海古籍出版社 1992 年版，第 116 页。

阳明对这“狂”的境界进行详细说明，指出：

乡愿以忠信廉洁见取于君子，以同流合污无忤于小人，故非之无举，刺之无刺。然究其心力，乃知忠信廉洁所以媚君子也，同流合污所以媚小人也，其心坏矣，故不可以与入尧舜之道。狂者志存古人，一切纷嚣俗染不足以累其心，真有凤凰千仞之意，一克念即圣人矣。惟不克念，故洞略事情，而行常不掩；惟行不掩，故心尚未坏而庶可与哉。①

尽管他并不认为“狂者”就是“圣人”，“狂者的胸次”亦非最高理想人格境界，但他指出“狂者志存古人，一切纷嚣俗染不足以累其心，真有凤凰千仞之意”，这远远超胜常人，距“圣人”境界已不远，故而“一克念即圣矣”。阳明门下弟子多认得“狂者胸次”这个意思，故而呈露出浴沂舞雩的气象，这在理学家中是很罕见的。受阳明心学影响，当时社会文化生活中出现了讲求自尊自信自立之狂者境界的思潮。

生活于此思潮中的张居正，颇具“狂者的胸次”，他在嘉靖后期短暂家居时有《述怀》诗云：“永愿谢尘累，闲居养营魂。百年有贵适，贵贱宁足论。”（《张太岳集》卷一）不唯如此，更与朋友切磋砥砺，作《曹纪山督学题老子出关图见寄谢之》，诗云：“作赋耻学相如工，干时实有杨云拙。一朝肮脏不得意，翩翩归卧泛江月。”（《张太岳集》卷二）从中可以看出其有见于官场黑暗、政治混乱而生发出的归隐求适的情调。但他又不像一般士大夫那样消极地追求归隐以获一己之自适，而是对归隐有着自己独特的理解，他曾作《七子吟》，借评析魏晋竹林七贤的人格心态申述己见：

夫幽兰之生空谷，非历遐绝累者莫得而采之，而幽兰不以无采而减其臭；和璞之蕴玄岩，非独鉴冥搜者谁得而宝之，而和璞不以无识而掩其光。盖贤者之所为，众人固不测也，况识有修短、迹有明晦，何可尽喻哉？今之论七贤者，徒观其沉酣恣放、哺啜糟漓，便谓有累名教，贻祸晋室。此年谓以小人之腹度君子之心，独持绳墨之末议不知良工之独苦者也。……余观七子皆履冲素之怀，体醇和之质，假令才际清明，遇适其位，上可以亮工弘化，赞兴王之业；下可以流藻垂芬，树不朽之声，岂欲沉沦泽秽无所短长者哉？……自以道高才隽，深虑不免，政放言以晦贞，沉湎以毁质，或吏隐于廓庙，或泊浮于财利，纵诞任率，使世不得而羁焉。然其泥蟠渊默，内明外秽，澄之不清，深不可识，岂与世俗之蒙蒙者比乎？蝉蜕于粪溷之中，嬥然涅而不缁者也。（《张太岳集》卷一）

他认为，貌似放荡不羁的“竹林七贤”，并非自甘堕落，而是在险恶的政治环境中担心自己因“道高才隽”而难免于害，这才晦贞毁质，纵诞任率，究其实尽皆“内明外秽”、出淤泥而不染的耿介之士。由此当可知道张居正何以会在嘉靖后期产生出归隐求适的念头。至于上引文中以“幽兰”“和璞”自喻其孤高自珍的心态，则既体现了心学高视自我的“狂者胸次”，又透露出居正本人待时而动的人生自信。因此，嘉靖末年的张居正绝不是一位心灰意冷的隐士，而是尚未遇时的潜龙、匣中待试的宝剑，据《太师张文忠公行实》记载：“太师体故孱弱，又倦游，三十三

① 陈荣捷辑：《王阳明传习录详注集评》，台北：学生书局1983年版，第391页。

年甲寅遂上疏请告，艰苦得请归，则卜筑小湖山中，家僮锸土编第，筑一室三五椽，种竹半亩、养一癯鹤，终日闭关不启，人无所得望见，唯令童子数人事洒扫煮茶洗药。有时读书，或栖神胎息，内视反观，久之，即神气日益壮，遂下帷益博极载籍，贯穿百氏，究心当世之务。"（《张太岳集》卷四十七）从其当时生活内容看，与其说是厌倦仕途，倒不如说是为今后的进取积蓄能量，并期待着大用于世时机的到来。在《答西夏直指耿楚侗》这封书信中，他向耿定向分析时局，认为值此"贪风不止，民怨日深"之时，"非得磊落奇伟之士，大破常格，扫除廓清，不足以弥天下之患。顾世虽有此，人未必知，即知之未必用，此可为慨叹也。中怀郁郁，无所发舒，聊为知己一叹，不足为他人道也。"（《张太岳集》卷三十五）

尽管在万历朝的最初十年间，张居正出任首辅，实际掌握朝政，但他位高权重本就招来许多忌恨，而他所试图矫正嘉靖中期以来形成的因循疲软之风的考成法，事事立限、处处较真，使官员们深感不便，有的还产生严重的危机心理，至于清丈田地、推选"一条鞭"法更触犯了一般士绅的既得利益。这样，朝野上下就潜伏着一股伺机涌动的抵制新政的潮流。如万历四年（1576年）御史刘台即以门生身份上疏弹劾座主张居正，指责他"偃然以相自处，自高拱被逐，擅威福者三四年矣"。（《神宗实录》卷四六）万历五年（1577年），张居正遭父丧，神宗帝下诏"夺情"而不准其丁忧守制，这更成为官员们向张居正发起攻势的机会。客观上，皇帝、皇太后的支持，司太监冯保的密切配合，使张居正抵制住了反抗潮流，大刀阔斧地推行新政，并取得了相当成效。主观上，面对前所未有的阻力，张居正对于他所推行的表政坚执着义无反顾的信念。这种信念，首先来源于他对自己所具有的大公至诚的自信。他在《答奉常陆五台论治体用刚》一文中指出：

仆一念为国家为士大夫之心，自省肫诚专一，其作用处或有不合于流俗者，要之，欲成吾为国家士大夫之心耳。仆尝有言：使吾为刽子手，吾亦不离法场而证菩提。又一偈云：高岗虎方恐，深林蟒正嗔。世无迷路客，终是不伤人。（《张太岳集》卷二十八）

既然自己坚信于心无愧，所作所为一出于公心，也就不在乎别人物议了。其次，这种信念来源于他不顾身家性命的献身精神和甘于做祭坛牺牲的烈士心态。他在《答吴尧山言弘愿济世》一文中指出："二十年前曾有一弘愿，愿以其身为蓐荐，使人寝处其上，溲溺之、垢秽之，吾无间焉。……有欲害虫取吾耳鼻，我亦欢善施与，况诋毁而已乎？"（《张太岳集》卷二十五）

纵观历史，大凡有魄力有担当的改革家，无不将生死置之度外，舍弃身家性命，成就国家大事，以期实现预先设定的目标。张居正亦复如是。他在《答南学院李公言得失毁誉》一文中指出："不谷弃家忘躯，以徇国家之事，而议者犹或非之，然不谷持之欲力，略不少回，故得少有建立。得失毁誉关头若打不破，天下事无一可为者。"（《张太岳集》卷三十二）这种信念又与其忧国忧民的情怀及超然的胸襟密切相关。一方面，张居正一直以一身而系天下安危自任，而这种忧国忧民的情怀是他敢于去克服重重阻力、推行新政的强大精神支柱；另一方面，他慨然担负圣贤之学，不求世人认同，未曾后悔半分，以《周易》所讲的"无闷"作为精神慰藉，在《答湖广巡抚朱谨吾辞建亭》一文指出："吾平生学在师心，不蕲人知，不但一时之毁誉不关于虑，即万世之是非亦所弗计也。"（《张太岳集》卷三十二）这样的肺腑之言，可谓披肝沥胆，吐露心声。很明显，他深受王阳明所说的"我今才做得个狂者的胸次"影响，强调"师心"而非从众，不乞求他人理解自己，不计较一时的荣辱得失，甚至不怕后世给予的历史评价。在《答藩伯周友山论学》一文中指出："不生于学未有闻，惟是信心任真，求本元一念，则诚自信而不疑者。"（《张太岳集》卷三十一）他引以为傲的"信心任真"，非常值得玩味。信的意思是真。心是光明的，真是无染的。一切善恶、美丑、功过、是非，都应求之于心。毁誉荣辱，不能动心；顺逆动静，不能改志。这与他研读王艮的著述，不无关系。根据学者的研究成果，我们可以清楚地看到，"在他中进士之后的多年翰林生活中，曾研读过王艮著作，探求过泰州学派在朝廷政治上实用的可能性。心学致良知（天理）的便捷，冲破程朱理学的烦琐、教条的牢笼，强调了主观能动性，崇尚实用与事功，给张居正留下不可磨灭的印象。"[1] 王艮"乐学学乐"，直追往圣前贤，崇尚实用，尤其是良知存在的现成性，在很大程度上浸润了张居正的学术思想。吴震先生对"良知天性，往古来今，人人具足，人伦日用之间举措之耳"有着深刻的认识，指出：

> 在心斋看来，良知存在的"现成性"不仅表明良知先天地存在于人心之中，构成人的本质，而且良知还具有"当下性"的特征，它无时无刻不在日常生活中自然流行、展现自身，这也是良知在人的行为中自能做出是非善恶之判断的本根原因。所以重要的是，既要树立起这样一种信念，即良知存在于吾心是"分分明明、亭亭当当"的，同时又要做到在人伦日用中顺其良知自然，"不用安排""不须防检"。[2]

张居正逐渐养成"不见知于世而无闷"的超然胸襟，无疑是他笑对不时扑面而来的反张潮流的内在精神支柱。

综上所述，张居正虽然不是王学传人，但确实具备了阳明心学修养。正是这修养，使他形成超越制度、超越世俗毁誉的独行的人格，并获得了内在与外在的两重自由。而若无这修养，他在炙手可热的权力面前终将会成为严嵩或魏忠贤式的人。从此一角度讲，张居正的出现应该是阳明心学的一大积极成果。此外，张居正与阳明后学的交往值得深入研究。

三

就目前所掌握的资料来看，张居正与王阳明本人似乎并没有什么直接接触，但在他交往的朋友中有很多心学人物，其中如聂豹、胡直、罗洪先、罗汝芳、赵贞吉、耿定向、周友山等还是知名的心学学者。这就使张居正与阳明后学的关系很值得予以分析。

阳明殁后，门下弟子裂变，出现了诸多心学流派。张居正在与各种心学广泛接触中，对聂豹、罗洪先一派最感兴趣。

---

① 李宝臣：《如入火聚，得清凉门——论张居正敦本务实的吏治思想》，《北京社会科学》1992 年第 4 期。
② 吴震：《泰州学派研究》，北京：中国人民大学出版社 2009 年版，第 80 页。

聂豹（1487—1563），字文蔚，江西永丰人，后因徙家双溪（今浙江余杭县境内），故自号双江。其学"初好王守仁良知之说，与辩难，心益服"，（《明史》本传）认为"良知之学""是王门相传指诀"；（《明儒学案》卷十八《江右王门学案·困辨录》）后巡按应天，继续与阳明讲论良知之学，"锐然以圣人为必可至者"，（《华阳馆文集》卷十一）并重刻《传习录》《大学古本》等阳明著作，服膺阳明"致良知"说之志益坚；乃至阳明既殁，又"以弟子自处"（《明史》本传）故后世学者谓之"出于姚江"，（《四库全书总目提要》卷九六《困辨录提要》）不无道理。聂豹之学的特点在于提倡"良知本寂"说，而此说颇遭"同门"学者非难，《明儒学案》卷十七《江右王门学案·聂豹传》对之记载甚详。

罗洪先（1504—1564），字达夫，号念庵，江西吉水人。他虽曾服膺"守宋人之途辙"（《明儒学案》卷四十五《诸儒学案·罗伦传》）的罗伦之为人，又曾师事以"朱子之学"为"圣人之学"（同上书卷五十三《诸儒学案·谷平日录》）的李中，但他年十五，闻阳明于赣州开府讲学，心即向往；比《传习录》出，手抄玩读，竟至废寝忘食，欲往受业，父不可而止。年二十五，师事同郡江右王门学者黄宏纲、何廷仁，自是日究阳明"致知"旨。其后，访晤王畿、王艮、唐顺之、赵时春、邹守益、欧阳德诸王门学者，心学修养日深。年三十九，始闻聂豹的"良知本寂"说发展为"良知本静"说，谓："此心中虚无物，旁通无穷，无内外可指、动静可分，上下四方，古往今来，浑然一片，而吾身乃其发窍，非形质所能限也。"（《耿天台先生文集》卷十四《念庵罗先生传》）王门诸子多承认他学宗阳明，且以之为师。（《明儒学案》卷十八《江右王门学案·罗洪先传》）

张居正认同聂豹、罗洪先归寂求虚的心学理路，在《启聂双江司马》一文中说道："窃谓学欲信心冥解，叵但从人歌哭，直释氏所谓阅尽他宝，终非已非分耳。昨者伏承高明指未发之中，退而思之，此心有跃如者。往时薛君采先生亦有此段议论，先生复推明之，乃知人心有妙万物者，为天下之大本，无事安排晨，此先天无极之旨也。夫虚者道之所居也，涵养于不睹不闻，所以致此虚也。虚则寂，感而遂通，故明镜不屡照，其体寂也。虚谷不疲于传响，其中窍也。今不于其居无事者求之，而欲事事物物求其当然之则，愈劳愈疲也矣。"（《张太岳集》卷三十五）这里，他除了强调心学的自信自悟外，更对归寂以致虚、致虚以通感的心学思路有着深切体悟。

不过，张居正接受心学思想影响，并非为了追求个体愉悦，而是为解决人生进取中的自我心理障碍，从而更好地实现其经邦济国的现实目的。他在《答福建巡抚耿楚侗谈王霸之辨》中说：

孔子论政，开口便说足食足兵；舜命十二牧曰食哉食哉；周公《立政》，其克诘尔戎兵；何尝不欲国之富且强哉！后世学术不明，高谈无实，剽窃仁义谓之王道，才涉富强便云霸术之辨、义利之间，在心不在迹，奚必仁义之为王、富强之为霸也。（《张太岳集》卷卷三十一）

这样一种基本思想精神，使他一方面把那些以经世致用为目标的心学家引为"同志"，时常与他们相互切磋砥砺，另方面对那些脱离实际、空谈心性的心学末流深恶痛绝，斥之为"腐儒""俗儒"。在致周友山的尺牍中，他反复申述了这种爱憎分明的态度，如说："今人妄谓：孤不善讲学者，实为大诬。孤今所以上佐明主者，何有一语一事背于尧、舜、周、孔之道？但孤所为，皆欲身体力行，以是虚谈者无容耳！"（《张太岳集》卷三十）"吾所恶者，恶紫之夺朱也、莠之乱苗也、郑声之乱雅也、作伪之乱也。夫学乃吾人本分内事，不可须臾离者。言喜道学者，妄也；言不喜道学之为学，不若离是非、绝取舍，而直认本真之为学也。……凡今之人，不如正之实好学者矣。"（《张太岳集》卷三十一）所谓"真认本真"，亦即阳明之"信得良知真是真非，信手行去，更不著些覆藏"，就是要真切体认自家虚灵静寂的心体（"良知"），以之为天下大本，并据之行事。这使他与聂豹、罗洪先等阳明后学息息相通。但是，张居正特别强调结合实际，要求身体力行，反对以虚见为默证。他尽管在心学上几无创造性理论，但也绝非只会拾人牙慧，而是从现实的改革事业和富国强兵的需要出发，对儒学史上分化出来的内圣与外王两派取长补短，致力于二者的结合，以自成一家之言。他在《答楚学道胡庐山论学》中说：

> 承教虚寂之说，大而无当，诚为可厌。然仆以为近时学者皆不务实得于己，而独于言语名色中求之，故其说屡变而愈淆。夫虚故能应，寂故能感。《易》曰："君子以虚受人，寂然不动，感而遂通天下之故。"诚虚诚寂，何不可者？惟不务实得于己，不知事理之如一，同出之异名，而徒兀然嗒然，以求所谓寂然者，宜其大而无当、窒而不通矣。审如此，岂惟虚寂之为病？苟不务实得于己，而于言语名色中求中，则曰致曲、曰求仁，亦岂得为无弊哉！（《张太岳集》卷二十二）

在《答西夏直指耿楚侗》中云：

> 辱喻谓比来涉事日深，知虚见空谈之无益，具见丈近精实处。区区所欲献于高明者下在于此。但此中灵明，虽缘涉事而见，不因涉事而有。倘能含摄寂照之根，融通内外之境，知此心之妙所以成变化而行鬼神者，初非由于外得矣。（《张太岳集》卷三十五）

在《答胡剑西太史》中亦曰：

> 弟甚杨诚斋《易传》，座中置一帙常玩之。窃以为六经所载，无非格言，至圣人涉世妙用，全在此书。自起居言动动之微、至经纶天下之大，无一事不有微权妙用，无一事不可至命穷神，乃其妙即白首不能弹也，即圣人不能尽也，诚得一二，亦可以超世拔俗矣。兄固深于《易》者，暇时更取一观这，脱去训诂之习，独观昭旷之原，独复有得力处也。（《张太岳集》卷三十五）

他把"虚"与"实"看做是种体用相即的关系。所谓"昭旷之原""寂照之根""此中灵明"，指的就是作为天下之大本的心体；这种心体的本来状态是"诚虚诚寂"的。但体不离用、用不离体，只有努力从事"实得于己"的工夫，"融通内外之境"，把"虚"与"实"有机结合起来，才能"经纶天下"，"成变化而行鬼神"。如果"不务实得于己"，离用以求体，必然流为"虚见空谈"，"窒而不通"。当然，如果离体以求用，不去认真领会"致曲""求仁"的精神实质，也将化为虚文，产生很大的流弊。张居正的这种思想显然同聂豹、罗洪先的归寂说有很大差别。

张居正同阳明后学思想上的差异，在其《答罗近溪宛陵尹》中也有所体现。他说："学问既知头脑，须窥实际。欲见实际，非至琐细、至猥俗、至纷纠处，不得稳帖，如火力猛迫，金体乃现。仆每自恨优游散局，不曾得做外官，今于人情物理，虽妄本觉可以照了，然比利时是纱窗里看花，不如公等只从花中看也。圣人能以天下为一家、中国为一人，非意之也，必洞于其情，辨于其义，明于其分，达于其患，然后能为之。人情物理不悉，便是学问不透。孔子云'道不远人'；今之以虚见为默证者，仆不信也。"（《张太岳集》卷三十五）而他所以与聂豹、罗洪先、耿定向、胡庐山、罗汝芳等反复论学，除了共同的心学旨趣外，还有因见于阳明后学"以虚见为默证"之弊，而欲以实用救之的意图。但学说思想上的重大差异，又使得这种改造阳明后学的意图往往落空。这从张居正与泰州后学耿定向、罗汝芳的关系可略见一斑。

耿定向（1524—1596），字在伦，号天台，湖北黄安人。黄宗羲曾对其学术主旨评论道："先生之学，不尚玄远，谓'道之不可与愚夫愚妇知能，不可以对造化通民物者，不可以为道，故费之即隐也，常之即妙也，粗浅即精微也'。其说未尝不是，而不见本体，不免打入世情队中。"（《明儒学案》卷三十五）由于"不见本体"，且"不尚玄远"，所以耿定向特别强调人伦日用。并且，他还反对一味虚见空谈，提倡静以应感、虚以求实。这使张居正不仅把他引为思想上的"同志"，而且更希望他成为学以致用的榜样。张居正不仅令其以佥都御史巡抚福建，具体负责清田之事，而且向耿定向许以辛勤供职成功以后的酬报。只是因耿定向遭父丧而回家丁忧守制，张居正不免心存惋惜，百般无奈，只能默认。就耿定向而言，尽管在福建也很努力，但不仅他本人无意照张居正的设想去发展，而且对张居正的霹雳作风亦颇有看法，还曾"苦言"相劝，致使张居正对他报以疏远的态度。正因为这样的疏远，使得耿定向在张居正病逝后未被倒张者列为张党，从而才有可能在万历十二年被重新启用为都察院左佥都御史。

罗汝芳（1515—1588），字惟德，号近溪，江西南城人。他是泰州学派著名平民儒者颜山农的弟子，以讲求"赤子之学"为学术主旨，认为道在此身，身是赤子，良知良能，不学不虑，并在嘉靖、万历年间以善于讲学而闻名于士林。张居正与罗汝芳义往甚早，且引为"知己"，但又深知与罗氏学术主张有差别，故而一方面承认为罗汝芳在太湖"所治是信心任理，不顾流俗之是非，此固罗近溪本来面目然"，另一方面仍以"学问既知头脑，须窥实际，欲见实际，非至琐细至猥俗至纷纠处不得稳帖，如火力猛迫，金体乃现"（《张太岳集》卷三十五）相劝。及至嘉靖三十九年（1560）罗汝芳升任宁国知府时，张居正作《赠罗惟德擢守宁国叙》以送之，仍在强调其学以致用的见解，谓："断蛟龙，刳犀革，遇磐错而无厚，干将诚利矣。匣而弗试，利无从见也。是故士不徒学，而惟适用之贵，裕内征外，懋德利躬，此励己之符而亦镜物之轨也。"（《张太岳集》卷八）但罗汝芳始终有着他自己的思想，他不仅要学以为仕，而且更要以仕为学，即令其治下皆兴好学之心、皆能知忠知孝。据传他做宁国知府时，"集诸生会文讲学，令讼者跏趺公庭，敛目观心，用库藏充馈赠，归者如市。"（《明儒学案》卷三十四）会文讲学的场所竟是讼者纷纭的公庭，讼者的呶呶乃易为跏趺静坐的冥默，封建政府的公库居然成为馈赠"罪犯"的财源；这样的知府，不执行封建政府律令，以"罪犯"为良善，可谓绝无仅有。更重要的是，罗汝芳热心于讲学，积极组织讲学的集会活动，这自然要激起张居正的不满。万历元年，张居正当国，罗汝芳恰丁忧起复，二人相见，张氏"问山中功课，先生曰：'读《大学》《论语》，视昔差有昧耳'。江陵默然。"（《明儒学案》卷三十四）张居正先将其补为山东东昌知府，三年任期满后即令其升任云南副使，再三年转为云南参政，看来是想将罗汝芳置于云南西陲教化那些未开化的山民，以发挥其讲学才能，同时又不会对新政推展有任何阻碍。罗汝芳并不满足于在云南讲学，或从事兴修水利的实务，而更乐意在京师开讲，张居正也就只好将之永远清除出官场，以儆效尤。

尽管曾经深受阳明心学影响，又与阳明后学有着广泛的私人交往，但政治家而兼学问家的张居正，主要是以政治眼光看待、裁量学术思想的。在《答南司成屠平石论为学》中，他具体指出当时一批讲论心学的"同志"在学术、政治两方面存在的流弊，并较详尽地阐述了他的思想主张和对应之策，说：

> 夫昔之为同志者，仆亦尝周旋其间，听其议论矣。然窥其微处，则皆以聚党贾誉，行径捷举，所称道德之说，虚而无当，庄子所谓其嗌言若哇，佛氏所谓虾蟆禅耳！而其徒侣众盛，异趣为事，大者摇撼朝廷，惑乱名实，小者匿蔽丑秽，趋利逃名。嘉隆之间，深被其祸，今犹未殄，此主持世教者所深忧也。《记》曰："凡学，官先事，士先志"。士君子未遇时，则相与讲明所以修己治人者，以需他日之用；及其服官有事，即以其事为学，兢兢然求所以称职免咎者，以共上之命，未有舍其本事而别开一门以为学者也。……假令孔子生今之时，为国子司成，则必遵奉圣祖学规以教胄，而不敢失堕；为提学宪臣，则必遵奉皇上敕谕以造士，而不敢失堕：必不舍其本业而别开一门，以自反古之罪也。今世谈学者皆言遵孔氏，乃不务孔氏之所以治世之立教者，而甘蹈于反古之罪，是尚谓能学孔矣乎？明兴二百余年，名卿硕辅勋业恒赫者，大抵皆直躬劲节、寡言慎行、奉公守法之人，而讲学者每诋之曰：彼虽有所建立，然不知学，皆气质用事耳。而近时所谓知学，为世所宗者，考其所树立，又远出于所诋之下；将令后生小子何所师法耶？此仆所未解也。仆今之学者，以足踏实地为功，以崇尚本质为行，以遵守成宪为准，以诚心顺上为忠。……毋以前不足学而轻事诋毁，毋相与造为虚谈，逞其胸臆，以挠上之法也。（《张太岳集》卷二十九）

为了达到"以足踏实地为功，以崇尚本质为行，以遵守成宪为准，以诚心顺上为忠"的目的，就必须统一思想，使学术严格地绝对从属于政治。张居正大力整饬学政，严禁聚徒讲学，诏毁天下书院，规定说书者以宋儒传注为宗，不许别标门户。他与阳明心学彻底决裂了，并且其雷厉风行的专制举措还造成泰州后学中有明显异端思想倾向的何心隐的惨死。

这是阳明心学发展至晚明而发生的一场悲剧。其实，张居正本人也是这悲剧的主人公。他受阳明心学影响而确立起"狂者的胸次"。以拯救现实社会危机为己志，并洞悉时弊而形成一整套改革方案；他了解王学末流空疏之弊，因而力行文化专制，克服重重阻力以推展其改革新政。然而，他不理解皇权专制制度本身。"这种制度如同一座伟壮丽的金字塔，但是塔基在上，塔尖在下，头脚倒置。因为这种制度把整个国家置于君主一人的意志之上，而这种意志又是不受任何监督，可以凭着一时的好恶恣意妄为的。如果君主的意志因某种偶然因素的影响出了毛病，看来似乎是组织严密的国家大厦便会发生动摇。张居正是一个清醒的人。他预感到自己的地位是不稳固的，国家的命运以及改革事业的最终是掌握在年幼的神宗皇帝的手中。因此，他花了很大气力对神宗皇帝谆谆教导，苦口婆心地规协神过皇帝服膺内圣外王之道，做一位合格的君主。但是，言之者谆谆，听之者藐藐。万历十年，张居正刚刚病死，神宗皇帝突然变卦。张居正惨淡经营的十年新政因此而毁于一旦。为了励行改革，富国强兵，张居正依赖于封建专制制度而取得了成功，但是，同样是这个封建专制制度，也是导致他的改革事业趋于全面失败的决定因素。张居正毕生都在为'尊主权'、'振纪纲'而奋斗，他不会想到，他的成功越大，他的失败也越惨。这就是他的悲剧所在。"① 王阳明又何尝理解皇权专制制度呢？他以哲人的睿智洞悉到皇权专制末世的现实危机，企图力挽狂澜，优化政治生态，却不知危机乃是由皇权专制制度本身造成，故其只是言"心之本体即是天理"，试图把纲常伦理由外在强制性的规范转化成为人们内在的自觉要求；揭"致良知"之教，希求以"良知"净化纲常伦理，并赋予纲常伦理以实践性；倡"知行合一"说，以期端正人心，整饬风气，使士习民风归于圣学之正途。从方法论角度看，这种做法当属以思想为根本的一元化思想模式。即将现实社会中迫切的社会、政治问题归结为思想问题，并认为社会、政治问题的解决有待于首先解决思想文化这一根本性的问题。这种思想方法实际上是本末倒置的，因为根本性的问题乃在于社会经济、政治方面，思想文化层面的问题则处于从属地位（尽管在一定条件下也能发生重要作用）。因此，尽管阳明本人武功赫赫，在"内圣""外王"方面均取得卓著业绩，但并不能根本解决现实社会危机，甚至他为"病革临绝"的明王朝提供的灵丹妙药——心学思想，到其后学那里，也成为他们悦禅蹈虚的外衣。

作者简介：陈寒鸣（1960—　），男，江苏镇江人，天津市工会管理干部学院副教授，中国哲学史学会理事。主要研究中国儒学史、中国思想史、中国文化史。

---

① 余敦康：《张居正"敦本务实"之学》，载陈鼓应、辛冠洁、葛荣晋主编：《明清实学思潮史》上卷，济南：齐鲁书社 1989 年版，第 401 页。

"心地开明，道在现前"

——罗近溪的良知、生活与经世之学

刘芝庆

摘要：本文从罗近溪良知学出发，反省目前学界的一些说法，探究其生活与经世思想。罗近溪谈良知，重在不学不虑，但此非光景可说，反而是想借由吃苦熬炼，来拆穿光景。更进一步，才能建构他理想中的人文秩序与宇宙观。最后，在这种面向之下，本文考察黄宗羲对泰州学派的判断，在目前常见的解释之外，希望能找出不同层次的理解。

关键词：泰州学派；良知；不学不虑；经世大人之学

一、前言

罗汝芳，字惟德，号近溪，江西南城人，《明儒学案》列入《泰州学案》。

许多研究，一说起泰州学派，多是以"赤手搏龙蛇"、摆脱名教之类的印象概括，如此一来，王艮、罗近溪这个脉络，总觉抵触，格格不入，难以突出特色。有鉴于此，学者们颇希望能为矛盾解套，于是关于泰州学派的定义认知、思想传承以及分歧，学界已颇有讨论。① 一般来说，《泰州学案》开头所言："泰州之后，其人多能以赤手搏龙蛇，传至颜山农、何心隐一派，遂复非名教之所能羁络矣。"② 这种"搏龙蛇""复非名教所能羁络"等，黄宗羲并非全指，更不能代表黄宗羲对泰州学派的整体评价，很有可能只是针对某些异议分子所言。

但是，反过来说，当我们把"搏龙蛇""复非名教所能羁络"的评价，看成颜山农、何心隐、李卓吾这类型时，③ 往往也压缩平面化了解释的效力。到底黄宗羲这句话，是否只能以猖狂、叛

---

① 关于泰州学派的重新厘定，吴震有颇为详细的论述。可见吴震：《泰州学派研究》，北京：中国人民大学出版社2009 年版，"绪论：泰州学派的重新厘定"。

② 黄宗羲：《明儒学案》，北京：中华书局 2008 年版，第 703 页。

③ 黄宗羲其实并未提到李贽，对颜钧、何心隐，也只有在《泰州学案》叙论中提及，未专门立传，资料文献更无列载。我们当然可以说这是黄宗羲的偏见，如门户、党人之习的缘故等等。但除了价值判断之外，更重要的是"知其所以然"，所有的是非对错批判赞赏，都能在"同情的理解"中，持之有故，言之成理，这才是学术

逆的方式来说明？而"有泰州、龙溪而风行天下，亦因泰州、龙溪而渐失其传"，这种判断是否真的是因为颜山农、何心隐之流所造成的？

带着这样的反省，我们走入罗近溪的思想世界。学界对罗近溪的研究，成果不少，特别是唐君毅、牟宗三等当代新儒家，他们发掘尘封已久，从明末以来，几乎已被学术界遗忘的罗近溪思想。其中牟宗三影响更大，他在《王阳明致良知教》《从陆象山到刘蕺山》《心体与性体》等书，重新梳理，要言不烦，分析近溪学的风格。三书分别成于牟宗三不同生命阶段，他对罗近溪的评价，基本上是渐次下降。[①] 其中最受学者讨论的，是他认为当光景黏附良知说，良知本身亦最足以使吾人对此良知本身，起一种光景，在日用间流行，只是若无真切工夫支持，则流行只是一种光景，不能真切。悬空说去，甚至良知也成了光景，所以要拆穿光景，才有真实工夫可说。如《从陆象山到刘蕺山》所言，以此工夫拆穿光景，而言平常，洒脱与乐者，就是罗近溪："一洗理学肤浅套括之气，当下便有受用"，"更为清新俊逸通透圆熟"。[②]

此说以后，"拆光景"的思想特征，更是引起学者关注。[③] 其实，牟宗三所说"拆光景"，亦即"破除光景""当下呈现"，正是罗近溪思想的突出之处，扫除执障、格套、阻碍、不空悬描绘，而是将阳明学心体与性体，在人伦日用之间，当即受用，发扬光大，也正是罗近溪完成阳明良知学的重要贡献。[④]

于是，许多学者或依循此种思路，继续深言拓宽，或是不同意这样的看法与评价，不想"接着讲"，而是"反过来说"，指出罗近溪注重戒慎恐惧、克己复礼，如此才有可能走向中庸平常的境界。[⑤]

当然，除上述之外，学界对于罗近溪的研究，也发掘出许多精彩的观点：大人之学、孝悌、仁、一阳之气、情、身心、天心、天人观等，由于本文并非专门文献回顾的论文，不做一一陈列。只是在众多学术成果的累积之下，我们亦在指出：罗近溪的破除光景与戒慎恐惧等说法，看似矛盾，看似对立，其实是相辅相成，抓住这点，也能连接到罗近溪的生活世界与经世思想。他讲大人之学、孝悌说、仁学等，也才有了着落，由此来维护名教，但又突破了名教，因此对"赤

研究的可贵。关于李贽等学说末流，在当时造成的风气，狂禅盛行，空说光景，而李贽非佛非儒非道，无可无不可，其思想与宗派倾向，可能都是黄宗羲不列入的原因。当然，狂禅自非李贽所创，可是李贽的生命情调与言行，确实为狂禅之风，起了推波助澜的重要作用。关于晚明狂禅现象的分析，可参见毛文芳：《晚明"狂禅"探论》，《汉学研究》2001 年第 2 期。

① 关于牟宗三对罗近溪评价的改变下调，可参见李瑞全：《唐君毅、牟宗三二先生论罗近溪之学》，《宜宾学院学报》2014 年第 10 期。

② 牟宗三：《从陆象山到刘蕺山》，台北：学生书局 1993 年版（下同），第三章"王学之分化与发展"。

③ 谢居宪：《牟宗三先生对罗近溪哲学的诠释》，《当代儒学研究》2010 年第 8 期。但是，荒木见悟的判断，认为罗近溪是倒退，与牟宗三刚好相反。荒木见悟：《罗近溪の思想》，《明代思想研究》，东京：创文社 1972 年版。

④ 牟宗三显然不同意唐君毅的解释，唐君毅以一体、生化的角度来分析罗近溪，不为牟宗三所认可。两人差异，可见李瑞全：《唐君毅、牟宗三二先生论罗近溪之学》，《宜宾学院学报》2014 年第 10 期。

⑤ 前者如古清美、黄淑龄；后者如龚鹏程。相关讨论，可见龚鹏程：《罗近溪与晚明王学的发展》，载《晚明思潮》，北京：商务印书馆 2008 年版（下同）；吴孟谦：《晚明心学成圣论述的变化——以罗近溪、管东溟为主要线索》，《台大中文学报》第 44 期。

手搏龙蛇""复非名教之所能羁络"，如果我们借用黄宗羲的话语，顾名思义，在不先抱有黄宗羲说错了、是偏见、党人之习未除，诸如此类的主观理解之下，这种看似反义、负面的评论，反而有了不同层次的理解。

二、良知：从吃苦熬炼到不学不虑

关于罗近溪学思历程，学者研究极多，并多引罗近溪的孙子罗怀智的话，以为己证："盖公十有五而定志于洵水，二十有六而证学于山农，三十有四而悟《易》于胡生，四十有六而受道于泰山丈人，七十而问心于武夷先生。"①"洵水"即是张洵水；颜山农，颜钧，也是影响罗汝芳最深的师友，杨儒宾就以"智慧老人"为喻，说颜、罗相遇，实乃千古一会，当罗近溪二十多岁，患上"心火"，遇上这位号专治此病的异人，眼界大开，在修身的道路上，深入性命之学，之后循序渐进，亲行自证，亹勉不已。后来又从学胡宗正、与泰山丈人相遇、问心武夷先生，有多次悟道体验，"如就问心于武夷先生所得的知识而论，罗近溪的思想已非王学甚或儒学所能拘囿，他的经历提供了一则难得的横跨正统与异端的儒门案例。"②

但是，以罗近溪的生命气质，显然就有接受"横跨正统与异端"这方面的倾向，不必非要到七十才有觉悟，才能"不惜以今日之我攻昨日之我"。

这样的生命气质，其实与他的"不屑凑泊"之类的思考路数息息相关。他在与学生的对话中，就说吾辈为学，目的在于学圣成圣，所以要体知。可是，什么是圣？什么又是知呢？一般人，只知道努力去当圣人，学作圣人，却不知道圣人成为圣人的道理，知其然，不能知其所以然。所以他们的"知"往往或流于表面，或失之肤浅，只能闻见之知，不到本然之知。毕竟天下事务无穷无尽，若徒闻见，"尽知其所不知，方谓汝心有知"，这样一来，求知心切，却是包山包海，以有涯逐无涯，不知伊于胡底。这样的知，当然是有问题的："如此为知，则知从外得，而非本心之灵。"③

所以最重要的，是要有自知之明，本心若能灵，则对于此事此理，知或不知，都无妨，重点是你能不能、有没有这个勇气，敢于面对自己的无知或已知？罗近溪称赞这个层次："知者知之，不知者亦知之，则汝心之知何等光显，何等透彻，何等简易直截，又何必尽知其所不知者，而后为知也哉？况如此求知，则其知方可通乎昼夜，而无不知之时，方可等乎贤愚，而无不知之

---

① 罗怀智：《罗明德宫本传》，载方祖猷、梁一群等，编校整理：《罗汝芳集》，南京：凤凰出版社 2007 年版（下同），第 832 页。"十有五而定志于洵水，二十有六而证学于山农"之间的历程，罗近溪自己也有详述，可见《罗汝芳集·近溪子续集》，第 231—232 页。为免文繁，下引同书，不再列出编校者。

② 杨儒宾：《王学学者的"异人"经验与智慧老人原型》，《清华中文学报》第 1 期。这个"武夷先生"到底是谁，何门何派，有何著作，学问功底如何，实难查考，杨儒宾从袁小修《游居柿录》的记载中，推测可能是萧胜祖，对错是非，不能断定，或可聊备一说。

③ 《罗汝芳集·近溪子集》，第 17 页。

人，真是扩四海、贯古今，而合天人物我于一点虚灵不昧中矣。圣人可学而且易学也，固如是哉！"①

千言万语，当然可以讲得很复杂，但长话短说，却可以用简单几句话来概括。正如孔子"一言兴邦丧邦"的概念，重点不是一言还是万言，而是能否抓住基本原则，然后圆熟应用，辐射而出。罗近溪不断强调"光显""透彻""简易直截""圣人可学而且易学"，其因在此。

为学修身，做人应世，也唯有把握这层关键，才能拆穿光景，不把简易当成游谈，不把容易当成随便。有人问他，今日谈学，往往有宗旨，老师却好像没有，但我们细思，好像似有而无，又好像似无而有，到底是怎么回事？罗近溪应机变答，圆转如意，回问，什么叫似无而有？什么又叫似有而无？对方答曰，老师虽随言对答，但往往归于赤子之心，这是似无而有；反之，往往又说到不虑不学，"不"，不必、不须、不要，似乎又是似有可无？

这种问答方式，看似禅机，实乃自知、求知的一种训练。当学生发出疑惑，罗近溪不立即回答，而是透过反问、诘问，要学生明白自省："我为何会问出这样的问题"，不断疑情，层层推进，我思故我在，最后达成自知的效果。

但是，就一般俗学看来，有与无，是二分的。诸如似有而无，似无而有，已让人难以理解。既然又说到赤子之心，往往牵涉到概念的划分、定义的厘清、解释的效力、分类的严谨。如此一来，又岂能说这是不虑不学？

问者的疑惑，其实也说中了罗近溪思维的要点、为学宗旨，这也是罗近溪常说的："不待培养而自生。"②因为就他自己看来，这样的分法，是闻见之知的分法，真正的实情是，本身并不矛盾，也不冲突。

罗近溪对此，境况不同，指点也有异，对象既变，往往也能因材施教。他有几种不同说法，如说这是习，"天下之事，只在于习，习惯自然，虽欲倦寂不能也。"③又说这是过化存神，仁体熟到极处，就如孔子耳顺、从欲。④有时又会说这样子的心境，"无前后，无内外，步步着实，安闲自在。"⑤

但是，切莫以为"熟到极处""习惯自然"等简易，是轻松的、容易的，刚好相反，若不能痛下苦功，深刻磨炼，就会沦于空谈、纸上光景。他在日记中就这样反省：⑥

工夫浑融平实，须大决断，方尔妥贴。嗜欲牵缠，不惟心体受累，身体亦自消损。

细细看，有多少病根未除，又可见学问原未得力也。勉进！勉进！

学问只在着力探求，不得容易放过。晓作夜卧，吃苦熬炼，自然有路停妥，此时

与寻常知解，却是万万相远……

---

① 《罗汝芳集·近溪子集》，第18页。
② 《罗汝芳集·近溪子集》，第93页。
③ 《罗汝芳集·近溪罗先生一贯编》，第347页。
④ 《罗汝芳集·近溪罗先生一贯编》，第357页。
⑤ 《罗汝芳集·癸酉日记》，第729页。
⑥ 《罗汝芳集·癸酉日记》，第730页。

此为癸酉日记，应为1573年，明万历元年，罗近溪约59岁，已过了"十有五而定志于洮水""二十有六而证学于山农""三十有四而悟《易》于胡生""四十有六而受道于泰山丈人"的阶段，仍有此叹，可见为学实在不易，修悟之间，没有小路捷径，也没有结束完尽。而看似平常最奇崛，繁华落尽见真淳，"浑融平实"，说来简单自然，其实非常深刻、醇厚；说来一言道破，人人可讲，其实千言万语，复杂难述。我们终其一生，嗜欲牵缠、心体受累、身体消损，不断与之对抗，晓作夜卧，吃苦熬炼，夙夜强学，或可有成，境界终可浑融、光显、透彻，熟到极处。才可以在许多方面，应机随物，人伦日用之中，不学不虑、过化存神。

也因为这个缘故，罗近溪才要人戒定恐惧，小心谨慎，这才是中庸之道：

> 此即便是戒慎恐惧，而上君子之路矣。所以曰："君子之中庸也，君子而时中……"①

> 师予诸孙曰："予自四十年来，此道吃紧关心，夜分方合眼，旋复惺惺，耳听鸡喔，未知何日得安枕席。"予初学道时，每清昼长夜，只挥泪自苦。此等境界，予固难与人言，人亦莫之能知也。②

诸如此类的言论，主敬、临事而敬、临事而惧、心寒胆战、恭敬奉持等，俯拾即是。③毕竟，就罗近溪看来，愈戒慎恐惧，愈能拆穿光景，愈用功刻苦，愈能不学不虑。这种看似相反，实则相成，似乎此消彼长，却是邃密深沉的道理，正如刘易斯·卡罗（Lewis Carroll）在《艾丽斯镜中奇遇》（*Through the Looking-Glass, and What Alice Found There*）中，红皇后所说："你必须用力奔跑，才能使自己停留在原地。"④"停留在原地"，当然不是驻立不动、毫无改变的意思，刚好相反，正如西方哲人所说，人不能两次踏进同一条河流，逝者如斯，不舍昼夜，既已抽足，自非前流。"停留在原地"，其实一种新生，是经过锐变之后，清醒、觉悟、过化存神的力量。

由这个角度来理解，"不学不虑""无归"⑤、"一切念头，如浮云之过太虚。太虚之中，不拘不留，真是主张操纵，更无执滞也"⑥，这个不，这些无，显然并非不要、不必的意思，更不是抛弃红尘，断斩五根之类，而是一种"当下即是"。平时所见的执滞以及俗障，借由自知，发掘嗜欲牵缠、心体受累处，看破也说破，以恐惧戒慎之心，对症下药。又非一味制欲，还要体仁，领知光明磊落的明畅，正如王汎森所说："是鼓舞性中原有之乐，正面扶持人心中原有的善端，而不是消极压制心中欲望"，⑦以此格物致知，以此修身应世，变成了一种"见山又是山""见水又

---

① 《罗汝芳集·近溪子集》，第107页。

② 《罗汝芳集·明德夫子临行赠言》，第297页。

③ 龚鹏程对此，论之甚详，可见龚鹏程：《罗近溪与晚明王学的发展》，载《晚明思潮》。

④ 值得一提的是，有学者采用这句名言，推演成而"红皇后假说""红皇后效应"（Red Queen Effect），用来解释政治学与生物学的发展。可见 Daron Acemoglu, James A. Robinson, *The Narrow Corridor: States, Societies, and the Fate of Liberty*, New York: Penguin Press, 2019, Chapter II. 本文所用，只是义理，自然不是经过引申扩大之后的"红皇后效应"理论。

⑤ 罗子曰："在天为天，在地为地，在人为人，无归，无所不归也。"《罗汝芳集·近溪子集》，第115页。

⑥ 《罗汝芳集·盱坛直诠》，第389页。

⑦ 致欲与体仁，也是罗近溪见到颜山农后，最大的收获之一。王汎森：《明代心学家的社会角色》，载《晚明清初思想十论》，上海：复旦大学出版社2004年版（下同）。

是水"的肯定与重生。

从另个层面来看，学、虑、思等，当然是极重要，也是罗近溪一再提醒的。可是过度拘泥，就会僵化，成为执障、法病。所以罗近溪便要说"不"，辗转相破，以否定来肯定，设阻碍来顺利前进，导人于正途，以免歧路亡羊，得不偿失。他的《盱坛直诠》，常在谈这个道理，他说良知是无思无虑、本体是无体、工夫是无功、说赤子不虑而知之知，圣人不思而得之知，都有这样的意思。①

更重要的是，重生，不能只是竟夜苦思，不能只是日记检讨，不能只是空话白描，更应该要在人伦日用之中实践："今只将不虑不学，认为真心，又将自己日用饮食，认非学虑。从事引深触类，不拘巨细公私，无非是事，则无非是心。无非是心，则无非是虑，则亦无非不虑以为虑；无非是学，则亦无非不学以为学。"持续研练，黾勉不已，工夫到熟处："久久则景象自将超脱，而真几自将契会，又何难于大人之神化？而又何异于赤子之心体也哉？"②

所以他才总是对人说，良知是不虑而知，是学问宗旨，不过要看得活。不能如此，便把不虑说成是全不思虑，实乃大错特错。③ 明白于此，正如前面所谈到的："不待培养而自生"，当学生问他，人的才性资质，各有不同，有生而知之，有学而知之，有困而知之，则老师所谓培养而自生，又该从何说起？罗近溪的回答是，知有两种，一种是本诸德行，另一种是本诸觉悟。生而知之、学而知之、困而知之，都属于觉悟这类，而三个的"之"，则是德性。

换言之，问者所谓的不同，其实没有不同，但人必须觉悟而知之，两种知的体会，④ 才是重点，才是良知："盖论德性之良知良能，原是通古今、一圣愚，人人具足而个个圆成者也。然虽圣人亦必待感触觉悟，方才受用得。"从觉悟到德性，从本体到落实，良知作为近溪思想的基础，整合了其他的重要概念，因此就罗近溪看来，不待培养而自生，这便是良知发微显用处。吴震说得好："一方面，良知作为'浑然天成'、'当下即是'的本质存在乃是人类赖以行孝弟的内依据，是近溪主张'求仁'、实行'孝弟'的理论基础；另一方面近溪显然更为强调'爱亲敬长'处言'良知'，才能使'良知'有所'落实'。"⑤

值得注意的是，罗近溪并非认为觉悟之后，风光大盛，一了百了，已无所求。刚好相反的，悟后仍需修，仍有次第，仍需戒慎恐惧，这种五常百行的磨炼，虽有熟处，不过世事无穷，复杂万端，工夫修练，基本上没有尽头："真机随处洋溢，工夫原无穷际。"⑥

如此来谈，这种不学不虑的良知面目，⑦ 才能接上罗近溪强调的实学、大人之学或是经世之学。

---

① 《罗汝芳集·盱坛直诠》，第390、391、396页。
② 《罗汝芳集·近溪罗先生一贯编》，第362页。
③ 《罗汝芳集·近溪子集》，第91页。
④ 《罗汝芳集·近溪子集》，第93页。
⑤ 吴震：《泰州学派研究》，第358页。
⑥ 《罗汝芳集·近溪罗先生一贯编》，第371页。关于罗近溪悟后，修行次第的问题，可见吴孟谦：《晚明心学成圣论述的变化——以罗近溪、管东溟为主要线索》，《台大中文学报》第44期，第119—123页。
⑦ 罗近溪回答良知的不学不虑，以及本来面目，颇为精彩。文长难以具引，可见《罗汝芳集·近溪子集》，第117—118页。

而这种敬畏之心，正是出于他的宗教感。由这种感受转换，良知之学，才能从生命的安顿，变成维护社会秩序的共通伦理。

三、良知：从大人之学到圣谕光辉

良知必须因修而悟，悟后再修，持续不断，所以才能经世。罗近溪曾任直隶太湖县知县、宁国府知府、东昌府知府、云南屯田司副使、云南右参政，整治昆明堤，疏浚滇池，任内颇有政绩。在罗怀智辑录的《近溪罗先生庭训记言行遗录》中，就记载颇多罗近溪视察水利、测量地理、建议科举分卷等事宜；《近溪罗先生乡约全书》，谈保甲门牌、宣读《圣谕》、各安生理，孝顺父母，更可见其经世手段与眼光。

但真正的经世之学，就罗近溪看来，并非只是田赋水利、典章制度而已，这些很重要，但如果只限于此，这样子谈经世，看似具体实际，其实是窄化、平面化了。所谓的经世，就是实学，其实就是良知的当下发现，人伦日用，"心地开明，道在现前"，就是经世之学。他说："工夫在日用间，最要善用。即如昨日诸友，欲尽出勿忘勿助之间景象，此时便是真面目也。以此作为日用，则坐起实学，不认而自认，非真而无不真矣。"①

良知真面目在日用中，起微、显现，发端、落实，就是经世。所以，在他看来，良知，既是生命存有的良善状态，也是社会人文秩序的和谐美满。他又说："吾辈有志，在家要做好人，只是循着良知良能，以孝亲敬长而须臾不离，便做得好人；在外要做好官，只是循着良知良能，以率民孝亲敬长，而须臾不离，便做得好官。若人人如此，便中庸可能矣。"② 即是此意。

实学，也包括了类似的宗教活动、神道设教，例如祈雨、祷祝之类：

> 罗子以太夫人目病，祷于华盖山。缙绅率子弟诵诗，立迎于道。③

> 时祷雨有应。④

> 云南旱，子请两院僚属、缙绅父老，步祷城隍庙中，旸谷方方伯曰："奈日色何？"

> 子曰："吾自有阴处与诸公行。"是时，日色方烈，忽有黑云蔽之，祷毕而雨至。⑤

根据巫仁恕的研究，城隍神的传说，始于六世纪，此后演变为人格神。明初，神道设教，由塑像改木主，去封号，重建神祈属性，将祈儒教化。中叶以后，塑像、木主，屡有变易，儒教化的现象也渗入了更多灵验、求神、问卜的需求，世俗化增强，也让百姓接受更大更广。于是庙会节庆祭祀等仪式活动，也多围绕城隍神而生。⑥

---

① 《罗汝芳集·近溪子集》，第 121 页。
② 《罗汝芳集·近溪子集》，第 149 页。
③ 《罗汝芳集·近溪罗先生一贯编》，第 374 页。
④ 《罗汝芳集·近溪罗先生一贯编》，第 381 页。
⑤ 《近溪罗先生庭训记言行遗录》，第 415 页。
⑥ 巫仁恕：《激变良民：传统中国城市群众集体行动之分析》，北京：北京大学出版社 2011 年版，第五章。

华盖山为道教圣地，也是旅游景点，城隍庙则是人民控诉不公、寻求慰藉之处，罗近溪选择了两者，但都有意加入儒家色彩，所以诵诗，群聚缙绅率子弟。①

类似的行为，罗近溪其实无意严格区分三教色彩，因为就他看来，这种祈雨、祷祝，仪式本身就有意义，就是良知感应，不分地域人群教派宗主。他把"不祷"，用前述类似的思维："不学不虑"，来互通理解，所以他说："夫祷，一也。有祷而祷者，有不祷而祷者。祷而云久，是不祷之祷，以善乎其祷者也。久以成祷，则积之平时，而非取必于旦暮；本之渊衷，而非执滞于形躯。"②

这就是宗教感、③神圣性、④内化而超越⑤的感受。祷，是平时努力，持之以恒的工夫，而不是取于某时某地、旦暮之间的固定仪式，所以要本于初衷，不要执着于外在形境。

不过，也不能因此就说罗近溪不重视仪式，仪式是实学的一种，因为仪式并不只是良知的产物，刚好相反的，他主张也可借由仪式来深入体会内心良知。⑥而这种仪式，不要简化成某某法会、某个时间点的特定锻炼。仪式，根本就在行住坐卧间，是良知的当下朗现，这也是他强调法度仪式、戒慎恐惧的原因："盖此理在日用间，原非深远，而工夫次第，亦难以急迫而成。学能如是，虽无速化之妙，却有隽永之味也。"⑦

更重要的是，他认为明初法度，显然深具此种精神，特别是明太祖手段，如《圣谕六言》

---

① 罗近溪晚年时，出现为人非议的"遗行"。引起最多讨论的，大概就是二子突然死亡，《二子小传》描述期间种种神秘的现象，例如罗辂死前"职供斗府"、罗轩"径生佛地"、死后显灵等事情，已出儒门，涉入佛道，耿定向等人，以儒家立场出发，对此多有批评。王汎森认为这是罗氏一家信仰净明道的证据，净明道吸收了许多理学的成分，罗近溪以日记记功过，与水、镜对坐，显然都与净明道有渊源。（参见王汎森：《晚明清初思想十论》，第23—26页）本文当然不认为罗近溪晚年的做法，有失风范，不检押行事。相反的是，或许是有类似的宗教行为与宗教感，再加上历练阅历的增加，晚年有此言行，显然可以理解，有脉络可循，并非凭空出现。再者，中晚明以来，世人热衷谈死，探究死后世界，建构"向死的存在"所需要修身功夫，罗近溪接触此思潮，有所回应，是很正常的。更何况，罗近溪二子死前的种种状况，也非其独有，在公安三袁以及亲友的笔下，也多有类似的记载，此皆可见当时意见氛围的情况，罗近溪并非唯一。关于公安三袁面对生死的问题，可参见刘芝庆：《自适与修持——公安三袁的死生情切》，湖北：湖北人民出版社2017年版。

② 《罗汝芳集·甘雨如儿册序》，第517页。

③ 儒学到底是不是宗教的问题，论者极多。本文意在指出，儒家当然不是西方基督教以来，所定义下的"宗教"，但显然具有宗教性与宗教感。相关讨论，可见黄进兴：《圣贤与圣徒：历史与宗教论文集》，台北：允晨文化出版社2011年版；黄俊杰：《东亚儒学史的新视野》，台北：台湾大学出版中心2012年版，第四章。

④ 罗近溪讲学，就常让周围人有此感动："及夜，子谈孔孟宗旨，时月华五色，灵珑掩映，诸生喜曰：'神圣之道，果有至极之妙，苟非身亲见之，谁能信得奇异如是也'？"《罗汝芳集·近溪先生庭训记言行遗录》，第418页。

⑤ 吴展良的《朱子的世界秩序观之构成方式》一文研究朱子的世界观，提出"世界一元观"的说法，其源头又可上溯至先秦两汉，吴展良认为这种世界观所强调的道，只内化于一切事物之中，此外并无他处可寻一超越至高之道，此说无以名之，只好暂时称之为"内化的超越"。本文采用这种说法。吴展良：《朱子的世界秩序观之构成方式》，载吴展良编：《东亚近世世界观的形成》，台北：台湾大学出版中心2007年版，第292—293页。

⑥ 其实，西方宗教学者，讨论仪式、密仪（MysteryCult）等，多指出这种仪式，并非不理性，反而对理性哲学多有启发，重点在于此非缜密思考可得，而是必须透过实践体知。而要考证发掘这种仪式背后的教理，那是近代以来对此前宗教的想象，其实，宗教信念才是仪式的产物。Walter Burkert, *Homo Necans: The Anthropology of Ancient Greek Sacrificial Ritual and Myth*, Berkeley / Los Angeles University of California Press, 1983, pp.7-9, 27-33.

⑦ 《罗汝芳集·近溪子集》，第136页。

之类，① 透露着良知的光辉："今日太祖高皇帝教汝等孝顺和睦，安生守分，间阎之间，亦浑然是一团和乐。"②"乃幸天笃我太祖高皇帝，神武应期，仁明浴目，浊恶与化俱徂，健顺协时通泰。孔孟渴想乎千百余年，而《大易》《春秋》竟成故纸；大明转移俄顷呼吸，而大统真脉皎日当天。"③ 在《腾越州乡约训语》中，还说遵守相约，民生不扰，"太祖在天亦庇佑你们，山川鬼神亦拥护你们。"④

中国历史，"春秋战国，汉武秦皇，把人民视为草芥，润泽变成枯槁""至乎六朝五代之纷争，辽金大元之混偕，冠履安受其倒置，虎狼贴服其相群，则又长夜几难及旦"，⑤ 看来真是一堆烂账，惟有到了明代我朝太祖，才拨云见日，天朗气清。这就是他理想中的大人之学，他以《大学》为例，书中反复详明，"以显大人之学"，⑥ 其实就是身、心、家、国，无不停当。正心修身，自度度人，良知的豁显，可见大人之学是非常重要的，所以他讲乡约，共读《圣谕六言》，他问大家感动否？乡民咸声同应："岂惟心动，且均欲涕下也。盖此土原是夷地，……，乃今变夷为华，已去危而即安矣。况又复得与沾圣明之化，而共享太平之福也。"罗近溪赞叹不已，就对太守说："今观老幼之忻忻向善，其良心感发，比之他郡更为加切……而良心同然，则固不容以地知中外而有毫发知间也。"⑦ 便是基于这个道理。

明太祖的政治措施，以及明朝的国力民生，到底如何，学界已有许多研究，不过非本文重点。罗近溪这些近似肉麻的话，显然也不是故意讽刺，以古说今，或是言不由衷。他是真诚地思考，以良知感发，并纳入他的整体思路之中。

除了明太祖的政绩之外，就罗近溪看来，圣贤言行，经典文献，也有良知发明，例如孔子之"时"、颜子之"复"；又例如他训迪诸生，"圣贤惓惓垂教天下后世，有许多经传，不为其他，只为吾侪此身"，《论语》《中庸》《大学》《孟子》等，皆属此类。

这种对于圣贤经典的阅读学习，其实与多数儒者类似，儒家经典，乃入道之钥，可是道究竟如何存在于经书之中呢？我们如果借用海德格尔（Martin Heidegger）的说法，在儒者看来，儒家经典，其实就是"辞命"，乃是"性命意义的存有"。这种表章成言（logos），具有启示的力量，可以在宇宙世界中，道出存有的真实面貌，醒悟自己，并与整体世界响应。因此，读书变成了一种存有的实感，可感发读者心性苏醒，感发天地万物，于是从自己到整个外在世界，活泼泼地，洋溢着生机与完满。⑧ 但是古来书籍何其多，并非每本书都有这样的功能，文章奥府，唯有

---

① 罗近溪推崇《圣谕六言》，罗怀智曾问道、工夫、修身。罗近溪都说《圣谕六言》可尽可行可达知天下。《罗汝芳集·明德夫子临时别言》，第 301 页。

② 《罗汝芳集·近溪子集》，第 181 页。

③ 《罗汝芳集·近溪子续集》，第 255 页。

④ 《罗汝芳集·腾越州乡约训语》，第 760 页。

⑤ 《罗汝芳集·近溪子续集》，第 255 页。

⑥ 《罗汝芳集·近溪子集》，第 9 页。

⑦ 《罗汝芳集·近溪子集》，第 150 页。

⑧ 海德格尔的观点，其实颇受贺德林（F. Hölderlin）的影响。关于海德格尔"原始语言"与贺德林"诗的经验"，可见蒋年丰：《与西洋哲学对话》，台北：桂冠出版社 2005 年版，第 147—161 页。

读圣贤书，才能引发上述效用，也只有读圣贤书，并且按照某些方法与步骤，才能在存有论的活动下，性灵镕匠，知行合一。①

四、结论

我们从吃苦熬炼到不学不虑，从大人之学到圣谕光辉，来解释罗近溪的良知学，谈他的生活与经世立场。

当然，罗近溪这样的讲法，与他的师祖王阳明，是有差异的。就王阳明来说，良知是人的内在道德判断与评价的体系，作为意识结构中的重要部分，具有引导、监督、判断与省思的功能，他说是非与好恶："良知只是个是非之心，是非只是个好恶，只好恶就尽了是非，只是非就尽了万事万变"，②是非之心，重在道德的理性原则。不过良知也有道德的情感层面、也有着恻隐辞让的真诚怛恻义，王阳明就讲："孩提之童无不知爱其亲，无不知敬其兄，只是这个灵能不为私欲遮蔽，充拓得尽，便完。"③爱其亲，敬其兄，充而拓之，正可见良知天理流行，处处洋溢着生机与幸福感；又云："见孺子入井自然知恻隐，此便是良知不假外求"，④引用孟子孺子入井之说。所以王阳明论良知，其实包含了孟子四端（恻隐、羞恶、辞让、是非之心）。⑤

罗近溪的角度与切入点，与王阳明融摄四端的说法便有差异。不过，问题在于：是否可视为是阳明良知学的合理引申？在某种程度上来说，黄宗羲显然是反对的；但是，近来许多罗近溪的研究者，基本上多是从肯定这面入手。

从这个面向，我们不妨重看黄宗羲的叙述：

> 阳明先生之学，有泰州、龙溪而风行天下，亦因泰州、龙溪而渐失其传。……泰州之后，其人多能以赤手搏龙蛇，传至颜山农、何心隐一派，遂复非名教之所能羁络矣。……羲以为非其聪明，正其学术也。所谓祖师禅者，以作用见性。诸公掀翻天地，前不见有古人，后不见有来者。释氏一棒一喝，当机横行，放下挂杖，便如愚人一般。
>
> 诸公赤身担当，无有放下时节，故其害如是。

因此，若以罗近溪自己立场来理解这段话，黄宗羲所说"赤手搏龙蛇""复非名教之所能羁络"云云，未必就全是负面意思。毕竟，从学脉的角度来说，阳明学如果做为一个实体，固然可以产生贬义："阳明先生之学，有泰州、龙溪而风行天下，亦因泰州、龙溪而渐失其传。"但阳明学

---

① 这种读书法的进一步讨论，可见刘芝庆：《经典与证道——朱陆读书法》，载《从指南山到汤逊湖：中国的知识、思想与宗教研究》，台北：万卷楼出版社 2019 年版。关于罗近溪教人读圣贤书，论者已多，本文不拟重复，可见龚鹏程：《罗近溪与晚明王学的发展》，载《晚明思潮》。

② 王守仁：《王阳明全集》，上海：上海古籍出版社 2006 年版（下同），第 111 页。

③ 王守仁：《王阳明全集》，第 34 页。

④ 王守仁：《王阳明全集》，第 6 页。

⑤ 陈来：《有无之境：王阳明哲学的精神》，北京：北京大学出版社 2006 年版，第 154—165 页。

如果是一种发展历程，则黄宗羲的言外之意，或也反映出事实：罗近溪之学，其实跨越了当时的儒教，名为良知，身为儒家学者，确然已非名教之所能羁络，如果用罗近溪自己熟悉的语法与思维，我们大也可以说：有名教而名教者，有不名教而名教者。名教不名教，要辩证地来看。

而"赤手搏龙蛇"，固然胆大，却也心细，讲求不学，仍要吃苦，强调高远，更不忘戒慎，确实是横跨儒家与异端、出入王学与三教的学者，更是如罗近溪等人，擅长的路数。在某种程度上来说，他非名教之所能羁络，又以儒门自认，因此既扩大了王学，让王学传播力度更为强韧；也难免后世之讥：将王学染上禅门色彩，"大而无统，博而未纯"①，甚至末流所及，世人不擅学，易有弊病，变成戒慎太少，纵放太多，以至于"赤身担当，无有放下时节"，导致渐失其传。

突破名教，是为了巩固名教，用力奔跑，才能使自己停留在原地，能有这样的体认与心境，"赤手搏龙蛇"，充满勇气又戒慎恐惧，不学不虑却也小心翼翼，以良知自修又经世；以儒者为己任，晚年却强调宗教体验，出现"遗行"，罗近溪的可贵，不正在这里吗？

作者简介：刘芝庆，湖北经济学院中文系副教授。1980 年生于台北，政治大学中文所博士，台湾大学历史所硕士，辅仁大学历史系学士。出版专著：《解释世界与改变世界：中国思想史的知识信仰与人间情怀》（武汉：武汉大学出版社 2019 年版）、《从指南山到汤逊湖：中国的知识、思想与宗教研究》（台北：万卷楼出版社 2019 年版）、《自适与修持——公安三袁的死生情切》（湖北：湖北人民出版社 2017 年版）、《经世与安身：中国近世思想史论衡》（台北：万卷楼出版社 2017 年版）、《修身与治国——从先秦诸子到西汉前期身体政治论的嬗变》（台北：花木兰出版社 2014 年版），并发表论文四十余篇。

---

① 此为黄宗羲引许敬庵语。黄宗羲：《明儒学案》，第 762 页。

从道德救治到制度重建

——明清之际经世观念的义理诠释进路刍议*

黄敦兵

摘要：作为中国传统文化的核心价值观念之一，"忧患意识"体现了士人关切世运、担当责任、拯救时弊、面向未来的社会理想。明清之际士人忧患意识突出了社会异动的治世关切，从义理诠释进路来看，大致呈现为从道德救治到社会制度重建的嬗变过程。现在重新疏释明清之际士人经世观念的这一义理诠释进路的嬗变，既有助于重新审视明清之际社会转型的具体特征，也可为当前研讨国家治理体系现代化提供一种理论借鉴。

关键词：道德救治；制度重建；明清之际；义理诠释

从中晚明以降以至清代中期的"明清之际"数百年，是中国思想史上极其重要的一环。当前，学界仍处于热烈讨论"国家治理体系现代化"的热潮中，如能从传统知识人的思考中汲取智慧，便有可能拓展问题的相关论域，并将相关问题意识引向深入。

历史时空中明清之际的思想特质，既非思想史的殊异之域，则必须从思想演进的连续性上进行探析。明清之际的有识之士虽然承继了传统知识人的忧患意识，但更突出了社会异动的治世关切与时代内容，如果从义理诠释进路来看，大致呈现为从道德救治到制度重建的嬗变过程。故此，本文拟从分析士人参与社会治理的核心价值根据入手，再浅绎中晚明以降开始出现的士人社会治理思想主题的大致转向，或可为当前研讨相关问题提供深入思考的一种"理路"参照。为了论说之方便，本文一般将传统社会中的知识人称为"士人"，并将士人著述中所反映的救治社会弊病之努力泛称为经世或社会治理。①

---

* 国家社会科学基金一般项目"语言哲学视域中宋明儒学文本经典化架构研究"（项目编号：19BZX049）的组成部分。
① 虽然从狭义上讲，国家治理与社会治理关注的方向各异，然而从广义上讲，"泛化"方法学视野中的社会治理实即国家治理的最基本方面。

一、"忧患意识"：从传统知识人社会治理的角色自觉谈起

"忧患意识"系中国传统文化的核心价值观念，亦是传统知识人积极参与社会治理的角色自觉的价值依据。所以，要深入了解明清之际儒学社会治理思想，似须先行对社会治理思想的价值理性进行简易阐明。

从学理上看，1962 年，徐复观在《中国人性论史》中明确提出"忧患意识"说。从文本依据上看，徐先生所据主要在于对易学精神的重新疏释。《易·系辞下》有云："易之兴也，其当殷之末世、周之盛德耶？""作易者其有忧患乎？"其中透显了处于殷周之际的"作易者"深沉的"忧患"意识。徐复观将"忧患意识"看做一种不同于恐怖、绝望的深思熟虑的远见，他说："忧患正是由这种责任感来的要以己力突破困难而尚未突破时的心理状态。所以忧患意识，乃人类精神开始直接对事物发生责任感的表现，也即是精神上开始有了人地自觉的表现。"[1]次年，牟宗三在《中国哲学的特质》的讲演中亦予以阐释，他还专门加了"附注"，提请读者参读徐复观关于"周初宗教中人文精神之跃动"的论述[2]。他们认为，中国的人文精神躁动于殷周之际，忧患意识是其基本动力。他们将基于忧患意识的心性之学，视为儒家思想的基本品格，视为中国文化的基础，视为先秦孔、孟、老、庄，以及宋明理学与中国化佛学的一条大纲维之所在。

徐复观、牟宗三这种提契中国文化精神的核心意识，审视中国哲学特质的文化关怀，代表了现代新儒学的开拓儒学新境界的重要致思取向。他们将儒学忧患意识与耶、佛二教的恐怖意识和苦业意识进行了对比，在把握忧患意识的观念内涵时，体会到从周初所表现之"敬"，到融入"礼"，到升进为"仁"这样的观念流变。牟宗三指出，圣人所忧，"逐渐伸张扩大，最后凝成悲天悯人的观念"，"儒家由悲悯之情而言积极的、入世的参赞天地的化育"，"儒家的悲悯，相当于佛教的大悲心，和耶教的爱，三者同为一种宇宙的悲情（Cosmic feeling）"。[3]尤其是牟宗三，从这一脉络的梳理中，分析儒家学者从天命、天道通过"敬"的工夫步步下贯，贯注到人的身上，进行"自我肯定"，成为人的真正主体。牟宗三说："天命与天道既下降而为人之本体，则人的'真实的主体性'（Real subjectivity）立即形成。"[4]由此，也就形成了人的形而上的、体现价值的、真实无妄的主体。

传统中国社会，主要是儒家式的社会，比较接近于小政府大社会的类型。正如郭齐勇先生所言，"传统中国的社会管道、中间组织很多"，士人有较大的社会活动空间，"传统中国绝非由政府包打天下，而主要靠血缘性的自然团体及其扩大化的社会各团体来治理社会，这些团体自

---

[1] 徐复观：《中国人性论史·先秦篇》，载李维武编：《徐复观文集》第三卷，武汉：湖北人民出版社 2002 年版，第 32 页。

[2] 牟宗三：《中国哲学的特质》，上海：上海古籍出版社 2007 年版，第 13 页。

[3] 牟宗三：《中国哲学的特质》，上海：上海古籍出版社 2007 年版，第 12 页。

[4] 牟宗三：《中国哲学的特质》，上海：上海古籍出版社 2007 年版，第 17 页。

身就是民间力量，它们也保护了民间社会与民间力量，包含家庭及私人空间"。① 这种社会类型，为传统知识人展拓才智提供了巨大的社会空间。作为传统文化核心价值理念之一，忧患意识积淀在传统士人的人格理想之追求上，并落实在他们参与社会治理的各个层面。基于这种忧患意识，他们出而经世应务，担当社会道义，用他们的立身行事、人格魅力与特殊事功，教化民众，规劝风俗，在化民成俗、匡扶世道、安顿人心等方面起着极其重要的作用。

这些展拓于社会空间的士人姿态，构成了传统知识人社会治理知识、思想与行动的各个面向。我们亦可以从纵向发展的视角，对于传统知识人在明清之际这一长时段的表现予以类型化分析。以下先来看中晚明以降士人社团道德救治的经世面向。

二、拯溺起弊：中晚明以降士人道德救治的努力

秦汉以后，圣人往矣，贤才亦难得。在秦汉以后的中国传统社会中，虽然有君主专制下的士、农、工、商组成的"四民社会"之称，但积极的士人形象已超拔于其他三民，往往可以在"君""民"之间拓展出宽广的"臣民社会"，以特殊的姿态主导着类似"君－士－民"式的三维立体社会结构。

中晚明以降，程朱理学的流弊丛脞，引发了全面的社会道德危机。用王阳明的话来讲，当时士人面对的道德窘境，主要是"文盛实衰，人出己见，新奇相高，以眩俗取誉"②。因此"正人心"以拯溺起弊的道德救治，便自然成为士人参与社会治理的重要努力向度。而王阳明的努力，也成为中晚明以来最有代表性的道德救治。

王阳明力倡道德实学，他批评程朱理学"析心与理为二"，其"外心以求理"的学说，引致道德实践上的知行隔碍，人心失落。在王阳明看来，中晚明士人"紧切着实的工夫"③，不是"空口讲说"的章句支离末学，而是力摒其偏枯与支离，在学问中讲究"头脑"，在"知行合一"的学说框架中重新安放古人的"立言宗旨"。

学术思想上若千人一面，定于一尊，"一以程朱之是非为是非"，则必定造成"以学术杀天下"的万马齐喑的堪忧世局。因此，在思考是什么造成明王朝士风衰薄，使"功利之毒""沦浃于人之心髓"的社会危机时，王阳明将之归因于程朱理学对士人思想学术的顽固局执，有一定的合理之处；而他开出的重述圣人"作经之意"，以维护封建纲常名教和明王朝封建统治秩序的药方，就确实在于回归心学，明确"圣人述《六经》，只是要正人心，只是要存天理、去人欲"，从而重振孔孟之道，突出伦理本位，向内收敛，"正人心"以"破心中贼"，由道德实践主体的"一念之

① 郭齐勇：《再论儒家的政治哲学及其正义论》，《孔子研究》2010 年第 6 期；转引自郭齐勇：《道不远人：郭齐勇说儒》，贵阳：孔学堂书局 2014 年版，第 136 页。
② （明）王守仁撰，吴光等编校：《王阳明全集》，上海：上海古籍出版社 2011 年版、2015 年重印，第 9 页。
③ （明）王守仁撰，吴光等编校：《王阳明全集》，上海：上海古籍出版社 2011 年版、2015 年重印，第 4 页。

发"到伸张个性的道德修养的"致良知之教"，摒离空口讲说、知行两截仅有"道学模样"的功名利禄之徒，也实为对症之药，有助于消弭"纯是一片功利的心"的"阴谋诡计"①。

中晚明正值从价值重估到价值重建之激变的社会转型期之初起阶段，活跃于其间的明代心学家，广泛涉入社会，扮演了多重角色，恰如一个个"社区运动者"。正如王汎森笔下的颜钧，就扮演了"社区改善运动者""打破士庶分别的讲学活动者""类似心理咨询商或治疗者"三种角色。颜钧积极地帮助救治士人的"名利心火"，以安抚士人因"科举的残酷竞争及它所带来的高度挫折感，以及商业社会的汲汲求利，乃至于生活的困顿，及赋役负担、饥馑等"②所造成的"名利心火"。颜钧"急救心火"之方，也是"洗思虑嗜欲之盘结，鼓之以快乐，而除却心头炎火"，使人"先正其心，完复天真"③，这既细化了王阳明所言的"功利之毒"，又将救治之念进一步落实在具体的社区实践中。

在陆九渊"须大做一个人"、王阳明反对"功利之毒，沦浃于人之心髓"之后，阳明弟子王畿也开始力寻"真种""真性""真知""真机""真血脉路""真修""实炼"做"真君子"，而李贽反对"假人""假言""假事"，提倡唤醒"童心"做"真人"。④士人自觉追求学术与道德的真诚，"王畿之学特别强调人要真诚地遵从先验的道德理性，要求人们在现实的社会活动中时时以此真诚为出发点，……这一'贵真'思想对李贽产生了深刻影响。"⑤

特别是王阳明的弟子王畿，他早年即为阳明门下"教授师"，晚年仍惶惶求友取益，以传承师门"一脉如线之传"⑥为职志。他一方面不愿离现实的此岸世界，同时还要追求自我的超越与洒脱。在个体生命洒然中，他穷究性命之道，问学求益，作为一生为人为学的"大头脑""真血脉路"。在王畿看来，"八十老依于世情更有何放不下？惟生死一念，眼前实境界，于此超得过，不为恐怖，方是世出世法，方是豪杰作用。"⑦王畿欲求"二三法器"，"思得闭关却扫，偕志友数辈，相与辨析折衷，间举所闻，大旨奥义，编摩辑勒为成典，藏之名山，以俟后圣于无穷，岂惟道脉足征，亦将以图报师门于万一也。"他的弟子陆光宅组织了一个"天心同盟"，他自任"盟主"，以"选择同心，共绍宗传，此学深为有赖"⑧。虽然王畿在传扬师门宗说方面其功甚伟，《圣学宗传》的作者明儒周汝登在为《龙溪王先生全集》所写的序中指出："人而不欲希圣则已，欲希圣

① （明）王守仁撰，吴光等编校：《王阳明全集》，上海：上海古籍出版社2011年版、2015年重印，第10页。
② 王汎森：《明代心学家的社会角色》，载王汎森：《晚明清初思想十论》，上海：复旦大学出版社2004年版，第10页。
③ 颜钧著，黄宣民点校：《颜钧集》，北京：中国社会科学出版社1996年版，第2－3页。
④ 黄敦兵：《王畿学案与黄宗羲的哲学史观》，武汉大学哲学学院硕士毕业论文，2005年。
⑤ 吴根友：《中国现代价值观的初生历程——从李贽到戴震》，武汉：武汉大学出版社2004年版，第91页。
⑥ 《王龙溪先生全集》卷15《自讼长语示儿辈》，清光绪刻本，第22页下。引者按：兹处所引《王龙溪先生全集》，系引者2003年读硕士时初次点读"白文"，部分笔记在硕士毕业论文中有引；因系初入中国哲学门的阅读感受，存此以作忆念。下同。现已有吴震先生编校整理的《王畿集》，为当前学界最通行用本，可参；笔者已初读一过，此后有关王畿思想引文，当据之。
⑦ 《王龙溪先生全集》卷9《与孟两峰》，清光绪刻本，第12页上。
⑧ 《王龙溪先生全集》卷15《天心授受册》，清光绪刻本，第34页上。

则必究文成之宗旨；不宗文成则已，宗文成则必绎先生（按：指龙溪）之语言。故先生之集与《全书》（按：指《文成全书》）相羽翼，是为吾道之正鹄，俟百世而不惑者也。"①王门学说一时大盛，至有"阳明先生之学，有泰州、龙溪而风行天下"②、"家孔孟而人阳明"③之局面。然而，有识之士已看出问题随之而显现，比如，王畿等人在传播师门宗说时，其中渐掺入"虚无之教，食色之性"而有"传阳明者失阳明"④之偏差。所以，刘宗周亦将王学末流之弊归咎于王畿，他说："象山不差，差于慈湖；阳明不差，差于龙溪。"⑤他认为阳明虽不免于"粗且浅"与"不见道"，便不能"病其为禅"，之所以成禅狂之讥，实与后学误读"无善无恶"四字，将其"播弄得天花乱坠，一顿搋入禅乘"⑥，偏离了阳明自己平日"良知即天理""良知即至善"学说的本旨。刘宗周还说："阳明不幸而有龙溪，犹之象山不幸而有慈湖，皆斯文之阨也。"⑦黄宗羲也接续其师观点，清醒地指出说："阳明先生之学，有泰州、龙溪而风行天下，亦因泰州、龙溪而渐失其传。泰州、龙溪时时不满其师说，益启瞿昙之祕而归之师。"⑧他将泰州学派的创始人王艮与王畿一同视为王门功罪参半的高足，认为他们在矫正、发展与弘扬师门宗说时，也逐渐偏离师门，引发了由学术分途所造成的新的文化危机与道德困境。

虽然王学终自有其猖狂荡逸而入"狂禅"之流弊，如刘宗周"猖狂者参之以情识，而一是皆良；超洁者荡之以玄虚，而夷良于贼"⑨之言，虽然王学与明亡有一定的学术渊源，如王夫之所曾痛切指陈，但原其初心，实为救弊而发，有出而为治理社会凋弊之道义承担。刘宗周认为当初王阳明的良知学说，"本以救晚近之支离"，其说一出，"一时唤醒沉迷，如长夜之旦，则吾道之又一觉也"⑩。等到明末，又出现人心失真，伪饰自欺，他指出，"自欺受病，已是出人入兽关头，更不加慎独之功，转入人伪"，而"近世士大夫受病，皆坐一'伪'字。使人名之曰'假道学'。"⑪刘宗周将王学末流之弊，指为"不诚之病"，故提出"以诚意为极则"的主张。⑫直到清初，甚至有颜元独行朱学或王学皆可"杀人"⑬、戴震的理学家"以理杀人"之论，反思末流之弊，正为

① 周汝登：《刻王龙溪先生集序》，见《王龙溪先生全集》前附之序文。
② 黄宗羲：《明儒学案》卷三十二《泰州学案》叙传，载《黄宗羲全集》第七册，杭州：浙江古籍出版社2005年版，第820页。
③ 王士性《广志绎》卷四。引自朱义禄《论刘宗周的唯意志论》，载吴光主编：《阳明学研究》，上海：上海古籍出版社2000年版，第279页。
④ 孙奇峰：《夏峰先生集补遗》卷上，《答问》。
⑤ 刘宗周：《会录》，载吴光主编：《刘宗周全集》第二册，杭州：浙江古籍出版社2007年版，第518页。
⑥ 刘宗周：《答韩参夫》，载吴光主编：《刘宗周全集》第二册，杭州：浙江古籍出版社2007年版，第359页。
⑦ 刘宗周：《答韩参夫》，载吴光主编：《刘宗周全集》第二册，杭州：浙江古籍出版社2007年版，第359-360页。
⑧ 黄宗羲：《明儒学案》卷三十二《泰州学案》叙传，载《黄宗羲全集》第七册，杭州：浙江古籍出版社2005年，第820页。
⑨ 刘宗周：《证学杂解》，载吴光主编：《刘宗周全集》第二册，杭州：浙江古籍出版社2007年版，第278页。
⑩ 刘宗周：《证学杂解》，载吴光主编：《刘宗周全集》第二册，杭州：浙江古籍出版社2007年版，第278页。
⑪ 刘宗周：《证学杂解》，载吴光主编：《刘宗周全集》第二册，杭州：浙江古籍出版社2007年版，第263页。
⑫ 刘宗周：《证学杂解》，载吴光主编：《刘宗周全集》第二册，杭州：浙江古籍出版社2007年版，第278页。
⑬ 颜元曾指出："果息王学而朱学独行，不杀人耶！果息朱学而独行王学，不杀人耶！今天下百里无一士，千里无一贤，朝无政事，野无善俗，生民凋丧，谁执其咎耶！吾每一思斯世斯民，辄为泪下！"参颜元《习斋纪余》

关切时弊，沉潜深思，力图起而救之。政治革新的学术因缘，端赖于此。

有关明代知识人救治社会人心的道德努力，黄宗羲在《明儒学案》中亦有反复赞扬。黄宗羲认为，"有明之学，至白沙始入精微。其吃紧工夫，全在涵养。喜怒未发而非空，万感交集而不动，至阳明而后大"，[①] 还说，"有明儒者，不失其矩矱者亦多有之，而作圣之功，至先生（按：指陈献章）而始明，至文成而始大，向使先生与文成不作，则濂、洛之精髓，同之者推见其至隐，异之者亦疏通其流别，未能如今日也。"[②] 明代学术脉流，秩然不失。其中，陈献章对王学兴起有引发之功，而明末大儒刘宗周则集王学之大成，并力行救治之能："有明学术，白沙开其端，至姚江而始大明。盖从前习熟先儒之成说，未尝反身理会，推见至隐，此亦一述朱，彼亦一述朱。高景逸云'薛文清、吕泾野语录中皆无甚透悟'，亦为是也。逮及先师蕺山，学术流弊，救正殆尽。向无姚江，则学脉中绝；向无蕺山，则流弊充塞。凡海内之知学者，要皆东浙之所衣被也。"[③] 他在《姚江学案》叙传中说："有明学术，白沙开其端，至姚江而始大明。[④]（中略）后来门下各以意见掺和，说玄说妙，几同射覆，非复立言之本意矣。"亦可以看出学派创始人的学术致思取向中的道德努力。

也许正是基于对于宋明以来的学术思想史进行"学案式"梳理，黄宗羲才不拘泥于道德救治一途，由思而行，由内而外，转向探索社会救治的政治实践蓝图，从而典型地代表了明清社会转型中"实学"发展的新动向。

三、 "明夷待访"：明末清初士人制度重建的救世努力

解决文化危机与道德危机的根本之途，虽不能全靠经世事功，但绝不能止于内在省察。从应然层面讲，道德修养与现世事功确应合一而为功。中晚明以降士人的道德救治面临前所未有窘境，至刘宗周已经较王阳明而进一步向内收束，至有"诚意"的道德修养工夫，与外在经世事功似较前更显偏离。

然而，中晚明士人的"心火"之疾、"功利"之痛，还只是社会危机之一面。随后明清之交的士人，将深切感知仍在持续的四海困穷的经济危机，以及明清鼎革带来的拷问士人灵魂的道德尴尬与文化危机。在他们的社会治理观念中，因复杂因素的渗透而呈现出新的特点。

儒者从古即主张"学而优则仕"，而呼唤真实据有的"王佐之才"。儒者的经世理想是，在

卷六《阅张氏王学质疑评》，载颜元著，王星贤等点校：《颜元集》，北京：中华书局 1987 年版，第 494 页。

[①] 黄宗羲：《明儒学案》卷五《白沙学案》叙传，载《黄宗羲全集》第七册，杭州：浙江古籍出版社 2005 年版，第 78 页。

[②] 黄宗羲：《明儒学案》卷五《白沙学案》上，载《黄宗羲全集》第七册，杭州：浙江古籍出版社 2005 年版，第 81 页。

[③] 黄宗羲：《移史馆论不宜立理学传书》，载《黄宗羲全集》第十册，杭州：浙江古籍出版社 2005 年版，第 221 页。

[④] 浙江古籍出版社 2005 年版无此句，今据文渊阁《四库全书》本（上海：上海人民出版社、迪志文化出版有限公司全文电子版）补入。

"书生意气，挥斥方遒"，自识"天下一二着可定"之余，尚须真实用力，促使学问走向实际政治，从"道统"走向"治统"。明末清初的黄宗羲和唐甄，就是持此经世理想的儒者。黄宗羲，"条具为治大法"，"待访"于明王，力图去重新设计社会根本制度；而迹近隐者的唐甄，著《潜书》而"衡"论天下，二人均期待于异时或异世之大用。即使暂不能"学而优则仕"，以通达富贵之门，也要学而优则"雅"，通向文化人的文雅之途，"潜"伏著述，藏之名山，影响后学真心向学，在成就高名之时引领文风与士风。

综观明清之交，士人普遍遭遇到前所未有的生存困境。关于这困境，我们似可从经济、政治、文化三方面粗线条的勾勒中看出。第一，经济上，国家经济困窘，地方财政吃紧，科举仕途拥堵、生存能力低下等原因也常使士人空前地面临着生计困境，读书仕进是花时间、精力、消耗大量资金，收效较迟或不易见收益的"长线投资"，士人在"应事知务"之前的谋生能力、技巧低下甚至缺失，俗世化生存中更突出"百无一用是书生"的主题。比如，知识人如唐甄，亦不免作"商之下者"之牙商，以免于经济困顿。第二，政治上，仕途日益窄狭，士人上进之路日隘；在朱明王朝被满清王朝鼎替的政治大变局下，加剧君臣伦理异化，入清的明代遗民在出处去就问题徘徊，家国意识淡漠，较少反思制度缺陷以摆脱。第三，风俗文化上，纠结于"忠于一姓"还是"忠于国族文化"，在"不仕"与"归隐"与"出仕异族政权"之间作博弈，在"文字狱"的政治高压与"夷夏大防"的文化气节等多重因素催动下，士风卑靡，其中，有的仅止于不仕新朝而若即若离，有的逃离俗世的艰难抉择而投身"二氏"，也有的臣服于异族政权，干脆做了"还魂举人"、失节"贰臣"。

立体推进的社会异动"倒逼"知识人省思，引发知识人在政、学、治等维度展开其思想诠释与社会建构。诚如张之洞在《劝学篇》的"序"中所言："窃惟古来世运之明晦，人才之盛衰，其表在政，其里在学。"[1]这一觉识，几乎可算得上是中国传统知识人的基本共识。反思学统，也终会将激扬文字、傲视王侯、高扬道统的学问精神与道德理想，真正落实到"经世致用"上。既然"经世致用"是"弥漫在明清之际思想界一种共同精神"，那么许多学者也就会在不知不觉中感受到。正如李塨重视修身、致用之学，牵引其向外"经世济民"："古人之学，礼、乐、兵、农，可以修身，可以致用，经世济民，皆在于斯，是所谓学也。书，取以考究乎此而已，专以诵读为务者，非学也，且以害学。"[2]我们无法在此文中全面展开这一经世致用的精神资源，仅根据本文关注的嬗变视角，我们想着重指出的是，在李氏之前，黄宗羲所提倡的"绝学"，促使讲究道德心性修养的"实学"显发了向社会事功创立转向的品格，足堪这种"经世致用"学风的重要代表。

从学理演变史角度来看，"学而优则仕"中的"学"，其内涵除了学作古代科举仕途之士人外，"学"本应兼涉的其他面相得到了空前凸显，"学"的泛化意涵在知识化的近代化过程中逐步突破旧有的框架与逻辑，为士人形象的多样化、世俗化奠定了重要的思想史基础。

---

① 苑书义、孙华峰、李秉新主编：《张之洞全集》第十二册，石家庄：河北人民出版社 1998 年版，第 9704 页。

② 颜元《存学编》前附郭金城《序》引李塨语。载（清）颜元著，王星贤、张芥塵、郭征点校：《颜元集》，北京：中华书局 1987 年版，第 37 页。

从政、学、治一体演进出发，我们似可更清楚把握黄宗羲的理想社会的建构逻辑。他主张"学贵适用""学道与事功"相统一，批评当时学界中的乡愿之风，指斥举世"糜烂于文网世法之中"，抨击学者不问世事，"天崩地坼，无落吾事"①。黄宗羲呼吁学术要与社会关切结合起来，要着眼于"通今致用"，他著《明夷待访录》正是要表达自己的经世致用之主张与制度重建之设想。在该名著的《取士下》篇中，他重新诠释了"绝学"："绝学者，如历算、乐律、测望、占候、火器、水利之类是也。郡县上之于朝，政府考其果有发明，使之待诏，否则罢归。"②一方面，这是出于恢复儒学"经纬天地"的治世品格，是欲有所"立"；另一方面，也是要批评空谈道德的"空疏"之学，是亦有所"破"。

黄宗羲还有一段为学界所熟知的话，需要在此再加引释。他说："儒者之学，经纬天地。而后世乃以语录为究竟，仅附答问一二条于伊、洛门下，便厕身儒者之列，假其名以欺世。治财赋者则目为聚敛，开阃扞边者则目为粗材，读书作文者则目为玩物丧志，留心政事者则目为俗吏，徒以'生民立极、天地立心、万世开太平'之阔论钤束天下。一旦有大夫之忧，当报国之日，则蒙然张口，如坐云雾，世道以是漻倒泥腐，遂使尚论者以为立功建业别是法门，而非儒者之所与也。"③主张"多读书"的黄宗羲博学多识，杂采兼收，而又条出有致。此段所论，大概系黄宗羲采自南宋周密《志雅堂杂钞》卷上所载之沈子固语，沈氏语云："道学之党，名起于元祐，盛于淳熙，其徒甚盛，蟠结其间。假此以惑世者，真可嘘枯吹生。凡治财赋者，则目为聚敛；开阃扞边者，则目为粗才；读书作文者，则以为玩物丧志；留心吏事者，则以为俗吏。盖其所读书，止《四书》《近思录》《通书》《太极图》《西铭》及《语录》之类，自诡为绝学者。正心齐家，以至治国平天下。故为之说曰：'为天地立心，为生民立命，为前圣继绝学，为万世开太平。'为州、为县、有监司，必须建立书院或道统诸贤之祠，或刊注《四书》，衍缉《近思》等文，则可不错路头去。下而士子作时文，苟能发明圣贤义蕴，亦可不负名教矣。否则，立身如温公，文章气节如东坡，皆非本色也。复有一等伪学之士竞趋之，稍有不及其党，必挤之为小人。虽时君亦不得为辨之，其气焰可畏如此。然所行所言略不相顾，往往皆不近人情之事。驯至淳祐、咸淳，则此弊极矣！是时为朝士者，必议论愦愦，头脑冬烘，敝衣菲食，出则以破竹轿，舁之以村夫，高巾破履。人望之，知为道学君子，名达清要，旦夕可致也。然其家，囊金匮帛，为市人不为之事。贾师宪独持相柄，惟恐有夺其权者，则专用此等之士，列之要路，名为尊崇道学，其实幸其愦愦不才，不致掣其肘，以是驯致万事不理，丧身亡国。呜呼！孰倡伪学之党，甚于典午之清谈乎？"④我们之所以将沈氏此段几乎全抄于此，并非因为一般引者几乎均未全引所带来的遮蔽之憾，实在是因为沈氏对清谈、对虚伪的道学家极尽挖苦的刻画，虽未必与史实

---

① 黄宗羲：《黄宗羲全集》第 1 册，杭州：浙江古籍出版社 2005 年版，第 164 - 165 页。

② 黄宗羲：《黄宗羲全集》第 1 册，杭州：浙江古籍出版社 2005 年版，第 19 页。

③ 黄宗羲：《赠编修弁玉吴君墓志铭》，载《黄宗羲全集》第 10 册，杭州：浙江古籍出版社 2005 年版，第 433 页。

④ 该段前有"尝闻乡曲沈子固先生云"云云。参见南宋周密《志雅堂杂钞》卷上，载"粤雅堂丛书"，页三十六上至三十七下。

完全相合，却直面当时存在的蹈虚的士风，为后世思想家提供了重要的反省对象，也坚定了他们黜虚归实的学术进路。

作为清代"浙东史学派"的创立者，黄宗羲继承并弘扬了南宋"事功派"的"经史并重""经事致用"的为学宗旨与治学风格。[①] 以黄宗羲的博识，周密撰辑的《志雅堂杂钞》当亦曾进入他熔铸学术经世观念的思想视界。黄宗羲回溯宋、元、明儒学案，重建学脉，字里行间，历然可见其积极的救世应务之念。在黄宗羲看来，在科举记诵之学外，实在应该真实显发传统学术中的人文知识之学，科学技术之学，以及有关生计实用的商贾之学。正是出于对"亡国之惨"[②] 及"鱼烂河决"[③] 社会现实的深切体察，黄宗羲对他的遗民身份有了新的自觉，也进一步激发他萌生了对豪杰型君子人格理想的追慕。所以，黄宗羲伦理思想的价值追求，本身就带有在学术与政治之间保持紧张与冲突的批判特色，并具有相应的"公天下"的价值理想预设。这在很大程度上说明，黄宗羲力图突破"天崩地解"时代所遭遇到的伦理困境，寻觅命世豪杰以"扶危定倾"，并试图提出相对恰切的伦理政治方案。[④] 黄宗羲的救治努力，代表了明清社会转型期最高意义的社会治理方向，成为中国思想史上制度建设的重要资源和有益营养。

四、结语

传统士人治世的价值根据是心忧天下的"忧患意识"，价值目标是"公序良俗"。明清之际士人在社会治理方面的思想主张，凸显了他们作为知识精英的社会责任，集中反映了他们所承续并弘扬的中国传统文化价值观念中的"忧患意识"。明清之际的两大"乱"因，即一是缘于驰骛于功利的"心中贼"造成的内在心灵动荡与价值观混乱，二是缘于王朝更替引发的社会大动荡，使得中晚明知识人的应世态度主要表现为道德救治的努力，明清之交的知识人则主要是设计社会制度的综合方案。

总之，明清之际士人的时代关切与治世理念，大致呈现为从道德救治到制度重建的嬗变过程。虽然士人一直没有放松道德救治的努力，而每一时代也不乏提出社会综合治理政治方案的致思取向，但在明清之际的不同时段，却有格外突出的特点。如果可以借既成术语以形象地说明明清之际经世观念演变的话，那么我们大概可以说这一转型期的学术大致呈现了从"尊德性"向"道问学"转向的趋势。其中，道德救治主要体现了"尊德性"治世方向之重要内涵，而佐王救世的政治方案则主要体现了"道问学"在治世事功与政治实践方面的重要面相。

通过审慎解读可知，传统核心价值在当今社会治理的各个层面，仍有极其重要的价值。郭

① 徐定宝：《黄宗羲与浙东学术》，北京：海洋出版社 2010 年版。
② 黄宗羲：《万履安先生诗序》，载《黄宗羲全集》第 10 册，杭州：浙江古籍出版社 2005 年版，第 50 页。
③ 李塨著，冯辰校：《恕谷后集》，上海：商务印书馆 1936 年版，第 39 页。
④ 黄敦兵：《黄宗羲伦理思想的主题及其展开》，北京：中国社会科学出版社 2012 年版，第 42 页。

齐勇先生将传统核心价值观视为调治人心、建设和谐世界的重要的"精神资源"。他说："在做人做事的各方面，在人性修养，整饬吏治，加强廉政，降低管理成本方面，传统核心价值观仍有效用。"[①]这也提示儒学研究者当永远坚持自己的职志，守成开新，创造转化。今天重新疏释明清之际士人经世观念、治世面向的这一嬗变过程，既能有助于重新审视明清之际社会转型的具体特征，也可为当前研讨国家治理体系现代化提供一种理论借鉴。

作者简介：黄敦兵（1975 － ），男，河南桐柏人，中国哲学博士，中国古典文献学博士后，湖北经济学院学术骨干，马克思主义学院副教授，硕士生导师，中国传统文化与哲学研究中心、大学生思想政治教育评价中心、湖北企业文化研究中心兼职研究员。

[①] 郭齐勇：《时机与意义：国家的兴盛与国学的复兴》，载《中国社会科学内刊》2007 年第 1 期，转引自郭齐勇著《道不远人：郭齐勇说儒》，贵阳：孔学堂书局 2014 年版，第 24 页。

阳明学的后退——论聂双江的思想*

荒木见悟 / 文　　申绪璐 / 译

摘要：聂双江作为阳明弟子，并未完全接受王阳明无分于动静感通的工夫论思想，尤其批评以王龙溪为代表的良知现成主义，并提出自己的归寂工夫说。聂双江以主静、主敬树立冷静沉着的心之哲学，在心与外物感应之前首先预养良知寂体，此即双江的预养说。但是这反而限制了在实践中致良知的阳明学核心精神，心被规定为特定的实体，外在的事物成为了心之影迹，反而更接近阳明学反对的朱子学。个人与社会，现实与理想的对决观念薄弱的归寂思想，最终不得不承认已有的历史构造。这里出现了阳明学的后退，也是所谓的归寂派无法引领时代潮流的原因。

关键词：聂双江；王阳明；王龙溪；归寂说；现成说

一、主静立场的提倡

一般讨论思想的进步或者后退，多与其蕴含的社会思潮的本质有关。不过此处作为阳明学的后退而讨论的聂双江思想，则与其稍有不同，这是依据阳明学与朱子学的思想构造的对比，与本质不同的两种学术的相似度为基准。原本朱子学作为官方认可的学说，在其教学权威得以确保的社会中，与其距离的大小，大概直接就可以作为判断社会思想进步或者后退的一个标准。但是这里，对于社会具体问题的意识方向、应对方法暂且搁置一边，从更加根本的思想构造来说，阳明学的后退即向朱子学的接近，聂双江的思想即可视作如此。为此，有必要首先讨论一下作为朱子学的超克而出现的阳明学的本质。

　心在保持其主体性的同时，还要应对客观世界的条理而发动，其中必须时时存有贯穿主客、超越个体的理的安定地带，必须先验地规制主体的思维、判断和行动，绝不允许以私意而动，以此思考方式为基调的即朱子学所提倡的性即理说。但是，过于承认理的优先性，心动态的自由活动被削弱，最终丧失理本身的流动性，其退化和自我束缚走向极端。有鉴于这样的弊病，拒绝不

---

*　日语原文《聂双江の思想——阳明学の後退》初次发表于《日本中国学报》第 23 号，1971 年。后收于荒木见悟著《陽明学の開展と仏教》，东京：研文出版 1984 年版。

经心（主体）验证的理的预设，进而提倡完全依赖念念不断的真心（良知＝浑一之心）的活动，这就是阳明学所提倡的心即理学说。理，不是如朱子学所言必须在客观世界探求——这是以个别的理而不须心的验证就自足存在为前提，而是应当致我们的心之良知于事事物物所显现、创生出来的。在此，心所创生之理要对客观地、历史地传承、确定的条件、条理，在何种程度尊重，如何选择取舍呢？由此以什么样的表现样式重构呢？这些亦当全部依赖主体的判断。那么，由其创生的判断样式，工夫方法，条理认知的不同立场，有可能会千差万别。尤为重要的决断分歧点在于，对那些先行所予的条件、素材的继承、吸收，在何种程度上接纳呢？又在何种程度上接受其固定性、稳定性呢？要对被继承的素材、条件尽可能地突破，自由地体验建构，那么大概要宣告心不被先行素材、既成价值所系缚、限制，进而强调心对这些素材、价值的破坏力、解构力。相反，如果认为尽可能地尊重传承而来的素材、条件，能够通过展现其精彩而复苏思想，那么就应该抑制心不受约束的跃动，重视沉潜着实的反思。阳明本身虽然处于这样的分化以前，但是其心学原本就具有强烈的社会关心，在一定的意义上带有革新现实的抱负，而其传承者以资质和意向的不同分化出各色派别，具有不同的特质。作为辨清这些派别本质的一个视角，刚刚提到与朱子学的距离即可成为一个考察点。

基于以上的观点考察聂双江的思想，将其与立场截然不同的王龙溪、欧阳南野的思想进行对比，不仅非常方便而且也是绝对必要的。对于时弊，双江感叹：

> 近时有名为讲学，而猖狂自恣，往往以主静为禅学，主敬为迂学，而跳梁呼号，坐作语默，一随其意之所便，无所顾忌，而名为自得。哀哉！（《双江集》卷十四《困辩录》）①

双江明确地表明自己的学问志向。具体而言，他反对以龙溪为中心的过激派那样信任良知压倒性的权威，猖狂自恣，随意之所便的无规范、无计划的行为方式。终其一生，双江都要以主静、主敬树立冷静沉着的心之哲学。本来良知说的第一义就是，依照每个主体自己内在的冲动欲求，尽量地扩充、生化心之全体。因而与以性即理为原点的性理学相比，一直都面临被私意（或者说恣意）代替的危险，而且相比性理学，对立的类别、方向、质量都更加复杂多样。如果在此发生了所谓无限定、无规范的事情，那么应该用什么样的方法来纠正呢？如果为了对其予以抑制，那么对心进行一定的约束，置于一定的监视之下的话，这不外乎心学的自我灭亡。例如以既成的道德体系为基准，以对其符合与否判定正邪公私的话，那么不得不说这已非良知说。因为良知是自我判定自我的行为，被他者视为猖狂也不会马上听从，而且即使被他者认为是正义的，也不会有所自满。

当然，良知是将万物一体之仁作为内部的欲求而保持，因而即使有自我的欲望满足和私意放纵，也不会将其看做良知的显现。不过良知学者自身反思猖狂自恣，应对处理事情不过是依良知的独用而为，只要期待其活动方式的自主调整即可。这样的自主调整，却在自主的名义下使意

---

① 聂豹撰，吴可为编校：《聂豹集》，南京：凤凰出版社 2007 年版，第 551 页。日语原文所用《双江集》为云丘书院藏版明刊本。

欲进一步膨胀，虽然也会活力倍增，但相反也可能以自肃之名陷入一味地沉静虚寂。前者所谓猖狂自恣、私意放纵的现象，作为良知心学发展过程中的乱风，不必将其看做心学危机的表现。但后者可能招致心学本身的失败，因而不得不思考抑制防御的对策。这是阳明门下左右两派对立的实质原因。那么龙溪与双江之间，具体是如何看待的呢？

"心之良知，非假事物之理为之证，师心自用，疑于落空。"对于这样的疑问，龙溪回答：

> 夫万物皆备于我，非意之也。目备万物之色，耳备万物之声，心备万物之情，天然感应，不可得而遗也。目惟空，始能鉴色；耳惟空，始能别声；心惟空，始能类情。苟疑其堕于空也，而先涂之以黑白，聒之以清浊，淆之以是非，为应万物之准，岂惟不足以取证，聪明塞而睿知昏，其不至于聋瞆而眩者，几稀矣！（《王龙溪集》卷十《答吴悟斋》）①

对龙溪而言，被看做师心自用的现象，与其对此发生感到担忧，莫若提防良知本身先验地受到拘束，为此应首先当下贯彻没有理之痕迹的空，这是先决条件。因此所谓的工夫，无非是贯穿这一本体动静寂感的自我充足，克服对其妨碍的诸条件，没有必要对心（良知）感到畏缩。对于龙溪的现在成就、现在集中主义，双江反驳：

> 师云："良知是未发之中，寂然大公的本体。"但不知是其赋畀之初者言之耶？亦以其见在者言之也？如以其见在者言之，则气拘物蔽之后，吾非故吾也。譬之昏蚀之镜，虚明之体未尝不在，然磨荡之功未加，而递以昏蚀之照为精明之体之所发，世固有认贼作子者，此类是也。（《双江集》卷八《答王龙溪》）②

双江所注意的，并非仅仅在当下的处境中，纠正当下聚集的弊病，而是当下与赋畀之初的割离（由此自己与自己所禀赋的割离），心学的基点应当置于"赋予之初"。当下暂置一边，我们能否把握"初"呢？如果能够把握，这样的"初"有什么样的本质特征呢？这里大概是发现双江思想的本质与不同的关键。

以上通过与龙溪的对比而探求双江的立场，为了进一步明确把握这些问题，有必要回溯讨论阳明与双江的关系。双江为了强调其归寂，经常引用以下两条阳明的资料。

A"良知是未发之中，寂然大公的本体，便自能感而遂通"

B"体立而用自生"③

对于信奉浑一无间的心学者而言，理论承认上良知的体用一源、已未贯通，这是最基本的必要条件。双江当然也是立足于这样的前提，而且双江提出工夫的焦点应当在于先确立心之本体，即此本体未与具体事物交感之时的虚静状态。他的这一归寂思想，本质上是以怎样的伦理观、人性观作为核心支柱呢？后文再作讨论。这里对于阳明的说法作出如上的理解，是否真的是

---

① 王畿撰，吴震编校：《王畿集》，南京：凤凰出版社 2007 年版，第 247 页。

② 聂豹撰，吴可为编校：《聂豹集》，南京：凤凰出版社 2007 年版，第 267 页。

③ 分别见于《赠王学正之宿迁序》（卷四）、《复古书院记》（卷五）、《答欧阳南野第三书》（卷八）、《答松江吴节推》（卷八）、《答何吉阳》（卷九）、《答邹西渠第一书》（卷九）、《答王龙溪》（卷十一）等。

阳明的原意呢？与其又有着怎样的关联呢？材料 A 源于《传习录》卷中《答陆原静第二书》。

> 良知即是未发之中，即是廓然大公、寂然不动之本体……体即良知之体，用即良知之用，宁复有超然于体用之外者乎？①

> 未发之中，即良知也。无前后内外，而浑然一体者也。有事无事，可以言动静，而良知无分于有事无事也。寂然感通，可以言动静，而良知无分于寂然感通也。②

该文彻头彻尾都在强调体用一致、动静已未一体，并未特别强调良知寂的倾向。材料 B 源于《传习录·卷上》。

> 盖体用一源，<u>有是体即有是用</u>。有未发之中，即有发而皆中节之和。③

划线一句即"体立而用自生"的来源。作为本来体用相即而提出的阳明一语，变成了双江的体主用从。④有关良知本质规定的这一变化，又表现在作为实践论的格物说。阳明的格物论，是身心意知物一体化，无论动静都应正心之本体而行。如阳明所说"故区区专说致良知，随时就事上致其良知，便是格物"。（《传习录》卷中《答聂文蔚第三书》）然而聂双江却如下解释格物。

> 夫心无不正也，感于物而动，然后有不正。于是即物以正吾心之不正，非谓物有不正而正夫物也。（《双江集》卷八《答欧阳南野第三书》）⑤

换言之，感物而动之前心无不正，另外心所感之物本身亦无不正，心与物接的方式（意之所及）中会有所不正。这明显是以感与未感而对心的存在方式的一个区分，而且也是心与物之间所画的一条界线。全力倾注于从已发事用切离出的本体保存与培养，这就是归寂说的关键。但在阳明看来，则不得不看做是明显地在守寂一层空转。《传习录》卷中所收《答聂文蔚（双江）》第二书，所要表达的就是这样的意思。

> 今却不去"必有事"上用功，而乃悬空守着一个勿忘勿助。此正如烧锅煮饭。锅内不曾渍水下米，而乃专去添柴放火，不知毕竟煮出个什么物来。吾恐火候未及调停，而锅已先破裂矣。⑥

该书中阳明还提道：

> 若时时刻刻就自心上集义，则良知之体，洞然明白。自然是是非非，纤毫莫遁。⑦

尽管阳明如此明确地表明无偏于动静寂感的良知本质与工夫方法，仍然如前所引的材料 A 与材料 B（刚刚已经指出这是双江改变后的），双江主张归寂主静说，"故学问之道，自其主乎内之寂

---

① 陈荣捷：《王阳明〈传习录〉详注集评》，重庆：重庆出版社 2017 年版，第 175 页。

② 陈荣捷：《王阳明〈传习录〉详注集评》，重庆：重庆出版社 2017 年版，第 177 页。

③ 陈荣捷：《王阳明〈传习录〉详注集评》，重庆：重庆出版社 2017 年版，第 67 页。

④ 双江还将阳明所说"（一贯之）一如树之根本，贯如树之枝叶。未种根，何枝叶之可得？体用一源，体未立，用安从生？"（《传习录卷上》）解读为"一是树之根本，贯是树之萌芽。体用一原，体立而用自生"。（《答欧阳南野第三书》，卷八）不过，虽然双江的解读有不当之处，但从阳明的整体思想而言，也可以理解为与"无所用即无体"是表里一体的。

⑤ 聂豹撰，吴可为编校：《聂豹集》，南京：凤凰出版社 2007 年版，第 248 页。

⑥ 陈荣捷：《王阳明〈传习录〉详注集评》，重庆：重庆出版社 2017 年版，第 215 页。

⑦ 陈荣捷：《王阳明〈传习录〉详注集评》，重庆：重庆出版社 2017 年版，第 216 页。

然者求之，使之寂而常定也，则感无不通，外无不该，动无不制，而天下之能事毕矣"。(《双江集》卷八《答欧阳南野第三书》)① 即使有其自身的意图，但也不得不说这明显是阳明思想的一种后退。因此欧阳南野警告，"夫体立用行，静虚动直者，盖圣人内外两忘，一以贯之之学，而端倪微差，未免于二之，则虽与后世是内非外及内外交养者不同，然其未得精一之旨，则一而已。"(《南野集》卷四《寄聂双江第一书》)② 王龙溪虽然使用"寂是心之本体"这一与双江接近的说法，但强调"(寂)不可以时言。时有动静，寂则无分于动静"，进而反驳到"先师云：'动者，心之本体。动静，所遇之时。'"(《双江集》卷十一《答王龙溪所引》)③

另外，阳明在其一生中所谓教三变的第二期是以默坐澄心为宗，提出"大率以收敛为主，发散是不得已"。但是周围发生"喜静厌动"的弊病，因而进一步提升提出致良知三字。"默不假坐，心不待澄。"④ 转入收敛发散自在的境地。(《王龙溪集》卷二《滁阳会语》)此处的静坐澄心，并非心的哲学归趣，只不过作为良知独用中的一个调整机能，承认其作用而已。因此阳明本人也强调"良知明白，随你去静处体悟也好，随你去事上磨炼也好。良知本体，原是无动无静的。"(《传习录》卷下)⑤

需要指出的是，作为支持其归寂思想的理由，双江还引用阳明的"舍心逐物"一句，为了避免"逐物"必须首先确立心。但是阳明此语的真正含义并非说暂时不与物接是心之正常化的必要条件，而是说物与心分离，行事的场合心没有完全自觉地承担责任。不逐物之心，并非在与物相接以前树立，而是批评与物相接时心的缺位。即批评本心被隐藏、被疏离，未能担负任何责任的遮蔽状态下处理事物。因此克服"逐物"这一主体丧失的现象，其工夫不是要从物返还到心，而是必须在物之本身，原原本本地投入心之全体。将良知所具有的动静无碍的性格予以静态化，而且对此特别强调，使良知活泼的生命力归于稳静，双江的思想就是偏向于此。那么这一良知主静的后退，到底具有何种意义呢？为何这一偏向的出现有其必然性呢？

二、主静主义的构成意图

如上节所述，将原本内外动静不分的阳明良知说予以虚寂化的聂双江，也曾借机说明"寂体无间于动静内外"(《双江集》卷八《答欧阳南野第三书》)，"主静之静非对动而言，艮止之止非对行而言。合动静行止而一之，学问之定功也"。(同上)⑥ 但是这不过表明他所提倡的虚寂不同于佛教的枯寂退婴，以及不忽忽向外的发动，却非寂感动静始终如一的解释。他明确提出如下

① 聂豹撰，吴可为编校：《聂豹集》，南京：凤凰出版社 2007 年版，第 241 页。
② 欧阳德撰，陈永革编校：《欧阳德集》，南京：凤凰出版社 2007 年版，第 130 页。
③ 王畿撰，吴震编校：《王畿集》，南京：凤凰出版社 2007 年版，396 页。
④ 王畿撰，吴震编校：《王畿集》，南京：凤凰出版社 2007 年版，第 33 页。
⑤ 陈荣捷：《王阳明〈传习录〉详注集评》，重庆：重庆出版社 2017 年版，第 264 页。
⑥ 聂豹撰，吴可为编校：《聂豹集》，南京：凤凰出版社 2007 年版，第 244 页。

的寂静优先主义。

> 又谓寂感无二界，动静无二时，此说之惑人，久矣。夫寂感动静，犁然为两端，世固有感而不本于寂，动而不原于静，皆妄也。惟感生于寂，动原于静者，始可以言道心。（《双江集》卷九《答胡青厓》）①

> 夫无时不寂，无时不感者，心之体也；感惟其时，而主之以寂者，学问之功也。故谓寂感有二时者，非也；谓工夫无分于寂感，而不知归寂以主夫感者，又岂得为是哉？（《双江集》卷八《答东廓邹司成第一书》）②

在如此强调归寂功夫之时，将心聚集于当下一点，倾全力于无前无后工夫的王龙溪现成主义，批评为"误尽天下学者"（《双江集》卷九《寄罗念庵第十五书》）③，"半路修行，卒成鬼仙。"（《双江集》卷十《答戴伯常》）④ 当然纵使没有如此过激，对于赞成将工夫集中于已发的一派，也断然予以批评。一般不在未发时培养良知，而在已发的事用上用功的思想就可以被称作知觉主义。双江断定这一知觉主义就是忘掉根本，只用心于培养枝叶、花果的支节论、助长派。

> 根本者，枝叶花实之所从出也。培根者，培其枝叶花实所从之根，非以枝叶花实为根而培之也。今不致感应变化所从出之知，而即感应变化之知而致之，是求日月于容光必照之处，而遗其悬象著明之大也。（《双江集》卷八《答欧阳南野第三书》）⑤

> 夫本原之地，要不外乎不睹不闻之寂体也。不睹不闻之寂体，若因感应变化而后有，即感应变化而致之，是也；实则所以主宰乎感应变化，而感应变化乃吾寂体之标末耳。（同上）

这里言及孟子（《尽心上》）的爱敬论，知觉主义遗忘了回溯爱敬产生的根源，将爱敬本身解作良知，将恻隐羞恶本身认作仁义。如果这样以知觉为本体，将爱敬、恻隐、羞恶的情感发动状态以"不学不虑"（无意识状态）来保持认作工夫的本义，那么其流弊就会导致"浅陋者恣情玩意，拘迫者病已而稿苗，入高虚者遗弃简旷，以耘为无益而舍之"（《双江集》卷四《送王惟中归泉州序》）⑥。双江批评知觉主义或现成主义都"滞于外发"的立场，相反在对方看来则是"堕于空虚""有动静内外之分，则用功未免有取舍，有先后。"（《南野集》卷四《寄聂双江第三书》）⑦ 成为招致这些批评的原因。不过双江认为只是随意地将已发未发、寂感一体流于口说的知觉主义、现成主义，最终只能如博识闻见之徒一样，逐影逐块，陷于无意义的恶性循环，定将流于义袭。他们只是"类以意念流转为妙用格物之学"（《双江集》卷四《送李子归宁都序》）⑧。在此双江所说的助长、

① 聂豹撰，吴可为编校：《聂豹集》，南京：凤凰出版社 2007 年版，第 293 页。
② 聂豹撰，吴可为编校：《聂豹集》，南京：凤凰出版社 2007 年版，第 261 页。
③ 聂豹撰，吴可为编校：《聂豹集》，南京：凤凰出版社 2007 年版，第 292 页。
④ 聂豹撰，吴可为编校：《聂豹集》，南京：凤凰出版社 2007 年版，第 351 页。
⑤ 聂豹撰，吴可为编校：《聂豹集》，南京：凤凰出版社 2007 年版，第 242 页。
⑥ 聂豹撰，吴可为编校：《聂豹集》，南京：凤凰出版社 2007 年版，第 78 页。
⑦ 欧阳德撰，陈永革编校：《欧阳德集》，南京：凤凰出版社 2007 年版，132 页。
⑧ 聂豹撰，吴可为编校：《聂豹集》，南京：凤凰出版社 2007 年版，第 84 页。

义袭、矜持、揣摩，对于为学而言可以说都是致命的批评，双江经常如此议论。那么这里争论的理论妥当性到底如何？对其应当如何评价呢？

如第一节所述，从性即理转向心即理是阳明心学的最大特色，即从先行的理（性）的束缚中解放，不盲从理的超个体权威，而是信任各人内心的判断。这样的心并非唯心的、观念的，而是蕴含事理内外、主客动静的场。各种障碍、抵触的事象，不能简易地单纯化，而应当紧密地一体化把握，这正是良知说的强韧性与自主性之所在。理创造、认定的活动，都应在此良知的范围内活泼自在地发挥。阳明提出"夫良知之于节目时变，犹规矩尺度之于方圆长短也"（《传习录》卷中《答人论学书》）①。双江也接受这一点，也说道"良知者，轻重长短之权度也"（《双江集》卷十一《答董明建》）②。但是问题在于，良知创生条理、规矩的能力应在何程度、以何种形式接受呢？安心地依据已有的道德标准（典要）、社会风俗，只在心之正常性中按捺，那么不只良知的自主性会丧失，还有可能会加速道德规范的固定化。另一方面，任意地无视、破坏传承而来的文化，大概也不能产生开创历史新面貌的决断。处理这样的紧张非常困难，本来就没有现成的定式。但是在此作为良知学说，判断主体所被要求的最终条件就是，一旦所予的道德规范和行为准则被良知审视，就不得有些许对外部妥协的意图，或者抱有表现怪异言行的意向。为此，良知的主体性不得不在动静已发未发的所有状况下彻底地锻炼，同时养成对以往社会道德规则的形成原因予以细致洞察的能力。

具体背景不断刷新的、无依无住的良知自我锻炼，要到何种程度才能彻底完成呢？大致而言，去除各种各样的束缚，从有入无，由定型到无定型，必须如此推进。其极致表现即为龙溪提倡的混沌无。混沌无表现为不断地变动周流，良知本体生生显现的样态。这一没有限定的生生之机，基于稳健的道德节奏中，有时也会被看做不受约束的、危险的无道义之人。这不仅仅是心之哲学的过激，其恣意地助长扩大，反而使人心陷入不安。这样的不安，双江对其师阳明说道：

> 某尝反求诸心，虚灵之用，固自灿然，出有入无，超乎茫荡，若无辕泊。近来求之于事亲从长之间，便觉有所持循。如一念之欲方萌，辄自讼曰"是非孝也"，则罔念自消；如一言一行之过也，辄自讼曰"为父母戮也"，则愧汗交进。（《双江集》卷八《启阳明先生》）③

完全不可思议，将未发的退藏默成作为标志的双江，会担忧无的世界，反而要从事亲敬长等显现的条理随顺以着手。本来应当是未显露、无定体的未发之中，先以显露的条理来把握。要想解开这奇妙的理论构成，其关键在于理解双江的思想。在双江那里，要如何说明"致良知"呢？

致良知——暂且不考虑格物——被他称为"充满虚灵本体"。格物属于"感通天下之故"的作用，在本体充满的阶段并非必要条件。只考虑具体的感应事物，本体反而晦暗不明。换言之，本体之量，在具体的感应事物之前，其本身应当成为一定的充足体。因而他说：

---

① 陈荣捷：《王阳明〈传习录〉详注集评》，重庆：重庆出版社2017年版，第145页。
② 聂豹撰，吴可为编校：《聂豹集》，南京：凤凰出版社2007年版，第414页。
③ 聂豹撰，吴可为编校：《聂豹集》，南京：凤凰出版社2007年版，第235页。

夫常存此心，勿为他事所胜，已是识得仁体，故天下之物无以尚之。到此地位，一些子习气意见着不得，胸次洒然，可以概见，又何待遇事穷理而后然耶？（《双江集》卷八《答欧阳南野第三书》）①

未发之中好似明镜，其镜面被彻底地擦拭，那么万事万物到来都可以正确地反映，作出准确的判断。但是此处直接产生的疑问在于，这一虚寂之体终归是模糊不清的，尽管常常与具体的实相相接，但将格物感应都暂时放入括号，那么对于影响未发之中的异质素材也经常是排斥、无视的，这难道不是作为简单的平面镜而固定化吗？好不容易磨好的镜子却出现很大龟裂，这样的情况大概也会出现。因而不深入对象本身，仅仅专心在避难所中修理保全，能够创生出推动历史、社会发展的能量吗？寂然二字，龙溪也时时挂在口上。但是龙溪认为："良知是寂然之体，物是所感之用，意则其寂感所乘之几也。"（《龙溪集》卷六《致知议辩》）② 致知与格物，寂然与感通，应常常一体化把握。实际上，龙溪的混沌无绝非老庄的虚寂退婴，相反是要在现实界中展现魄力，更好地开拓阳明学的发展路线，而绝不封闭在超越的层次中。一即一切，一切即一，密切接触现实的动态，通过自由地发挥以变换、培育其体格。然而双江主张从格物分离以致知的"本体充满论"，仅仅是期待预先想象的心体的完美，通过不断生成的、不安的异常状态和非连续现象以积极磨炼体质的观点，是不可能存在的。因此龙溪直接批评其陷入寂感的二重构造（同上），邹东廓也指出其无视格物的倾向，并非毫无道理。（《东廓集》卷六《简复聂双江》）欧阳南野也说道：

夫良知者，常寂常感，常应常廓然。未能寂然，则其感必不通；未能廓然大公，则其应必不顺。故致知之功，致其常寂之感，非离感以求寂也。致其大公之应，非无所应以为廓然也。盖即喜怒哀乐而求其未发之中，念念必有事焉。而莫非行其无所事，时时见在，刻刻完满，非有未发以前未临事底一段境界，一种功夫。（《南野集》卷四《寄聂双江第三书》）③

对于这样的责难，聂双江也有其自身的辩解。前文引用的"心无动静之间"就是如此。换一种表达，下面所说的"寂体不遗事物"亦是这样。

寂是未发之中，君子时中，言无时而不寂也。无时不寂，则万象森然，而天下之能事毕矣，尚何感有不通，而遗弃事物之疑哉？（《双江集》卷九《答邹西渠第一书》）④

在双江看来，笼统地贬低为遗弃事物是不恰当的，至少不是要反思其表现的复杂吗？但问题在于事实上他如何对待事物，以及对待事物的方法。

---

① 聂豹撰，吴可为编校：《聂豹集》，南京：凤凰出版社 2007 年版，第 248 页。
② 王畿撰，吴震编校：《王畿集》，南京：凤凰出版社 2007 年版，第 133 页。
③ 欧阳德撰，陈永革编校：《欧阳德集》，南京：凤凰出版社 2007 年版，第 131 页。
④ 聂豹撰，吴可为编校：《聂豹集》，南京：凤凰出版社 2007 年版，第 305 页。

三、未发之中的本质

本体扩充的阶段中被暂时搁置的事物，在本体确立之后要慢慢地逐个予以审查，作出价值的判断。未发之中为何有如此的绝对权限呢？因为大本挺立的话，由其所发自然中节（《双江集》卷八《答邹东廓司成第一书》）。这里所说的自然，只能看做在未发阶段预先准备好的条理构造中，事物被塑造成没有任何抵触的。① 假如事物在未发之中无法安顿，变动不止的话，这不是事物本身的责任，而是感应之心不正的原因（《双江集》卷八《答欧阳南野第三书》）。此处所表现出来的，似乎是将一切的责任都由心来承担的崇高严肃态度（阳明学的本旨就在于此），但事实上事物作为心（未发之中）的影迹、枝节而被轻视。事物作为影迹、枝节而被认识，这些理都为虚灵之本体所具有，排除客观世界激烈变动，完成安定的条理构造。那么，这些条理构造是以何为基准而组建的呢？关闭与外物交错感应的，发现新问题的大门，那么这不外是大致地承认和精炼已有的道德感觉。

如上追问之时，双江思想的实际情况大致也非常明晰了。换言之，双江所说的"本体充满论"，就是有意识或无意识地为心中积蓄的道理感觉建立秩序，构筑防御外在任何变动，即使是微动也不允许的条理之墙，保持安定的观念领域中滴水不漏的防御态势。这不是与事物（客观世界和历史）一起前进、变化的思想，而是能动性极其匮乏，欠缺事物革新动力的静止思想。以端本清源的工夫革新世道人心，成为社会改革前哨的阳明学荣耀，可以说在此全部弱化。即使对于阳明如此迫切宣扬的万物一体论，双江也以独自的警戒心，不会轻易出口（《双江集》卷十《心经分注疑问》）。致知即格物，一体化地把握的阳明学说，与设定致知到格物，或者说本体到事物二者之间向下的主从关系的双江学说，存在着一条难以逾越的界线，对此双江自己也不得不承认（《双江集》卷八《答亢子益问学》）。如前所述，阳明学的后退就是向朱子学的靠近。对此，还可以从其他的视角予以讨论。

前文已经提到，双江很喜欢用"体立而用自生"一语，从该句直接联想到的，是《中庸章句》（第一章注）的"必其体立而后用有以行"一条。原本双江心学并非直接继承朱子的性理学，② 因此对于"体"的理解把握也有不同，从察识端倪转向未发涵养而著名的朱子定论的确立过程中，作为"朱学平生断案"而经常引用，这里可见心学与性理学的联结点，双江感叹不知朱子悟后的

---

① 对此，还可参考双江如下的说法。"或问：发而中节，节何在也？盖节者，则也，犹节拍也。吾心自然之权度，一毫人力与不得。顺其本体之自然者，应之便是。发而未发，过而不过，动而无动，节之谓也。故曰'道心惟微'也。稍涉人为，声臭毕露，其则爽矣。"（《双江集》卷十四）

② 《答戴伯常》中举出"今日格一物，明日格一物"的朱子学格物论之弊，并且劝告"精察此心之天理，以致其本然之良知"（卷十）有关《大学》的"止至善"，朱子学中整理之当然（定理）为止，阳明学中心之本体的安定性为止，双江认为其本体之静寂为止，即事物以求止为义外。这一静止的思考方式，非常接近朱子学的定理意识。康熙四十四年朝廷的《四书明儒大全精义》（内阁文库藏）的开头有编者汤子方的述评，亦认为"如双江聂氏、三山原氏，亦皆无本程朱，不为泛滥无本之言"。

定论，而将此贬作俗学的风潮（《双江集》卷十四《困辨录辨中》）。可见双江怀有对朱子学的亲近感，相信朱王二学融合的可能。① 原本阳明著《朱子晚年定论》，可以看到与朱子学可能接续的态势。但是在其序文中提到"世之所传《集注》《或问》之类，乃其中年未定之说。"② 否定作为朱子学金科玉律的《集注》《或问》权威（即否定朱子学的定理论）的基础上展开议论，虽说是朱王融合，但实际上从根本上抽除了朱子学的本质。如所周知，这一对立最鲜明的表现，就在于格物的解释。

然而，双江在《重刻大学古本序》（卷三）一文中，解释"格物"引用了二程所说的"格，至也。物，事也。事皆有理，至其理乃格物也"。"致知在格物，非有外铄我也，我固有之也。因物有迁则天理灭矣，故圣人欲格之。"称赞其为明白简易之说。原本作为对朱子学之流"极博事物之理"的批判而提出，而且双江所期望的不在于追求客观世界的理，而是表明理的内具性。不过排除物理（客观定理）的先决性，在念念不断的心（良知）的生机中认识理的阳明学格物论特色被削弱了。为何要训格物为"理之至"，因为每个事物都有所予的恰好之理，与此对应的规格亦大致确定。相反若训为"正物"（正心之物），则心与物常常一同流动，充分地保持自由发挥其独立性的可能。阳明以"夫良知之于节目时变，犹规矩尺度之于方圆长短也"。说明良知对于规矩主宰的绝对性，同时指出"致其良知，以精察义理于此心感应酬酢之间"的必要性（《传习录卷中·答人论学书》）。其原因在于，"节目时变之不可预定，犹方圆长短之不可胜穷也"，③ 在阳明那里要始终注意，对应无限变化事态的心的超规格性。然而在割离格物与致知的双江那里，心的无限变化的状态，被看做憧憧思虑而去除，"今不求天则于规矩，而即方圆以求之，宜其传愈讹而失愈远也。"（《双江集》卷八《答欧阳南野第三书》）④ 认为应当在方圆之前先寻求规矩的确定。与朱子学的方式不太一致的地方在于，与重视理的客观性相对，双江更强调理的内具性。但是与朱子学中具有十分具体地得到经纶措施的空间相比，双江的思想恐怕只是观念的构造，心的活动领域难道不是变得更加狭隘了吗？在此意义上，双江的思想不只是阳明学的后退，即使与朱子学相比大概也不免有逊色之处。

所谓心体充满，如果就是积蓄事物规则的原型，那么即使说"虚灵本体"，但只要以私意作为虚，实际上不过是制作定理的观念联合。因而心不仅不能打破实体，还要被规定为定体。

> 其谓"心无定体"一语，其于心体，疑失之远矣。炯然在中，寂然不动，而万化攸基，此定体也。（《双江集》卷八《答欧阳南野第二书》）⑤

---

① 对此，欧阳南野已经反驳双江，指出朱子晚年反省之语，亦不过是以心与理分、发与未发为二为前提，这一前提与阳明学不同（《南野集》卷五《答聂双江》）。陈明水亦指出，双江的涵养本原之说即使没有支离之弊，但感应发用在另一层次成立的观念存在问题（《明儒学案》卷十九《明水论学书》）。

② 陈荣捷：《王阳明〈传习录〉详注集评》，重庆：重庆出版社 2017 年版，第 340 页。

③ 陈荣捷：《王阳明〈传习录〉详注集评》，重庆：重庆出版社 2017 年版，第 145 页。

④ 聂豹撰，吴可为编校：《聂豹集》，南京：凤凰出版社 2007 年版，第 243 页。

⑤ 聂豹撰，吴可为编校：《聂豹集》，南京：凤凰出版社 2007 年版，第 240 页。欧阳南野批评这一语法，提出"然体得未发气象，炯然在中，恐亦未可遽谓之中。如前所陈，敬持存养却自是致中要道，到得动静无心，内外两忘，不见有炯然之体，则真炯然矣。"（《南野集》卷五《答聂双江》）

心有定体，外界只是影像、枝叶，给人的印象是对于心的绝对优先性，即主体的安定不动非常自负（事实上双江认为阳明学的特色就在于此），但实际上"心无定体"不是指心之外事物平然稳定地自在流变，时刻创生出新的历史吗？心被撤下，对其毫不在意，沉醉于自以为是的主宰意识，则未免陷入悬空守寂的批评。同门黄洛村指责双江：

> 但以归寂为功，而以感应为效，则寂与感终属二义，似与精一之旨，尚隔一尘。其功其效，恐两归于影事，是则反为寂体之累耳。（《双江集》卷十一《答黄洛村》）①

对此，双江反驳：

> 仆方以今之论格物者为逐影，不谓公复以我为影也。心事相应，寂感相通，功效相随，一神而两化也。而谓之为影，为累，无乃文致之过与？（同上）②

在双江看来，不安定、不分明的事物界中憧憧地翻弄心，质疑是否有规矩而中途而废，质疑是否有准绳而弃如敝屣，这样的现成主义、知觉主义恣意地操弄理，只是不会有任何具体效果的影迹。但是在已发的场合达到致知格物浑一体用的人看来，在隔离事物的虚寂界中，以吻合的素材作成的理意识才是无法发挥现实之用的空疏影像。这一影迹的论争，简言之即如何看待理的本质，仅就各自的诠释而言很难分辨优劣。"故曰格其心之物也，格其意之物也，格其知之物也"。③ 这一重要的阳明观点，双江认为不必看做是阳明学的定论（《双江集》卷十一《答王龙溪》）这样的偏离不得不引起重视。

四、归寂的工夫

双江认为首先确立未发之中之体才是道德主体的必要条件，主要的工夫先集中于此也是理所当然的。他相信这是尧舜以来，经过孔子、子思，贯通程朱学的学问正道。（《双江集》卷七《答黄洛村》，另见卷十四）

那么，为什么不能调顺地进行归寂工夫呢？如上一节已经指出，其原因在于知觉主义与现成主义所主张的，将工夫的焦点置于已发的思维方式。其对错暂且不论，为何这样的已发主义能够成立呢？这是因为在主客彼我的感应时，高扬生命，根据客观界的生态，心不断地努力成长发展。通过与对象切实地接触搏斗，人可以创造发现自己潜能的契机，激发自我改造的意欲。自我的扩张与外界的周流变化成为一体，实现整体的充足发展，而这不过是良知独用的一环。这里体现了心学已发主义（严格说来是已发未发一体主义）的巨大魅力。最初是作为以细分的自我作为对象的朱子学的否定命题而诞生，但是其自律进化的彻底，以至出现炫耀奇异，夸口幻怪，倡狂妄行，最终很有可能招来对良知（心学）的不信任感。要使过度膨胀、不当生长的良知（心学）

---

① 聂豹撰，吴可为编校：《聂豹集》，南京：凤凰出版社 2007 年版，第 409—410 页。
② 聂豹撰，吴可为编校：《聂豹集》，南京：凤凰出版社 2007 年版，第 410 页。
③ 聂豹撰，吴可为编校：《聂豹集》，南京：凤凰出版社 2007 年版，第 404 页。

得以正常化，怎么做才好呢？不能再回到性理学，只能在心学路线上克服，那么除了使过热的心冷静下来以外，似乎没有其他的办法。这就是双江所努力的。他很喜欢用"江汉濯之，秋阳暴之"（《孟子·滕文公上》）一语，不外是使心冷却、不受约束的外发意欲得以抑制。非正常的热量释放、超格套的放纵言行，傲然污世的洁癖，这些都是对心学的歪曲，不得不拒绝。双江的主静主义，相对于阳明更接近陈白沙。双江提出"周程以后，白沙得其精，阳明得其大"（《双江集》卷四《留别殿学少湖徐公序》）。① 没有阳明那样的问题的白沙，② 在双江那里被夸大了，这一点特别值得注意。

白沙将静中养出端倪，把握把柄作为工夫第一义，双江作出如下解说：

> 把柄、端倪，白沙亦指实体之呈露者而言，必实体呈露，而后可以言自然之良，而后有不学不虑之成。若不求自然之良于实体之充，则所谓良者，卒成一个野狐精，其与自然之觉，远矣。（《双江集》卷十一《答王龙溪》）③

在被称为野狐精的王龙溪看来，双江所说实体真的没有限制吗？没有定体的实体存在吗？龙溪不得不这样反问。《论语·子罕》的"空空"，龙溪认为"空空原是道体……鄙夫之空空与圣人同"④，明确提出这是人类存在的普遍原理，双江认为"空空是一个虚心听受之貌……今谓鄙夫的空空与圣人同，即王汝止谓'满街的是圣人'之说，徒以长傲而侮圣也"。凡人之心应空，以谦虚之意解释。双江所说"虚灵本体"绝非本意。心有定体之时，打破此定体的尝试最初就被排斥在工夫之外，只有保持定体的相应工作，才是工夫之要。因无用而有害的现象扰乱气，这是定体意识最忌讳之处。

这一定体也非没有限制，也非暗昧不明，这一点的证明即其作为事物存在的原理，先验地具有未发之中。万世心学之源在执中一语（《双江集》卷十一《答王龙溪》）。中是什么呢？始终彷徨于有无之间。中是在虚灵本体的充足中自然会得的。如果接受这一观点，之后按照双江的思考，以他所说的虚寂之道奋勇前进即可。这时，却踏上了与朱子学的工夫论极为相似的道路，再次表明这是阳明学的后退。

首先确立未发之中之权限的急务，是要使用"恐惧乎其所不睹，戒慎乎其所不闻"的工夫。如前所述，如果未发之中首先作为理之本体而确立，那么在理的权威面前则不得不无条件地服从。并非服从模糊不清的一般性道德或者外在的权威。妨碍心之本体的，就是对其遮蔽的私意，

---

① 聂豹撰，吴可为编校：《聂豹集》，南京：凤凰出版社2007年版，第98页。双江提出，"此学自岭南（白沙）一倡之，至阳明而后大明。"（《双江集》卷八《答唐荆川》）
② 对于阳明与双江立场的不同，龙溪有着明确的自觉，提到"白沙静中端倪之见，乃是尧夫（邵康节）一派，与先师致知格物之旨，微有不同"（《龙溪集》卷十《答冯纬川》，还可参见卷十六《答陈中阁卷》）因而对双江也明确指出，"公平时笃信白沙子'静中养出端倪'与'把柄在手'之说，若舍了自然之良，别有所谓'端倪'、'把柄'，非愚之所知也。"（《龙溪集》卷六《致知义辨》）二者之间的论争，李卓吾赞成龙溪，认为"双江全未，全未。"（《龙溪王先生语录抄》卷三）另外，白沙门人湛甘泉亦批评双江的归寂预养说，认为"未免绝念灭性，枯寂强制之弊"（《甘泉集》卷二十三）。
③ 聂豹撰，吴可为编校：《聂豹集》，南京：凤凰出版社2007年版，第395页。"若"的原文为"兹"，恐误。
④ 王畿撰，吴震编校：《王畿集》，南京：凤凰出版社2007年版，第395页。

而非细枝末节的现象。戒慎恐惧即对于自我选择的、真实肯定的无误之事，衷心服从、观念严肃的做法。

> 闻见者，虚灵流行之用，安得为累？而反为累者，虚灵先累于物故也。……故戒慎不睹，则天下之心劝惩，则已落在第二义，察之。（《双江集》卷十《答戴伯常》）①

戒慎恐惧之后提出的就是敬的工夫。本来，敬的工夫在阳明和龙溪那里，被看做是画蛇添足。但在这里，作为身心收约的必要条件又再次复活了。

> 敬是性体之良能，彻上彻下之道……敬是静的根，静而不敬则有之，未有敬而不静者也。（《双江集》卷十四）②

> 大抵后世之士，各随其气质之性所便者以为学。既各随其性之所便，才说持敬，便自不安。敬则些子气质着不得，若欲变化气质，阙却庄敬持养一段工夫，更无入手处。（同上）③

以上都好像在听朱子学的教说。阳明与龙溪认为，《大学》之要在诚意，诚意则不必言敬，敬自在其中。④ 这不只是作为教学组成的一项而提出敬字是否妥当的表面问题，而是左右教学本质，是否承认唤起畏敬情感的理（中）之先验权威的问题。不要敬的立场始终指向理的无定体性、流动性，与此相对主张敬是必要的立场，则与安定之理的意识相关。这里也可以看出归寂思想的本质特征。对于"乐放肆而恶拘检，喜顿悟而鄙积渐""（至有倡言）戒谨恐惧为不见本体之学"，双江表示强烈地反对，认为这些人甚至不如佛教的苦行（同上）。

但是双江并非简单地重复朱子的道路，而是要排除"模仿古人之已行之迹，及揣摩义理，袭取而用之"（《双江集》卷十）⑤ 的格式和道理的障碍。虽然应该依据未发之中的充养与自然的发现，但太急于基体的措定，与限制心之弹性的倾向之弊需要打消。原本双江就有其自身的话语方式。随事精察，一旦发现自己陷入憧憧卜度（甚至更加恶化的长欲恣情），就从这样的流转中抽身，这需要首先将心置于不动的安住处（《双江集》卷八《答东廓邹司成》）。这就是预养说。

> 即此豫也。先天之先，素履之素，可以合观。今人不知养良知，但知用良知，故以见在为具足，无怪也半路修行，卒成鬼仙。（《双江集》卷十）⑥

如上所说，预养说针对的就是龙溪那样的现在主义。对龙溪而言，这当然是无法忍受的歪说。

> 若谓良知之前别求未发，即是二乘沉空之学，良知之外别有已发，即是世儒依识之学。或摄感以归寂，或缘寂以起感，受病虽不同，其为未得良知之旨，则一而已。

---

① 聂豹撰，吴可为编校：《聂豹集》，南京：凤凰出版社 2007 年版，第 316 页。
② 聂豹撰，吴可为编校：《聂豹集》，南京：凤凰出版社 2007 年版，第 570—571 页。
③ 聂豹撰，吴可为编校：《聂豹集》，南京：凤凰出版社 2007 年版，第 586 页。
④ 龙溪提出"《大学》之要，在于诚意，则不必言敬而敬在其中矣。若曰'敬以诚意'，不几于赘乎？"（《龙溪集》卷八《大学首章解义》）
⑤ 聂豹撰，吴可为编校：《聂豹集》，南京：凤凰出版社 2007 年版，第 326 页。
⑥ 聂豹撰，吴可为编校：《聂豹集》，南京：凤凰出版社 2007 年版，第 351 页。

（《双江集》卷十一）①

龙溪指出预养说带来的进退两面的危机，有可能导致良知的虚空分解。对此，双江回答：

> 若曰良知亦即是发而中节之和，词涉迫促。"未应不是先，已应不是后"，程子盖为心体言也，然于学问之功，则未之及。其下曰："譬如百尺之木，自根本至枝叶，一贯也。"使种树者坚守乎百尺一贯之说，而于培灌之功，昧其所施，安望其能百尺耶？……心犹兵器之铳炮也；响声之激射，发也；引线之火，感也；硝磺之内蕴，未发之寂也。今徒知激射之利足以威敌，而忘其有事于硝磺之具，则铳为哑器，可复有相继之声乎？（《双江集》卷十一《答王龙溪》）②

不过从龙溪的立场来看，以这样的譬喻来批评，就像没有确定攻击目标而先装备好武器，在实战中很难发挥作用，如果不在所发的射击中察识，那么其内含的正确与否是无从判定的。目标有大小强弱，多种多样，难道不是只有根据与每个目标的直接交互不断地实战训练，才能锻炼提升自己的本性吗？一开始就期待完美无缺的应对中的，局限于预养，难道不会限制自己锻炼的界限，进而顿挫感通的能力吗？

确定感通能力强弱的一个决定性方法，就是面对恶时如何处置。本来，主体生命力的高扬，与其对对象的反应能力的增强，在密切相关的联系中，感通能力越来越强，主客关系的冲突越发激烈。虽然有可能产生未知之恶，但是作为恶之力的反作用，也会获得了不起的价值创造。龙溪通过"魔即佛"这一佛教用语表达了这一点（《龙溪集》卷十四《从心篇寿平泉陆公》），不得不说这绝好地呈现了良知说的浑一特征。但是从双江的归寂思想来看，真的能对这样的恶予以如此大胆的评价吗？

> 知善知恶，不知从性体上看，亦只随念头转。若从念头上看，何啻千里？今之以任情为率性者，类如此。（《双江集》卷十）③

这里的"从性体上看"，意味着在预养阶段中培养善根、拔除恶根。本体之量得以完全充满，感应之时针对高低大小做出各种各样的变化，同样要以天则处理，穷极恰好之妙。这大概可以看做一种预定的调和。在预定调和的世界中，恶只是无力的影像。在已经将事物称作影迹的双江思想中，恶也是作为表现事情偏差状态的一个术语而使用，没有更多的积极意义。但是已经积蓄的心力，即确信能够纵横捭阖地发挥，然而在具体的冲突中，当有未曾想到的伏兵来袭，或者有新式武器的出现，那么已经断除的恶根又会以各种各样的变换形式再次发生。这能简单地看做预养的不纯熟吗？或者说暴露了预养说本身在本质上的虚弱。"是遗物而远于人情，非在尘、出尘作用，与圣门复性之旨，为有间矣。"（《双江集》卷十一）④龙溪的这一批判，是值得仔细倾听的。预先构筑完整的防御态势，无论遭遇何种情况，都能以预先准备的武器应战，这样的前提意识，

---

① 聂豹撰，吴可为编校：《聂豹集》，南京：凤凰出版社 2007 年版，第 375 页。
② 聂豹撰，吴可为编校：《聂豹集》，南京：凤凰出版社 2007 年版，第 376 页。
③ 聂豹撰，吴可为编校：《聂豹集》，南京：凤凰出版社 2007 年版，第 319 页。
④ 聂豹撰，吴可为编校：《聂豹集》，南京：凤凰出版社 2007 年版，第 389 页。

只能在自我设定的狭隘圈子中感到满足，而懈怠更进一步地开拓。无论这是怎样认真、平稳的性格，都转向了封闭良知本身生生之机的大恶。双江自己告白"蒙诸公之疑者，三十年于兹矣。"（《双江集》卷七《答黄洛村》，另见卷九）①《明史·聂双江传》"于王守仁说法颇有异同"的记载亦非没有根据（卷二百二）。

最后，归寂说所期待的，到底是怎样的人呢？

> 感应是良知的应跡，而曰致良知在感应上致之。物之感人无穷，而人之好恶无节，电光波影，与物轮回，若翻车然，可复有端拱清穆时耶？（《双江集》卷十一《答陈明水》）②

端拱清穆本身虽然不能一概说是消极的样子，但是置于一切感应之外，此时于虎狼蛇蝎中得其所的"包荒之学"（王龙溪）③ 具有的豪放不羁的魄力可能也不会产生。个人与社会，现实与理想的对决观念薄弱的归寂思想，最终不得不承认已有的历史构造。这里出现了阳明学的后退，也是所谓的归寂派无法引领时代潮流的原因。④

参考文献

[1] 聂豹：《聂豹集》，吴可为编校，南京：凤凰出版社 2007 年版。

[2] 王畿：《王畿集》，吴震编校，南京：凤凰出版社 2007 年版。

[3] 陈荣捷：《王阳明〈传习录〉详注集评》，重庆：重庆出版社 2017 年版。

[4] 欧阳德：《欧阳德集》，陈永革编校，南京：凤凰出版社 2007 年版。

---

① 聂豹撰，吴可为编校：《聂豹集》，南京：凤凰出版社 2007 年版，第 295 页。

② 聂豹撰，吴可为编校：《聂豹集》，南京：凤凰出版社 2007 年版，413 页。

③ 参见《王龙溪集》卷三《水西精舍会语》。对此引用的双江的说法，龙溪提出如下批评，"才属于感，便以为电光波影，与物轮回，无端拱清穆之时，未免将寂与感作对法。端拱清穆，将沦入于寂灭，与经纶无所倚之学，未免有毫厘之辩。"（《双江集》卷十一《答王龙溪所引》）

④ 不过为了归寂而提出的细致思考和切实体验，而且对于沉溺良知的美名，浮躁不定之人的尖锐批评，在这些方面坚守立志，亦必须承认为其一个功绩。这在万历初年宰相张居正那里亦可看出。张居正从双江那里受到未发之中的教诲，觉悟到活泼泼之物，（《张文忠公全集》书牍十五《启聂司马双江》）对于视虚寂为无用的学者，如下反驳。"承教虚寂之说，大而无当，诚为可厌。然仆以为，近时学者皆不务实得于己，而独于言语名色中求之，故其说屡变而愈淆。夫虚故能应，寂故能感……诚虚、诚寂，何不可者？……苟不务实得于己，而独于言语名色中求之，则曰致曲、曰求仁，亦岂得为无弊哉？"（同上，《答楚学道胡庐山论学》）另外，魏庄渠认为双江努力很多，"今之讲学者，好说心常动而不静，不复知人生而静为天根。来书独深取蛰龙之譬。山林之日长，道义之功深。足占吾兄进德矣。"（《庄渠遗书》卷十一《答聂郡守文蔚》）而且袁了凡对于阳明生前没有正式入门的双江，在师没之后，出现有人背离师的情况下，称弟子祭阳明之事予以很高的评价。（《两行斋集》卷十《答马瑞河问静坐要诀书》）另一方面，何良俊批评双江只谈心性，疏离经术、史学，提出"苟师心自用，纵养得虚静，何能事事曲当哉？"（《四友斋丛说》卷五）双江的同志罗念庵，亦警告"双江公卫道之意甚切。至其议论太广，亦尝病之。故愿执事师其志，勿师其迹。"（《念庵集》卷三《答戴伯常》）

作者简介：[日] 荒木见悟 (1917—2017)，男，广岛出生，九州大学名誉教授，出版著作有《佛教与儒教》《明代思想研究》《佛教与阳明学》《明末宗教思想研究》《阳明学的开展与佛教》等。申绪璐 (1982—)，男，河南新乡人，杭州师范大学政治与社会学院副教授，复旦大学哲学博士，日本九州大学、信州大学等访问研究，主要研究方向为宋明理学，东亚儒学。

左派王学的经世济民思想

——以王艮与李贽为中心

佐藤炼太郎 / 文　　关雅泉 / 译

前　言

　　左派王学 ① 思想家王艮（1483—1541，号心斋）是王守仁的高徒，也是庶民出身的实践主义思想家，有向大众普及阳明学之功。与王学理论家王畿（1498—1583，号龙溪）并称为王门"二王"。黄宗羲《明儒学案》以王艮为泰州学派学祖。王艮的著作流传至今的有《重镌心斋王先生全集》六卷（日本内阁文库所藏，耿定力、丁宾同梓，焦竑、蒋如苹同校）、《明儒王心斋先生遗集》五卷（万历三十五年陈履祥序本，宣统二年排印本）、和刻本《王心斋全集》五卷（广文书局，1979）等数种遗著，各版本之间有重复或字句的异同。为方便起见，本稿以日本内阁文库本为底本，概观王艮的经世济民思想。②

　　另一位著名的左派王学思想家李贽（1527—1602），并非王艮的弟子，也不是其子王襞的弟子。③ 但是李贽佩服王艮说："当时阳明先生门徒遍天下，独有心斋为最英灵。"（《焚书》卷二《为黄安二上人三首》）笔者已对李贽的主要著作《藏书》的经世思想加以考察④，本稿将以《墨子集成》

---

① 称呼由来于嵇文甫《左派王学》（上海：开明书店 1934 年版）。

② 关于王艮的著作，参见佐野公治《王心斋論》（《日本中国学会報》第 23 集，1971 年）以及《王心斋の資料について》（《愛知県立大学文学部論集》第 22 号，1971 年）等。

③ 李贽《续藏书》卷二十一《理学名臣·侍郎储文懿公》中李贽附评曰："心斋之子东崖公，贽之师。"又收录于《续焚书》卷三《储瓘》。此附评不是说王艮之子东崖公（王襞）是（李）贽之师，而是说王襞送礼物师从储瓘，并不是李贽师事王襞之意。李贽说："吾虽不曾四拜受业一个人以为师，亦不曾以四拜传授一个人以为友"（《焚书》卷三《真师二首》），李贽自己明确表明他没有老师。关于《续藏书》，参见拙文《李贄『續藏書』について》（《東方学》第 67 辑，第 76—90 页，1984 年 1 月）以及《上海図書館蔵明末刻本焦竑『熙朝名臣実録』真偽小考—李贄『続蔵書』との比較–》（《汲古》第 48 号，汲古书院 2005 年版，第 106—108 页）。

④ 参见拙文《李贽的经世论——《藏书》的精神》（吴震、吾妻重二主编：《思想与文献：日本学者宋明儒学研究》，上海：华东师范大学出版社 2010 年版，第 384—399 页）与拙文《晚明经世论与朱子学——李卓吾与高攀龙的经世论对比》（陈支平、刘泽亮主编：《展望未来的朱子学研究——朱子学会成立大会暨朱子学与现代跨文化意义国际学术研讨会论文集》，厦门：厦门大学出版社 2012 年版，第 225—259 页）。

所收二卷本《墨子批选》为底本，试探李贽《墨子批选》的经世思想。若有博雅批正，则幸甚之。

一、王艮的经世济民思想

王艮（初名银），明宪宗成化十九年（1483）出生于江苏省泰州安丰场的盐丁（制盐苦力）之家。王艮的出生地泰州安丰场是淮南最大的盐产地。王艮的先祖原本生活在苏州，因苏州百姓从经济上支持明王朝建立者朱元璋的军事敌人张士诚，所以遭到朱元璋的报复。他们被迫从事制盐的苦力并被强制移居泰州，王艮的祖先也在其中。

王艮出生于贫苦的盐丁之家，从事艰辛的制盐劳动，但他仍然发挥经营才能，在经济上取得了成功。因为没有留下相关记载，所以无法得知确切情况，但推测王艮是通过官方禁止的私盐走私等手段而获利的。

据《年谱》（《重镌心斋王先生全集》卷二）记载，王艮从七岁起在乡塾学习，由于家境贫寒，十一岁辍学。二十一岁时，在家中处理财务，不拘泥常识，家境日益富裕，甚至惠及邻村，可见其相当具有经济才能。

在经济上成功后，二十五岁时到山东行商，在参拜孔庙时认为："夫子亦人也，我亦人也"，发奋志于圣贤之学。回乡后日诵《孝经》《大学》《论语》，放书于袖中，逢人问其意。

王艮在解释儒教经书时不为自古以来的传统注释所限，而是独出心裁，对实现古代圣贤之道充满热情，《年谱》中记载了正德六年（1511）王艮二十九岁时的一个梦：

> 一夕梦天坠压身，万人奔号求救，先生独奋臂托天而起，见日月列宿失序，又手自整布如故，万人欢舞拜谢。醒则汗溢如雨，顿觉心体洞彻，万物一体，宇宙在我之念直益切不容己。自此行住语默皆在觉中，题记壁间：正德六年间居仁。（《年谱》二十九岁条）

> 先生梦后书正德六年间居仁三月半于座右。时三月望夕，即先生悟入之始。

从这段话中可以读出王艮平日里希望救助挣扎于困境中的民众的愿望。官僚们以免除赋役为特权，作为地主在经济上支配佃户，让其从事苦役，王艮希望通过自己的双手改变当时的这种现状。

根据《年谱》（《重镌心斋王先生全集》卷二）记载，正德十五年（1520），王守仁在豫章倡导良知说，三十八岁的王艮听后说："今大夫士汩没于举业，沉酣于声利，皆然也。信有斯人论学如我乎？不可不往见之。"然后身着古冠服去见王守仁。经过三次问答，对王守仁的良知说心悦诚服，拜于门下。王守仁述怀："吾擒宸濠一无所动。今却为斯人动。"定是被王艮这种旺盛的经世济民气概所打动了。

在这时，王守仁依据《易经》艮卦"君子以思不出其位"一句为他取名为艮，字汝止。王艮尽管身为庶民，却对士大夫的现状持批判态度，宣扬极端复古主义。这个名字似乎含有抑制他直情径行之意。

（一）《鳅鳝赋》

嘉靖元年（1522），王艮四十岁，著《鳅鳝赋》，以救济陷于危机状况而痛苦的人们为使命，为适合天性自然的做法。他说：

> 道人闲行于市，偶见肆前育鳝一砸，复压缠绕，奄奄然若死之状，忽见一鳅从中而出，或上或下，或左或右，或前或后，周流不息，变动不居，若神龙然。其鳝因鳅得以转身通气而有生意。是转鳝之身，通鳝之气，存鳝之生者，皆鳅之功也。虽然，亦鳅之乐也。非专为悯此鳝而然，亦非为望此鳝之报而然。自率其性而已耳。于是道人有感喟然叹曰："吾与同类并育于天地之间，得非若鳅鳝之同育于此砸乎。吾闻大丈夫以天地万物为一体，为天地立心，为生民立命，几不在兹乎？"遂思整车束装，慨然有周流四方之志。（《年谱》四十岁条）

这篇文章写于嘉靖帝即位之年，表现出王艮以救助民众为使命的热情。王艮为实现其志，对嘉靖帝的新政寄予期待，上京传道阳明学。他乘坐古代式样的蒲车，佩戴冠服。这种极端复古主义的奇特言行，有可能使阳明学遭到恶评，因此王守仁和志同道合者们强烈规劝他中止在都城传道。

当时，阳明学被怀疑是违背朱子学的伪学，因此传道艰难。在这种必须要谨慎传道阳明学的情况下，王艮仍然热衷于学问。嘉靖二年，四十二岁时，他解释良知的学问大致指的是百姓日用。他说："百姓日用条理处即是圣人之条理处。圣人知便不失，百姓不知便会失。"（《全集》卷三《语录》）

《传习录》下卷载这样一则逸事：王守仁问王艮："游何见？"王艮回答："见满街人都是圣人。"这一时期，认可民众日常营生中条理的"百姓日用之学"是王艮学问的主题。

（二）《明哲保身论》

嘉靖五年（1526），王艮四十四岁时，撰写《明哲保身论》，其中写道：

> 明哲者，良知也。明哲保身（《诗经·大雅·蒸民》）者，"良知良能"（《孟子·尽心上》）也。所谓"不虑而知，不学而能"者也。人皆有之，圣人与我同也。知保身者，则必爱身如宝。能爱身，则不敢不爱人。能爱人，则人必爱我，人爱我，则吾身保。能爱人，则不敢恶人。不恶人，则人不恶我。人不恶我，则吾身保。能爱身者，则必敬身如宝。能敬身，则不敢不敬人。能敬人，则人必敬我。人敬我，则吾身保矣。能敬身，则不敢慢人，不慢人，则人不慢我。人不慢我，则吾身保。此仁也，万物一体之道也。以之齐家，则能爱一家矣。能爱一家，则一家者必爱我。一家者爱我，则吾身保。吾身保，然后能保一家矣。以之治国，则能爱一国。能爱一国，则一国者必爱我。一国者爱我，则吾身保。吾身保，然后能保一国。以之平天下，则能爱天下。能

爱天下，则天下"凡有血气者莫不尊亲"（《中庸》）。莫不尊亲，则吾身保。吾身保，然后能保天下。此仁也。（中略）一贯之道，人之所以不能者，为气禀物欲之偏。气禀物欲之偏，所以与圣人异也。与圣人异，然后有学也。学之如何？明哲保身而已。知保身而不知爱人，必至于适己自便，利己害人。人将报我，则吾身不能保。吾身不能保，又何以保天下国家哉？（中略）故君子之学，以己度人。己之所欲，则知人之所欲；己之所恶，则知人之所恶。（中略）故孔子曰："敬身为大。"（《礼记·哀公问》）孟子曰："守身为大。"（《孟子·离娄上》）曾子"启手启足"（《论语·泰伯》），皆此意也。（《年谱》四十四岁条）

《明哲保身论》是强调保障自身安全重要性的保身论。主张保全自己的同时，又懂得尊重他人，为实现家庭和社会国家的和平必须保身。这是根据以修身为政治根本的《大学》经义所提出的。《明哲保身论》的撰写时期正是因所谓的"大礼之议"引发官僚势力斗争激化的时期。"大礼之议"的发端是世宗作为孝宗的养子登上帝位，欲追封帝号给亲生父亲，并建设帝庙。当时，很多反对派官员正面临左迁之忧，而王守仁门下的官员中有因直言进谏而丧命或遭流放者，官僚势力之争给阳明学派留下了阴影。《明哲保身论》可以说是阳明学受到压迫的情况下，王艮自身的自重论。"明哲保身论"可能会成为官僚回避政治责任的借口，但这并非王艮的本意。王艮四十四岁时还撰写了《乐学歌》：

> 人心本自乐，自将私欲缚。私欲一萌时，良知还自觉。一觉便消除，人心依旧乐。乐是此学，学是学此乐。不乐不是学，不学不是乐。乐便然后学，学便然后乐。乐是学，学是乐。於乎，天下之乐何如此学，天下之学何如此乐。

王艮所谓的学问无疑就是致良知之学。这首歌并没有歌颂对社会现状的愤怒和救济民众的热情，而是表现了自己内心的满足。嘉靖七年（1528），王艮四十六岁时王守仁病殁，第二年阳明学被视为批判朱子学的伪学而被禁止，但王艮对阳明学的传道依旧充满热情。

（三）淮南格物说

嘉靖十六年（1537）王艮五十五岁时，对《大学》"格物"进行了独特的解释，后被称为"淮南格物说"。王艮说：

> 身与天下国家，一物也。惟一物而有本末之谓格。絜，度也。絜度于本末之间，而知本乱而末治者否。此格物也。物格，知本也。知本，知之至也。故曰："自天子以至于庶人，壹是皆以修身为本"也。修身，立本也。立本，安身也。（中略）格如格式之格，即后絜矩之谓。吾身是个矩，天下国家是个方，絜矩则知方之不正由矩之不正也，是以只去正矩，却不在方上求。矩正则方正，方正则成格，故曰物格。吾身对上下前后左右是物，絜矩是格也。"其本乱而末治者否矣"一句，便见絜矩，格字之义。修身、立本也。立本、安身也。安身以安家而家齐、安身以安国而国治、安身以安天

下而天下平也。故曰："修己以安人，修己以安百姓""修其身而天下平"。(《全集》卷
三《答问补遗》)

对于"格物"的"格"字，王艮既和王守仁一样训为"正"，又具独特性地训为"絜"。他认为，
只有将自己和天下国家视为一物，以自己为"本"，以天下国家为"末"，以自己为标准推测他人
的心理，正自己之"本"，才能正确治理天下国家之"末"。在王守仁的解释中，"格物"是正自
己心之状态之意，着眼于自我的内心修养，但王艮的解释中添加了以己之心为标准推测人之心，
从而正己，进而正国家社会的一种经世论色彩。

王艮说："吾身犹矩，天下国家犹方，天下国家不方，还是吾身不方。"(《全集》卷二《语录》)
坚信自我的正确性与社会的正确性密切相关。王艮晚年心怀"出则必为帝者师，处则必为天下万
世师"(《全集》卷三《语录》)之抱负，说："学也者，所以学为师也，学为长也，学为君也。帝
者尊信吾道，而吾道传于帝，是为帝者师也。吾道传于公卿大夫，是为公卿大夫师也。"(《全集》
卷三《语录》)他渴望出仕成为执政者之师以实现其道，但当这一愿望不能实现时，便不出仕而
保自身安全，以成为天下后世人之师为理想努力讲学。王艮于嘉靖十九年十二月八日去世。享年
五十八岁。

倘若把中国思想史看做是唯心论和唯物论的斗争史的话，那么，王守仁的思想属于统治阶
级反动性的唯心思想，而王艮的思想属于庶民性的进步思想，以此区分二者。

在王艮早年的言行中的确有对官员堕落的批判，但这并不仅限于庶民身份的王艮，阳明学
派中也有其他对此进行批判者。王艮师事王守仁后，两人的思想基本没有对立。区分两人的思想
似乎是不可能的。

王艮作为一介庶民，为传道阳明学奉献一生。他门下有樵夫、瓦匠等各种各样职业的庶民，
所以黄宗羲把泰州学派看做庶民学派。在中国，五四文化运动以来，在儒教批评的语境中，王艮
的思想体现了反叛儒教的精神，被评价为有反对封建统治者、拥护平民利益的战斗性质。[①]

二、李贽的经世济民思想

《墨子批选》流行于明末，李贽的著作之一，有各种不同版本[②]。自孟子指责："墨氏兼爱，

---

① 参见侯外庐《中国思想史》第四卷下册第二十二章"泰州学派的思想及其阶级性与人民性"(北京：人民出版
社 1960 年版)，以及容肇祖《中国历代思想史》第五卷·明代卷第十四章《王艮的思想》(北京：文津出版
社 1993 年版) 等。在日本，关于泰州学派的庶民性与反儒教的思想倾向之有无，岛田虔次与山下龙二二人展
开了激烈的争论。详情参见岛田虔次《中国における近代思惟の挫折》第二章《泰州学派》(东京：筑摩书房
1970 年版)，以及山下龙二《明末に於ける反儒教思想の源流》(《哲学雑誌》，1951 年)。

② 现存《墨子批选》的版本有四卷本 (四周单边，19.4×11.8 厘米，无界，正文半叶八行，行十八字，白口，单
鱼尾，版心上部有书名) 和二卷本 (左右双边，19.2×13.2 厘米，无界，正文半叶九行，行十八字，白口，单
鱼尾，版心上部有书名) 二种。一般认为，四卷本是万历年间继志斋 (周曰校经营) 刊行的原刻本，而现存的
版本则是由陈邦泰 (陈大来) 经营的燕超堂于崇祯年间翻刻的，被收录在《卓吾先生李氏丛书》中，所藏于北

是无父也，（中略）是禽獸也"之后，儒者对于《墨子》大致都采取批判的态度。例如，唐代的韩愈著《读墨子》①，将墨子与孔子进行了同等的评价，对此宋代程颐在《二程遗书》中批判说："至若言孔子尚同兼爱与墨子同，则甚不可也"，支持孟子的墨子排击论。而李贽特赞扬《墨子》。本节以《墨子集成》所收的二卷本《墨子批选》为考察对象，试探《墨子批选》中的经世思想。

（一）《墨子批选》的成立时期

因为没有明示李贽著《墨子批选》时期的资料，所以首先对执笔时期进行考察。在该书《兼爱》篇的附评中，引用了卒于万历四年的赵贞吉（谥文肃）之言。另外，《明鬼》篇的附评中有"我有鬼神说，与此合"一句，因此推测执笔应是在万历五年李贽著《鬼神论》之后。《鬼神论》收录在《焚书》中，冠有李贽六十四岁时所作《自序》的《焚书》初版，大约是在万历十九年出版的，因此，执笔《鬼神论》应当在此之前。②此外，本书卷首所载韩愈《读墨子》的眉批中有"不必遂句必配合孔子"之句，对韩愈以孔子之言为论据表彰墨子表示了不满。李贽在湖北省麻城剃发，从万历十六年前后开始，与耿定向之间的论争越发激烈。耿定向引证孔子，训诫李贽，对此李贽在《焚书》卷一《答耿中丞》中反驳道："夫天生一人自有一人之用，不待取给于孔子而后足也。"在强调每个人独特的主体性这一点上，可以确认与上述眉批的关联性。从以上分析可推定，其执

京大学图书馆和日本尊经阁文库。二卷本也是根据陈邦泰的原刻八行十八字本刊刻而成的九行十八字本，有北京大学图书馆所藏《李卓吾遗书》所收本与《墨子集成》所收本（中山大学图书馆所藏本之影印本）。若比较尊经阁文库所藏的四卷本与《墨子集成》所收二卷本，可以看到很多行间的圈点不一致的情况，但是限于正文而言可以明确的是，一行十八字贯穿全卷，文字与字数是一致的，内容上可看作是相同的。但四卷本的卷一、二相当于二卷本的卷一；四卷本的卷三、四相当于二卷本的卷二。据笔者管见，目前还没有从正面论述《墨子批选》研究，仅在日本宽政七年（1795）九月，户埼允明刊行的《墨子考》中作为对原文批评的资料而有所引用。户埼允明《墨子考》（汉文大系《墨子间诂》附载）中，作为"李贽本"引用了《墨子批选》。但是，户埼允明所依据的《墨子批选》卷数不明，《李卓吾丛书》所收四卷本与《墨子集成》所收二卷本有些许文字上的差异。例如指出《墨子考》中，"李贽本"之《亲士》篇的"缓贤忘士而能以其国存者未曾有也"中，"而"作"则"；"怨结于民心"中，"怨"作"怒"。现存四卷本、二卷本中均作"而""怨"。与如此指摘不同之例不胜枚举，但也有与之一致之例。例如《辞过》篇的"冬则轻煖"一句的"煖"作"暖"，与其指出的一致。还有关于《墨子考》中篇与字句删除的指摘，指摘部分与四卷本、二卷本大抵一致。另外，《墨子集成》本的卷首有"据明万历三年刊（李氏丛书）本影印"，根据不明。《李氏丛书》刊行于万历末年。

① 韩愈《韩昌黎文集》卷十一《读墨子》。
② 《焚书》初版刊行于万历十九年夏以前这一情况，可据耿定向《观生纪》中"辛卯秋初，祭弘浦着焚书辨"得以确认。《焚书》的《自序》中有"余年六十四矣"，容肇祖《李贽年谱》（北京：三联书店1957年版）中认为其刊行于万历十八年，但是因为有李贽自述年龄比所谓虚岁少一岁之例，所以刊行应在万历十九年。自述年龄比虚岁少一岁之例，是嘉靖三十五年就任河南省辉县教谕时（自述年龄为二十九岁）、万历五年就任姚安知府时（自述年龄为五十岁），以及万历八年辞任时（自述年龄为五十三岁）等。自述年龄比虚岁少一岁，推测大概是因为李贽生于嘉靖六年（1527）十月，自述年龄是从出生开始到满一岁的生日那天算作一岁。《焚书》初版虽已散佚，是收录了万历初年以后至万历十八年以前的书简、诗文的版本。李贽于万历二十八年在山东省济宁刊刻了增补版。现存《焚书》中收录了至万历二十八年的诗文，《鬼神论》也被收录于卷三中。在《鬼神论》之前，李贽于万历十六年秋在出版的《初潭集》中再次收录了《夫妇论》，之后李贽将《焚书》初版出版前所著《藏书》的刘向论作为《战国论》再次收录。从而可以推断《鬼神论》作于万历十六年至万历十八年之间。

笔时期是万历十六年前后，并且执笔时期的下限大约是在万历二十四年。这是因为在同年冬至翌二十五年春记录的《明灯道古录》①下卷第二十三章中有李贽推荐《墨子》的记述。万历十九年，李贽在湖北省麻城与来访的袁宏道一起游黄鹤楼，之后直至万历二十年末一直逗留在武昌郊外的洪山寺，万历二十一年春回到麻城，万历二十四年冬应正在服丧的刘东星之邀，前往山西省上党。在此期间，他一直在麻城从事讲学和著述。对万历二十年发生的宁夏哱拜之乱、丰臣秀吉侵略朝鲜怀有愤怒的李贽，从政治观点对《水浒传》加以批点，强调对朝廷的忠义和人才任用的必要性。关于《墨子》，李贽是以怎样的观点来批选的？有必要就其构成和评语进行论证。

（二）《墨子批选》的构成

该书的构成与现存《墨子》的对照如下。

卷首有李贽《墨子批选叙》②（秣陵陈邦泰书）与韩愈《读墨子》（有眉批）。

---

① 《明灯道古录》二卷四十二章的万历刊本，现存有金陵万卷楼（周曰校经营）刊行的版本，继志斋（周曰校经营）刊、燕超堂（陈大来经营）翻刻《卓吾先生李氏丛书》所收本，以及顾大韶编《李温陵集》（台湾文史哲出版社，1971 年刊影印本的底本）所收本这三种。其他虽然还有台湾广文书局 1983 年刊影印本底本的万历本，但增添了笔录者王溥和王洽（山东临邑人，万历三十二年进士）之名，改窜原文以出名，因此使用时要注意。《明灯道古录》是李贽自万历二十四年秋九月至翌年四月，逗留在辞任吏部右侍郎、服丧中的刘东星家乡，与刘东星以及其子用相、甥用健等以《大学》《中庸》为中心，对四书进行问答的记录。为便宜起见，本稿以《李温陵集》卷十八、十九所收本为底本。有关《李温陵集》所收《道古录》，在《四库全书总目提要》中误解说："十八、十九二卷为道原录，即说书也。"《道古录》与《说书》是两部不同的书籍。对于现存《李氏说书》九卷（尊经阁文库所藏本、九州大学所藏本），正如冈田武彦《王阳明と明末の儒学》（东京：明德出版社 1970 年版）中指出有伪书之嫌那样，应将其视作改窜林兆恩《四书正义纂》为《说书》，从文体上、内容上看都不是李贽的著作。另外，根据《中国丛书综录补正》（江苏广陵古籍刻印社 1984 年版），《说书》十卷收录于崇祯年间信笔斋刊行的《李氏全书》中；还有，根据乌以锋《李卓吾著述考》（中山大学文史研究所辑刊第一卷第二册，1932 年 6 月），一部分收录于李维祯编《李氏六书》（北京大学图书馆所藏万历四十五年痴嗜轩刊本），但崔文印《今传本〈李氏说书〉真伪考》（《中国哲学》第一辑，北京：三联书店 1979 年版）中都将其当作伪书。有关《说书》，另有撰文论述。

② 刊刻者陈邦泰抄写的《墨子批选叙》与以下顾大韶编《李温陵集》卷十所收《墨子批选序》同文："古之圣人，言必可用，用必其言。虽所言不同，然未尝有一言而不可用。虽所用不同，然未尝有欲用而不如其言者。则吴起、申、韩其最着也。吴子一书，吴起之言也。当时用之魏，则魏强。用之楚，而楚伯矣。韩非之拟申、商曰：'申子专任术，而商君纯用法。'韩子之拟二子，亦二子之自拟也。今观商君，相秦才十年耳。卒至富强，而令秦成帝业。虽能杀其身，而终不能不用其法。申子辅弱小之韩，以当暴秦之冲，终其身国治兵强，秦至不敢加兵者一十五年。则三子之言之用，何如也。而况不为三子者乎。而况不为刑名法术之家者乎。自今观之，太上者，学无学，为无为，事无事者也。故其道不道，其德不德，人不我用，我固不用。人或用我，我亦不用。此其人，其言其用，也如此。予乌能知之哉。予又乌能言之。而又何敢言之欤。姑置是，管夷吾者，无学为学，无为为为，无用为用者也。故道则因道，德则因德，用我，我未尝用。不用我，我未尝不用。此其道微眇而难知，其为术明白而难测，其为法也转圆而不可窥以涯涘。予又乌能知之。予又乌能言之。而又何敢言之欤？夫上而无为如仲父，下至有为如申、吴。其中，言而必可用，用而必当言者，何多也。盖虽至于苏、张、范、蔡之徒，其人虽反覆变诈而难信。其言利害，则晓然分晰而可审。但非无用之言，即为有德之言，即为圣人之言，不可以苏、张目之，明矣。而况申、商、吴起数子乎，而况不为申、商、吴起者乎。墨子是已。予读墨子，谬为批选，而意其言之可用者如此。虽然，予又何敢言之。言之，则其罪大矣。"

《墨子》卷一篇名与《墨子批选》四卷本卷一内容：

    《亲士》几乎全文收录（删除中间 88 字）

    《修身》全文收录（有附评）

    《所染》全文收录

    《法仪》摘录（删除篇末 173 字）

    《七患》删除

    《辞过》全文收录（有眉批、附评）

    《三辩》全文收录（有眉批）

    《尚贤上》全文收录（有附评）

    《尚贤中》摘录（有眉批，删除中间 78 字、23 字、后半部分 1000 余字）

    《尚贤下》摘录（删除前半部分 37 字、68 字、124 字、后半部分 700 余字）

《墨子》卷一篇名与《墨子批选》四卷本卷二内容：

    《尚同上》删除

    《尚同中》全文收录（有附评，语句有异同）

    《尚同下》删除

    《兼爱上》几乎全文收录（有附评，删除中间 35 字）

    《兼爱中》几乎全文收录（删除中间 40 字、17 字）

    《兼爱下》摘录（有眉批，删除中间 234 字）

    《非攻上》全文收录

    《非攻中》摘录（删除后半部分 670 余字）

    《非攻下》摘录（删除中间 158 字、389 字、末尾 89 字）

《墨子》卷二篇名与《墨子批选》四卷本卷三内容：

    《节用上》全文收录

    《节用中》删除

    《节用下》缺佚

    《节葬上》缺佚

    《节葬中》缺佚

    《节葬下》全文收录（有眉批）

    《天志上》删除

    《天志中》删除

    《天志下》删除

    《明鬼上》删除

    《明鬼中》缺佚

    《明鬼下》摘录（有附评，删除中间 229 字、127 字、188 字、424 字、80 字）

《非乐上》几乎全文收录（有附评，语句有一处有异同，删除末尾 183 字）

《非乐中》缺佚

《非乐下》缺佚

《非命上》几乎全文收录（有附评，删除中间 132 字、33 字、末尾 50 字）

《非命中》删除

《非命下》删除

《墨子》卷二篇名与《墨子批选》四卷本卷四内容：

《非儒上》缺佚

《非儒下》摘录（有眉批，删除后半部分 1060 余字）

《经》删除

《经说》删除

《大取》删除

《小取》删除

《耕柱》摘录（删除中间 74 字、90 字、190 字）

《贵义》摘录（删除中间 188 字、51 字、131 字、92 字）

《公孟》摘录（语句有异同，删除中间 183 字、82 字、43 字、116 字、85 字、57 字）

《鲁问》摘录（有眉批，删除中间 141 字、295 字）

《公输》全文收录

《备城门》之后 11 篇皆删除

由上述构成可知，表达《墨子》中心思想的"十论"（尚贤、尚同、兼爱、非攻、节用、节葬、天志、明鬼、非乐、非命）几乎都收录其中，而只删除了《天志》篇。对于批判贵族世袭身分制、提倡任用贤者的《尚贤》篇，以及论述无差别仁爱的《兼爱》篇却不厌重复地收录之。为何只删除了宗教色彩浓厚的《天志》篇？因为李贽认为《天志》篇中论述了实际存在有一位对人的行为予以赏罚的人格化之神——天帝。

此外，虽然收录了"十论"以外记录墨子言行的《耕柱》篇至《公输》篇，但是却删除了《经》《经说》等难以理解的论理学篇，以及有关古代科学、兵器的《备城门》以下诸篇。李贽究竟是以怎样的意图进行收录和删除的？有必要结合收录的内容与评语来明确李贽的意图。

（三）《墨子批选》的内容

为了以李贽附评为中心探讨其收录的意图，便宜起见，以下分（甲）俭约论、（乙）兼爱论、（丙）鬼神论、（丁）天命论、（戊）尚贤论、（己）儒者论六个方面，考察《墨子批选》的内容。

（甲）俭约论

首先，对于论述为政者应该在过于奢侈的衣食住行、妃妾等方面节约开支的《辞过》篇，李贽称赞说："此与禹俭奚殊"，又评价道："此正生财之要，节用爱人之大道，简而易操，约而易成者。恨未有以告之"，表彰其俭约论。

其次，从政治观点出发，倡导应该节制对国家和人民有害的厚葬、长期服丧等行为的《节葬》篇中，李贽冠有如下眉批，论述儒者对墨子批判的不当性：

> 明言节葬，非薄其亲而弃之沟壑，以与狐狸食也。何诬人，强入人罪。为儒者，好入人罪，自孟氏已然矣。

此外，李贽在《明灯道古录》下卷第二十三章中也说道：

> 夫舍已之饮食、衣服、宫室，凡所以奉身者，无不薄而唯知神之与民也如此。是尚可以俭病之哉。（中略）禹之学，后传而为墨翟。则于夫子同时，于时天下并重之。故其称曰孔墨。孔子称禹，而于墨翟之俭，不敢辟以为非。盖信其传之有自也。（中略）孟氏以无父辟之，过矣。是辟禹也。

他认为孔子也称赞墨子的俭约是继承了禹之精神，从政治观点批判孟子。

（乙）兼爱论

关于论述墨子思想特色之一的博爱主义的《兼爱》篇中，李贽也如下反驳了孟子的批判：

> 兼爱者，相爱之谓也。使人相爱，何说害仁。若谓使人相爱者，乃是害仁，则必使人相贼者，乃不害人乎。我爱人父，然后人皆爱我之父。何说无父。若谓使人皆爱我父者，乃是无父，则必使人贼我父者，乃是有父乎。是何异禽兽夷狄人也。岂其有私憾，而故托公言以售其说邪。然孟氏非若人矣。赵文肃所谓，不深考其所自而轻于立言是也。

也就是说，对于墨子所谓的以社会和平为目标、无差别的博爱，孟子指责其为否定宗族近亲之爱、破坏伦理秩序的言论，李贽认为是这是非现实的极端评论。

（丙）鬼神论

对于极力主张有监督人的善恶行为并给予赏罚的鬼神之存在的《明鬼》篇，李贽从惩恶劝善的观点出发，表示赞同：

> 我有鬼神说与此合。果信鬼神，其谁敢不力于为善乎？

在《焚书》卷三《鬼神论》中，他也是站在有神论立场的：

> 后稷，鬼子也。周公而上，鬼孙也。周公非但不讳，且以为至祥极瑞，（中略）乃

后世独讳言鬼，何哉？（中略）子曰："鬼神之为德，其盛矣乎！（中略）祭神如神在。"
夫子之敬鬼神如此。使其诬之以为无，则将何所不至耶？小人之无忌惮，皆由于不敬
鬼神。（中略）夫有鬼神而后有人，故鬼神不可以不敬。事人即所以事鬼，故人道不可
以不务。

李贽相信鬼神的存在，这一点是毋庸置疑的。从《明灯道古录》中也可以确认。例如，下卷
第九章中，有关《论语·述而》"子不语怪力乱神"的经文，他认为孔子在《论语》《中庸》中
不讨论鬼神之说，是记录者（曾子、有子的门人）的误解。下卷第十章中也论述了鬼神的存在，
批判儒者把议论鬼神当做异端来指责的风潮。①

（丁）天命论

对于否定命运论、主张人自主努力的重要性的《非命》篇，李贽首先从经济的观点出发，附
评说："俭勤致富，不敢安命。今观俭勤之家自见。"对论述在经济活动中勤俭节约的重要性这一
点表示赞同。又从政治角度赞成调整礼仪、刑罚制度的为政者自主行政的重要性：

> 李邺侯云："君相所以造命。若君相言命，则礼乐刑政皆无用矣。"千载下，卓乎有
> 识有才学，可以与人国家事者，邺侯是矣。

李贽将唐代李泌归类在《藏书》卷二十三《智谋名臣》中，其中还引用了李泌的君主宰相
不得语天命的这一"君相造命"说，盛赞其为"至极之谈"。

（戊）尚贤论

以尊重任用贤者为政治之根本的《尚贤》篇中，李贽附短评："虽欲不贤，不可得也。"在论
述任用贤者必给予三本（高爵位、厚蓄禄、断政令）的一条中冠有眉批："得管夷吾心""说到
髓"，以示赞意。

从以上分析可以看出，李贽从政治角度全面赞同《墨子》各论观点，并未加丝毫批判。而
李贽的不满主要体现在儒者论中。

---

① 朱谦之《李贽——十六世纪中国反封建思想的先驱者》（武汉：湖北人民出版社 1957 年版）第 81 页中，以伪
书《疑耀》为根据，认为李贽的世界观中存在无神论和有鬼论的矛盾，指出："固然我们也可以说李贽的有鬼
论是有政治作用的，他也知道鬼神是没有的，但神道设教，恐人心不服，则托言鬼神。"笔者对此难以认同。
李贽论说鬼神的存在，并不只是为了劝善教化，而是因为他相信其真实存在。在他的著作中随处可见鬼神对于
人类行为的报应之说。此外，朱谦之在参考书目中列举出《墨子》十五卷（李贽选，明堂策槛刻本四册），虽
然将其作为依据，但笔者并未确认该书所在。

（己）儒者论

首先，对于论述个人的道德修养之重要性的《修身》篇，李贽评价说："谈道学者，当熟玩此篇"，讽刺那些言行不一的儒者。接着，在论述处于上位的为政者的主义主张，当与人民步调一致的《尚同》篇中附评挖苦儒者的理想主义和尚古主义：

> 今天下，车同轨、书同文、行同伦。不同则涣而无统将。居下讪上，生今反古，大乱之道也。故以尚同名篇。其谁不同，其谁敢不同。其有不同者，道学之人耳。

另外，在训诫招来人身、财物损失的靡靡之音的《非乐》篇附评中又说：

> 唐太宗与封德彝、魏征论乐曰："均此乐也，乐者闻之则喜，忧者闻之则悲。悲喜在人心，非由乐也。"此谓聪明圣神之主惜，征辈腐儒不达其识见，反出圣主下，而欲以佐神圣之主兴不世之业难矣。观《墨子》令人有太古之思乎！

《资治通鉴》的记载是贞观元年封德彝亡故，上述太宗之言记录于贞观二年，因而此附评大约是李贽记忆错误，但他想强调是音乐反映民情的政治功能。

李贽在批判儒家的《非儒》篇中冠有"上二句真，下二句诬"的眉批，赞同儒者除去装饰礼乐之繁杂、长期服丧、徒有表面悲伤的问题，但认为只相信命运论而不努力是不合理的。因此，他并非全面赞同《非儒》篇。

以李贽评语为中心，就收录内容考察后能够明确的是，李贽收录了从政治角度出发，他所赞同的内容。可以说李贽认可《墨子》乃是经世致用之书，并表彰之。

（四）《墨子批选》的地位

再来看《墨子批选》在李贽经世论中所处的地位。首先，与执笔《墨子批选》时期相近的著作《初潭集》来作比较。根据李贽的序文可知，《初潭集》是万历十六年李贽在湖北省麻城龙潭剃发时的作品，内容是以《世说新语》、焦竑《焦氏类林》等为资料，采集古人事迹，分类为"夫妇""父子""兄弟""师友""君臣"，并添加了评语。① 在《师友一·释教》附评（《续焚书》卷二《三教归儒说》）中，对于当时官僚的情况感叹道："阳为道学，阴为富贵，被服儒雅，行若狗彘然也。"在《师友九·笃义》附评（《续焚书》卷三《孔融有自然之性》）中也对官僚以经书之句为借口，试图掩饰自身的无能以保身，追求个人利益的风潮表达了愤怒。《墨子批选》中也有

---

① 中华书局 1974 年排印刊行的《初潭集》以北京图书馆所藏明刻三十卷本为底本，并根据北京师范大学以及中国科学院图书馆所藏明刻本进行了校正。另外《初潭集》中还有十二卷本，《四库全书总目提要》卷一百三十一《子部·杂家类存目》中可看到其题解，批评说："大抵主儒、释合一之说。狂诞谬戾，虽粗识字义者皆知其妄。而明季乃盛行其书。当时人心风俗之败坏，亦大概可睹矣。"与三十卷本内容相同。根据王重民《中国善本书提要》（上海：上海古籍出版社 1983 年版）可知，十二卷本（九行十九字）中有题："温陵李贽宏甫纂辑，武林王克安汝止甫重订"，可印证本书之流行；另外，北京大学所藏三十卷本的一种明闵氏朱墨印本（九行十九字，19.9×13.8）中载闵邃序与闵杲跋，并加有焦竑和刘东星的评语。

从政治观点出发对官僚的批判，具有共通性。

据《焚书》卷三《复邓鼎石》记述，作为因干旱而产生饥荒的紧急对策，李贽提出官府应当委托商人从丰收地收购粮食，廉价分配给贫民的具体救济方式，批判"救饥馑无奇策"之论为"俗儒之妄谈"。可以说李贽的经世观是以现实的民生充足为第一义的。从这一观点出发，他赞同《墨子》主张的经世之策。在《明灯道古录》卷下第二十三章中说道：

> 今墨子之书具在。有能取其书读之，而得其所以非乐之意，则经纶之术备焉。断断乎可以平天下而均四海也。虽作用手段各各不同，然但可以致太平。亦何必拘一律哉。孟氏以无父辟之，过矣。

李贽认同《墨子》的主张有益于经世济民，对墨子的批判者孟子予以批判是必然的。李贽对孟子的批判，可以说实践了王阳明在《传习录》卷中《答罗整庵少宰书》中如下所述的极端议论的自主批判精神："夫学贵得之心。求之于心而非也，虽其言之出于孔子，不敢以为是也，而况其未及孔子者乎！"王阳明并没有实际批判经书本身。李贽在自身体会与经书内容相龃龉之时，虽然没有批判孔子的言行，但将其作为记录者之误解加以批判。对于孟子，其批判精神则毫无保留地发挥了出来。

李贽也对墨子以外诸子的学问加以政治性评价。例如，《焚书》卷五《孔明为后主写申韩管子六韬》中评价了法家的申不害、韩非、管仲等的政治功绩："各各有一定之学术，各各有必至之事功。"若在政治上有用，则不拘学派之别而给予评价，这是李贽的思想特色之一。这一特色从《墨子批选序》中也可得见。李贽将墨子与吴起、申不害、韩非、商鞅、管仲等并列，推荐其政治实用性。

可以说李贽著《墨子批选》，是将诸子学问作为经世致用学问进行表彰的一环。如果将论述能力主义人才任用的《藏书》当做李贽经世论顶点位置的著作的话，那么《墨子批选》就如其山脚下原野位置的著作。虽然不能说是李贽的主要著作，但是它反映了李贽的思想倾向，可以视为是为官僚提供政治参考而执笔的一种劝善书。

三、结语

王艮作为一介庶民，为传道阳明学奉献一生。《鳅鳝赋》表明以救济陷于危机状况而痛苦的人们为使命，明显表现出王艮救助民众的热情。《明哲保身论》是强调保障自身安全重要性的保身论。他主张保全自己的同时，又懂得尊重他人，为实现家庭和社会、国家的和平必须保身。其《淮南格物说》主张：只有将自己和天下国家视为一物，以自己为"本"，以天下国家为"末"，以自己为标准推测他人的心理，正自己之"本"，才能正确治理天下国家之"末"。王艮渴望出仕成为执政者之师以实现其道，但如此愿望不能实现时，便不出仕而保自身安全，以成为天下后世人之师为理想努力讲学。他门下有樵夫、瓦匠等各种各样职业的庶民，所以以王艮为学祖的泰州学派被视为庶民学派。在中国，五四文化运动以来，在儒教批评的语境中，王艮的思想体现了反叛儒教的精神，被评价为有反对封建统治者、拥护平民利益的战斗性质，但是他本人根本没有反抗明朝统治的意图。

《墨子》在清代是作为考证学资料来探究的。清末以后，又被视为与西欧科学、论理学相对的学问。现如今，《墨子》各篇是不同年代成立的观点已成为研究者的一种常识。但是，李贽并没有表现出对于各篇成立年代、古代科学与论理学的关心，只是将其作为经世论，收录那些与自己思想有共鸣内容。

李贽之所以赞扬《墨子》，是因为《墨子》的政治论是在国政混乱中提倡尚贤、尚同，在贫穷中提倡节用、节葬，在安逸享乐中提倡非乐、非命，在颓废中提倡明鬼，这些都与李贽的经世观相吻合。可以说《墨子批选》是删除了《墨子》的重复部分、难解之篇，而更加易读易懂的普及版，是李贽立志于经世致用学问的批评活动的副产品。在明末，李贽的挚友焦竑等出版了《墨子品汇释评》，出版李贽遗著的陈仁锡刊行了《墨子奇赏》等，《墨子》在士大夫间作为劝善书的一种流行开来。对于明末的士大夫而言，《墨子》并非研究对象，而是道德实践的指导书，李贽所强调的是其政治上的有用性。

作者简介：佐藤炼太郎，日本国立大学法人北海道大学终身名誉教授。译者关雅泉，浙江工商大学东方语言与哲学学院讲师，日本北海道大学文学博士、博士后。

"阳明学"与"东亚"以及"近代日本"

陈晓杰

摘要：今日人们习以为常所使用的"东亚阳明学"一词，其实无论是"阳明学"还是"东亚"，都源自近代日本。幕末维新志士有不少人遵奉阳明学，这一点在明治初期也被日本知识人所宣扬，并且影响了中国与韩国当时前往留学的士人。然而在此后，日本的阳明学发展经历了更复杂的变化，既有作为个人信仰，也有作为"哲学"而对抗西方文明，更有作为"国民道德"之思想资源而与国家主义相结合的历史，此后包括"东亚"一词也逐渐染上帝国主义的色彩。本文全面回顾与分析了阳明学在近代日本的发展历程与曲折，并指出正是在 19 世纪末开始，阳明学才真正成为东亚三国产生共时性振动的重要媒介。由此，对于历来阳明学在近代日本所起到的作用所产生的两极分化的评判，需要作出全面的调整与再评估。

关键词：阳明学；东亚；近代日本；国民道德；哲学

一、"阳明学"与"东亚"

近几年来，中国涌现出一股对王阳明学问思想热捧的潮流，市面上充斥着诸多讲授"王阳明"其人其事或者注释、解说《传习录》的书籍，姑且不论这股潮流之中有多少是人云亦云，又有多少人是在借机招摇撞骗，但至少很多人觉得，"中国传统文化"[①]诞生了王阳明，这是我们的骄傲。但是，当从事中国哲学与思想的研究者也将"阳明学"挂在嘴边，乃至想要附和于此潮流的时候，似乎却更缺乏一点作为研究者本应具有的反思精神。

"阳明"是中国明代思想家王守仁（1472—1529）的号（以下，本文按照中文习惯，沿用"王阳明"的称呼）。他筑室阳明洞讲学，自号"阳明先生"或"阳明山人"，世人由此就称他的学说为"阳明之学"或"阳明之说"等。

从历史上看，在晚明时代就已出现"阳明学"一词，例如晚明东林党人邹元标（1551—

[①] 关于所谓"中国传统文化""国学"等概念的混乱以及社会现象问题的反思，可参看拙文《当代中国与"儒学复兴"》，载《思想与文化》2016 年第十九辑。

1624）评价"北方王门"的孟秋（1525 – 1589）"夙志阳明学"，意思是说孟秋追随其师张后觉（1503—1578）而从事"阳明学"①，此处"阳明学"特指王阳明本人的学说。成书于 17 世纪末的黄宗羲《明儒学案》在为汪俊（生卒不详）所作的"小传"中也曾使用"阳明学"一词，而汪俊与阳明同时而略晚，他对"阳明学不从穷事物之理"②的思想是表示反对的。显然，这里的"阳明学"也特指王阳明的学说。仅从以上两例来看，"阳明学"一词在明末清初并不流行，而且属于狭义的概指阳明本人的学说。约在 18 世纪成书的《明史·王守仁传》云："守仁天姿异敏（中略）谪龙场，穷荒无书，日绎旧闻。忽悟格物致知，当自求诸心，不当求诸事物，喟然曰：'道在是矣。'遂笃信不疑。其为教，专以致良知为主。谓宋周、程二子后，惟象山陆氏简易直捷，有以接孟氏之传。而朱子《集注》《或问》之类，乃中年未定之说。学者翕然从之，世遂有'阳明学'云。"

这里出现的"阳明学"，是否有超出前述狭义阳明学之意，很难断定。事实上，在《明儒学案》里面，王阳明本人的学术被称为"姚江之学"（卷十《姚江学案》），其弟子则被称为"王门之学"（卷十一以后有《浙中王门学案》《江右王门学案》《南中王门学案》《北方王门学案》等），很显然，"门"是表示"门户""学派"的意思。

邓红认为，作为一门近代学科的名称，"阳明学"是个典型的"和制汉语"，出现于 19 世纪 90 年代的日本③。在此之前，日本对王阳明一派的学问，也沿袭中国的学问传统，称"姚江"或"王学"。他指出，最早在日本使用"阳明学"一词的是明治维新的志士吉田松阴（1830—1859）："吾曾读王阳明《传习录》。甚觉有味。顷得《李氏焚书》。亦阳明派。言言当心。向借日孜。以《洗心洞札记》。大盐亦阳明派。取观为可。然吾非专修阳明学。但其学真。往往与吾真会耳。"

这段文章，在学派承传上称王阳明、李贽、大盐中斋为"阳明派"，称他们的学问为"阳明学"，和中国明代所说的"阳明之学""阳明之说"同义。

需要注意的是，19 世纪 60 年代日本近代化进程开启，日本学者将欧洲近代学术门类翻译成汉字术语时，大多使用了"××学"的构词法，例如将 physics 翻译成"物理学"，economics 则是"经济学"（另外一种在学术界最常用的构词法，就是"××主义"）。上述社会科学词汇，由 19 世纪末流亡或者留学日本的中国学人如梁启超等原封不动地引进了中国④。

反过来说，"××学"的构词法也会给人们造成某种程度的错觉：凡是在某个名词后面加一个"学"字，似乎就能构成一个欧洲近代意义的学科门类，"阳明学""朱子学"在日本的"发明"，就是很典型的例证。

---

① 邹元标：《愿学集》卷五"我疆孟先生墓志铭"，《四库全书》本。
② 黄宗羲：《明儒学案》卷四十八"诸儒学案二·文庄汪石潭先生俊"，北京：中华书局 1985 年版，第 142 页。
③ 邓红：《何谓"日本阳明学"》，《华东师范大学学报》2015 年第 4 期。
④ 中国学者在翻译上也有自己的思考与创造，例如严复将 metaphysics 翻译成"玄学"、sociology 翻译成"群学"，使用的是"×学"的构词法。只是严复式的"×学"词法，最终未被采纳，近代中国选择了日本学者的二字熟语作为对应翻译词的发展趋势，于是，"玄学"输给了"形上学"（另一个更为人所知的"哲学"，在发明者西周那边本来是"希哲学"，不过后来也简化为"哲学"），"群学"输给了"社会学"。

19 世纪末到 20 世纪初叶，日本出现了一场由三宅雪岭（1860—1945）、德富苏峰（1863—1957）、陆羯南（1857—1907）等当时著名文化人士所发动的社会运动，批判明治政府以"鹿鸣馆"为代表的全盘欧化政策。他们自称这场社会运动的目的是创造日本的"国民道德"，并认为（他们所理解的）"阳明学"能起到开启民智的作用，由此，他们先后创刊了几本与王阳明相关的大众杂志，作为"阳明学"运动的主要阵地。

1896 年 7 月 5 日，吉本襄在东京创办了大众通俗杂志《阳明学》。《阳明学》设阳明学、论坛、讲筵、文林、史传等栏目，发表一些社论和关于王阳明事迹与学理的文章。1900 年 5 月，《阳明学》杂志刊出最后一期。

1906 年 3 月，东敬治（1860—1935）创办了《王学杂志》，号称要继承《阳明学》杂志的精神，发行方是大力宣扬阳明学的明善学社。此后，明善学会改名"阳明学会"，从 1908 年开始发行期刊杂志《阳明学》，直至大正三年（1914）①。

至此，关于"阳明学"的称谓问题已经初步得到解决，一言以蔽之，我们今天中国学者所使用的"阳明学"，其本身所含有的近代学术意味的含义，当然只可能在近代之后才会出现，或者说，只有到了近代之后，人才可能会以一种回溯性的视角去理解与把握问题（正如今日的"中国哲学"研究），在这个意义上，"阳明学"必然是"近代的发明"，而且是在东亚国家最早步入"近代"的日本所产生的。在此之前，即便我们能在浩如烟海的前近代中国找到若干一鳞片爪之"阳明学"的用例，也并不能轻易地将其视为起源。只有正视无论在词汇运用还是社会宏观层面的"断裂"乃至其中的诸多阵痛，我们才可能真正面对历史，以及现实。

刚才笔者提到了"东亚"，这个概念同样看似不言自明。"东亚"一词原是对 east asia 的日语翻译，它的日语书写有两种方式："東亜"和"東アジア（Asia）"。前者是日语汉字，后者则是用日语"片假名"来音译"亚细亚"（Asia），即"亚洲"。关于"东亚"一词的词源学问题，特别是日本近代史上，该词是如何出现及其演变等问题，陈玮芬在子安宣邦的论述基础上，指出这个词汇未见诸中国的《词源》《辞海》等主要辞书，而是出现在 20 世纪 20 年代的日本，最早是以"东亚美术史""东亚佛教史""东亚文明史""东亚考古学"等学术性的专用名词出现，指文化含义的地域概念，到了 30 年代以后，逐步演变成地政学概念，并且被进一步扩大为帝国日本建构所谓的"东亚共同体"和所谓的"大东亚共荣圈"的理念②。此后的 1943 年 11 月 6 日日本军国政府发表的所谓的《大東亜共同宣言》（东京：新纪元社 1944 年版），不仅意味着"东亚"

① 《王学杂志》以及在此之前由吉村襄所刊行的杂志《阳明学》都分别有复刻版，并附录有冈田武彦的解题。《复刻　阳明学（铁华书院刊本）》全四卷（冈田武彦监修，木耳社 1984 年版），《王学杂志》上下（冈田武彦监修，文言社 1992 年版）。又，关于东敬治及《王学杂志》，参看吉田公平《东正堂年谱初稿》（《白山中国学》2004 年第十一号）、《『正堂先生古稀寿言集』と「桂岛往访记」について》（《白山中国学》2006 年第十二号）、《東敬治と『王學雜志』について》（《東洋大学中國哲學文學科紀要》2008 年第十六号）。

② 陈玮芬：《近代日本汉学的"关键词"研究：儒学及其相关概念的嬗变》，台北：台湾大学出版中心 2005 年版，第 101—135 页；子安宣邦：《"アジア"はどう語られてきたか——近代日本のオリエンタリズム》，东京：藤原书店 2004 年版。

一词成为国家意识形态，而且将此提升为战争理念，公开宣称当时日本发动的侵略战争是为了解放亚洲，也是为了"建立世界之和平"的所谓"正义"战争。因此"东亚"一词所伴随的战争记忆是十分沉痛的。但是"东亚"作为学术用语之出现始于何时，则并非始于 20 年代。

我们知道，自戊戌变法到辛亥革命的十余年间，大量的中国"有志青年"东渡日本，一方面在日本学习西学，另一方面通过对日本近代社会的实地观察，感受到中国为何落后挨打的原因就在于缺乏观念上的革命。于是，人们开始借用日译西学的名词概念来推动各种观念上的革新，"东亚"一词传入中国便是一例。事实上，吴震就曾指出，早于《国粹学报》一年的 1904 年发刊的《东方杂志》在《新出东方杂志简要章程》第 1 条便开宗明义地宣称："以启导国民，联络东亚为宗旨。"这里出现的"东亚"一词值得关注。这一宗旨所言"联络东亚"一说，应与 19 世纪末在日本盛行一时的"兴亚论""大亚细亚主义"之思潮有关，例如甲午战争前一年 1893 年樽井藤吉（1850—1922）在其《大東合邦論》（提倡与朝鲜"合邦"而与中国"合纵"的观点）一文中就已明确使用"东亚"一词，指出当时的"东亚诸国"犹如中国春秋战国七雄相争，虽然各国不愿被"秦"所吞并，但最终仍然不得不被"秦"所统一，意谓东亚各国最终走向"一体"，乃是历史发展的必然趋势。至于其所谓的"秦"具体何指，则是不言自明的，应当是指在"弱肉强食""适者生存"的原则下，当时的帝国列强很有可能扮演"秦"的角色，而新兴后起的日本帝国（以 1890 年发布《大日本帝国宪法》为标志）更是统合东亚各国的唯一力量。

樽井藤吉虽然是明治早期的自由民权运动论者，但同时也是九州福冈的右翼组织"玄洋社"成员，是明治十七年（1884）在上海建立的"东洋学馆"的发起人之一（创办者为中江兆民）。该学馆的使命在于为重振东亚而培育人才，主要以培养通晓中文的人才为目标。该学馆尽管短命，至次年 9 月便告解散，但却是日本近代史上第一个在海外设立的语言学校，并成为 1901 年在上海成立的"东亚同文书院"的先驱。

在此之前，日本近代史上最早的亚洲主义团体"兴亚会"于明治十三年（1880）3 月在东京成立，在此组织之下，又有"兴亚学校"于同年二月成立。出任会长的是长冈护美，会员包括清朝人和朝鲜人，在当时这是名副其实的国际性组织，后来成为东洋学馆馆长的末广重恭便是兴亚会的骨干成员之一。1882 年 5 月，由于兴亚学校迟迟得不到文部省的官方承认而不得不关闭，并被并入文部省直辖之下的外国语学校，"兴亚会"的会名也在 1883 年 1 月改名为"亚细亚协会"①，其后又与近卫笃麿（1863—1904）于 1898 年创立的"东亚同文会"合并。

由此可见，19 世纪末的近代日本，"兴亚论"已经成为一种思潮，而东洋学馆便是在此背景中成立。另一社会背景则是明治十五年（1882）三月，玄洋社与其他团体组建九州改进党，以发展成"公议政党"为目标，在全九州地区向民权派发起广泛呼吁，而在各地纷纷成立的政社作为其支部，以图建立全国性的联合协议体的政党。该政党的早期活动之一便是计划建立东洋学馆。

---

① 关于 19 世纪末"兴亚会""亚细亚协会"乃至亚洲主义等问题，参看藤谷浩悦：《戊戌变法と東亜会》，《史峰》1989 年第 2 号；狭间直樹：《初期アジア主義についての史的考察》，连载于《東亜》2001 年 8 月—2002 年 2 月第 410—416 号；桑兵：《"兴亚会"与戊戌庚子间的中日民间结盟》，《近代史研究》2006 年第 3 期。

在成立之初发表的《东洋学馆趣旨书》中,有这样一段话:"盖东洋之神髓在清国之头上而存者,若论与我国之关系,即辅车相依、唇齿相保之大要也。"① 其所谓"东洋"主要指清朝和日本,而对两者之关系则以"辅车相依、唇齿相保"来表述,而建立学馆之旨趣则在于"扳回东洋之衰运"。于是,"东洋"一词作为与"西洋"相对的概念,具有了对抗的意味。就其实质内涵来看,其所谓"东洋",就相当于此后出现的"东亚"。

总之,吴震指出,"东亚"问题在日本受到关注,始于 19 世纪 80 年代,以"兴亚会"的成立为标志,形成了"大亚细亚主义"或"亚洲主义"等社会思潮。而"东亚"一词是针对西洋而言的地理性概念,本来并没有明显的地缘政治学的特殊意味。只是到了 20 世纪 30 年代以后出现的所谓"大东亚共荣圈"这一概念,于是"东亚"一词发生了质变,已不再是单纯的地理概念,而更偏向于地缘政治,还具有帝国主义意识形态的意味②。

在对"阳明学"以及"东亚"这两个概念进行历史脉络的梳理之后,我们不难发现如下基本事实:虽然"阳明学"毫无疑问首先是指中国明代思想家王阳明以及其学问、思想等,"阳明学"与"东亚"也是汉字,但这两个概念在今天人们理解的意义上,其起源却是来自于日本,更准确地说,是来自 19 世纪末明治时期的日本。无独有偶的是,"东亚阳明学"一词,最早的使用者可能是韩国的阳明学者崔在穆,而他提出这一概念,是他在日本的筑波大学提交的完全用日文写作的博士论文,而当时的韩国,根本不存在系统性的阳明学研究,如后文所述,前近代的李朝时代的朝鲜,也并没有可以对标明代中国的"阳明学"。这也就意味着,如果我们要严肃对待与思考"阳明学",那么作为此概念的发明者的"近代日本"就是绝对不容回避的问题。

二、阳明学与近代日本

曾几何时,大陆推崇"阳明学者",很愿意接受下面这种观点:"日本的明治维新之所以能够成功,就是因为其提倡者多为阳明学之遵奉者",这里面隐含的双重意义的精神扭曲。("我们中国的近代化经历了不少挫折"所产生的现实层面的自卑感,以及"即便如此,你们日本之所以能够成功,还不是因为吸收了我们老祖宗的优秀文化要素"所产生的历史层面的优越感。)

中国人认识到明治维新与"阳明学"的紧密关系,大多会从蒋介石(1887—1975)的留日经验谈起。蒋介石曾自述在二十岁(1906)留学日本时,目睹当时的日本陆海军官,几乎无人不读阳明的《传习录》,他这样叙述日本人对阳明学的热衷程度:"当我早年留学日本的时候,不

---

① 转引自佐佐博雄:《清法戦争と上海東洋学館の設立》,载《国士館大学文学部人文学会紀要》第 12 号,1980 年 1 月,第 58 页。

② 以上对"东亚"问题的总结性概括,均源自吴震:《代前言:关于东亚儒学问题的一些思考》,载《东亚儒学问题新探》,北京:北京大学出版社 2017 年版。

论在火车上、电车上，或在轮渡上，凡是在旅行的时候，总看到许多日本人都在阅读王阳明《传习录》，且有很多人读了之后，就闭目静坐，似乎是在聚精会神，思索这个哲学的精义；特别是他的陆海军官，对于阳明哲学，更是手不释卷的在那里拳拳服膺。后来到书坊去买书，发现关于王阳明的哲学一类的书籍很多，有些还是我们国内所见不到的，我于是将阳明哲学有关的各种书籍，尽我所有的财力都买下来。"①

不过要说到中国近代最推崇阳明学，并且将其与明治维新相联系的，当属梁启超（1873—1929），他将景仰阳明学的吉田松阴推尊为明治维新"首功""原动力""主动力之第一人"，并在1906年出版《松阴文钞》。梁启超如此青睐阳明学，当然和他的老师康有为有关。康有为早年学于朱九江（1807—1881），其"独好陆王"就广为人知，后来还命其长女康同薇编纂《日本之变法由游侠浮起浪之义愤考》（上海：大同印书局1898年版），将明治维新志士与司马迁《史记·游侠列传》的战国游侠相比拟，期待着中国也能如日本那样出现志士仁人以救国难。梁启超在万木草堂从学于康有为时，后者即常以日本明治维新志士的事例教导于鼓励弟子。

梁启超流亡日本的时候，正好是被后世揶揄为"御用文人"的井上哲次郎出版《日本阳明学派之哲学》（1900年）时期，日本知识界大力鼓吹阳明学，梁启超当然深受影响，此后特别撰写《中国的武士道》（1904年）。他在"论宗教家与哲学家之长短特质"（1903年）一文中写道："吾国之王学，维新派也。苟学此而有得者，则其人必发强刚毅，而任事必加勇猛。观明末儒学之风节可见也。本朝二百余年，斯学消沉，而其支流超渡东海，遂成日本维新之治，是心学之为用也。"②

相对于当时的维新派对阳明学的推崇，清末的革命党人也有流亡到日本的，对日本当时的阳明学风潮自然不会陌生，例如章炳麟（1869—1936）虽然不认同阳明学，但依然愿意承认阳明学对于明治维新的影响③。

再来看韩国的情况。韩国经历了1910年沦为日本帝国殖民地的屈辱历史，其近代化过程和中国一样，充满了亡国的恐惧与诸多曲折。近代韩国的阳明学者的代表人物朴殷植（1859—1925）作为韩国独立运动的活动家与历史学者，著有《韩国痛史》（1915年）与《韩国独立运动之血史》（1920年），他在1911年所作《王阳明先生实记》的末尾写道，今日要从事于圣贤之学，阳明学是最简易真切而又合乎时宜的，同时还引用了梁启超《德育鉴》（1905年）的话，以阳明学为"今日学界第一无二之良药"。他在1911年的《梦拜金太祖》一书中，借助虚拟人物"无耻

① 有关阳明学说对蒋介石的影响，参看楚崧秋：《阳明学说对于蒋公思想德业的影响》，载《中华文化复兴月刊》1986年第19卷第11期。

② 梁启超：《上品川弥二郎子爵书》，《民报》1908年第24期，；梁启超自称："启超因景仰松阴、东行两先生，今改名吉田晋。"研究可参看郭连友："梁啓超と吉田松陰"，《季刊日本思想史》，2002年第60期。有关梁启超的阳明学研究，亦可参考竹内弘行："梁啓超陽明學說：1920年代を中心に"，《名古屋学院大学外国语学部论集》1997年第9卷第1期。

③ 章炳麟这样评论王学："王守仁南昌，桶冈之功，职其才气过人，而不本于学术。其学在方策矣，数传而后，用者徒以济诈，其言则只益缦简粗粗。何也？王守仁之立义，至单也（中略）尝试最观守仁诸说，独致良知为自得，其他皆采自旧闻。"（《王学第十》，《訄书》，北京：华夏出版社2002年版，第39页）

生"与古代朝鲜的建国神话人物"檀君"的对话，称颂古代韩国的荣耀历史、江山好英雄多，讽刺"无耻生"这位苟且偷生、不知民族大义而甘为奴隶之人，最后"无耻生"感悟，请帝罪其卖国贼党，谢恩而退。在此书中，朴殷植把王阳明与西方诸多革命分子同举："克林威尔，不拘天下恶名，首馘暴君，制定宪法。马丁路得，无视教皇之威压，奏宗教革命之功。四百年前，"支那"学问界，朱学之势力宏大且深固，王守仁不顾天下之诽谤，主唱良知学，振作士气。五十年前，日本幕府武断力强劲且严酷，吉田矩方（笔者按：此即吉田松阴），掷一身之生命，唱大和魂，设维新之基础。奈何朝鲜如许热血儿，既不作政治革命，亦无学术革命。"朴殷植与东京的阳明学会也有交流。前面提到东敬治创办《王学杂志》（后更名为《阳明学》），朴殷植就曾写信给东敬治，提及推进明治维新的"豪杰"有很多人都是阳明学者云云 ①。

郑寅普（1893—1953？）在 1910 年遭遇亡国之巨变，留学中国并组织同济社参与光复运动，1918 年回国。著有《阳明学演论》（1933 年），其中第六章"朝鲜阳明学派"是关于朝鲜阳明学的最初的真正记述。他虽然在此书开头就坦言"朝鲜没有阳明学派，阳明学从以前传来，就被看成是异端邪说"，但依然试图发掘朝鲜的内在的阳明学谱系，例如他将崔鸣吉（1586—1647）和郑齐斗放在一起，视为有明显的阳明学著述及其言论者。但正如中纯夫的研究所示，此书很多人物早于王阳明的年代，所以郑寅普是以自己的良知学理解来解读其言行并判断是否属于"阳明学"，并且这些人物都是在朝鲜的动乱鼎革之际挺身而出的志士，足以为后世之楷模，其言行也符合王阳明晚年所倡导的"独知"之精神。由此可见郑寅普的用心绝非如今日书斋之学者为申报课题而特地拟定一个"大题目"，而是为了通过介绍与发掘朝鲜的历史人物之"阳明学性格"而激励当下的有识之士奋起反抗，救国救民。

从上述两位韩国近代推崇阳明学的人士的著述以及经历可知，中国与韩国在 19 世纪末 20 世纪初，都受到率先进行政治与社会制度改革的日本的巨大影响，他们多有留洋抑或流亡日本（韩国则还有在亡国之后流亡中国的事例）的经历。不仅如此，无论是梁启超为代表的维新改革派，还是革命派士人，抑或是韩国的有识之士，凡是推崇王阳明者，都几乎毫无例外地将日本明治维新的成功与阳明学相联系。当然，如此认识也并非毫无依据，德川幕府末期的思想家中，最常被提起的两个人——大盐中斋与吉田松阴，二者皆是在幕末动荡时代中行动论特别突出的两个思想家与行动家，前者为解救饥馑灾民，愤而率门人举兵起义，终至兵败身死，吉田怀着尊皇攘夷的坚定信念四处奔波，致遭幕府逮捕而死。二者的牺牲对维新志士的影响至深且巨。此后，缔造明治维新最大的功臣西乡隆盛，手抄日本阳明学者佐藤一斋的《言志录》百条，对大盐中斋所著《洗

---

① （1）《朴殷植全书》中《梦拜金太祖》（1911 年）："四百年前，'支那'学问界，朱学势力，宏大深固。王守仁，不顾天下诽谤，主唱良知学，振作士气。五十年前，日本幕府武断力，强劲严酷。吉田矩方，掷一身生命，唱大和魂，设维新基础。奈何朝鲜如许热血儿，不作政治革命、学术革命。"（2）《朴殷植全书》下《云人先生鉴》（1924 年）："日本之吉田矩方，以王学之活气创维新之业。"（3）《朴殷植全书》下《与韦庵书》："盖阳明是道学家也、军略家也、政治家也、气节家也、文章家也。至于今日，此学大昌于世。日本维新豪杰，多是王学派。'支那'学家，亦多宗王学。以其知行合一论为适于时宜也。"以上三则资料，均转引自中纯夫：《朝鲜阳明学的特质》。

心洞札记》手不释卷，虽然我们不能由此推断"西乡隆盛是阳明学者"，但至少可以证明他确实受到日本阳明学者的不少影响。

然而，上述"遵奉阳明学的日本幕末志士（吉田松阴，西乡隆盛等）推动并促成明治维新"的理解图式，看似彰显了阳明学作为一种小岛毅称之为"红色阳明学"①、亦即具有革命精神②与行动的理解，虽然对于 19 世纪末 20 世纪初的流亡于日本的中韩两国的年轻学者志士留下了极为深刻的印象，然而在当时的日本所流行的阳明学，已经距离此种"阳明学"有很大的距离。张昆将通过大量资料的阅读与梳理，归纳总结出三种类型：（A）"作为反洋气与反洋学的阳明学"；（B）"作为国家主义与和平主义者的提倡国民道德之阳明学"；（C）"作为民权论者与宗教的阳明学"，并认为类型（A）最具有阳明学本身的色彩，因为提倡者都是从幕末过渡到明治维新初期的学者③。代表人物是：池田草庵（1813—1878）、山田方谷（1805—1877）、春日潜庵（1811—1878），还有东泽泻（1832—1891）与东敬治父子，不过几乎都处于退隐状态。例如春日曾担任维新政府的奈良县知事，但只半年即去职，所开的私塾亦在明治七年（1874）闭馆。东泽泻在幕末为维新事业奔走，绝食、禁锢、入狱，家人穷困，至 1868 年后始得平反。但此后，东泽泻身为勤王功臣，却绝意仕途，选择隐遁，择居筑屋，直到 1891 年病逝，遗言交代："吾死后，不须铭墓也。"对明治政府选择欧化政策的抵触与抗议之情可谓溢于言表。这批人是真正研读阳明学并且身体力行的知识人，从今天的角度来看，才是最醇正的"阳明学者"，但在巨大的时代变革面前并未选择变通与适应的他们，只能面对逐渐被历史淡忘的命运。

接下来看（B）"提倡国民道德之阳明学"。在甲午战争之后，日本思想界从明治后期到大正初年期间，先后出现了三种与阳明学相关的期刊：首先是 1896 年吉本襄提倡的《阳明学》，终刊于 1900 年；其次是东敬治主持发行的《王学杂志》（井上哲次郎也有参与），后更名为《阳明学》，直至 1914 年；再次是 1907 年在大阪由私淑大盐中斋的石崎东国创立"洗心洞学会"，1913 年刊行《阳明》，1918 年改名为《阳明主义》。

以上三刊主旨虽均在阐明阳明良知之学，振作社会人道为目的，不过其政治立场有很大差异。东京的《王学杂志》有国家主义的倾向，大阪的《阳明》则坚持世界人道平等主义的立场。在其刊载的文章中，有许多视阳明学是具有革命行动的精神指导动力，甚至将王阳明与日本的天照大神相附会，但即便如此，大阪的阳明学会仍然有高度的国民道德意识，所以依然与东京的推崇阳明学者在立场上有共通之处。

---

① 小岛毅：《近代日本の陽明學》，东京：讲谈社 2006 年版。
② 与此同时，我们切不可因为字面上的"革命"而将中国古代的知识以及历史脉络错误地带入到对明治维新的理解中，吴震指出，中国传统的"汤武放伐"之"革命"观（当然尤其是受到孟子的影响）与历代就意味着"城头变幻大王旗"的改朝换代与变更正朔，而日本尤其是从 17 世纪开始出现并流行的作为本土思想的神道以及国学思想，都认为日本天皇是"万世一系"，以天皇为核心之"国体"永不变更，所以幕末支持维新的"革命志士"所主张的恰恰是以"勤王"与"推翻幕府统治"为目标，最终实现"大政奉还"。参看吴震：《关于"东亚阳明学"的若干思考——以"两种阳明学"的问题为核心》，载《东亚儒学问题新探》附录二。
③ 张昆将：《近代中日阳明学的发展及其形象比较》，载《台湾东亚文化研究学刊》2008 年第 5 卷第 2 期。

另一方面，众所周知，虽然明治政府从初期开始所主导的政治制度以及社会改革在总体上是倾向于更多向西方学习的"文明开化"路线，但日本国内始终存在着不同的声音，即便同样是受到西方思潮影响的人士，例如"自由民权运动"的领导者也并不认同明治政府的路线。为此，井上毅（1818—1891）在1877年就提倡汉学并放入中学教育之中，又在明治二十三年（1890）以天皇的名义颁布《教育敕语》，由此明治政权重新捡起以前一度被冷落的儒教道德的"忠""孝"伦理①，井上哲次郎更为此而撰写了《敕语衍义》，进行详细解说。追随井上的高濑武次郎，他在1918年出版的《陽明主義の修養》序文中，也将《教育敕語》的"忠孝一本"的国体精神和阳明学的良知学相比附。

最后来看类型（C）"作为民权论者与宗教的阳明学"，这方面可以举出两位代表为例，留学法国、对于卢梭思想推崇备至的自由民权运动者中江兆民（1847—1901）就曾在访谈中表达对阳明学的好感："我壮年之时，因稍窥禅学，诚有感于阳明之学。阳明学如你所知，以良知学，尊知行合一，以说事功为第一，可谓活用之学。"② 基督教学者之中，则可举出内村鉴三（1861—1930），其一生追求"无教会主义的基督教"，在其名著《Japan and Japanise》③，列举了日本的五个领域具有代表性的人物：新日本的建设者（西乡隆盛）、封建领主（上杉鹰杉）、农民圣人（二宫尊德）、村落教师（中江藤树）及佛教僧侣等，其中西乡隆盛与阳明学有关，中江藤树更被尊为"近江圣人"，是日本最早接受并且宣扬阳明学的江户时代儒者（参看本书第一章）。内村鉴三在评价中江藤树时写道："假如他（笔者按：中江藤树）没有接触到中国的进步学者王阳明的著作而展开新的希望，那么只会反观内省的他将会被悲观的哲学压倒（中略）是孔子同胞的反进步性的中国人，将孔子解释为自己一方，而在世界人的心中，刻镂了反进步性的圣人之印象。王阳明把孔子的进步性凸显出来，给以古代的方式诠释孔子的人们以新的希望。"④ 内村认为孔子是"进步的圣人"，王阳明是"进步的学者"，但作为孔子所生活的过度的中国人现在成为了"反进步性的民族"，因而必须由日本人来彰显孔子以及王阳明的进步性，而明治维新正验证了这一点。内村对中国的偏见在此姑且不论，但其对王阳明的高度评价与倾心，由此可见一斑。

那么，激励中国与韩国在日留学生、给他们留下深刻印象、并且深信日本明治维新能够成功主要就得力于幕末志士信奉阳明学，这所谓"红色阳明学"的革命精神，在当时的日本是怎样的处境呢？曾经是"自由民权"支持者的德富苏峰，在1893年撰写《吉田松阴》的时候，还极力称颂吉田松阴为"革命的志士"，然而到了明治四十一（1908）重新再版的时候，他却小心翼翼地将"革命"一词删除。更令人咋舌的是，1910年底发生明治天皇暗杀未遂事件（史称"大逆事件"）后，曾撰写《日本陽明学派之哲学》的井上哲次郎在国学院举办的"大逆事件背景下

---

① "朕惟我皇祖皇宗，肇国宏远，树德深厚，我臣民克忠克孝，亿兆一心，世济其美。此我国体之精华，而教育之渊源，亦实存乎此。[井上毅：《教育敕语》，载《教育の体系》（《日本近代思想大系》第六卷）东京：岩波书店1991年版，第383页]

② 原文为日文。岛本佐郎整理：《兆民居士王学谈》，《阳明学》1897年第1卷第60期。

③ 1894年，原文为英文，1908年改名为 *The Representative Men of Japan*。

④ 内村鉴三：《代表的日本人》，载河上彻太郎编：《内村鉴三集》，东京：筑摩书房1967年版，第176页。

的立国大本演讲会"上，指责参与这一事件而被处决的社会主义活动家幸德秋水（1871—1911）其实是阳明学者，而并指出行刺的另一位参与者奥宫健之（1856—1911）以及其父亲奥宫慥斋也都是信奉阳明学之人。井上的这一公开指控立即在社会上引起了强烈反响，以至于东京与大阪的阳明学会遵奉者产生了动摇，并为了明哲保身而纷纷与社会主义之类"激进思想"撇清关系。

至此，我们可以做一个简单的总结：日本明治维新之所以能够取得成功，当然有诸多原因与要素的影响，而无论是吉田松阴还是西乡隆盛，虽然未必能算得上是"阳明学者"，但他们的思想以及行动多少有受到（日本所接受与理解的）"阳明学"的影响，是没有疑问的，所以说"日本维新之业，全为阳明学之功也"①。当然言过其实，但如果就此彻底认为二者之间的关联不过是明治末年抱着各种其他动机的日本人的杜撰，抑或是清末民初学者对日本的误解，也并不符合历史事实，此其一。其二，然而当中国与韩国的年轻志士来到日本的时候，已经是 19 世纪末之后的事情，一方面日本已颁布明治宪法（1889 年），并且初步实现了政治体制与社会的改革，开始走向塑造近代性质的"国民"、培育"国民道德"的阶段，另一方面，正因为如此，明治政府所掌控的政治中心不再欢迎过去作为"革命"之象征而激励志士进行行动、甚至在必要时作出牺牲的阳明学，乃至看到了阳明学被诸如自由民权运动者、基督教思想家以及社会主义运动人士所信奉时可能产生的破坏力，作为官方意识形态代言人的井上哲次郎就敏锐地观察到这一点，并由此对推崇阳明学时作出了策略性的调整，更多地强调阳明学与以《教育敕語》为象征的国家主义意识形态的一致性，以及阳明学在教学与实践中作为改造与提高"国民道德"的关键作用，因而梁启超以及朴殷植等中韩学者所理解与宣扬的"日本阳明学"（作为变革与行动动力的"激进"的阳明学），与当时日本的阳明学主流风潮（作为"国民道德"与国家意识形态的"保守"的阳明学）之间，存在着非常明显的时代错置。

三、作为"哲学"的阳明学

从前面两节的内容不难看出，无论是"阳明学"还是"东亚"，在近代日本的脉络之下，都很难与政治脱离干系，也正因为"阳明学"在 20 世纪之后开始逐渐附和于国家主义甚至帝国主义意识形态的不光彩历史，在战败之后的日本，有不少研究中国学的学者都有沉痛的反思，例如英年早逝的日本学者荻生茂博就认为，日本近代的"阳明学"并不具有什么严肃的学术意义，而更多掺杂了政治主张与实践考量，尤其是以井上哲次郎为代表的国家主义学者，使得阳明学成为了日本的"皇道儒学"的组成部分，甚至判定"我们在总体上，依然没有超越存在于井上之流的'国民国家'历史观当中的民族性（nationality）"②，这样的批判性立场当然是值得重视的。笔者甚至

---

① 孙中山：《建国方略》第一章"心理建设"。
② 荻生茂博：《近代における陽明学研究と石崎東国の大阪陽明学会》，《近代・アジア・陽明学》，东京：ぺりかん社 2008 年版，第 404—405 页。

可以进一步指出，日本对于"阳明学"的信奉背后所隐含的政治要素以及信奉者本人的政治立场的阴暗面，并不限于井上哲次郎等"御用"学者，事实上，吉田松阴本人就是"征韩论"的支持者，内村鉴三这样看似反抗政府的基督教徒也认为中国人是落后而反动的，只有日本人才能真正继承孔子与王阳明的精神，凡此种种，都足以显示出问题的复杂性。

不过另一方面，近年来的研究也存在着视野上的盲点：我们固然需要对以近代日本为代表的"阳明学"所包含的政治立场以及与政治之间的复杂纠葛有清醒的认识，但在摆脱简单的"阳明学促成了明治维新与日本近代化"的叙事的基础上，如果采取"只破不立"的庸俗版本后现代主义的立场，恐怕又容易陷入彻底否定过去与历史的虚无主义的陷阱。

事实上，虽然无论日本还是中国、韩国的近代史，都因为西洋列强的步步逼近以及"近代化"甚至"救国"的紧迫性，而使得很多学者放弃在书斋里面安心为学，从总体上来看，19世纪末20世纪初的近代化初期过程的中日韩三国的阳明学研究以及信奉阳明学者的学术素养，似乎不如前近代，但这并不意味着我们就能彻底否定乃至忽视这一巨变的时代洪流环境中学者对于"阳明学"进行严肃思考的努力与相应成果。

首先，我们不能因为"日本明治维新"与"阳明学"之间存在的正向关联性，就由此反过来推断"中国的近代化之所以遭遇了诸多挫折，是因为近代中国从上到下都不重视阳明学"。张昆将就曾郑重指出："在近代中国很少有人自称是阳明学者，或是专门研究阳明学者。但是，并不代表中国近代知识分子轻忽阳明学。"[1]清末民初的中国，并非只有试图模仿日本的改革路径与经验而看重王阳明之行动精神的政治性把握，也有不少学者试图从学理乃至哲学的高度来重新认识与评价王阳明。新儒家代表人物熊十力（1885—1968）在早年受到维新志士的影响而加入革命军，也曾参加孙中山主导的护法运动，此后正式弃军从学，他在《原儒》中就曾盛赞王阳明，认为其是儒学正脉，继承了真正的孔孟精神，他在名著《新唯识论》的《唯识》章还引用王阳明的游南镇"岩中花树"问答典故："阳明这段话，可谓言近而旨远，实则这种意趣，也是孔孟以来一脉相承的。"熊十力对于王阳明思想的推崇，并未运用当时所盛行的诸多西方哲学的理念，而更多是从传统学术脉络以及自家体验得出，这在当时可说是非常罕见，也值得重视的。与之相比，梁漱溟（1893—1988）肯定阳明学是从孔子之学的"直觉"精神继承而来，这很显然是受到了当时流行于中国的法国哲学家柏格森（Bergson，1859—1941）学说的影响。除了王阳明本人，他其实也很早就推崇阳明后学泰州学派的知识人："及明代而阳明先生兴，始祛穷理于外之弊，而归本直觉——他叫良知（中略）阳明之门尽多高明之士，而泰州一派尤觉气象非凡。"[2]此外，贺麟（1902—1992）极力赞赏王阳明的"知行合一"学说，并在1938年著《知行合一新论》，提出了所谓"自然的知行合一"，他希望能够从王阳明的"价值的知行合一"开出真正的"自然的知行合一"[3]。贺麟众所周知又是近代中国很早就研究黑格尔哲学的学者，因此杨国荣指出他"企图将

① 张昆将：《近代中日阳明学的发展及其形象比较》，载《台湾东亚文化研究学刊》2008年第5卷第2期。
② 梁漱溟：《东西文化及其哲学》，台北：台湾"商务印书馆"2002年版，第188页。
③ 贺麟：《知行合一新论》，载张学智编：《贺麟选集》，吉林：吉林人民出版社2005年版。

王学与新黑格尔主义杂糅一体，以建立他的'新心学'"。①

由此，我们从熊十力、梁漱溟以及贺麟三位学者对阳明学的学理层面的把握，就能看到三种不同路径（传统学术与脉络为主；法国哲学影响与直觉主义；自然科学与价值论之间的沟通以及黑格尔哲学的影响）。虽然他们的理解在今人看来或许显得粗糙而且缺乏严谨的推论与依据，但至少我们不可否认这些近代早期的学者所作出的努力，也无法否认其实时至今日，"中国哲学"这一近代学科背景下的"阳明学研究"的研究范式，其实大致也不外乎两大路径而已（姑且简单地归纳为"内在理路"与"外在理路"）。

那么，作为最早步入"近代化"进程、并发掘阳明学之"当代意义"的日本，是否也只是将阳明学视为某种可供利用与改造的思想资源或者象征符号而已呢？答案显然是否定的。与山下龙二、荻生茂博等日本学者热衷于把日本近代阳明学划分为"官—民"对立（前者代表人物是井上哲次郎与高濑武次郎，后者代表是内村鉴三）的方式相比，吴光辉则区分了两种对于近代阳明学登场的"解释"："一种是以摸索明治维新之思想根源为目的，主张'阳明学是明治维新之先导'，构筑了江户时代以来的所谓'阳明学者'的'谱系'。另一种是与宣扬东洋学问之独特性的'复兴'思潮相联系，试图树立相对于西方'Philosophy'而言的东洋思想之主轴的阳明学的'哲学性'或者'道德性'的'学理'的解释。"② 在明治二十六年（1893），日本同时出现了两本与阳明学相关的书籍，三宅雪岭的《王阳明》以及德富芦峰的《吉田松阴》，诚如荻生茂博所指出的那样，《吉田松阴》一书并未提及"阳明学"，该书所显示出的吉田松阴学问的"无体系性"恰恰是日本"近代阳明学"的表征。然而，这恐怕只是日本步入近代之后对阳明学的理解的某个侧面而已。三宅的《王阳明》固然有与前文所提及的诸多日本近代学人相类似的、对中日两国在 17 世纪之后不同命运的理解——明代灭亡之后的满清政府并不接受王阳明的良知之学，取而代之的考证之学流于"博闻强记"，毫无进取精神，而日本的阳明学之鼻祖中江藤树，其去世之年份则是"先于清代圣祖即位十四年"，这样的记述方式非常特殊，似乎暗示了在王阳明去世不久，日本就代替中国继承了真正的阳明学精神③。从这样的视角出发再往前迈进，就不难看到日本国家主义乃至"大东亚共荣圈"伪装之下的帝国主义的身影了。然而另一方面不容忽视的是，三宅的《王阳明》一书由"传""教学""词章"三部分构成，其中"教学"部分以"儒教"与"阳明前的儒教"为章节名字，这种对于王阳明学问思想的地位的特殊性的标识，如果结合其 1889 年所著《哲学涓滴》的主张，就会更一目了然。亦即是说，早在 1889 年时候，三宅就已经认定，在王阳明之前的东洋之学问"毫无作为学理之考究，议论均止步于注释祖师之言语""不能附和而称之为'哲学'"，而只有到了王阳明，其思想才真正达到了某种自觉，"直可与黑格尔相对比"④。由此可知，三宅

① 杨国荣：《王学通论》，上海：华东师范大学出版社 2009 年版，第 255 页。
② 吴光辉：《日本陽明学の「読み換え」——明治期の知識人を中心に》，《北東アジア研究》第 17 号，2009 年 3 月，第 105—116 页。
③ 三宅雪岭：《王阳明》，东京：政教社 1893 年版，第 127 页。
④ 三宅雪岭：《哲学涓滴》，东京：文海堂 1889 年版，第 30 页。

认为直到王阳明出现，儒教才真正开始"探究真理"，从而具备"哲学之性格"。他这样描述日本的情况："我国人民当今如此嗜好理论，古来偏贵于感觉性之事物，绝不好骛于高远之思想，菅江诸家、德川氏诸儒，多从事诗文之编作，经书之注说（中略）若欲强举考究哲学之一种者，除去伊藤仁斋，则无过于部分僧侣，以及如中江、熊泽、大盐等信奉王阳明良知学之辈。"①

三宅何以会有这样的结论呢？这当然与明治时期日本大举引入欧洲近代的学术机制，同时大量外来语和新名词出现有关。"而且'哲学'这个词汇，现在成为普通之词语，连做生意的都被骂是哲学的，实际上是明治十年四月东京大学文学部一科目之名被使用而流行起来的东西罢了。""哲学"一词，是由日本学者西周所创造，在东京大学作为学科而成立，并且当时的东京大学也有"佛教哲学"与"支那哲学"（注意，当时的日本使用"支那"一词还没有后来的贬义），但在明治时代的日本，无论是学术界还是社会，一般都认为儒学作为古老的中国文明的组成部分，并没有作为"哲学"而进行研究的价值与必要。在这样的时代环境之下，三宅抱着"儒教果如此耶"的问题意识，认为"儒教者皆每妄崇孔孟""哲学之考究必须独立。妄崇则不能达穷极真理之所以"。换句话说，在三宅看来，抱着对孔孟盲目崇拜的以经学为传统的儒教是无法构成追寻真理的近代学问的，于是"夫学贵得之心，求之于心而非也，虽其言之出于孔子，也不敢以为是也"的王阳明成为三宅心目中真正达到"哲学"高度的儒者之标杆，也就不足为怪了。

但是，三宅也并非盲目地跪拜在欧洲文化脚下，他同时指出，自从孔德以来的实证主义思想与经验主义潮流，排斥哲学，否定道德研究之意义，这是极其偏颇的方向，在三宅看来，伦理道德之研究与实践是人类社会不可或缺的课题。一方面，我们不能因为拘泥于"道德"而放弃探究真理，也就是说道德修养与真理之探究是相对独立的领域，但并不能就此完全放弃道德伦理以及相应的实践。东洋历来重视道德，西洋则偏重以哲学为首的真理之追求，在近代东西方相互接触的历史大变局之下，只有理解双方各自之长处，才能真正实现突破与超越，而"领会理法、到达纯然精神之极处"的王阳明的良知之学，正可以促成日本完成上述反思，完成创造出真正的"世界的"哲学的使命。

当然，因为中国与日本为代表的"东洋"历来注重道德伦理，所以三宅重视王阳明，还是会侧重强调其"哲学"之层面的建树。三宅在《王阳明》一书中将王阳明的学说分拆为"心即理""知行合一"与"良知"三大纲领。关于"心即理"，三宅举出"凡知觉处便是心也"，认为此"知觉"是"几乎与现时所谓'意识'同义"，也就是将"知觉"与西方哲学之"意识"等同，王阳明所言"心即理"，"取正反之二者，以'即'字相契合"，并在此章后加上"黑格尔之心即理"的短文，认为黑格尔的"思想"与"关系"是"相对之关系"，又"不得不为同一体之物"，正与王阳明"心即理"有异曲同工之妙。关于"知行合一"，三宅首先介绍了德国哲学家哈特曼（Hartmann，1842－1906）之学说与王阳明进行比较，"知"按照哈特曼之解释，可以分为"意识"与"无意识"两大领域，王阳明所言之"知"并非只有"意识"，而"行"属于"无意识"，所谓"知即行"，

---

① 三宅雪岭：《哲学涓滴》，东京：文海堂1889年版，第23页。

显示出二者绝非互相割裂的关系。关于王阳明的"良知"说，所谓"良知"不仅是"天理"，也是"人心之本体"，在以上分析的基础上，三宅认为此"与叔本华、哈特曼所倡导之'意志'相类"，甚至认为注重实践躬行的王阳明思想是"至乐"的，是西洋的"厌世家所远不能及"。

"要而言之，《王阳明》的主旨，是赋予王阳明的思想以'philosophy'的性格，将其置换为'哲学'。不仅如此，在此书中，雪岭列举苏格拉底、康德、黑格尔、叔本华、哈特曼等西洋哲学之人物，是他试图将王阳明的思想放上'作为对抗的东洋哲学'、并且是东洋哲学之首位的位置。"[①]

事实上，荻生茂博很早就注意到三宅《王阳明》的上述表彰王阳明之"哲学"之"进步性"的特征，并认为这是三宅在东京大学受到了美国的东洋美术史家、哲学家菲诺罗萨（Francisco Fenollosa，1853-1908）的社会进化论之哲学讲义的影响，然而菲诺罗萨很可能连王阳明的名字都不知道，如果要推测三宅之所以会在当时即便是日本汉学也依然以朱子学经典与解释为主的学术环境之下会关注王阳明，那么最近的日本学者水野博太的研究就很值得注意，他认为在当时的东京大学的课程讲授中真正提到王阳明的，正是被当代学者所批判乃至鄙夷的井上哲次郎[②]。

井上在明治十三年（1880）东大文学部毕业之后，编纂《东洋哲学史》，之后依据此原稿进行讲授，根据井上本人的回忆，三宅也在听讲之列[③]。不过，当时的井上只是在宋元明的部分提及王阳明而已。井上在 1884 年去欧洲留学，1890 年返回日本，而在 1887 年时他访问了巴黎的索邦大学，哲学家 Paul Janet 问他"日本是否在过去也有哲学家"，井上举出伊藤仁斋、荻生徂徕、贝原益轩、山崎暗斋和大盐中斋："后虽大盐平八奉余姚之学，亦自出一机轴，著洗心堂札记，谓如唱太虚心说。"[④]井上在这里只是单独提及大盐中斋，而且是肯定后者的思想独创性。他没有提及中江藤树，更没有所谓"日本阳明学派"的意识。

在明治二十四年（1891）12 月，井上在东京本乡会堂发表"论王阳明之学"的演讲，他首先高度评价王阳明（"卓绝"，而明代的其他思想家如陈献章、薛瑄等则是"陈腐"），然后开始提出"日本阳明学派"的谱系："日本最开始尊信王阳明的是中江藤树（中略）中江藤树之门人曰熊泽藩山，酷喜王阳明，尊崇其学问，此后有三轮执斋，亦王阳明学派之人，至于最近，则有酷凝王阳明之人，即大盐平八郎。"这里提到的几位，正是 1900 年《日本陽明学派之哲学》（以及高濑武次郎《日本之陽明学》）重点解说的"日本阳明学"之人物。此外，井上在 1891 年讲座中高度评价王阳明的理由，并非是后来所着重强调的所谓"行动主义"，而是作为"哲学"的原创性："'支那'学者大抵倾向于唯物之方向，不至于说唯物论，但至少是具体（concrete）之思想胜出，而抽象（abstract）之思想匮乏，而王阳明若从总体进行评价，则倾向于唯心论（中略）倡导唯

---

① 吴光辉：《日本陽明学の「読み換え」——明治期の知識人を中心に》，第 110 页。以上列举的三宅《王阳明》一书的引文，也都转引自该文。

② 水野博太：《明治期陽明学研究の勃興——井上哲次郎『日本陽明学派之哲学』に至る過程》，《思想史研究》2017 年 12 月第 24 期，第 68—85 页。

③ 井上哲次郎：《井上哲次郎自传》，东京：富山房 1973 年版，第 9 页。

④ 福井纯子：《井上哲次郎日记——一八八四—九〇『懐中雑記』第一册》，东京大学史史料室：《東京大学史紀要》1993 年，第 11 号，第 38—39 页。

心论之哲学家，在'支那'可说除了王阳明以外，再无他人。"① 井上此次演讲，首先刊载于《六合雜誌》，后来又刊载于吉本襄《陽明学》的第一卷第 1 至第 3 号（1896 年），以及大阪阳明学会的《陽明学》第 1 至第 3 号（1908 年）。

在《日本陽明学派之哲学》中，井上认为朱子学"博学多识"，但产生了很多固陋迂腐之门徒，而学习阳明学则能使人"单刀直入，得其正鹄"，所以有"陶冶人物之功"②。但即便如此，我们也不能因为井上在 1891 年撰写《敕語衍義》、提倡以天皇制为核心的"国民道德论"而成为"官学"之重镇，就由此否定《日本陽明学派之哲学》的学术价值以及井上的思考其本身的意义。首先，正如井上在该书序言中所说，其著述的意图之一就是希望医治当今"社会之病根"，具体地说，就是明治维新以来社会上出现的功利主义与利己主义思潮，而传统日本的思想资源，呈现出"佛教颓废，儒教衰微，武士道亦一蹶不振"的局面，而西方文明最优秀的诸如"康德、黑格尔诸氏之道德主义，其大体虽正"，但为了使之适合日本国民，就必须与"我国从来之道德主义进行调和合一"。王阳明之思想与明治精神的"孝悌忠信"相一致，而遵奉阳明学者亦"抱有纯洁如玉之动机，有贯彻壮烈乾坤之精神"③，可见井上所主张的正是与前述三宅所类似的东洋与西洋之融合，并强调"道德"之重要性。其次，吴光辉以井上对日本阳明学之始祖中江藤树的介绍为例进行分析而指出，井上将中江藤树的学说分为"叙论、宇宙论、神灵论、人类论、心理论、伦理论、政治论、学问论、教育论、异端论"十个部分，这种构成体现出他试图"将阳明学派之'知识'置换为'哲学'，从而构筑东洋哲学的新的'系统'"的野心。然而，这种尝试似乎仅仅停留在初级阶段，因为对中江之后的日本阳明学者，井上并未继续采用上述分类法，例如对其一贯高度评价的大盐中斋，其解说分类是"总论，归太虚之说，致良知之说，理气合一之说，气质变化之说，死生之说，去虚伪之说，学问目的之说"，上述归纳很显然都取自大盐自身的学术用语，而并非近代哲学之范畴。又例如，井上在解释阳明学时试图运用他自己的哲学思考，在《日本陽明学派之哲学》中，他这样分析中江藤树的"宇宙论"："如同佛老诸氏，视死生有无为同一，超越现象而到达无差别平等之实在，然又不限于舍弃现象、堕入虚无之见解。"④ 有德国留学经验而深受德国哲学影响的他在 1897 年完成《現象即実在論の要領》，1900 年发表《認識と実在との関係》，很显然上述对中江的分析就是"现象即实在论"的运用。

四、结论

阳明学在晚明能够成为一时之风潮，原因当然有很多，但无论如何，王阳明简易直接的"致

---

① 横井时雄编：《本郷会堂学術講演》，东京：警醒社书店 1892 年版，第 47，59 页。
② 井上哲次郎：《日本陽明学派之哲学》，东京：富山房 1900 年版，第 4—5 页。
③ 井上哲次郎、蟹江义丸编：《日本陽明学》上卷，东京：大镫阁 1922 年版，第 4，1 页。
④ 井上哲次郎：《日本陽明学派之哲学》，东京：富山房 1900 年版，第 50 页。

良知"之教，以及其万物一体的精神，是很容易吸引当时身处日益流动而不安定化的明代社会的人们的。在东亚三国都必须在 19 世纪面对"西方的冲击"（Western Impact）的时候，同样又有很多士人想起了阳明学。如果我们对于历史略微了解，知道清代以后阳明学无论在"官"还是"民"层面都迅速沉寂，乾嘉考据之学的眼中钉只有"宋学"而无"明学"（在他们看来阳明学只是朱子学之后理学发展之弊端与末流而已），了解日本阳明学在江户时代并无很强的学派发展与人脉学术共同体联系，知晓李朝朝鲜甚至有人提倡阳明学会遭导致政治陷害与弹压，就很容易会明白，"阳明学"在 19 世纪之后东亚三国面对"近代化"的共同使命时被有识之士视为重要的思想资源与历史遗产，这当中所发生的反转是极其惊人的。

既然我们今天所使用的"阳明学"与"东亚"都源自近代日本，中国与韩国在 19 世纪末开始重新重视"阳明学"也或多或少是因为受到邻国率先成功的刺激，那么无论对于研究"东亚阳明学"，还是想更深入地思考阳明学本身的意义以及问题，"近代日本"都是不容回避的研究课题，而本文只是试图勾勒出这幅图景的轮廓，并试图重新确认此堪称"事件"（event）的重要意义的初步尝试而已。

作者简介：陈晓杰，男，江苏常熟人，武汉大学国学院讲师，法国社会科学高等研究院访问学者，关西大学文化交涉学博士，主要研究方向是宋明儒学，江户思想史，政治思想史。

王夫之《张子正蒙注》"心""性""诚"伦理思想研究

徐仪明

摘要：王夫之《张子正蒙注》是中国伦理思想史上的一部重要著作。在该书中对于张载的伦理思想进行了深入和细致的探讨，汲取并借鉴了张载的伦理思想观念中的精华，对于一些他认为不正确的内容也提出了批评意见。王夫之主要是通过"诚""性"和"心"三个范畴来论述自己的伦理思想观点的。在论及"诚"时，他强调要戒除"妄"才能立"诚"，"诚"既是天人合一的真理性境界，同时又是对道德践履的恒久性和长期性地不懈追求。而说到"性"时，船山与张载的"气质之性"的认识，有很多不同点，最主要的就是王夫之认为不仅要改变人后天获得的非本性的东西，而且强调要改变人性本身，这正是船山人性论最富学术价值之所在。在谈到"心"时，王夫之他强调气是心的本体，心是气的作用。"心"同时也作为良知良能的主体，应该发挥出极大的主动性和能动性，特别在规范道德行为和规范道德秩序时，心的作用是无可替代的。这些说法在他所处的那个时代是具有超前意识的。总而言之，王夫之在张载伦理思想的基础之上进行了提高和创新，从而使中国古代伦理思想水平达到了一个更高一级的历史阶段。

关键词：王夫之；张载；《张子正蒙注》；心；性；诚；伦理思想

明清之际杰出的思想家王夫之（1619—1692），善于继承和总结前人的研究成果，并加以提高和创新，从而达到自己时代的学术思想水平的高峰。在整个古代的思想家中，王夫之最为推崇和赞赏的是北宋的张载（（1020—1077）。船山"杜门著书，神契张载《正蒙》之说"[①]，并专门为张载的《正蒙》一书作注，在《张子正蒙注》的《序论》中，他说："张子之学，上承孔、孟之志，下救来兹之失，如皎日丽天，无幽不烛，圣人复起，未有能易焉者也。"[②] 又说："张子之学，无非《易》也，即无非《诗》之志，《书》之事，《礼》之节，《乐》之和，《春秋》之大法也，《论》《孟》之要归也。……张子言无非《易》，立天，立地，立人，反经研几，精义存神，以纲维三才，贞生而安死，则往圣之传，非张子其孰与归！呜呼，孟子之功不在禹下，张子之功，又岂非疏瀹水之歧流，引万派而归墟，使斯人去昏垫而履平康之坦道哉！是匠者之绳墨也，射者之彀率

---

① 《船山全书》第十六册，长沙：岳麓书社 1998 年版，第 97 页。

② 《船山全书》第十二册，长沙：岳麓书社 1998 年版，第 11 页。

也。……养蒙以是为圣功之所自定，而邪说之淫蛊不足以乱之矣，故曰《正蒙》也。"① 在这里王夫之比较集中地阐明了张载学术思想的根本宗旨和真正价值，认为张载是继往开来的圣学正宗，理学真传，可见其对于张载可谓推崇备至。张载是宋明理学的奠基者和开创者之一，他的学术思想丰富而深邃，是后人研究的思想宝库。船山在《张子正蒙注》中不仅关注了其中的自然哲学思想，而且也非常关注其中的伦理哲学思想，并且作出了多方面的挖掘、整理和提高，在此基础上提出了自己独到的学术观点，为中国古代伦理思想发展史写下了浓墨重彩的一页。下面，笔者谨就王夫之《张子正蒙注》中的伦理思想做一些粗浅的研究，不当之处，敬希方家批评指正。

一、论"心"

"心"作为一个重要的道德伦理范畴，可谓历史悠久，仅从孟子开始就已经指出仁义礼智之端始，便是恻隐之心、羞恶之心、辞让之心、是非之心，只要扩充和发扬这四"心"即可达到儒家仁义礼智的道德标准，就具有了修身齐家治国平天下的道德信念和道德力量。所以后世儒家学者对于"心"范畴的伦理价值和意义莫不十分重视。王夫之也不例外。在《张子正蒙注》中，他指出："天理之自然，为太和之气所体物不遗者为性；凝之于人而函于形中，因形发用以起知能者为心。性者天道，心者人道，天道隐而人道显；显，故充恻隐之心而仁尽，推羞恶之心而义尽。弘道者，资心以效其能。性则与天同其无为，不知制其心也；故心放而不存，不可以咎性之不善。"② 船山在这里强调了"心"在儒家伦理道德领域中的作用，相比于性为天道而言，心是人道；人道显著而天道隐微，这个"显"就表现在扩充恻隐之心而仁尽，推广羞恶之心而义尽。所谓孔曰成仁孟曰取义，仁义就是儒家的道德思想的核心，以仁义之心来推动儒家的道德精神，并以此弘扬儒家的源远流长的道统，这在王夫之看来就是"天理"。所以，船山要为"心"寻找一个本体，他说："心者，湛一之气所含。湛一之气统气体而合于一，故大；耳目口体成形而分有司，故小。是以鼻不知味、口不闻香，非其所取则攻之；而一体之间，性情相隔，爱恶相违，况外物乎！小体，末也；大体，本也。"③ "心"是湛然之气所含，也就是说心之本源为气；而所谓"湛然之气"是气之全体，为气之大者，相应的"心"与鼻口耳目、爱恶性情相比也为人之大者。由此可知，在王夫之看来，"心"在儒家的伦理范畴中为主体，为大本。船山和张载一样都不同意佛家"明心见性"说，在注释张载"释氏妄意天性，而不知范围天用"句时说："其直指人心见性，妄意天性，不知道心，而以惟危之人心为性也。天用者，升降之恒，屈伸之化，皆太虚一实之理气成乎大用也。天无体，用即其体。范围者，大心以广运之，则天之用显而天体可知矣。"④ 就是

---

① 《船山全书》第十二册，长沙：岳麓书社 1998 年版，第 12—13 页。
② 《船山全书》第十二册，长沙：岳麓书社 1998 年版，第 124 页。
③ 《船山全书》第十二册，长沙：岳麓书社 1998 年版，第 124 页。
④ 《船山全书》第十二册，长沙：岳麓书社 1998 年版，第 154 页。

说"心"体现的是自然之天性,而这个自然之天性的始基就是"太虚一实之理气"。天除此之外更无其他的本体,究其实"心"就是自然之天性的作用。虽然就每一个个人来说,其"心"对于自然之天性的理解和认识是有限的,但是如果推而广之,从广大的人群来看,从世世代代的人群来看,则这个"心"的认识作用就是无限的。这个心就是张载所说的"大心"。船山说:"大其心,非故扩之使游于荒远也;天下之物相感而通者,吾心皆有其理,惟意欲蔽之则小尔。由其法相,推其神化,达之于万物一源之本,则所以知明处当者,条理无不见矣。"①这个大心就能够不断地扩大认知范围,不断地懂得万事万物的道理。专就其伦理学的层面来说,船山是这样认为的,他说:"闻见,习也;习之所知者,善且有穷,况不善乎!尽性者,极吾心虚灵不昧之良能,举而与天地万物所从出之理合,而知其大始,则天下之物与我同源,而待我以应而成。故尽孝而后父为吾父,尽忠而后君为吾君,无一物之不自我成也;非感于闻见,顾名思义,触事求通之得谓之良能也。"②吾心之良知良能,就在于能够尽孝尽忠,就在于有父有君,就在于能够穷理尽性,就在于能够触类旁通,所以"心"作为道德伦理观念,是由自我建立起的道德自觉,这种道德自觉应该说就是良知良能,良知良能也就是道德主体所作出的综合价值判断。在这里,王夫之主要是强调了"心"作为道德主体的能动性,其与张载"为天地立心"的著名命题有异曲同工之妙。二者同样认为"心"是一种人伦道德精神,从而赋予这种人伦道德精神以普遍性和绝对性的意义。不过较之于张载,王夫之更加注重人的物质性存在,他认为心作为人伦道德精神始终应该建筑在气本论的基础之上。这也是他的伦理思想高于张载的一个比较明显之处。

在《张子正蒙注》中,王夫之的"心"论,主要是围绕着心与气的关系和心与天地关系展开,就前者而言,他对于心范畴精神性的本质挖掘和论述相当深刻,所以他强调气是心的本体,心是气的作用。对于后者来说,"心"作为良知良能的主体,应该发挥出极大的主动性和能动性,特别在规范道德行为和规范道德秩序时,心的作用是无可替代的。这些说法在他所处的那个时代是相当超前的。当然,已有学者指出,王夫之视仁义之心为人的本质,进而把它置于思虑之心智上,这就有些本末倒置的意味③。事实上,道德只是人们用来认识世界的一种思想观念,它本身也属于认识的基本范畴之一。而思虑之心智才是一切认识的前提,而王夫之则把道德意识作为先天就有的,这就使得他在"心"范畴的理解上出现了偏差,这一点也是应该明确指出的。

二、论"性"

关于王夫之伦理思想中的"性"范畴,在船山《张子正蒙注》一书中还是谈得较多的,尽管以往学者已经有所论及,但是进一步深究的空间仍然很大。应该说在论述"性"的伦理思想时,

---

① 《船山全书》第十二册,长沙:岳麓书社1998年版,第143页。
② 《船山全书》第十二册,长沙:岳麓书社1998年版,第144页。
③ 张立文:《心》,北京:中国人民大学出版社1993年版,第301页。

王夫之与张载则有了不少不同甚至相反的认识，体现了王夫之具有"吾爱吾师，吾更爱真理"求真务实的崇高精神。

我们知道，在张载的伦理思想之中有一个"天地之性"与"气质之性"的著名命题。他说："形而后有气质之性，善反之则天地之性存焉。故气质之性，君子有弗性者焉。"① 就是说气质之性是后天形成的，由于"气"的来源杂驳，所以有善也有不善，只有排除了外物的干扰与诱惑，才能返回到纯善无恶的天地之性。当然，张载所谓"天地之性"纯善无恶，其实这种纯善无恶的本源之性在王夫之看来则是虚拟的，因此也是不存在的。所以王夫之不能完全同意张载的这一观点，他说："气质者，气成质而质还生气也。气成质，则气凝滞而局于形，取资于物以滋其质；质生气，则同异攻取各从其类。故耳目口鼻之气与声色臭味相取，亦自然而不可弗违，此有形而始然，非太和氤氲之气、健顺之常所固有也。旧说以气质之性为昏明强柔不齐之品，与程子之说合。今按张子以昏明强柔得气之偏者，系之才而不系之性，故下章详言之。而此言气质之性，盖孟子所谓口耳目鼻之于声色臭味者尔。盖性者，生之理也。均是人也，则此与生俱有之理，未尝或异；故仁义礼智之理，下愚所不能灭，而声色臭味之欲，上智所不能废，俱可谓之为性。而或受于形而上，或受于形而下，在天以其至仁滋人之生，成人之善，初无二理。但形而上者为形之所自生，则动以清而事近乎天；形而后有者资形起用，则静以浊而事近乎地。形而上者，亘生死、通昼夜而常伸，事近乎神；形而后有者，困于形而固将竭，事近乎鬼；则一屈一伸之际，理与欲皆自然而非由人为。故告子谓食色为性，亦不可谓为非性，而特不知有天命之良能尔。若夫才之不齐，则均是人而差等万殊，非合两而为天下所大总之性；性则统乎人而无异之谓。"② 张载与二程等人在"性"问题的看法是非常一致的，因此都具有类似的错误观点，那就是将"性"分为天地之性（或称天命之性）与气质之性，从而又回到了"唯上智与下愚不移"的陈旧观念中去。王夫之则认为上智之人依然具有声色臭味之欲，下愚之人同样存有仁义礼智之理，所以气质之性对于所有的人都是一样的，没有任何本质上的差异，理与欲的生成是自然而然的过程，并非是靠人为的力量使然的。虽然人和人在"才"上千差万别各有不同，但在"性"上则是没有什么不一样的，他因此而下结论说"性则统乎人而无异之谓"。船山还从理气关系的角度进一步批评了这一人性论，他说："程子创说个气质之性，殊觉峻嶒。先儒于此，不尽力说与人知，或亦待人之自喻。乃缘此而初学不悟，遂疑人有两性在，今不得已而为显之。所谓气质之性者，犹言气质中之性也。质是人之形质范围著者生理在内；形质之内，则气充之，而盈天地间，人身以内人身以外，无非气者故亦无非理者。理，行乎气之中，而与气为主持分剂者也。故质以函气，而气以函理。质以函气，故一人有一人之生；气以函理，一人有一人之性也。若当其未函时，则且是天地之理气，盖未有人者是也。乃其既有质以居气，而气必有理，自人言之，则一人之生，一人之性；而其为天之流行者，初不以人故阻隔，而非复天之有。是气质中之性，依然一本然之性

---

① 《张载集》，北京：中华书局 1978 年版，第 23 页。

② 《船山全书》第十二册，长沙：岳麓书社 1998 年版，第 127—128 页。

也。"① 船山这里尽管指名批评的是二程，实际上也是在批评张载，因为他已经指出过张载此说"与程子之说合"。王夫之认为气质的基础就在于性离不开气，所谓气质之性说的是气质之中的性，并非是在这个本然之性以外，还存在另外一个别的什么"气质之性"。由此可见，船山的人性论是建立在气本论之上的，性虽然可以看做理，但是这个理"行乎气之中"，换言之也就是所谓的气先理后。所以说人身之形成源于气禀，人之性的形成则由理所赋予，由此也可以看出王夫之认为人之性中的仁义礼智信等道德因素显然来自于后天习得。这一认识应该说是超越前人的。

王夫之关于"性"的论述，十分重要的一点就是认为人之性是不断变化和发展的，这在《张子正蒙注》卷三《诚明篇》有着明确的论述。张载曾说："性未成则善恶混，故亹亹而继善者，斯为善矣。"船山对此的注释则谓："成，犹定也，谓一以性为体而达其用也。善端见而继之不息，则始终一于善而性定矣。盖才虽或偏，而性之善者不能尽掩，有时而自见，惟不能分别善者以归性，而以偏者归才，则善混恶之说所以疑性之杂而迷其真。继善者，因性之不容掩者察识而扩充之，才从性而纯善之体现矣，何善恶混之有乎！"② 张载的原意是性本来是善恶相混的，只有勤勉不倦地"继善"，性才能真正成为善的。王夫之"接着"张载的话题说要能够"继善"而成性，就是说让人之善性逐步巩固和强化，要使善的端绪存之又存，继之不息，这显然需要在道德践履中才能做到，通过"用"使得作为"本"的性，在长期不断的日积月累的过程中，始终如一地向善，从而达到"性定"也就是"成善"的目标。就是人们在道德践履的具体活动中，能够依据儒家善的准则而行事，处处时时、方方面面都能够做得恰到好处。也就是说如果能够从纯粹和正确的儒家伦理标准出发，那样就能够得到纯粹和正确的"善"，否则就有可能得到的会是"恶"。这就再一次证明了，王夫之所说的人的善性的确是后天习得的，而不是先天所赋予的。因此，人之性显然就是一个不断变化和发展的过程，船山说："习与性成者，习成而性与成也。"③ 又说："夫性者生理也，日生则日成也。"④ 性之善恶是由习惯而养成的，习惯形成了人之性也形成了。由于性是日生日成的，因此也并非是一成不变的，不善之人只要向善行善即可成就其善良之人性，而已善之人如果趋于邪恶久而久之其人性也会变恶。王夫之在这里其实已经指出了后天的客观环境对于人性形成的重要作用。正如罗国杰教授主编的《中国伦理思想史》（下卷）所指出的："把人性看做'日生而日成'的过程，并且强调人的习行的能动活动在人性形成和发展中的意义，这是对抽象人性论的一个很大突破，是王夫之在中国伦理思想史上的一个突出的贡献。它反映了中国17世纪地主阶级反对派的特殊历史性格，从中我们可以看到这一时期市民活动的深刻影响。与此相联系的，王夫之对传统的天赋道德论也有很大的突破。"⑤ 这一评价应该说是相当中肯的，也是非常实事求是的。

---

① 《船山全书》第六册，长沙：岳麓书社1998年版，第857—858页。
② 《船山全书》第十二册，长沙：岳麓书社1998年版，第130—131页。
③ 《船山全书》第二册，长沙：岳麓书社1009年版，第299页。
④ 《船山全书》第二册，长沙：岳麓书社1998年版，第299页。
⑤ 罗国杰主编：《中国伦理思想史》（下卷），北京：中国人民大学出版社2008年版，第683页。

由以上论述可知，王夫之的人性论虽然对张载《正蒙》中的观点有所借鉴，如"变化气质"之说，但更多的则是提高和创新。即使是对于变化气质之说王夫之也进行了改铸，加进了自己的新元素，因为王夫之认为不仅要改变人后天获得的非本性的东西，而且强调要改变人性本身，这正是船山人性论最富学术价值之所在。

三、论"诚"

"诚"是中国古代思想史上一个十分古老的范畴，最早可追溯至《尚书·大甲》："鬼神无常享，享于克诚，天位艰哉！"显然，这里的"诚"之义是真实无妄，信实不欺。后来先秦诸子对于"诚"又做了多方面的阐释，大体都不失其本义，即真实不妄、诚实、诚信等，至北宋理学开山周敦颐则将其提升为理学的重要范畴，并着意突出其中的伦理学含义。对于"诚"张载也有自己的认识，在《正蒙》一书中多有阐发。船山在张载论"诚"的基础之上，提出了"修道"与"存诚"之间的相互关系问题，将道德践履与道德观念紧密的结合在一起，形成了极有鲜明特色的"诚"论。

王夫之在注释张载"故君子诚之为贵"句时说："有不诚，则乍勇于为而必息矣；至诚则自不容已。而欲致其诚者，惟在于操存而勿使间断，已百己千，勉强之熟而自无不诚矣。此章直指立诚之功，特为深切著明，尤学者之所宜加勉。"[①] 所谓"此章"是指的《正蒙·诚明篇》，张载在《诚明篇》中对于人世间有关"诚"伦理道德规范问题做了集中的论述。显然，"诚"在船山心目中的地位是十分重要的，张载仅仅只是说"君子诚之为贵"，船山则进一步具体指出，不诚不勇，至诚则必然无私无畏，"诚"作为一种儒家高尚的道德品质，不可须臾或忘，执持心志不使丧失，久而久之，就会形成一种良好的道德习惯，自然就能够无往而不诚。王夫之认为张载《正蒙·诚明篇》是"专就人而发，性之蕴于人所受而切言之也"[②]，性在张载的学说中具有多层含义，一是认为性乃气所固有的思想，认为性作为一事物区别于它事物的本质属性。二是认为人具有饮食男女的生物性和仁义礼智的社会性两重本质。张载还提出天地之性与气质之性相分的思想，要求人变化气质，返归天地之性，王夫之对此也有阐发，我们后面还要专门论述。张载在这一章中谈到的诚，显然是指的第二层含义即人的生物性和社会性两重属性来论诚的。在《正蒙·诚明篇》中张载提出了"性与天道合一存乎诚"的著名命题，进一步为理学"天人合一"论奠定了基础。他认为"性"是从主体方面说明人的本质存在，"天道"是从客体方面说明自然界的普遍法则和规律，只有二者的"合一"，才是诚的境界，"即从认识上达到了真正的自觉，实现了对人的本体存在的自觉认识。这是他对诚所作的一个最基本的解释"。[③] 对此王夫之也作出了自己的理

---

① 《船山全书》第十二册，长沙：岳麓书社 1998 年版，第 115 页。

② 《船山全书》第十二册，长沙：岳麓书社 1998 年版，第 112 页。

③ 参见蒙培元：《理学范畴系统》，北京：人民出版社 1989 年版，第 472 页。

解，他说："诚者，神之实体，气之实用，在天为道，命于人为性，知其合之谓明，体其合之谓诚。"① 在这里船山则以其优长的哲学思辨方法，从体用关系出发，深入论证了"诚"是天人合一的真理性境界。其实，天人合一的命题说到底"天"只是一个虚拟的存在，而"人"才是能够真正落到实处的。王夫之在注张载"仁人孝子所以事天成身，不过不已于仁孝而已"句时说："实知之，实行之，必欲得其心所不忍不安，终身之慕，终食之无违，信之笃也。"② 就是说仁人孝子之所以实行实知，是为了笃信仁孝之道，是为了一辈子躬行践履"诚"。当然，也可以说仁孝之道，就是实实在在的"诚"，这是仁人孝子活在天地之间不可须臾或忘的。"诚"与"妄"也是相对立的，他说："意、必、固、我皆妄也，绝之，则心一于天理流行之实而不妄动。""凿者，理所本无，非诚也。"③ 像意必固我之类穿凿附会的东西是虚妄不实的，从立"诚"的角度上来说，是应该戒除的，这也体现了王夫之"实行实知"的思想。

在王夫之的论述中，"诚"和"信"往往又是相提并论的，或者说两者有时就是一个意思。比如："诚揭诚信以为标帜"④，"夫诚信者，中国邦交之守也"⑤。所以，他有时讲信也就是在讲诚。船山说："君子之于人也，无所傲，无所徇，风雷之变起于前，而自敦其敬信。敬者自敬也，信者自信也，无论其人之暴与否也。贞敬信者，行乎生死之途而自若，恂慄以居心，而外自和，初无与间也。"⑥ 君子之心坦坦荡荡，不亢不卑，无私无畏，在任何境遇之中，君子都以笃敬诚信的态度对待与自己共事之人，相信和尊敬他人也是一种立诚之道。王夫之还说："不自信而人孰信之？不自度而安能度人？不思自全，则视天下之糜烂皆无足恤也。故君子于无恒之人，远之唯恐不速，绝之唯恐不早，可诛之，则勿恤其小惠、小勇、小信、小忠之区区而必诛之，而后可以名不辱而身不危。与无恒者处，有家而家毁，有身而身危，乃至父子、兄弟、夫妇之不能相保。论交者通此义以知择，三人行，亦必慎之哉！"⑦ 诚信作为重要的伦理范畴，就是要求人具有前后有常，秉性有度的操守，只有这样才能在社会上立身行事。将"无恒"作为人的负面行为，早在孔子已经提出"人而无恒不可以做巫医"，而船山进一步将其视为道德的失误，这是他的创见。由此则将诚信与无恒相对立，显示了王夫之对道德践履的恒久性和长期性的高度重视。

四、结语

现在，我们可以对于王夫之"诚""性""心"三者之间的关系，做一个简要的梳理。船山论

---

① 《船山全书》第十二册，长沙：岳麓书社 1998 年版，第 114 页。
② 《船山全书》第十二册，长沙：岳麓书社 1998 年版，第 115 页。
③ 《船山全书》第十二册，长沙：岳麓书社 1998 年版，第 169 页。
④ 《船山全书》第十册，长沙：岳麓书社 1998 年版，第 990 页。
⑤ 《船山全书》第十册，长沙：岳麓书社 1998 年版，第 990 页。
⑥ 《船山全书》第十册，长沙：岳麓书社 1998 年版，第 529 页。
⑦ 《船山全书》第十册，长沙：岳麓书社 1998 年版，第 356 页。

"诚"可谓最为精详，超过了以往的学者。张岱年先生指出："王夫之提出诚的范畴，主要是用以表示客观规律，即是肯定客观世界具有一定的客观规律性，也可以说诚表示客观实在性与客观规律性的统一。总之，《中庸》以诚为'天之道'，到王夫之肯定'诚者天之实理'，所谓诚的含义基本是一致的。"① 这就是说，首先应该从客观实有的意义上论诚，但是这只是一个出发点，因为王夫之说过"诚固天人之道也"②，因此"诚"又是蕴涵着深刻的天人关系内容的复合型概念，所以说离开"人"来谈诚，就是一个空洞而无意义的诚，因为仅就自然界来论诚，根本就无所谓诚，只有从人的立场出发，才能真正认识到天道为诚，当然这就涉及论者的立场观点了。由于在王夫之伦理思想中诚的地位重要，可谓"诚"兼"心""性"。他说："性为天所命之体，心为天所授之用。仁义礼智，性也，有诚体而莫之流行者也。诚，心也，无定体而行其性者也。心统性，故诚贯四德，而四德分一，不足以尽诚。"③ 在这里王夫之明确指出诚为性之体，性为诚之用；而诚又与心同为一体，尽管诚无定体，但以性为其体。而心又统性。显然，在王夫之的伦理观念中，诚是站位最高的，可以以诚为心，也可以以诚为性。说到"心"虽然可以称为"诚心"，但这并不能完全涵盖"心"范畴的全部内容。因为王夫之还强调了"心"作为道德主体的能动性，认为"心"是一种人伦道德精神，从而赋予这种人伦道德精神以普遍性和绝对性的意义。这都是"诚"范畴所不能代替的重要作用。至于说到"性"，王夫之的论述也颇有特色。其关于"性"的论述，十分重要的一点就是认为人之性是不断变化和发展的，这在《张子正蒙注》卷三《诚明篇》有着明确地论述，在他看来性之善恶是由习惯而养成的，习惯形成了人之性也形成了。由于性是日生日成的，因此也并非是一成不变的，不善之人只要向善行善即可成就其善良之人性，而已善之人如果趋于邪恶久而久之其人性也会变恶。王夫之在这里其实已经指出了后天的客观环境对于人性形成的重要作用。由此可以说，船山这三个伦理学范畴虽然关系密切，但是却不能以一代三的，三者各有自己独立存在的价值和意义。不过也正由于三者关系密切，我们才于此一并讨论。当然，王夫之在论述"诚""性""心"诸范畴时，对张载的思想学说既有继承同时又有创新的过程。他在继承方面主要是始终坚持了张载的气本论，使其伦理思想体系构筑在一个坚实而且牢靠的基础之上。与张载学说相一致的地方还有就是始终恪守以孔孟为代表的儒家思想的立场。不忘初心方得始终，坚守信念才能得往圣之传，王夫之能够像张载本人那样去努力实现自己"为天地立心，为生民立命，为往圣继绝学，为万世开太平"④ 的崇高理想，也是由于自己有操有守，志行高洁。纵观船山一生的道德践履，就是对他的道德学说的最好体现。由于王夫之与张载所处的社会背景的差别很大，所以船山比起张载来更加强调道德践履的重要性。这在其论述"诚""性"和"心"诸范畴时均有突出的表现，这就是他的伦理思想高于张载的最明显之处。另外，随着时代的发展伦理思想水平也会不断得到发展，这在船山的有关论述中也有很好的体现。比如说王夫之提出的

---

① 张岱年：《中国古典哲学概念范畴要论》，北京：中国社会科学出版社 1989 年版，第 103 页。
② 《船山全书》第二册，长沙：岳麓书社 1998 年版，第 368 页。
③ 《船山全书》第六册，长沙：岳麓书社 1998 年版，第 553 页。
④ 《张载集》，北京：中华书局 1978 年版，第 320 页。

变化气质不仅要改变人后天获得的非本性的东西，而且强调要改变人性本身，这正是船山人性论最富学术价值之所在，也是船山所添加的新的伦理思想元素。再比如说他对抽象人性论和天赋人性论的批判和总结，也是其对中国伦理思想发展所做出的突出贡献。总而言之，王夫之在张载伦理思想的基础之上进行了提高和创新，从而使中国古代伦理思想水平达到了一个相当高的历史阶段。

参考文献：

1. 张岱年：《中国伦理思想研究》，南京：江苏教育出版社 1986 年版；

2. 张立文：《心》，北京：中国人民大学出版社 1996 年版；

3. 张立文：《性》，北京：中国人民大学出版社 1996 年版；

4. 蔡方鹿：《宋明理学心性论》，成都：巴蜀书社 2009 年版；

5. 蒙培元：《理学范畴系统》，北京：人民出版社 1989 年版；

6. 罗国杰主编：《中国伦理思想史》，北京：中国人民大学出版社 2008 年版；

7. 朱贻庭：《中国传统伦理思想史》，上海：华东师范大学出版社 2009 年版。

作者简介：徐仪明，哲学博士。西安外事学院世界本原文化研究院教授，博士生导师。研究方向：先秦哲学，宋明理学。著有：《性理与岐黄》《中国文化论纲》《外丹》《抱朴子与中国文化》《易学心理学》《王夫之的自然世界》《道家与中国文化精神》等。在国内外发表学术论文二百余篇。

论倭仁的身心修养观

郭晓丽

摘要：修身是中国哲学深厚的思想传统，就是近代在西学冲击下看似衰微的清末儒学，其身心修养论仍是滋养士君子精神的内在驱动力。被誉为"道光以来一儒宗"的倭仁，以身心修养见长，学界贯其思想"笃守程朱"。本文通过详解其著述意旨，品评其思想背景，认为倭仁儒学的特点是回归孔孟心性之论，兼采程朱理学和陆王心学，重视道德主体的能动性。透过其修身践履的学思轨迹，彰显着清末儒学修养的格调，代表了清末儒学修养论的水平。

关键词：倭仁；立志为学；居敬存心；躬行；修身传统

倭仁（1804—1871），字艮峰，蒙古正红旗人，道光九年进士（时年 25 岁），同治元年后，先后任工部尚书、同治帝师、翰林院掌院学士、管理户部事务、文渊阁大学士直至文华殿大学士等，官居正一品。曾国藩以倭仁为师友。《清儒学案》称其"道光以来一儒宗"，学界贯其思想"笃守程朱"。本文认为，倭仁的儒学集中体现于其身心修养观上，其特点是回归孔孟心性之论，兼采陆王心学和程朱理学，也可以说是内在的心学与外用的理学的结合，代表了清末儒学修养论的水平。

一、关于《为学大指》

《为学大指》在倭仁为数不多的著述中，属于能够反映其学术思想取向的作品，① 作于同治年间。同治年对于倭仁有着极其特殊的意义，是倭仁仕途和人生最辉煌时期，也是其人生的最后十年。通过本文可以一窥其思想终趣。

《为学大指》卷首曰："读胡静斋先生《续白鹿洞学规》，② 因仿其意，辑为六条，以资策励。"

---

① 倭仁的著述主要是后人整理的《倭文端公遗书》，内容包括讲义、奏疏、为学大指、日记、杂稿等。
② 胡居仁（1434—1484）字心叔，学者称为静斋先生，明代前期的儒家。其《续白鹿洞学规》共六条：正趋向以立其志，主诚敬以存其心，博穷事理以尽致知之方，审察几微查以为应事之要，克治力行以尽成己之道，推己及物以广成物之功。（见《胡文敬集》卷二）他的学术思想持主敬之学。

倭仁所列六条内容为：立志为学，居敬存心，穷理致知，察幾慎动，克己力行，推己及人。其体例为，先概括每一条目之大旨，后辑录先儒之言论。所辑录内容涉及五经四书，尤以论孟、程朱为多。

我们首先的问题是：胡居仁《续白鹿洞学规》内容是在朱熹的《白鹿洞书院揭示》基础上扩充而成。被贯之以"笃守程朱"的倭仁，为什么不直接仿照朱熹的《白鹿洞书院揭示》，而仿胡居仁的《续白鹿洞学规》？胡居仁的为学进路更吸引倭仁的地方在哪里？胡居仁的学术思想，"以敬为操存之要，以敬义夹持为进德之途"。"认为敬是格物穷理之前的虔敬心态，清明心地。这是致知的前提和准备。敬又是格物致知之后对格得之理的存养和维护，故敬字贯彻始终。"①

对比朱熹《揭示》与胡居仁《学规》就会发现，朱熹的《揭示》内容主要是五教：父子有亲，君臣有义，夫妇有别，长幼有序，朋友有信。学此五教的次序取自中庸：博学之，审问之，慎思之，明辨之，笃行之。修身之要：言忠信，行笃敬，惩忿窒欲，迁善改过。处事之要：正其意不谋其利，明其道不计其功。接物之要：己所不欲，勿施于人。行有不得，反求诸己。②胡居仁《学规》共六条：正趋向以立其志，主诚敬以存其心，博穷事理以尽致知之方，审察几微以为应事之要，克治力行以尽成己之道，推己及物以广成物之功。朱熹的修身之要、处事之要、接物之要更强调修养主体对他律的认同与遵从，胡居仁的六条更突出修养主体的自律和内在自觉。显然，胡居仁对"敬"的内在心理基础的强调，更契合倭仁的致学宗旨。

二、解读《为学大指》的致学次第

以辑录先儒之言为主的《为学大指》，研究者多聚焦于倭仁收录了哪些先儒言论，并以此判别其思想取向。本文则首先着眼的是全书整体面貌，关注的是倭仁本人对六条目所做的言简意赅的本旨揭示。透过倭仁的"本旨揭示"，其思想的心性论取向和主体能动性意识凸显出来。

从全书面貌看，倭仁所辑六目，依儒家的为学修养原则可归纳为三个层次：第一层，"立志为学"与"居敬存心"，突出主体的内在性和能动性，强调个体之"志"的首要，内在心性的基础地位。第二层，"穷理致知"与"察幾慎动"，强调主体外求与内省相结合，内外的协调与互动的修养之道。第三层，"克己力行"与"推己及人"，强调躬行发用的修养功效，和成己成物的精神追求。下面我们通过倭仁《大指》具体分析。

（一）"立志为学"与"居敬存心"，突出为学修养主体的内在性和能动性

主体是指有目的、有意识地从事实践活动和认识活动的人。人类对自身主体地位、能动作

① 张学智：《中国儒学史·明代卷》，北京：北京大学出版社 2011 年版（下同），第 101、102 页。
② 张学智：《中国儒学史·明代卷》，第 108 页。

用和历史使命，以及主客体关系的自觉探索和理性把握就构成主体意识。儒家孔孟之学以人为本位，着重讨论身心性命修养问题。原属"心性论中心之哲学"，故"主体性"观念最为重要。宋明儒学有一个基本目的，即是要求归向先秦儒学之本来方向。[①] 倭仁为学的第一层次，就是从作为主体的人的"志"和"心"出发。

关于"立志为学"，倭仁概括曰："学，以学为人也。人性皆善，皆可适道，自气拘物蔽，而惟是利禄之趋，习俗之徇，汩没沉沦，而为人之理遂失。诚一旦发愤自强，不甘暴弃，则由希贤希圣以希天，孰能御之？"高扬人的主体能动性。把道德主体的内在力量，自觉能动性，视为为学修身的前提和决定性因素。[②]

在"立志为学"条目之下，倭仁《大指》所辑论、孟、张载、二程、朱子之论凡十九条。例如从《论语》"吾十有五而志于学""三军可夺帅也，匹夫不可夺志也"，到朱熹"为学虽有阶渐，然合下立志，须略见大概规模义理。于自己方寸间若有惕然愧惧、奋然勇决之志，然后可以加讨论玩索之功、存养省察之力，而期于有得。夫子所谓志学，所谓发愤，正谓此也"。我们知道宋明哲学不论程朱陆王，都"以儒家的圣人为理想人格，以实现圣人的精神境界，为人生的终极目的"。倭仁据此作为为学出发点。

关于"居敬存心"，倭仁概括曰："志既立矣，便当居敬以涵养其本原。盖人心虚灵，天理具足，仁义礼智皆吾固有，苟能端庄静一以涵养之，则志气清明，理义昭著。以此穷理，理必明；以此反身，身必诚。乃学问之大本原也。"[③]

直观地看，倭仁的"居敬存心"，更接近程颐"持敬"和朱熹"主敬涵养"的修养方法。的确倭仁在所辑先儒言论中，突出了朱熹的修养论，他说：朱子曰"自古圣贤皆以心地为本。""持敬之说，不必多言，但熟味整齐严肃，严威俨恪，动容貌，整思虑，正衣冠，尊瞻视。此等数语而实加功焉，则所谓直内，所谓主一，自然不待安排，而身心肃然，表里如一矣。"

但对比倭仁的"盖人心虚灵，天理具足，仁义礼智皆吾固有，苟能端庄静一以涵养之，则志气清明，理义昭著。以此穷理，理必明；以此反身，身必诚"的概括，我们发现，倭仁将"诚"的观念引入了程朱修养方法。倭仁的"以此反身，身必诚"强调"诚"与居敬的内在关系，更接近程颢的"诚敬"观。也因此有了阳明心学修养论的端倪。正像有学者指出的，王阳明对朱熹的批评，针对的就是朱熹格物与天理难以统一，要靠"敬"来与内在身心建立联系。阳明认为，敬应是《大学》功夫中本有的，敬即诚意，以诚意为目的的格物，才能对身心修养有帮助。没有诚意的单纯的格物。所得只是关于具体事物的知识，与成就圣贤了无关涉。所以他反复强调"以诚意为主去用格物致知的功夫即功夫始有下落"。他多次批评朱熹析心与理为二，针对的主要就是这一点。[④] 显然，倭仁是对程朱"敬"的观念有补充和改造的，强调心与理的统一。

---

① 劳思光：《新编中国哲学史》（三上），北京：三联书店2015年版（下同），第36、38页。
② 倭仁：《倭仁集注》卷三，张凌霄校注，呼和浩特：内蒙古人民出版社1992年版（下同），第156页。
③ 倭仁：《倭仁集注》卷三，第158页。
④ 张学智：《中国儒学史·明代卷》，第157页。

（二）"穷理致知"与"察幾慎动"，强调为学主体外求与内省相结合的修养之道

关于"穷理致知"，倭仁概括说："本原既养，则天理之全体固浑然于吾心矣。然一心之中，虽曰万理具备，天秩天叙品节粲然，苟非稽之圣贤，讲之师友，察之事物，验之身心，以究析其精微之极至，则知有所蔽，而行必有所差。此《大学》诚意，必先格物致知，《中庸》笃行，必先学问思辨也。"① 倭仁首先引《易·大畜》"君子以多识前言往行，以畜其德"。《大学》"欲成其意者，先致其知，致知在格物"。而主要引用和彰明的是程朱"格物穷理"体认君臣父子伦理道德为学方法。

关于"察幾慎动"，倭仁概括说："理既穷矣，而念虑萌动之初，为善恶分途之始，尤为学紧要处，先儒所谓'日用第一亲切工夫也'。大禹精以察之，颜子有不善未尝不知，皆于此致力焉。"② 突出儒学防微杜渐，存理去欲的道德实践基本原则。为此倭仁引《周易》"幾者，动之微，吉凶之先见者也"。《中庸》"莫见乎隐，莫显乎微。故君子慎其独也"。《诗经》"潜虽伏矣，亦孔之昭"。引朱熹"幾微之间，善者便是天理，恶者便是人欲。才觉如此存其善去其恶可也。""学者于善恶要于两夹界处拦截分晓，勿使纤恶间绝善端，动静日用时加体察，久之自熟。"强化道德主体实践道德规范的自觉能动性。

（三）"克己力行"与"推己及人"，强调躬行发用、成己成物的精神追求

关于"克己力行"，倭仁概括说："察之念虑，则必见之事为，果天理耶？行之唯恐不力，果人欲耶？去之唯恐不尽。视听言动必求合礼，子臣弟友必求尽分，日用伦常务尽乎天理之极而无一毫人欲之私，则知不徒知，庶几躬行之君子矣。"③ 突出了理学知行相须、知行合一的道德实践功夫。

关于"推己及人"，倭仁说"成己必须成物，明德继以新民。穷则独善，达则兼善。盖必尽己性，尽人性，尽物性，以至赞化育，参天地，而性量始全。所谓为天地立心，为万物立命，为往圣继绝学，为万世开太平，皆吾分内事也。人顾可自小也哉？"④ 纵观倭仁所辑先儒之言，引《论语》"老者安之，朋友信之，少者怀之。""己欲立而立人，己欲达而达人。"引《大学》"大学之道，在明明德，在亲民，在止于至善"。引《中庸》"忠恕违道不远，施诸己而不愿，亦勿施于人"。引《孟子》"亲亲而仁民，仁民而爱物"。

由此可见，倭仁准确地把握了儒家的精神旨趣。在儒家，人的主体性从根本上讲在于能"参赞化育""为天地立心"。人不仅是自然界生命系统的组成部分，而且是完成生命之仁，实现"天

① 倭仁：《倭仁集注》卷三，第167页。
② 倭仁：《倭仁集注》卷三，第171页。
③ 倭仁：《倭仁集注》卷三，第176页。
④ 倭仁：《倭仁集注》卷三，第177页。

下归仁"价值目标的真正主体。这正是宋明理学对先秦儒学的继承和创造性发展。

三、倭仁儒学观的旨趣

有必要回到倭仁人生思想学术的背景中，体会其儒学的多重面相，捕捉其身心修养观的价值意义。

（一）王学熏习下的修身实践

倭仁早年（大约 25—35 岁间）治理学是"从王学入手"的。倭仁的友人吴廷栋[①]记载："倭艮峰先生之学亦从王学入手。""艮峰先生之学以诚为本……人知其由王学入手。"[②] 倭仁早年官京师时主要的社交圈子便是河南同乡。当时，与倭仁交往甚密者主要有李棠阶[③]等人，他们旨趣相投，究心理学，互相切磋，引为同调。道光十三年（1833 年），他们相约"立社为课，互相勉励"，成立"正学会"。他们定期"会课"：参与者每天将自己的举止言谈甚至思想写成"日录"，主要是相互切磋心性修养工夫，交流修养经验。[④] 显然，从其青年时代的学思轨迹看，而立之年的倭仁践履着儒家士大夫"为己之学""壹是皆以修身为本"的身心修养，同时也为其中年的仕进之途和人生磨炼奠定了基础。但遗憾的是倭仁早期心性修养的所思所想，在后人所编的《遗书》中没有体现。所以有学者推测，可能是编者有意为之的结果。[⑤]

（二）尊程朱之"正学"的使命

中年的倭仁伴随仕途人生的迁流、思想学术视野的开阔，而有了新的变化（始于 1840—1846，此时倭仁 36—42 岁）。变化的肇因是多方面的：在仕途的上下沉浮之间；政治意识形态的"卫道"要求；学术上对清代汉学的纠偏，诸因素促成了倭仁给人以"笃守程朱"的印象。首先，

[①] 吴廷栋（1793—1873）字彦甫，号竹如，安徽霍山人，道光五年拔贡，累官至刑部侍郎。倭仁与吴廷栋订交当在道光二十年（1840 年），当时他们一同从唐鉴问学。吴廷栋为学笃守程朱。

[②] 李细珠：《晚清保守思想的原型——倭仁研究》，北京：社会科学文献出版社 2000 年版（下同），第 13—14 页。

[③] 李棠阶（1798—1865 年），字树南，号文园，又号强斋，河南河内人，道光二年进士，官至军机大臣、工部尚书。李棠阶以理学名家，与孙奇逢一样，虽然标榜不立门户，主张融合程朱陆王，但他还是以王学为主。因此，有人直接以为其学"以孙夏峰为宗"。有人甚至称在孙奇逢"后二百年咸同之际讲王学者有河内李文园先生"。参见李细珠：《晚清保守思想的原型——倭仁研究》，第 18 页。

[④] 李细珠：《晚清保守思想的原型——倭仁研究》，第 10 页。

[⑤] 李细珠指出，《倭文端公遗书》中的几卷《日记》，主要写于道光末年到咸丰初年（1846—1852 年），代表倭仁中年较为成熟定型了的思想。其早年的心性修养体验，难寻其迹。参见《晚清保守思想的原型——倭仁研究》，第 13 页。

从游唐鉴①，结交师友，开启了倭仁新的学术和修养视野。据方宗诚的观察："公（倭仁）先与河内李文清公、内乡王子涵观察切剧心性之学，俱由阳明、夏峰之言以入，后与吴竹如侍郎志同道合．时侍郎方为刑部主事，公日夕相讲习，始专宗程朱之学，久而弥精，老而愈笃，名益尊位益赛，而下学为己之功益勤恳而不已。"②值得注意的是"名益尊位益赛"，道出了倭仁"专宗程朱"的实情。其二，政治思想上昌明正学的要求，使倭仁推崇理学。"自乾嘉以后，汉学盛行，洛闽一派坠绪几乎欲绝，先生（倭仁）起来维之，同时馆阁中如镜海唐先生鉴、丹畦何先生桂珍、兰泉窦先生塘、李文清公棠阶、曾文正公国藩，以先生为师友，相与辅翼斯道，一时人才蔚起，正学昌明，遂成国朝中兴翊赞之功，何其盛也！"③其三，从清末学术思想格局看，对清代汉学学风的纠偏是重要原因。倭仁思想向程朱理学转型的一个背景是清代理学对汉学的批评和复兴。诚如学者指出：自清人标榜汉学以来，抑制宋儒，以言义理为禁忌，"于是穷经经不足以润身，治史史不足以平世；周章于训诂，彷徨于考据，乃至竭毕生之力，而不免为穷人之无所归，不亦悲乎？"④基于这种严重局面，程朱理学成为清代儒者对抗乾嘉汉学的一种手段。正像方东树《汉学商兑》所言，"窃以为孔子没后千五百余岁，精益血脉至宋如虹辩，使得圣人之争，平心而论，程朱理学数子廓清之功，实为晚周以来一大治。"

（三）躬行实践的儒学信仰

从倭仁一生的信念和追求看，他是一位有影响力的、身体力行的儒者。这是一个蒙古旗人后裔精神气质中让笔者着意之点。倭仁理学思想的特色是躬行践履，他说："持门户异同之见，为前人争是非，只是寻题目作文字。若反身向里，有多少紧要工夫做，自无暇说短道长。"⑤友人吴廷栋说："艮峰先生乃躬行实践之学，读日记而学其省察克治，即是奉以为师。"德高望重的唐鉴很欣赏倭仁，他曾对曾国藩称赞倭仁"用功最笃实"，尤其称赞其坚持每天做"札记"的自省修养工夫。曾国藩与倭仁更是相交于师友之间，倭仁根据自己多年来的修身经验，教曾国藩写日课，"当即写，不宜再因循"。曾国藩道，"亦照艮峰样，每日一念一事，皆写之于册，以便触目克治。"⑥倭仁病逝后，曾国藩盛赞其"存养省察"之功："惟念太保中堂名德硕望，讲求正学四十余年，存养省察未尝一息少懈。即历载日记，已为海内士大夫所同钦守之正轨，戒宗旨之稍偏。凡有志学道者，皆仰为山斗而奉为依归。至夫黼座论思，讲筵启沃，皆本致君尧舜之心，以

---

① 唐鉴（1778—1861年），字敬楷，号镜海，湖南善化人，嘉庆十四年进士，改庶吉士，授检讨，久官京外，后内召为太常寺卿。道光二十年1840年，唐鉴"再官京师，倡导正学"。也就是此时，倭仁从游唐鉴。

② 李细珠：《晚清保守思想的原型——倭仁研究》，第26页。

③ 李细珠：《晚清保守思想的原型——倭仁研究》，第85—86页。

④ 钟泰：《国学概论》，自序第1页。

⑤ 倭仁：《倭仁集注》卷四，第209页。

⑥ 李细珠：《晚清保守思想的原型——倭仁研究》，第86、93—94页。

成中兴缉熙之业，洵属功在社稷，泽及方来。"①

研究者比较倭仁与曾国藩的学术思想指出，他们虽然都信守程朱理学，但是，从儒家传统的"内圣外王"标准来衡量，倭仁偏于"内圣"修身，曾国藩重于"外王"经世，他们正代表了晚清理学发展的两个路向：理学修身派，强调个体道德修养；理学经世派，注重建功立业。② 笔者以为，倭仁与曾国藩作为学术同道的师友，仕途为政的在朝之人（道光末年，倭仁与曾国藩同官京师），他们共同形塑了晚清儒学共同体中经世致用的儒者形象。只不过其"致用"各有所长而已。

总之，本文认为，思想学术界过于放大了倭仁儒学的程朱学色彩，致使其取法于心学的重视道德主体的能动性，讲求躬行实践的修养方法谙而不彰。回溯新儒学和中国哲学的历史，我们必须看到，不论是程朱陆王之别还是理学心学之辨，正是在这种区别、论辩中，儒学和中国哲学中的修身传统日渐明晰完整。从儒学思想发展的整体看，理学与心学之间的争辩毕竟只是儒学内部的一场争执，争执的双方其实不仅分享着儒学的信念，而且还有着许多共有的立场、理念和基本预设。③ 理学则正是把这些伦理原则上升为宇宙本体和普遍规律。……使儒家思想有了更为坚实的本体论基础。但在道德实践上，把伦理原则更多的作为外在的权威，忽视了人作为道德实践主体的能动性。因此心学反对理学的实践论，认为人的本心作为道德主体，其自身就决定道德法则，突出了道德实践中的主体性原则。④ 站在上述基点看，不应忽视甚至否定倭仁身心修养观的心学特点和兼综心学、理学的方法意识。

修身传统是儒学和中国哲学的特色，清末近代这一传统仍有其活力，以倭仁、曾国藩为代表的清末儒学共同体就是一个例证。然而现有关于中国近代哲学史或儒学史的近代部分的叙事，其核心内容均以"儒学与西学"之争为其主体和主线。张耀南在其《中国儒学史·近代卷》，考察了几部有影响的著作，指出：他们有一个"公约数"，就是"中学与西学之争"。具体到"中国近代儒学史"，其核心就应是"儒学与西学"之争。"儒西之争"就是"中国近代儒学史"的主线。⑤ 在这一叙事主线下，儒学的近代特色被狭窄化、单一化，这是值得关注的问题。

倭仁及其所反映的晚晴儒学身心修养思想，受社会动荡变革，西学东渐冲击，政治危机深化，传统文化式微诸多因素的复杂影响，在清代思想学术史上难觅踪影。但儒学修齐治平的主体意识和精神传统，正如孟子"穷则独善其身，达则兼善天下"，不受时空的限制。

---

① 《曾国藩全集·书信》（十），长沙：岳麓书院 1987 年版，第 7474 页。

② 李细珠：《晚清保守思想的原型——倭仁研究》，第 197—198 页。

③ 郭齐勇：《中国哲学史》，高等教育出版社 2006 年版，第 248 页。作者进一步指出，理学与心学之间的争论、辩难与攻错的过程实际上乃双方对话、互动的历程，可以说宋明新儒学就是在他们这种异中有同、同中有异的对话与互动中日趋精微、成熟和发展的。

④ 陈来：《宋明理学》，上海：华东师范大学出版社 2004 年版，引言第 13 页。

⑤ 张耀南：《中国儒学史·近代卷》，载汤一介、李中华主编《中国儒学史》，北京：北京大学出版社 2011 年版。作者对比了以下著作：侯外庐主编《中国近代哲学史》、冯契著《中国近代哲学的革命进程》、姜林祥著《中国儒学史·近代卷》，参见"导言"第 1—3 页。

作者简介：郭晓丽，女，哲学博士。内蒙古大学哲学学院教授，主要从事中国哲学的中国哲学、儒家哲学的教学与研究。发表《钟泰学术思想研究》《论先秦思想家主体意识的觉醒》《重估老子哲学及其历史地位》《儒学的返本开新与当代新儒学》《早期中国哲学史写作方法的启示——以钟泰〈中国哲学史〉为例》《钟泰与太古学派》等著作与论文。

"亦诗家之霸统也"

——王夫之对李梦阳诗学思想的整体批评

刘克稳

摘要：王夫之对李梦阳诗学思想，有赞誉也有批评，批评多于赞誉。一方面，他对李梦阳诗歌创作才情是认同的"公才固有实"，也认为李梦阳的诗作深得风雅之道"立北地于风雅中，恰可得斯道一位座"。但另一方面，立足于整个诗学批评史，王夫之对李梦阳诗学复古主张不以为然"几为恶诗之俑"，认为他的诗学创作成就不能代表明代诗学发展的最高峰，称不上是"大家"。整体而言，王夫之认为李梦阳的诗学成就可尊为"诗家之霸统"，但未得风雅之正道。

关键词：公才固有实；不喑华族之视侩魁；恶诗之俑；诗家之霸统

李梦阳作为前七子的领袖，在明代诗学发展史上具有非常重要的地位。在王夫之的诗歌评选及诗话著作中，他对李梦阳诗学评点多达 50 次。据笔者粗略统计，《古诗评选》有 2 处、《唐诗评选》有 1 处、《明诗评选》有 34 处、《姜斋诗话》有 5 处，再加上直接选录的 8 首诗歌点评。但总体而言，王夫之对李梦阳诗学思想的态度是很复杂的，有赞誉也有批评，批评多于赞誉。

王夫之对李梦阳的个人才华赞叹不已，称赞他"此公才固有实，丰韵亦胜，胸中擘括亦极自郑重"[①]，承认他在明代诗歌发展史上的重要地位，并将他与公安派、竟陵派并立为明代诗学发展的三个标志，"此皇明诗体三变之定论也"[②]。但是，立足于整个诗学批评史，王夫之却对李梦阳的诗学创作才华和诗学复古主张不以为然，认为以李梦阳为首的七子派、公安派甚或竟陵派都不能代表明代诗学发展的最高峰，他们的诗歌创作也称不上是"大家"，"乃以一代宗工论之，则三家者皆不足以相当"[③]。盖棺定论，王夫之认为李梦阳的诗学成就可尊为"诗家之霸统"，但未得风雅之正道。

---

① （清）王夫之：《明诗评选》，载《船山全书》第 14 册，长沙：岳麓书社 1996 年版，第 1548 页。

② （清）王夫之：《明诗评选》，载《船山全书》第 14 册，长沙：岳麓书社 1996 年版，第 1311 页。

③ （清）王夫之：《明诗评选》，载《船山全书》第 14 册，长沙：岳麓书社 1996 年版，第 1311 页。

一、立北地于风雅中，恰可得斯道一位座

王夫之认为李梦阳的诗作深得风雅之道，在风雅道统传承中应该有属于他的一席之地，代表作是他的五言古诗《赠青石子》（其一）：

> 高鸟有违群，离兽多悲音。
>
> 懿彼婉娈子，怅然分此襟。
>
> 朝发南河隅，夕莫乃北岑。
>
> 玄云既无极，黄波浩且深。
>
> 君其四海翔，无言还旧林。①

此处通过"朝发南河隅，夕莫乃北岑"，再加上"季秋凋群木，寒潦溢中轨"句（《赠青石子·其二》），我们可以推测这首诗大概是李梦阳在江西按司提学副使任上（1510—1519年间）所作。深秋九月的某天，李梦阳在潦河岸边送别秋闱落第的学生。诗人先用离群的"高鸟"的孤影和悲鸣声从视觉和听觉层面渲染出浓浓的离愁，再写师生在怅然离别之际诉说衷肠的情景，"朝发""夕暮"二词表达了时间飞逝的不舍，无边的"玄云"、浩荡的"黄波"凸显了空间上的山高水远的惆怅，最后诗人不忘对这位青年才俊和忘年交谆谆嘱咐、勉励有加，"君其四海翔，无言还旧林"。整首诗既表达了离别的惆怅，又有知音难舍，还有师长勉励后劲的良苦用心，情感缘事而发，真挚感人，体现出积极的人生态度，是一首不可多得的送别诗。

这首诗深得王夫之赞赏："此亦自关性灵，亦自有余于风韵。立北地于风雅中，恰可得斯道一位座。"② 所谓"性灵"，是说情感真挚，所谓"风韵"，也即辞藻典雅却不华丽，情感抒发含蓄自然，情景交融，意味深长。李梦阳这首诗一改他的《送儿诗》《汴河柳送沈生》等诗中"雄健""阔大"、才气放纵之风格，王夫之认为它深得风雅之道，颇有冲淡蕴藉的汉魏古韵，放在千古送别诗中丝毫不逊色，自有他的一席之地。这跟沈德潜完全否定李梦阳五言古诗的态度还是有较大区别的："空同五言古宗法陈思康乐，然过于雕刻，未及自然。"③ 也不同于俞汝言的过誉之言："献吉五言古诗康乐后一人，七言近体少陵以后一人，七言绝句太白以后一人。"④ 相比之下，王夫之对李梦阳五言古诗的创作水平的评价还是比较中肯的。

李梦阳的另一首诗七言绝句《浔阳歌》也颇受王夫之赞赏，该诗全文为：

> 百尺高楼横映江，江花朵朵照成双。
>
> 风波隔浦遥相唤，肠断南来北去艭。⑤

① （清）王夫之：《明诗评选》，载《船山全书》第14册，长沙：岳麓书社1996年版，第1311页。
② （清）王夫之：《明诗评选》，载《船山全书》第14册，长沙：岳麓书社1996年版，第1311页。
③ （清）沈德潜撰，（清）周准编：《明诗别裁集》（卷首），上海：上海古籍出版社1979年版，第89页。
④ （明）李梦阳：《李空同诗集》（附录），上海扫叶山房宣统二年（1910）石印本，上海图书馆藏。
⑤ （明）李梦阳：《李空同诗集》，上海扫叶山房宣统二年（1910）石印本，上海图书馆藏。

王夫之将其与晚唐诗人韩偓的《伤乱》相提并论，认为这两首诗歌都继承和体现了风雅传统，正所谓"兴、赋不乱。"①《伤乱》是韩偓晚年客居泉州南安时所作的一首离乱诗，前四句用兴的手法，托物言志，"花根、花影、花枝，连用无数重迭字眼，写成萧疏历乱之作，看去自是一派乱离景象。"（元好问编，郝天挺注《唐诗鼓吹笺注》）②后四句用赋的手法，直抒胸臆，离乱伤心之情跃然纸上。王夫之认为全诗兴和赋手法杂措使用，托物言志，借景抒情、景中含情，直抒胸臆，舆情于事、情中有景，最终实现了"情中景、景中情，情景交融"。这样一来，整首诗"上截兴，下截赋，率然而起，戛然而终，似无关键，而神味融洽之至"（毛张健《唐诗肤诠》）③。

同样的理由，王夫之认为李梦阳的七言绝句《浔阳歌》也达到了"兴、赋不乱"，完全能够媲美韩偓的《伤乱》，达到了"神味浑融之至"的艺术境界，颇有几分李白诗歌神韵："只于乌啼上生情，更不复于情上布景，兴、赋乃以不乱。直叙中自生色有余，不资炉冶，宝光烂然。"④该诗前两句借"江上的高楼船""阳光映照下的浪花"等景物，营造了一个迎来送往的场景，后四句用"隔浦""遥相唤""肠断"等数语，表达了羁旅游子的离别愁苦。该诗应是李梦阳于江西按司提学副使任离任前后（1519年前后）所作，全诗兴、赋手法兼用，"因物喻志、寓言写物""文已尽而意有余"（钟嵘《诗品序》），小人当道有志难伸、宦海浮沉回归田园、朋友送别依依不舍等诸般情感交织，含蓄蕴藉、意味深重，一反李梦阳以往七言诗作"诗苦无余"的弊病。王夫之非常认同杨慎在《空同诗选》中对此作的击节赞赏，"杨用修叹为绝唱。"⑤

二、公才固有实、不啻华族之视佥魁

从整个明代诗歌发展来看，李梦阳的才华和贡献是有目共睹的。时人称赞李梦阳"才敏气雄"（《江西按察司副使空同李君墓志铭》），《明史·文苑传》评价"梦阳才思雄鸷，卓然以复古自命"，将他与何景明并列称赞有"国士之风"。《空同集》提要作中夸赞他"诗才力富健，实足以笼罩一时"；《明诗纪要》（丁签卷一）陈田按语指出"空同志壮才雄，目短一世，好掊击人，而受人掊击亦甚。然究一时才杰，亦不能出其右者也"。而王夫之对李梦阳诗歌创作才情也是认同的、持褒扬态度。他明确地表示"公才固有实"，多次赞扬李梦阳的才气：

> 何、李首排长沙，而何下移于晚唐；李、王继法崆峒，而王下移于东坡；钟、谭以帖括为诗，求媚经生，而谭颇以风味上溯古人。此六子自相轩轾之致也。以品言之，于鳞最上，献吉次，元美次，友夏次，仲默次。伯敬最下。⑥

---

① （清）王夫之：《明诗评选》，载《船山全书》第14册，长沙：岳麓书社1996年版，第1139页。
② 陈才智：《韩偓诗全集》（汇校汇注汇评），武汉：崇文书局2017年版，第272页。
③ 陈才智：《韩偓诗全集》（汇校汇注汇评），武汉：崇文书局2017年版，第272页。
④ （清）王夫之：《唐诗评选》，载《船山全书》第14册，长沙：岳麓书社1996年版，第904页。
⑤ （清）王夫之：《明诗评选》，载《船山全书》第14册，长沙：岳麓书社1996年版，第1139页。
⑥ （清）王夫之：《明诗评选》，载《船山全书》第14册，长沙：岳麓书社1996年版，第1392页。

　　李梦阳秉承明初诗坛强调诗歌与时代的紧密关系的主张，一心超越当时诗坛领袖李东阳（号长沙）所代表的茶陵派诗风的"软靡"，矢志继承盛唐尤其是杜甫"忧君爱国"之遗风，一味模仿杜诗"雄阔高浑、实大声弘"的风格，欣赏意格高峻的汉魏古诗，排斥晚唐华靡柔软愤懑的沉沉暮气。如果将李梦阳的诗学复古主张搁置不论，单单就诗歌创作才华而言，王夫之将李梦阳与何景明、李攀龙、王世贞、钟惺、谭友夏等人相比，认为他的才气仅次于李攀龙，远超于竟陵派。而且在将他与公安派、竟陵派诗人的比较中，认为他上比公安不足，下比竟陵有余：

　　　　要以平情论之，北地天才自出公安下；六义之旨，亦堕一偏，不得如公安之大全。至于引情动思，含深出显，分胫臂，立规宇，驱俗劣，安禩度，高出于竟陵者，不啻华族之视侩魁。①

　　所谓"侩魁"，即"市侩头子，大市侩"，喻指地方上有名望之士，也即"执牛耳"的一方领袖。王夫之认为，李梦阳的个人才气虽没有袁宏道高，对风雅传统的理解也没有袁宏道周全，但相比于竟陵派，无论是才气还是格调，乃至于突破常规、诗歌的创新性以及诗歌境界都远远超出了竟陵派，可堪为一时引领诗坛的领袖。

三、不得纯为大雅、几为恶诗之俑

　　然而，即便王夫之认为李梦阳在风雅道统传承中享有一席之地，但他却总是批评李梦阳未领悟到风雅之道的"精髓"，算不得风雅之正宗："……为长沙所激，又为一群噇蒜面烧刀汉所推，遂至戟手頳颧之习成，不得纯为大雅，故曰不幸。"②另外，在王夫之看来，虽然李梦阳堪称明代诗坛的"侩魁"之一，但论才气而言，明代诗坛比他更为突出的诗人比比皆是，不仅袁宏道比他高，就算七子派内部，徐祯卿、李攀龙等人也跟他相比丝毫不差，更不用说王夫之更欣赏的刘基、张羽、祝允明、唐寅、汤显祖等诗人了。而正是这么一个"中等偏上"的诗人却"乃苦自尊已甚，推高之者又不虞而誉，遂使几为恶诗作俑，亦北地之不幸"。③

　　王夫之认为李梦阳诗歌始终未入风雅之"神"的主要原因有两个：一是李梦阳本人的大家心态作祟。他一心想突破陈规陋习，既不满足于李东阳所代表的茶陵派软靡诗风，也不认同明初直承宋元以来的"以文为诗"的理学或道学诗风，一生致力于将自己的复古主张作为明代诗坛的最高标准。王夫之虽然在某种程度上是认同他批评李东阳的观点的："亦台阁，亦风流。虽稍从宋人入，亦不许唐人相傲。西涯幸有此手笔；乃于五言古体、乐府、歌行，通身插入宋人窠臼，拈眉弹舌，为北地所鄙，何其欣小利而忘大纲也！二十年相业，亦以此种见地败坏，人可不自畏

① （清）王夫之：《明诗评选》，载《船山全书》第 14 册，长沙：岳麓书社 1996 年版，第 1311 页。
② （清）王夫之：《明诗评选》，载《船山全书》第 14 册，长沙：岳麓书社 1996 年版，第 1548 页。
③ （清）王夫之：《明诗评选》，载《船山全书》第 14 册，长沙：岳麓书社 1996 年版，第 1311 页。

耶？"① 但是，王夫之始终认为李梦阳诗歌算不得明代诗坛的"正宗"，称不上大家之作，相比较而言，王夫之更欣赏刘基、张羽、祝允明、唐寅、汤显祖等诗人的诗作，认为他们才真正深得风雅之精髓，"前如伯温、来仪、希哲、九逵，后如义仍，自足鼓吹四始"②。

二是七子后学的对李梦阳的过分推崇所致。王夫之认为李梦阳部分诗作虽然可称为佳作，但很多诗作具有"得尽发其喷沙走石之气"③、"使人以躁气当之"④、"北地白草黄榆之气"⑤、"北地喑哑习气"⑥ 等弊端，体现出李梦阳因个人才气所暴露出的弊端，其诗风因过于强调"雄奇"而缺乏"高脱"、蕴藉，无法实现"性灵"与"风韵"的统一。但七子后学却要将李梦阳的诗风作为一统明代诗坛的唯一"声调"就显得底气不足，弊端非常明显，反而有损他的名声和功绩。

因此，在王夫之看来，李梦阳自恃清高，又加之七子后学的"不虞而誉"、过分推崇，导致以李梦阳为首的七子派的复古主张变成一味的"模拟"，这种形式模拟主义一旦成为明代诗坛的主流标准，必然会造成流毒不尽的弊端，有明一代诗学一味追求形式辞藻，诗歌创作既无"真性情"，又无格局，无一人能与唐宋大家相媲美，这也是后世对明代诗文不甚重视的主要原因。王夫之批评李梦阳诗歌创作"不得纯为大雅、几为恶诗之俑"的说法，虽有严苛之嫌，却也一针见血，直指其问题的核心所在，这也正是明清以降，钱谦益、沈德潜等诗论家一致贬低李梦阳乃至前、后七子诗歌创作成就的主要原因所在。

四、亦诗家之霸统也

正是基于上述的立场和评判，王夫之认为李梦阳所代表的七子派诗学主张称不上诗学"正统"，仅仅是"诗家之霸统"，李梦阳的诗歌创作成就也称不上"大家"，无法列入"正宗"。王夫之在评论李梦阳五言古《杂诗》时有集中表述：

> 致思不浅，仿佛傅鹑觚，亦诗家之霸统也。献吉之论古诗也，曰必汉魏，必三谢。反复索其汉魏、三谢者而不可得，亢响危声，正得一傅鹑觚而已。其地同，其人品气义略同，遂尔合辙，亦一异也。⑦

通过对上述评价进行具体分析，我们不难发现王夫之对李梦阳五言古诗评析主要集中在三个方面。

第一，李梦阳五言古诗极力学习三谢，却不得三谢精髓。李梦阳在《刻陆谢诗序》中明确表

---

① （清）王夫之：《明诗评选》，载《船山全书》第 14 册，长沙：岳麓书社 1996 年版，第 1489 页。
② （清）王夫之：《明诗评选》，载《船山全书》第 14 册，长沙：岳麓书社 1996 年版，第 1312 页。
③ （清）王夫之：《明诗评选》，载《船山全书》第 14 册，长沙：岳麓书社 1996 年版，第 1397 页。
④ （清）王夫之：《明诗评选》，载《船山全书》第 14 册，长沙：岳麓书社 1996 年版，第 1312 页。
⑤ （清）王夫之：《明诗评选》，载《船山全书》第 14 册，长沙：岳麓书社 1996 年版，第 1390 页。
⑥ （清）王夫之：《明诗评选》，载《船山全书》第 14 册，长沙：岳麓书社 1996 年版，第 1525 页。
⑦ （清）王夫之：《明诗评选》，载《船山全书》第 14 册，长沙：岳麓书社 1996 年版，第 1312 页。

示了对谢灵运诗歌的推崇之情："……夫五言诗者，不祖汉则祖魏，固也。乃其下者，即当效陆、谢矣。所谓画鹄不成，尚类鹜者也。"① 而且在其诗歌创作实践中多有学习、模仿"三谢"（谢灵运、谢朓、谢惠连）的遣词、布局乃至句式表达等，与其同时代的黄曾省就曾明确指出李梦阳诗歌创作中"览眺诸篇，逼类康乐"② 的特点。这也是王夫之所讲的"献吉之论古诗也，曰必汉魏，必三谢"，但王夫之认为李梦阳学习、模仿、套用"三谢"诗歌创作是不成功的，只学到了形式、皮毛，未能学得"三谢"精髓，"反复索其汉魏、三谢者而不可得"。王夫之批评李梦阳在他的诗歌创作中一味地模仿"三谢"的遣词造句、语法句式等：

> "建章""鸧鹒""长安""河阳"，自宣城作假借张大之俑，北地、信阳遂专以此为古，自诧不作唐、宋人语，开后来无限笑资，亦无谓为小失。如北地乐府云："大同耶，宣城耶，将军者谁耶？"何不如此道来，反觉千年光采未灭。③

遣词造句上的"假借张大"始于谢朓，李梦阳诗歌创作追求雄健、阔大之词句痕迹非常明显，造成刻板、呆滞的弊病。正是因为如此，王夫之批评李梦阳未能在谋篇布局上真正悟得谢灵运"句句用韵，正以不促称圣"④、谢朓"折合处速甚，所谓羚羊挂角"⑤、谢惠连"唯简斯贵"⑥ 的风神意趣。这也正是包括李梦阳在内的"法古"派诗人群体的通病："康乐波折极为纡回；法曹入手便转，而心期相赏，依为同调。神明既肖，不事琴瑟之专一也。后来，三苏、二王、元、白、皮、陆、何、李、钟、谭，倡和齐声，古道泯矣。"⑦ 所谓"康乐波折极为纡回"，乃是说谢灵运诗歌多含蓄蕴藉，而"法曹入手便转"，即是认为谢惠连诗歌抒情自然，他们的共性都是"心期相赏，依为同调"，诗人内在真挚情感与诗人眼前的景物交融统一，"神明既肖"、意象生动。

第二，纵观诗歌创作史，王夫之将李梦阳与傅玄相提并论。主要有这么几个原因：一是李梦阳和傅玄都是西北人，耿直的气质相近，正所谓"其地同，其人品气义略同，遂尔合辙，亦一异也"。其二，二人都有着较深的儒学背景，在诗歌创作中表达出胸怀天下、忧国忧民的情怀也颇为知音，也即"致思不浅，仿佛傅鹑觚"。三是他们二人在诗歌创作中都有着"法古"的主张，但也更多的偏向辞藻形式的模拟方面，王夫之称其为"亢响危声"。这一问题在李梦阳《杂诗》中体现得非常明显："此诗之病，在'挥袂''抚剑'四字。非但恶此四暴横字也，一篇之中，不乏沈思，而使人以躁气当之，正为其胸中有此四字耳。青天白日，衣冠相向，何至揎拳把利刃作响马态邪？北人无礼，将为夷风之久染乎？"⑧

第三，从诗歌创作的总体贡献而言，王夫之将李梦阳诗歌成就归入"诗家之霸统"。在王夫

---

① （明）李梦阳：《空同集》卷五十，嘉靖九年刻本。
② （明）黄省曾：《空同先生集序》，载《空同先生集》（卷首），嘉靖九年刻本。
③ （清）王夫之：《古诗评选》，载《船山全书》第 14 册，长沙：岳麓书社 1996 年版，第 769 页。
④ （清）王夫之：《古诗评选》，载《船山全书》第 14 册，长沙：岳麓书社 1996 年版，第 525 页。
⑤ （清）王夫之：《古诗评选》，载《船山全书》第 14 册，长沙：岳麓书社 1996 年版，第 769 页。
⑥ （清）王夫之：《古诗评选》，载《船山全书》第 14 册，长沙：岳麓书社 1996 年版，第 526 页。
⑦ （清）王夫之：《古诗评选》，载《船山全书》第 14 册，长沙：岳麓书社 1996 年版，第 527 页。
⑧ （清）王夫之：《明诗评选》，载《船山全书》第 14 册，长沙：岳麓书社 1996 年版，第 1312 页。

之看来，李梦阳虽可以引领诗坛一时的风骚，但由于其形式模拟的弊端，最终仍称不上诗坛"正宗""大家"。这里所谓的"霸统"是相对"正统"而言的，具有较强的政治意指，即特指割据地方、有强大力量的偏安政权，如春秋五霸等。而"正统"则一般是特指具有天下共主的政治合法性的全国大一统政权，如秦皇、汉武等。如果延伸到诗歌、艺术、思想领域，"正统"主要指与传统主流思想具有一脉相承的内在延续性的理论主张，如孔孟之道、诗经所代表的风雅传统等，而"霸统"则指的只是在某个时期具有重大影响的理论主张，如被排除在儒家之外的道家、佛学或诸子思想，或儒家内部与孔孟有差异的异端思想等，至于诗歌艺术领域的"霸统"则主要指与主张风雅传统（"诗言志"）的儒家诗教传统不相一致的诗歌艺术主张。除了傅玄、李梦阳，王夫之还将束皙、夏侯湛等诗人都归为"诗家霸统"之列："西晋文人四言，繁有束、傅、夏侯，殆为《三百篇》之王莽。"① 总而言之，王夫之认为李梦阳的诗学成就可尊为"诗家之霸统"，但未得风雅之正道，认为他的诗学创作成就不能代表明代诗学发展的最高峰，称不上是"大家"。

作者简介：刘克稳，男（1982—　　），湖北大冶人，博士，副教授，专业中国美学，研究方向主要是王夫之诗学，工作单位为乐山师范学院法学与公共管理学院。

---

① （清）王夫之：《古诗评选》，载《船山全书》第 14 册，长沙：岳麓书社 1996 年版，第 590 页。

明清之际的"性习之辨"及其当代意义重省[*]

——以陈确、王夫之、方以智及颜元为例

胡栋材

摘要：明清之际儒者通过重省"性习之辨"，对程朱理学所论定的人性二元论给予批判，就性习关系问题作出一系列独到思考。有代表的论点呈现为：陈确提出"变化习气"论和"慎习则可以复性"论，王夫之阐发"习与性成""性者天道，习者人道"的新思想，方以智对"习性"观和"习气"的积极作用给予新说明，颜元就"习染"以及"习行"问题进行探讨。这些讨论构成儒家人性论的新发展，共通之处在于肯认道德主体的感性需求在人性实现过程中的重要性，肯认广义上的"习"的积极作用和实践意义。考察反思明清之际儒者这些关于性习关系问题的新思考，从中发掘儒家伦理传统现代转化的内生因素，有益于现代社会道德文化建设。

关键词：性习之辨；人性论；陈确；王夫之；方以智；颜元

《三字经》开篇明言："人之初，性本善。性相近，习相远。"这一从南宋流传至今的发蒙话语，实际上蕴含了儒家重要思想议题，那就是性习关系问题，亦即"性习之辨"。通过对此问题进行重省，明清之际儒者批判了义理之性与气质之性的人性二元论，进而阐发各自新观点，这些新观点展现了中国近世儒学人性论的新进展，开启了中国伦理学的现代化历程。关于儒家人性问题，学界多有讨论[②]，然而通过"性习之辨"来集中揭示中国近世儒学发展的内在问题意识，挖掘儒家人性论传统创造性转化的内生因素，则付诸阙如。

本文旨在阐明，在反思和批判程朱理学视域下的"性习之辨"的基础上，陈确提出了"变化习气"论和"慎习则可以复性"论，王夫之阐发了"习与性成"以及"性者天道，习者人道"的观点，方以智对"习性"观和"习气"的积极作用给予新说明，颜元则探讨了"习染"的问题和"习行"

---

[*] 基金项目：国家社科基金后期资助一般项目（19FZXB073）、湖南省哲学社会科学基金青年项目（18YBQ126）。

① 相关研究参见冯契：《人的自由与真善美》，华东师范大学出版社 1996 年版，第 33—40 页；萧萐父、许苏民：《明清启蒙学术流变》，北京：人民出版社 2013 年版，第 258—280 页；张怀承：《论中国传统人性论的逻辑发展》，《中州学刊》1999 年第 4 期；吴根友：《明清之际三种人性论与中国伦理学的现代转向》，《学术月刊》2004 年第 5 期。

的重要性。之所以选择这四位儒者为代表，一则在于他们的观点的确最值得探讨，一则可以形成共同论题。明清之际儒家人性论及其伦理学的这些新动向，高度肯认道德主体的感性需求，尤其是对"习"的理解突破了德性伦理学的传统视域，彰显了儒家伦理传统现代化的内生活力。结合现代西方伦理学知识来检视这一思想现象，有益于重新思考明清之际儒家的"性习之辨"及其当代意义。

一、程朱理学视域下的"性习之辨"

理论地看，"性习之辨"问题缘起于孔孟论性的经典性话语。《论语·阳货》说"性相近，习相远"，《孟子·告子》着意倡发"性本善"论，这就给极其推重"四书"的宋明理学家带来一个迫切性的理论疑难，即如何妥善处理孔子的"性相近"论和孟子的"性本善"论的关系问题。如果人性本善，那就不存在相近不相近的问题，孔子讲"性相近，习相远"，表明人性的实现离不开"性习之辨"；换言之，从现实实践来说，孔子强调人性有向善的基础而不是相反。即使荀子讲人性恶或"化性起伪"，也不否认人性有先天善性的德性品质。孟荀论性之争即"善恶之辨"，涉及人性的本质规定性是德性还是自然属性的问题；相较而言，孔孟论性的关系问题即"性习之辨"，关涉的是如何实现人性本质规定性的问题。在儒家范围内，前者更受关注，后者一般作为前者的补充而被讨论。

从宋明理学视角来看，张载在性与天道相贯通的思想高度下阐发其人性论，统贯地处理了人性善恶问题以及"性习之辨"问题。他在"合虚与气，有性之名"的前提下提出了"天地之性"与"气质之性"的说法，"性于人无不善，系其善反不善反而已""形而后有气质之性，善反之则天地之性存焉"①，这指明了道德实践的超越根据与现实内涵，并在气质之性有善有恶的前提下强调"变化气质"。张载虽然没有直接讨论"性习之辨"问题，但其带有人性二元论思想倾向的道德形上学主张，给程朱理学的人性论奠定了理论基础。程颐和朱熹接续创发义理之性和气质之性的人性二元论，在"性即理"的思想前提下提出理无不善、气质之性有善有恶的观点，意在给人性问题作出最终论定。② 随着程朱理学的官方化和正统化，其倡导的义理之性和气质之性的人性论范式，几乎成为儒家人性论的权威性解释。

《三字经》开篇将"性本善"论置于"性相近"论之前，与程朱理学对孟子地位的抬升及其对儒家人性问题给出的权威性解释有关。在程朱理学的视域下，作为德性品质的"性"与作为道德活动的"习"之间的思想张力被突显出来，特别是经过天理观和"性本善"论的检视，"习"很容易被贬抑或否定。程朱关于义理之性和气质之性的区分，的确能解决孔孟言性的差异问题，并且，程朱理学在性与天道方面给出了尽可能的系统化论证和体系化建构，因而成为宋明理学的

---

① 张载：《张载集》，北京：中华书局 1978 年版（下同），第 22—23 页。
② 林乐昌：《张载对儒家人性论的重构》，《哲学研究》2000 年第 5 期。

理论高峰。问题在于,对义理之性的高扬会贬抑甚至轻忽气质之性,还强化了天理与人欲之间的对立,容易使儒家伦理规范在现实生活中异化为"习俗的专制"(约翰·密尔语)①,异化为禁锢人性自由的"伦文主义"(萧萐父语)②,从而压毁人的合理欲求和感性生命。

在程朱理学所主导的思想意识形态中,"习"以及"气"基本被认定为"性习之辨"论域中的负面性因素,"习"被视为人性的负累,"习气"则是人必须克除的内容。比如,程颐指出:"学者为气所胜、习所夺,只可责志。"③张载认为:"气者在性、学之间,性犹有气之恶者为病,气又有习以害之,此所以要鞭(辟)至于齐,强学以胜其气、习。"④张载和程颐都认为,"气"和"习"属于同一阵营,它们都有害于"性",因而是为学要克服或消除的对象。张载、程颐贬抑"气""习"的论调在宋明儒者中具有代表性。又如,薛瑄主张:"须是尽去旧习,从新做起。……自今当一刮旧习,一言一行合于道,否则匪人矣。"⑤吕柟说:"须解去旧习,方可下手做得工夫。人资质禀得不甚纯粹,又为习俗所熏染;原本或既不好,外面乘所感的只管受了,如何进道?"⑥大量此类的言说表明,宋明儒普遍贬斥"习",对"习"作消极评价,特别是"习"与"气"或"俗"连言的时候,尤其如此。

宋明儒的这种"共识",与他们标举孔孟的性善论,强调道德理性的优先性的思想意识密切相关。"气""习"或"俗"在这种思想意识里,注定会被推到不堪的境地。他们认定"习"有巨大的危害性,因此不厌其烦地予以贬抑和痛斥。程朱理学将儒者贬斥"习""气"的态度作了富有代表性的阐释,以至逐渐成为定论。实质上,宋明儒对"习"的贬斥主要是在道德个体领域(道德学习与道德修养),他们所要成就的是圣人理想、真儒人格,这就要求其在道德修身方面务必要做到超拔于流俗,脱尽"旧习"或"习气"。因而,对"习"或"习气"的消极意义的高度警觉,有其合理之处,并且,这种思想传统一直延续到清儒(如孙奇逢、李颙)以及现代新儒家(如熊十力)。⑦

宋元明时代,并非没有儒者敢于批判程朱理学所论定的"性习之辨",王廷相就主张气质之性一元论,强调"凡人之性成于习"⑧,然而这种声音比较微弱,没有形成时代的共鸣。随着程朱理学的僵化,加上明清之际"天崩地解"的易代痛苦,迫切要求儒者反思僵化的理学传统。为此在人性问题上,他们纷纷重省"性习之辨",力图恢复儒家人性思想的活力,或重建新的伦理学,为人的感性生活与道德理性之间的关系作出符合新时代要求的说明。

---

① 约翰·密尔:《论自由》,北京:商务印书馆,2009年版,第42—45页。
② 萧萐父:《吹沙集》,成都:巴蜀书社1991年版,第141—142页。
③ 程颢、程颐:《二程集》(上),北京:中华书局1981年版(下同),第155页。
④ 张载:《张载集》,第330页。
⑤ 黄宗羲:《明儒学案》上册,北京:中华书局1985年版(下同),第115页。
⑥ 吕柟:《泾野子内篇》,北京:中华书局1992年版,第86页。
⑦ 孙奇逢:《夏峰先生集》,北京:中华书局2004年版,第543页。李颙:《二曲集》,中华书局1996年版(下同),第557页。关于熊十力之见,参见拙文:《从"本习之辨"看熊十力对宋明儒学的承续与开新——以〈明心篇〉为中心》,《哲学评论》第17辑。
⑧ 王廷相:《王廷相集》,北京:中华书局1989年版,第519页。

明清之际儒者重省"性习之辨"的强烈问题意识，在李颙身上表现得很典型。《历年纪略》载：

> 先生家世甚微，贫不能蚤学。九岁，始入小学，从师发蒙。读《三字经》，私问学
> 长云："性既本善，如何又说相近？"学长无以答。①

李颙幼时即生发了关于"性习之辨"的疑问，后来成为他思考的中心议题之一。李颙最终认为，"性相近"指的是就禀质而言，从根本上说，"性虽无不善，而禀质有纯驳。"② 李颙的观点基本上是张载以及程朱理学人性论的重复，与之相比，陈确、王夫之、方以智及颜元等对"性习之辨"的思考更加丰富深刻，更能代表明清之际儒家人性论及其伦理学的新进展。

二、陈确的"变化习气"论和"慎习则可以复性"论

作为晚明儒学大师，刘宗周已不满于程朱理学的人性二元论，从而提出了义理之性即气质之性的命题，对义理之性和气质之性的传统论调给予深刻调整。作为刘宗周的重要弟子，陈确在人性论问题上比刘宗周更加彻底地批判程朱理学的一贯论调。③ 为此他提出了"变化习气"论与"慎习则可以复性"论。

陈确从根本上否认程朱理学有关义理之性和气质之性的分判，他说：

> 性有本体、气质之殊耶？孟子明言气情才皆善，以证性无不善。诸子反之，昌言
> 气情才皆有不善，而另悬静虚一境莫可名言者于形质未具之前，谓是性之本体，为孟
> 子道性善所自本。孟子能受否？④

这就是说，孟子所主张的"性无不善"的观点被宋儒曲解、肢解，进而分别出本体之性与气质之性，这有悖于孔孟论性的本旨。在陈确看来，性一元论才是孔孟论性的要义所在："一性也，推本言之曰天命，推广言之曰气、情、才，岂有二哉！由性之流露而言谓之情，由性之运用而言谓之才，由性之充周而言谓之气，一而已矣。"⑤ 既然气、情、才等是一体，且都是性之善的体现，如何解释人性有不善或恶的问题，就摆在陈确面前。

在处理人性之善与不善的问题上，陈确创造性地融合孔孟论性的意涵，并将张载的"变化气质"说置换为"变化习气"说。他指出：

> 子言相近，本从善边说，即孟子道性善之意。孟子更斩截言之，使自暴自弃一
> 辈更无从躲闪，然后相近之说益为无弊，有功于孔门最大。要旨，即本孔子之意言之

---

① 李颙：《二曲集》，第 557 页。
② 李颙：《二曲集》，第 34—35 页。
③ 马渊昌也：《陈确的非"本来性"儒学思想》，载《国际儒学研究》第十辑，北京：国际文化出版公司 2000 年版，第 383—398 页。
④ 陈确：《陈确集》，北京：中华书局 1979 年版（下同），第 442 页。
⑤ 陈确：《陈确集》，第 451—452 页。

耳。……孔子言"性相近",亦正为善不善之相远者而言,即孟子道性善之意。①

孔孟论性旨在点明性善,这是陈确的基本观点,即所谓"性无不善"以及"气无不善",人性之善就在于气质之性,更不需杜撰出义理之性和气质之性的分判。

对于不善或恶的由来问题,陈确倾向归之于"习气",《性解》指出:

> 甚矣,诸子之巧于灭性也!虽张子谓"学先变化气质",亦不是。但可言"变化习气",不可曰"变化气质"。变化气质,是变化吾性也,是杞柳之说也。在孟子则第曰"善养",曰"无暴"耳。使诸儒学识更出孔、孟之上,则吾有所不敢知;若犹未也,请一衷于孔、孟之言。②

陈确将"变化气质"改为"变化习气",这意味着,他不仅高度肯认气质,指明气质与习气的本质区别,更进一步揭示了习气的形成机制,即"习"的作用,并由此提出了"慎习"的观点,从而论明"慎习而可以复性"的观点。

陈确在《瞽言》中阐明了他的"慎习"论,其中指出:"孔子言'性相近',善之意已见;至孟子始和盘托出。既经孔、孟指点,学者可不复言性,只凛凛慎习,孳孳为善而已。"③在阐释"性习之辨"时,陈确同样认为:

> 圣人辨性习之殊,所以扶性也。盖相近者性也,相远者习也。……其所以有善不善之相远者,习也,非性也,故习不可不慎也。④

"慎习"之所以如此重要,就在于"习"在终极意义上是分判善恶的现实活动,故陈确在《气禀清浊说》态度严正地指出:

> 善恶之分,习使然也,于性何有哉?故无论气清气浊,习于善则善,习于恶则恶,故习不可不慎也。"习相远"一语,子只欲人慎习,慎习则可以复性矣,斯立言之旨也。⑤

人性善恶的分判不是来自于先天的道德法则,而在于现实实践行为和感性活动本身,这种观点有益于解除天理对人欲的过度压制,给个性解放提供理论依据。

在此基础上,陈确认为"人欲不必过于遏绝,人欲正当处,即天理也""学者只时从人欲中体验天理,则人欲即天理矣,不必将天理人欲判分作两件也",反而论之,"天理人欲分别太严,使人欲无躲闪处,而身心之害百出矣,自有宋诸儒始也。"⑥这就是说,作为道德行为的人欲只有正当与不正当之分,只要道德行为合乎道德原则,那就值得肯定,而不是悬设一个高高在上的道德原则来评判现实生活情境中的伦理行为。如果拘守于宋儒所确立的天理人欲之辨,其结果难免会戕害人性本身,扼杀人性的自由与活力。陈确并非否认天理存在的合理性与必要性,而是反对将其置于优先性地位,主张从道德行为活动体贴出道德意义。理论上看,这似乎犯了摩尔所说的

① 陈确:《陈确集》,第447、451页。
② 陈确:《陈确集》,第454页。
③ 陈确:《陈确集》,第443页。
④ 陈确:《陈确集》,第458页。
⑤ 陈确:《陈确集》,第455页。
⑥ 陈确:《陈确集》,第425页。

"自然主义谬误"，即从"是然"（is）中求得"应然"（ought to be）。① 实质上，陈确所要表达的是人欲与天理本来一元的观点，二者同为人性本身的内涵，这与其说混淆了善的性质与善的事物，倒不如说体现了道德行为本身即蕴含了善的内在本性。

通过重省"性习之辨"，陈确提出了"慎习则可以复性"的观点，比较充分地关注到"习"的实践内涵及其重要作用。"慎习"论中的"习"没有完全限于伦理生活和道德实践，而是倾向于更广阔的现实实践生活。如陈确所论，"圣凡之分，学与俗而已。习于学而日圣，习于俗而日凡。"②"习"既指向"习于善"与"习于恶"，也包含"习于学"与"习于俗"的内容，这就更新了"性"的意涵，同时扩展了"习"的范围。进而，陈确认为只有在不断"学"和"习"的实践过程中才能确证所谓的至善，即所谓"物之成以气，人之成以学"。

就"性习之辨"问题，陈确晚年曾与黄宗羲展开辩论。此处暂且不论他们论辩的具体内容，至少可以肯定的是，他们都坚持气质之性一元论，特别是在"习"的肯定上有共通之处。黄宗羲在《孟子师说》指出：

> 先儒认"习"字太狭，坠地已后之习无论矣。人乃父母之分身，当其在胎之时，已有习矣。不然，古人之言胎教何也？③

对"习"的理解不能局限于伦理世界和道德生活，还应从人的感性实践和认知活动等方面来加以说明，黄宗羲以胎教讨论习的认知范围，与陈确的"慎习"论有异曲同工之妙。

三、王夫之的"习与性成"论以及"性者天道，习者人道"论

在"性习之辨"方面，陈确的"慎习"论基本上遵循儒家传统的复性论，其可贵之处首先在于他明确反对程朱理学人性论及其"变化气质"说，代之以"变化习气"说；其次，他提出了"慎习则可以复性"的观点，并与"人欲正当处即天理""从人欲中体验天理"相发明。委实如此，陈确没有自觉反思复性论，也未能对程朱理学的人性二元论给予直接彻底的批判。

相较而言，王夫之则通过对宋明理学的总结和扬弃，不仅认识到先天性善论的局限性，还在《尚书引义》中创造性地提出了一系列人性生成论观点，论述了"习与性成""性者天道，习者人道"的新性习论。王夫之自始至终都没有否认人有先验的善性，但他认为，在成性或性之最终完成的意义上，仅仅凭借这一先验的人之善性是不够的，他对人性生成论的阐发瓦解了程朱理学所论定的"性习之辨"，为辩证的、能动的、开放的人性论开拓了理论道路。

关于"性习之辨"，王夫之《读四书大全说》指出：

---

① 摩尔：《伦理学原理》，北京：商务印书馆 1983 年版，第 11—13 页。相关讨论参见万俊人：《现代西方伦理学史》上卷，北京：北京大学出版社 1990 年版，第 292—295 页。

② 陈确：《陈确集》，第 427—428 页。

③ 黄宗羲：《黄宗羲全集》第一册，杭州：浙江古籍出版社 1985 年版，第 138 页。

孟子惟并其相近而不一者，推其所自而见无不一，故曰"性善"。孔子则就其已分而不一者，于质见异而于理见同，同以大始而异以殊生，故曰"相近"。**乃若性，则必自主持分剂夫气者而言之，亦必自夫既属之一人之身者而言之。**①

这段重要论述用以论明孔孟论性本旨相同而关注方面有异。孟子的性善论是从性之"相近而不一者"的现实表现往上推，从而要人认识到这些表现不一的性都来自于天命日受，即所谓"孟子之言性，近于命矣，性之善者，命之善也，命无不善也"；孔子则是从天命在人身上凝结成不同的质立言，因而注重成性的重要性。总之，二者都将人性问题指向人身之气的问题。为此，《读四书大全说》提出"气质中之性"的说法：

所谓"气质之性"者，犹言气质中之性也。质是人之形质，范围著者生理在内；形质之内，则气充之。而盈天地间，人身以内人身以外，无非气者，故亦无非理者。理，行乎气之中，而与气为主持分剂者。故质以函气，而气以函理。质以函气，故一人有一人之生；气以函理，一人有一人之性也。……是气质中之性，依然一本然之性也。②

将程朱理学的"气质之性"改造为"气质中之性"，是为了说明性只有一个，并且性不离乎气质，性就是气质的性，不能离气言性。③可见，王夫之的人性论，是在"盈天地间无非气者"前提下，统合"天命之性"与"气质之性"，并从"质以函气"和"气以函理"的连续性角度，说明"一本然之性"的普遍性与差异性。这是对明代中期儒学以王阳明、王廷相为代表的性气一元论思想的推进。

为了进一步说明"气质中之性"的生成问题，即强调成性的过程，王夫之援以《易传》"继善成性"的话，以说明人性通过实践活动得以生成、改善和进步。正因如此，王夫之极力批判将人性看作是先天具有、一成不变的观点：

性也者，岂一受成侀，不受损益也哉？……悬一性于初生之顷，为一成不易之侀，揣之曰："无善无恶"也，"有善有不善"也，"可以为善为不善"也，呜呼！岂不妄舆！④

为了阐明正确理解人性的重要性，王夫之阐发了"习与性成"的性习论：

习与性成者，习成而性与成也。使性而无弗义，则不受不义；不受不义，则习成而性终不成也。使性而有不义，则善与不善，性皆实有之；有善于不善而皆性，气禀之有，不可谓天命之无。**气者天，气禀者禀于天也。**故言性者，互异其说。今言习与性成，可以得所折中矣。⑤

在批判先验人性论的同时，王夫之反对从气禀的内容来看待人性善恶问题，他认为这样做只会使人性问题驳杂不堪。正确的人性观应该是"习与性成"，进一步言，即"习成而性与成也"，

---

① 王夫之：《读四书大全说》，载《船山全书》第六册，长沙：岳麓书社 2011 年版（下同），第 864 页。

② 王夫之：《读四书大全说》，载《船山全书》第六册，第 859—860 页。

③ 可参见高觉敏：《王夫之论人性》，《学术月刊》1962 年第 9 期；张立新：《王夫之的气质人性论》，载《船山学刊》2012 年第 2 期；万宏强：《王夫之"气质中之性"说》，《清史论丛》2016 年第 1 期。

④ 王夫之：《尚书引义》，载《船山全书》第二册，第 301—302 页。

⑤ 王夫之：《尚书引义》，载《船山全书》第二册，第 299 页。

人性是在道德实践过程以及社会实践过程中得以养成和展现的。"性"不可能脱离"习"，并且，"性"只有在"习"中才得以成就，离"习"而言"性"，则"习成而性终不成"。

与"习与性成"的主张相一致，王夫之提出"性日生日成"的观点，用以说明人性的成就是在天命日受和人所自授交互作用的结果：

> 夫性者生理也，日生则日成也。……二气之运，五行之实，始以为胎孕，后以为长养，取精用物，一受于天产地产之精英，无以异也。形日以养，气日以滋，理日以成；方生而受之，一日生而一日受之。受之者有所自授，岂非天哉？故天日命于人，而日受命于天。故性者生也，日生而日成之也。①

"受"与"授"互为一体，说明人性成就的具体过程，是天人交互作用即天命自然所予与人本身主动择取的结合，不是全然被动接受；并且，人性的实现是新旧相推和前后革变的结果，所谓"新故相推，日生不滞""未成可成，已成可革。性也者，岂一受成侀"，这就将人性视为历史中生成、发展、变化着的动态过程。道德主体应当在这一过程自作主宰、自我负责，这就指向于广义的"习"，即所谓"气随习易，而习且与性成"②。

明清之际，儒者在重省"性习之辩"过程中认识到"习"的积极作用，陈确和王夫之可为代表。然而，从天人相贯高度，将"习"视为"人道"并提出"以人道率天道"的，唯有王夫之。他说：

> 孟子言性，孔子言习。性者天道，习者人道。《鲁论》二十篇皆言习，故曰："性与天道，不可得而闻也。"已失之习而欲求之性，虽见性且不能救其习，况不能见乎？《易》言"蒙以养正，圣功也"。养其习于童蒙，则作圣之基立于此。③

"性者天道，习者人道"的观点，将"习"提到与"性"同等重要的地位，是王夫之性习论的一次突破性阐发。④结合其"天道不遗于禽兽，而人道则为人之独"以及"以人道率天道"等思想来看，王夫之在天人交互实践中阐明"性习之辩"，在广义上肯定"习"之于德性养成的积极作用，这种将人性问题理解为社会历史实践过程的思想，思想性质上接近马克思主义人性论。

四、方以智的"习性"观及"习气"论

与王夫之相呼应，方以智亦关注"性习之辩"。《性故》开篇就设有问答：

> 或问：性说纷然，何以折中？答曰：说皆不离对待之二也，说善则对恶，说有善恶及对无善恶。惟通先后天，而明其本自如是、正当如是、适可如是者，绝对待、贯对

---

① 王夫之：《尚书引义》，载《船山全书》第二册，第299—301页。
② 王夫之：《读四书大全说》，载《船山全书》第六册，第861页。
③ 王夫之：《俟解》，载《船山全书》第十二册，第494页。
④ 此外，王夫之《尚书引义》有"性者天道，心者人道"的说法，这是从心性角度立论。参见王立新：《从胡文定到王船山——理学在湖南地区的奠立与开展》，北京：中国社会科学出版社2014年版，第571—581页。

待，是何理乎？知止至善而扬之，深几神哉！姑衍旧说"性相近，习相远也"。此就性在气中而言之也。言性善，举其性之不受变于气者而言之也。可以为善为恶，止就习相远而言也。①

对于性的问题，方以智充满逻辑分析的头脑，指明要区分性之"本自如是"（本然状态）、"正当如是"（应然状态）和"适可如是"（适然状态）。进而，以性气关系的不同层面，即"性在气中"和"性之不受变于气"，来说明孔孟论性之旨。也就是说，"性在气中"是性之适然状态，"性之不受变于气"是性之本然状态。至于性之"正当如是"的应然状态，则兼指两者。也就是方以智所说的，善恶实有所对待，本无所对待。究其原因在于：

气凝形者坏，而气不坏；气习聚者散，而大心无聚散，故称性之质为气，而明气之中曰理。物各一理，而共一理也，谓之天理。气分阴阳，则二其性；分五行，则五其性。人物灵蠢各殊，是曰"独性"，而"公性"则一也。"公性"在"独性"中，遂缘"习性"。②

"气不坏"的原因，在于"一切皆为气所为"，故"性之质为气""明气之中曰理"。方以智这里所提出的"习性"观，正是基于其关于"性习之辩"独特思考的结果。"独性"类似于王夫之讲的"人道则为人之独"；"公性"类似于王夫之讲的"天道"，方以智则表述为"一理"或"天理"。"'公性'在'独性'中"，就是性的应然状态，即王夫之所说的"习与性成""性日生则日成"。由此可见，二者关于"性习之辩"的思考，有高度一致性。

将"公性""独性"与"习性"放在一起加以思考，是方以智人性论的独特之处。③《东西均》有言：

概以质言，有公心，有独心；有公性，有独性。独心则人身之兼形、神者，公心则先天之心而寓于独心者也；公性则无始之性，独性则水火草木与人物各得之性也。……所以为独性者，无始以前之公性也。④

"独性"指天地万物各得之性，"公性"指天地万物未形化以前之性，在方以智看来，前者因后者而有，后者一般地呈现为前者。而所谓"习性"，主要指后天习得行为及其结果。对于人物而言，习性有别，在一般动物而言，习性即天赋之性，如鸟兽之善游善走；在人而言，则可以通过习性获得新的技能，如人通过学习鸟飞而获得飞的能力。在这个意义上，方以智极为强调人的"性在习中"及"离习无性"，并提出"逆习复性"的观点。《象环寱记》指出：

性起即习，离习无性。逆习复性成圣，顺习放情成凡。知不习之习，则无凡圣矣。然此乃圣不自圣之无圣凡，非纵情灭理之无圣凡也。⑤

① 方以智：《性故注释》，张昭炜注释，北京：中华书局 2018 年版（下同），第 1 页；又参见黄德宽、诸伟奇主编：《方以智全书》第三册，合肥：黄山书社 2018 年版（下同），第 7 页。
② 方以智：《性故注释》，第 3—4 页，又参见《方以智全书》第三册，第 8 页。
③ 廖璨璨：《方以智人性论思想探析》，《道德与文明》2016 年第 6 期。
④ 庞朴：《东西均注释》，中华书局 2001 年版，第 167 页。又参见《方以智全书》第一册，第 316—317 页。
⑤ 方以智：《象环寱记·易余·一贯问答》，张昭炜点校，北京：九州出版社 2015 年版，第 473 页。

可以看到，类似于陈确，方以智充分意识到"习性"的重要性，同时又强调"复性"即"逆习复性"对于圣凡之别的重要性。方以智超出陈确的地方在于，能够从理论上揭示出"公性""独性"与"习性"的复杂关系。

除了新的"习性"观，方以智还辩证地思考"习气"的作用问题。一方面，"习气"不可避免且堪为重要。他征引其父方孔炤之语"胎中即气习矣"[①]，说明人先天即具有"习气"。另一方面，"习气"可以转化，要加以认识和充分利用。《东西均》指出：

> 阴阳既分，阴阳之习气即偏；阴阳生五行，五行之习气更偏。惟天统地而不二者，能生一切偏习气之物；又能用一切偏习气之物，以化一切偏习气之物，而习气即从先天之至善以俱至，更无复有善不善矣。[②]

习气之偏，不能以善或不善来加以道德定性，而是要认识到其"生"与"用"。与之类似，颜元也注意到"习、染"的作用。王夫之、方以智的"习性"或"习与性成"之论，突破了理学传统之见，融摄了佛教性习论部分观点，并与西方传教士的人性论形成了某种对话。如以利玛窦为代表的传教士，宣传基督教神学的原罪说，与此同时，亦指出"习"的重要性。《天主实义》说：

> 世人之祖，已败人类性根，则为其子孙者，沿其遗累，不得承性之全，生而带疵，又多相率而习丑行，则有疑其性本不善，非关天主所处，亦不足为异也。人所已习，可谓第二性，故其所为，难分由性由习。虽然，性体自善，不能因恶而灭，所以凡有发奋迁善，转念可成，天主必佑之。[③]

利玛窦秉持原罪说基础上的性善论，因而主要从消极意义，说明"习"对"性"的影响，即所为"故其所为，难分由性由习"。结合其关于"人所已习，可谓第二性"的说法，形成了西方传教士的"性习之辩"。后来艾儒略与叶向高对话，其中指出，人性本善，但有善恶之分，原因有三：一是原罪，二是气禀，三是习性。"人所居处，五方风气不同，习尚因之各异。见闻既惯，习与成性。"[④] 不难看出，"习与性成"似乎成为王夫之、方以智及艾儒略等中西学者的共同之见。

值得说明的是，王夫之和方以智能够就"性习之辩"阐发出一系列新人性论及其伦理观，与其思想上创造性地推进了张载以降的气论哲学有密切关系。前文提到，在程朱理学体系中，气往往是被贬抑的内容，与之相应，在人性问题上，气、习、习气是被克除的对象。随着明清之际气论思潮高涨，王夫之在其气本论基础上着力提倡气善论[⑤]，批判传统之见；方以智在中西文化碰撞融合之下，为气论传统注入新的思想引子。在王夫之这里，气是成性成善的基本前提和依托，气是与天道相弥纶、与人道相终始的本善之体，故他才说"气充满于天地之间，即仁义充满于天

---

① 方以智：《性故注释》，第61—62页。
② 方以智：《东西均·颠倒》，载《方以智全书》第一册，第294页。
③ 利玛窦：《天主实义今注》，北京：商务印书馆2014年版，第216—217页。
④ 郑安德编：《明末清初耶稣会思想文献汇编》第一册，北京大学宗教研究所，2000年，第338页。相关研究参见许苏民：《明清之际哲人与基督教的人性论对话——兼论对话对中国哲学发展的影响》，《学术研究》2010年第8期。
⑤ 陈来：《王船山的气善论与宋明儒学气论的完成——以"读孟子说"为中心》，《中国社会科学》2003年第5期。

地之间"。王夫之所说的"气无不善"已不限于道德实践范围，面向更加广阔的社会实践。而在方以智这里，除了对气论传统的创造性诠释，更有赖于他对当时西学的积极学习与融会，因而能够实现儒家人性论传统的突破。

五、颜元的"习染"论及"习行"论

在"性习之辨"的问题上，颜元有两方面思考：一是关于恶的由来问题。通过对程朱理学人性论的批判和某些重新理解，他主张"气质之性为善"，最终把恶的由来归之于"引蔽习染"。一是关于"习"的意义的思考和对"习行"的崇尚和发挥，使他从"性习之辨"的探讨中开辟出以实学、实行和实用为精神特质的儒学风貌。某种意义上，没有颜元对"性习之辨"问题的这些探索，就不会有颜李学派实践学风的形成。

颜元思想曾受到程朱理学的滋养，他后来之所以能反过来批判僵化的理学传统，与其对儒家人性问题的深刻反思有关：

> 某静中猛思，宋儒发明气质之性，似不及孟子之言性善最真。变化气质之恶，三代圣人全未道及。将天生一副作圣全体，参杂以习染，谓之有恶，未免不使人去其本无而使人憎其本有，蒙晦先圣尽性之旨而授世间无志人一口柄。[1]

气质之性是人性本有的内容，是人成就圣贤之学的大本，而习染不是人性本有的内容，它不能被人为地掺杂到气质之性当中。在这里，颜元明确区分了人性所固有的内容与人性所获得的内容，这是他重省"性习之辨"的关键。

针对孔孟论性的差异问题，颜元认为二者看似有异实则相通，进而指出：

> 大约孔、孟而前，责之习，使人去其所本无，程、朱以后，责之气，使人憎其所本有，是以人多以气质自诿，竟有"山河易改，本性难移"之谚矣，其误世岂浅哉！[2]

习染是人性本无、后天获得的内容，气质是人性本有、不可去除的内容，程朱理学贬抑"习气"，却连气质本身也一同贬抑，这是颜元要极力救正的观点。

在肯认气质之性一元论以及气质之性为善方面，颜元似乎达到了他那个时代所能达到的顶点。[3] 既然气质之性为善，而不是有善有恶，颜元就必须合理地解释恶的由来问题。在这个问题上，他提出了"其恶者，引蔽习染"的看法：

> 惟先儒既开此论，遂以恶归之气质而求变化之，岂不思气质即二气四德所结聚者，乌得谓之恶！其恶者，引蔽习染也。[4]

---

[1] 颜元：《颜元集》，北京：中华书局1987年版（下同），第46页。
[2] 颜元：《颜元集》，第6—7页。
[3] 颜元：《颜元集》，第18页。
[4] 颜元：《颜元集》，第2页。

气质是二气四德凝结的所在，故气质之性本身就是为善无恶的，恶只是附著在气质身上的外染之物。为此颜元明确了本来固有与外在习染的区分，对恶的由来问题作出形象说明，提出两种譬喻性的说法：其一，衣物之喻。"然则恶何以生也？则如衣之著尘触污，人见其失本色而厌观也，命之曰污衣，其实乃外染所成。"其二，水性之喻。"吾恐澄澈渊湛者，水之气质，其浊之者，乃杂入水性本无之土，正犹吾言性之引蔽习染也。"①衣物的本色与尘垢，水性的澄澈与昏浊，这些例子生动地说明颜元论恶之由来的基本思路，即在承认气质之性为善的立场之下，援用佛教特别是禅宗的思维方式。实质上，颜元对恶的说明只是扩大了人性之善的范围内容，并没有更新理学人性论传统，也未能达到王夫之人性生成论的理论层次。

委实如此，颜元并没有将"引蔽习染"等同于"恶"，他还是作出了一些认识上的阐发的。"呜呼！祸始于引蔽，成于习染，以耳目、口鼻、四肢、百骸可为圣人之身，竟呼之曰禽兽，犹币帛素色，而既污之后，遂呼之曰赤帛黑帛也，而岂其材之本然哉！然人为万物之灵，又非币帛所可伦也。"②按照颜元的说法，恶的由来有一个从"引蔽"到"习染"的过程，只要儒者区分出性之本有与外染，通过礼教使人远离各种障蔽和引诱，那么人生固有的气质之善在实践中就会得到彰显。此外，颜元论恶之由来的目的还在于使人在道德生活实践中自作主宰、自主承担，"期使人知为丝毫之恶，皆自玷其光莹之本体，极神圣之善，始自充其固有之形骸。"③

至于对"习"的意义的发挥和对"习行"的倡导，促使颜元形成了独具一格的实践学风。据《习斋先生叙略》记述，颜元彻底转向倡导习行之学，与他三十五岁左右的居丧之悟有关。事实上，这种学问风貌的形成远不是某次觉悟经历所能充分解释的，毋宁说，颜元对"习"的意义的体认和对"性习之辨"的重省才是关键。正如他在《总论诸儒讲学》中所言：

惟愿主盟儒坛者，远溯孔孟之功如彼，近察诸儒之效如此，而垂意于习之一字，使为学为教，用力于讲读者一二，加功于习行者八九，则生民幸甚，吾道幸甚！④

"垂意于习之一字"点出了颜元之学得以形成的精髓。如果说《存性编》对"习"的意义的讨论主要限于伦理学范围的话，那么《存学编》和《存人编》就将颜元对"习"的理解和运用扩大到更广阔的实践领域，以至形成了习行之学。以此，颜李学派极力倡导习行之学，这给当时的思想界带来一股清新之风，据弟子记述，颜元"五十七岁南游洛中，与诸儒辩道不在章句，学不在诵读，必如孔门博文约礼，实学之，实习之，一时翕然悦服"⑤。然而，颜元之学过于偏重习行，甚至将实行、实用视为儒学的要义⑥，这就难免将儒学简易化和庸俗化了。

颜元有关"习"的讨论使其"性习之辨"比较彻底地转变为以习行的效果为主要价值标尺的学说，与此相适，人性的实现同样以道德行为的具体效果为依凭。这使得其伦理学主张带有功

---

① 颜元：《颜元集》，第3—4页。
② 颜元：《颜元集》，第29页。
③ 颜元：《颜元集》，第48—49页。
④ 颜元：《颜元集》，第41—42页。
⑤ 颜元：《颜元集》，第619页。
⑥ 韦政通：《颜习斋思想述评》，载《中国哲学思想论集》（清代篇），牧童出版社1978年版，第155—156页。

利主义色彩。如果说陈亮对朱熹的挑战其实质是功利主义伦理学对动机论伦理学挑战的话[1]，那么颜元不仅强化了这种挑战，更在"性习之辨"问题上深化了这种挑战的理论价值，使其思想区别于其他儒者。颜元之学的不自洽性，在于他所倡导的习行之学在"习染"问题上没有得到合理地贯彻，抑或说，"习染"论与"习行"论有所脱离。[2]

总体而言，陈确、王夫之、方以智及颜元的共通之处在于，将"习"纳入更广阔的社会实践领域，而不是仅仅局限于道德伦理层面。明清之际儒者逐渐肯认习的知识论意涵，这是突破儒家伦理学传统的表现，尤其是在反对伦理异化方面，他们试图在人文化成的实践中突显"性习之辨"的活力，为新时代的儒家成人之学奠定理论基调。这不仅给儒家人性解放和伦理传统的自我更新提供了可能，还为以熊十力为代表的现代新儒家思考儒家伦理传统的现代化问题提供了理论启发和思想助援。

六、结语

明清之际儒者重省"性习之辨"问题的本质，在于使"性习之辨"从程朱理学传统视域中逐步突显出来，充分重视道德行为本身的广泛实践作用，这就倾向于认为，德性是一种获得性人类品质，不是先天具有的品质。如此一来，"习"的积极意义才可能得以彰显。以亚里士多德为代表的西方传统德性伦理学认为，人的德性不是天生的，而是在现实实践活动中养成和加以改变，人们在长期的行为实践活动中所形成的具有倾向性的具体实践行为，构成所谓习惯。以麦金泰尔为代表的当代德性伦理学认为，对德性的理解的首要前提在于对实践的理解。[3] 与此类似，以王夫之为代表的明清之际儒者使"性习之辨"问题突显出来，并重视广义上的"习"的积极作用，但他们并没有否认人性来自于天道以及先验善性的存在，即使主张"习与性成""性者天道，习者人道"，也不意味着要将伦理问题的中心转移到对具体道德行为及其规范的分析上，而仍然是以"什么样的人是有道德的人""有德之人的根本依据是什么"等问题为思想关切点。

以往讨论儒家人性论问题，多关注"善恶之辨"（包括人禽之别问题），对于"性习之辨"重视不足。重省明清之际的"性习之辨"，可以从中揭示儒家伦理传统自我更新的问题意识及其现代化的内生活力。实际上，面对现代社会的美好生活诉求以及种种道德生活问题，儒家"性习之辨"的思想价值和积极意义亟待发掘并予以创造性转化。"性习之辨"理应成为新时代儒家伦理传统现代化的重要思想生长点。

---

[1] 田浩：《功利主义儒家：陈亮对朱熹的挑战》，南京：江苏人民出版社 1997 年版，第 95—107 页。

[2] 颜元之后，戴震在《孟子字义疏证》对"性习之辨"问题作出了总结性的讨论。参见戴震：《孟子字义疏证》，北京：中华书局 1982 年版，第 27—44 页。

[3] 麦金泰尔：《德性之后》，北京：中国社会科学出版社 1995 年版，第 237—241 页。

作者简介：胡栋材（1987—　），江西鄱阳人，武汉大学哲学博士，中南大学马克思主义学院讲师、硕士生导师，主要研究明清儒学与马克思主义中国化问题，湖南省青年骨干教师（2018）、教育部优秀中青年思政教师择优计划入选人（2019），现主持国家级社科项目两项，参与国家社科基金重大项目一项，发表论文十余篇，出版有《大家精要·钱德洪》等专著。

徐复观论象山心学的实践性格

——与牟宗三的比较 *

黄丽生

摘要：徐复观认为"心的文化"乃中国文化的基本特性和文化精神之血脉所在，"心"的作用必在人具体的生命中实践而能产生，不待外求。笔者认为，其强调"心"具有主宰客观理性、价值判断以及启发实践动力、付诸实际行动等作用的心学观，可称之为"实践心学"。徐复观阐述象山心学的最大贡献与特点，在于同时确立"立乎其大：辨志、义利之辨、复其本心"之内在价值转换的进路，以及"本心发用主客交融：实理、实事、实行"的应世实践之路，兼顾内外对成就人格的重要。牟宗三论象山之学，以"心即理"为中心，强调其本诸孟子，以非分解性格和本体论的创生直贯形态，提点辨志、先立其大、明本心、简易、存养的道德实践之路。本文比较徐牟所论的异同与偏重，以突显徐复观对象山心学实践性格的论述特点与意义。

关键词：徐复观；陆象山；实践心学；牟宗三

一、前言：象山学说的价值

清代山东有武训（1838—1896）兴学以救穷子弟的真人真事。徐复观先生赞其乃不容自己的忘己救人（视兴学为救人）的卓绝行为，并认为只有象山学说才能解说何以中国传统民间社会竟能出现武训兴学救人这样的事实，并以此为例，强调象山学说的真正价值。[②] 徐先生的理由是什么呢？徐先生指出：陆象山针对宋代科举、意见之弊而致力讲学，期能将士人精神从科举物欲和时文意见的风习中拯救出来，使他们凭借圣经贤传所说的谎言，变为自己的良心实话；进而透出中国文化的真精神，以拯救当时的知识分子，这正是象山毕生的志业。徐先生认为武训为穷人

---

* 本文为台我国湾地区科技部补助专题研究计划"实践的心学：徐复观的陆王思想论"（MOST 107-2410-H-019-015）部分成果。曾宣读于"牟宗三与中国文化的重建国际学术研讨会暨牟宗三诞辰一百一十周年纪念大会"（山东烟台：山东大学儒学高等研究院、儒家文明协同创新中心主办，2019.7.13—14）。

② 徐复观：《象山学术》，载徐复观：《中国思想史论集》，台北：学生书局1975年版（下同），第27页。

子弟创造翻身向道机会之兴学救人的价值和事实，只有象山学说可以阐明；因为象山学说不但强调辨志、义利之辨、复其本心，并同时看重实理、实事、实行，是一种具有实践性格的心学，故能看到"兴学救人"的价值信念及其付诸体践的意义，象山、武训都是具体的例子。①

徐先生认为"心的文化"乃中国文化的基本特性和文化精神之血脉所在，"心"通过修养工夫才能复其本来作用，进而能主宰"知"与"欲"，而成为人生价值的根源，呈现人的主体与客观事物的价值；故"心"的作用必在人具体的生命中实践而能产生，不待外求。② 笔者认为，此强调"心"具有主宰客观理性、价值判断以及启发实践动力、付诸实际行动等作用的心学观，可称之为"实践心学"。徐先生的实践心学观，强调"心"能彰显道德主体并在具体人生实践的作用，不但适于现代社会现实所需，对深受否定理性、消解价值、陷入虚无等思潮习染的后现代社会，亦能提供提撕生命的参照。徐先生对实践心学的阐述，除了强调其"心的文化"乃中国文化的基本特性外，系以象山思想的讨论为主，并溯及孔孟思想的传承，以及纠辨现代人将之比附唯心、唯物思想的谬误。

当代新儒家中，徐复观先生具有厚实的史学与经学素养，早年投身军旅，中年以后致力于中国思想史研究并从事政治文化评论而闻名于世。唯其对象山心学的阐述虽较牟宗三先生为早，似不若牟先生为学界所熟知。徐先生的《象山学术》发表于1954年，③ 较牟先生撰述《象山与朱子之争辩》（1965）、《象山之"心即理"》（1979），④ 分别要早11年、25年。徐先生阐述象山心学的最大贡献与特点，在于同时确立"立乎其大：辨志、义利之辨、复其本心"之内在价值转换的进路，以及"本心发用主客交融：实理、实事、实行"的应世实践之路，强调兼顾内外对成就人格的重要。牟先生出身北大哲学系，终其一生致力于中西哲学会通，是民初以降最重要的中国哲学家之一。牟宗三论象山之学，以"心即理"为中心，强调其以非分解性格和本体论的创生直贯型态，提点辨志、先立其大、明本心、简易、存养的道德实践之路。

徐牟二位先生之论象山心学有所异同与偏重，本文主要探讨徐复观对象山心学的论述，并略与牟宗三先生的观点相比较，以突显徐复观论象山实践心学的特点与意义，兼论牟先生相对于徐先生，较偏重于建构解释象山思想的知识理论。

二、先立乎其大：辨志、义利之辨、复其本心

为纠正自朱子以降诬讥象山思想近禅、异端的错谬，以及全谢山认为张横浦的思想为陆学

---

① 徐复观：《象山学术》，载徐复观：《中国思想史论集》，第15—17、27页。
② 徐复观：《心的文化》，载徐复观：《中国思想史论集》，第248页。
③ 谢莺兴编：《徐复观先生学行年表初编（一）》，《东海大学图书馆馆刊》2016年第11期，第82—100页。
④ 牟宗三先生之《象山之"心即理"》与《象山与朱子之争辩》收为氏著《从陆象山到刘蕺山》之第一、二章。其中《象山之"心即理"》为该书1979年初版前之新作，《象山与朱子之争辩》则在1965年发表于民主评论。见牟宗三：《从陆象山到刘蕺山》，台北：学生书局1979年版（下同），"序"第2页。

之先的误导，徐复观先生首先辨明象山学术的渊源就广义而言，可谓与朱子同出于伊洛；就狭义的师传而言，他以为陆氏兄弟自为师友，"因读孟子而自得之"，点出孟子学说才是象山思想的本源；并赞王阳明出而论断陆氏之学为孟氏之学，系儒非禅，始为陆象山找回直承儒学的定位，一洗四百年来陆学被诬指为禅冤屈。①

徐先生指出，要了解象山思想的核心价值，应先了解其思想纲领，也就是一路从辨志、到义利之辨，到"复其本心"，体证"先立乎其大"的过程。② 兹分述如下。

（一）辨志

徐先生认为：象山所谓学问，即指"做人"，成就个人行为和人格完成；而决定个人行为的关键，在于其念虑初萌的动机，亦即古人所说的"志"；象山讲求以"做人"为目的之学，应探究此决定行为之"志"的根源，故象山谓之"辨志"。徐先生指出：象山主张应穿透"时文""意见"等外在包装文饰的束缚，直探个人内在决定行为之"志"的价值根源，明辨是非、善恶，抉择"做人"的大方向。③ 不过，象山也提醒人心不免受外物牵引而危脆患疾，若人无大志，则良善蒙蔽、人心不明，无以为主宰，言大人之事。其有言曰："人要有大志。常人汩没于声色富贵间，良心善性都蒙蔽了。"④"人心本来无事，胡乱被事物牵将去。若有精神，实时便出便好。若一向去，便坏了。"⑤"风俗驱人之甚，如人心不明，如何作得主宰。"⑥"志小不可以语大人事。"⑦并对士子迫于形势争相追求科举功名，感到忧虑，并尤其忧人之所病在心。⑧ 对陆象山而言，心病就得经由"辨志""立大志"与反躬自省的明心工夫才能去除。

徐先生进一步分析，象山重视"辨志"，是因为"志"是起心动念、进行价值转换、抉择做人方向的端绪；也是接应人情事势、穷理致知而有所发用的主宰。唯如象山所言，人心不免为世俗名利所蔽，读圣贤书的文人士子亦不例外，故其批评学者常溺于文义知见，蔽惑愈甚，不可谓之入道；⑨并警惕人常在无法消除私意的情况下，引文牵义，牵枝引叶，牵今引古，作了不当论证而犯错。⑩ 二者皆离"辨志"甚远。故象山教人应把虚伪的外在装饰层层剥落，直追"志念"所动处，切己自反，启发本心："人心有病，须是剥落。剥落得一番，即一番清明，后随起来，又剥落，又清明，须是剥落得净尽方是。"疑者尝对"病起—剥落—清明—复病起—复剥落—复

---

① 徐复观：《象山学术》，载徐复观：《中国思想史论集》，第 13—14、46 页。
② 徐复观：《象山学术》，载徐复观：《中国思想史论集》，第 20—21 页。
③ 徐复观：《象山学术》，载徐复观：《中国思想史论集》，第 17—18 页。
④ （宋）陆九渊：《陆九渊集》北京：中华书局 1980 年版（下同），卷 35，语录下，第 450 页。
⑤ （宋）陆九渊：《陆九渊集》，卷 35，语录下，第 456 页。
⑥ （宋）陆九渊：《陆九渊集》，卷 35，语录下，第 457 页。
⑦ （宋）陆九渊：《陆九渊集》，卷 35，语录下，第 433 页。
⑧ （宋）陆九渊：《陆九渊集》，卷 35，语录下，第 456—457 页。
⑨ （宋）陆九渊：《陆九渊集》，卷 35，语录下，第 470 页。
⑩ （宋）陆九渊：《陆九渊集》，卷 35，语录下，第 458 页。

清明……"反复交替的过程感到不安，尝问"乍宽乍紧，乍明乍智如何?"象山答曰:"不要紧，但莫懈怠。紧便不是，宽便是;昏便不是，明便是。今日十件昏，明日九件，后日又只八件，便是进。"①象山不但提示了在端绪处克己反省的工夫进路，并鼓舞学者即使一时退转，亦要有再反省再清明之长期修习不辍的信心。

徐先生对此亦有阐述:象山自称朱子教人只是"添"，而他教人要"减"，减即是身剥落，剥落是克己自反的过程;自反是由外向内的追索穷究，把裹胁本心的各种虚诳的东西，一层一层剥落，剥到最后就是本心。有此工夫，本心才能启发出来，但这只是端诸，还须经过一番功夫，才能汇成"江河之理"。②象山自己确甚看重这起心动念的端绪，因为他体会到人心常受动摇、难以自主，其曰:"利、害、毁、誉、称、讥、苦、乐，能动摇人。""今之学者譬如行路，偶然撞着一好处便且止，觉时已不如前人，所以乍出乍入，乍明乍昏。""失了头绪，不是助长，便是忘了，所以便主不得。"象山认为此病，皆由于心不在道。故认为"志道、据德、依仁，学者之大端。""心官不可旷职。"③对象山而言，只有使心在道，才能保障心在端绪处立大志，明辨义利，复其本心，才能使涓涓之流，成就江河之理，而不致失去方向。有言曰:"人精神千种万般，夫道一而已矣。""一正则百正，恰如坐得不是，我不责他坐得不是，便是心不在道。若心在道时，颠沛必于是，造次必于是。"④徐先生重视象山的心之端绪说，已如前述;至于象山强调的"使心在道"的问题，徐先生则连结"心即理"加以阐述。(参见后文)

（二）义利之辨

象山门人傅子渊尝回应同门之问，谓:陆先生教人以"辨志"为先;所辨者，即义利之辨。陆象山甚认可传子渊的回应，称其说为"切要"。⑤象山教人要在起心动念处辨志，以正端绪，使心在道;具体而言，就是明辨义与利、公与私，选择"做人"的方向。象山认为人生之路不能回避这样的选择，所言"千古圣贤，只是办一件事，无两件事"。⑥当指此而言。故象山称赞孟子所言"无它，利与善之间也"。是通透之见，亦是其学"切己自反，改过迁善"的核心问题;⑦他又延伸孟子所言"道二，仁与不仁而已"之说，强化行善行恶对人生日常的影响与意义，强化善恶之辨的重要:"作德便心逸日休，作伪便心劳日拙，作善便降之百祥，作不善便降之百殃，"⑧对象山而言，"人共生乎天地之间，无非同气，扶其善而沮其恶，义所当然。"⑨

---

① （宋）陆九渊:《陆九渊集》，卷35，语录下，第458页。
② 徐复观:《象山学术》，载徐复观:《中国思想史论集》，第22页。
③ （宋）陆九渊:《陆九渊集》，卷35，语录下，第434—435页。
④ （宋）陆九渊:《陆九渊集》，卷35，语录下，第451页。
⑤ （宋）陆九渊:《陆九渊集》，卷34，语录上，第398页。
⑥ （宋）陆九渊:《陆九渊集》，卷34，语录上，第433页。
⑦ （宋）陆九渊:《陆九渊集》，卷34，语录上，第400页。
⑧ （宋）陆九渊:《陆九渊集》，卷34，语录上，第433页。
⑨ （宋）陆九渊:《陆九渊集》，卷34，语录上，第401页。

徐复观先生阐释，象山学问强调"辨志"，使人在个人行为的究竟根源，抉择"做人"方向。"辨"的标准即是利己或利他，此即象山所谓的"义利之辨"，亦称为"公私之辨"。象山的用心，是要人先在人所以为人的根源上，即念虑初起之处，先作一价值的转换，即是由辨志的义利之辨以复其本心；有此价值转换，则一切东西在此价值统属之下，皆有所价值，皆可充实价值。徐先生并指出，对照当代人所面对的核战威胁与科学所造成的矛盾，科学本身不能解决，只能靠人类行为的动机，象山的用心特具意义——只要在漆黑的权利心处，进行义利之辨，把个人权利欲望的动机，转为悲天悯人的动机，使一切的事成为有理的"实事"、行成为合理的"实行"，则一切无用的东西可变为有用，濒危的国家才可能得救。徐先生甚至认为，"就整个人类讲，尤其就中国现势讲，象山所主张的这种价值的转换，实是起死回生的不二法门。可是正如象山所叹息的一样……假定他隐藏在念虑之间的是利而不是义，则这种人的得救，真比骆驼穿过针孔还要困难"。① 徐先生道出了象山学说"义利之辨"影响人心天下的关键性及其艰难所在。

徐先生又以"读书"与"实事"为重点，来诠释象山强调"义利之辨的价值转换"的重要。在读书方面，他指出：象山把"义利之辨的价值转换"放在第一位，而把读书放在第二位，这与朱子为学的次第不同，因此对读书的态度也不大一样。他指出：象山认为"心即理"，复其本心，理自由心内流出，读书只不过是此心的一种印证，故有"六经皆我脚注"之言；此外，其视"义利之辨"的"辨志"为"识病"的功夫，"识病"不能靠死的书本，而要靠活的师友，故象山劝人亲师取友，更甚于劝人读书，盖"心学"重视人与人的直接传承，自比文字更为重要。② 其关键即在于"义利之辨"识病，进而复其本心的作用。但徐先生强调象山也很注重读书，其勤奋程度非常人所能及，且解析书义精确不移，读书必是入微入细。③ 在朱子学笼罩下，徐复观是当代较早揭示象山重视读书的学者，其后有高广孚加以踵续阐述指出：象山治学论求怀疑求是、务实去浮、内外兼顾、主德役艺、去累减担；在学习上则要循序渐进、亲师尚友、辨别轻重；读书态度则审慎存疑、唯理是从；此外他教人读书要慎加选读、体察精义、把握要旨，而且要由易至难，就易晓处体会，不必苦思强索，等等。④ 对徐复观的揭示有重要补充。

（三）复其本心

徐复观先生指出：象山强调人所以能"辨志"以及"义利之辨"，保证人能徙义而弃利的根本，乃涉及更根本的"心"与"理"的问题，也就是"复其本心"的问题。徐先生认为，象山首先承认宇宙有一个昭著的理，也就是天地之所以为天地的根据；天又将此理赋予人而为人心，人心惟有顺其理，才能立乎其大。其引象山之言曰："此理在宇宙间，未尝有过隐遁。天地所以为天地

---

① 徐复观：《象山学术》，载徐复观：《中国思想史论集》，第23—25页。
② 徐复观：《象山学术》，载徐复观：《中国思想史论集》，第25—26页。
③ 徐复观：《象山学术》，载徐复观：《中国思想史论集》，第22—23页。
④ 高广孚：《象山学术》，《大陆杂志》1960年第21卷第四/五期。

者，顺此理而无私焉耳。人与天地并立而为三极，安得自私而不顾此理哉？孟子曰：'先立乎其大者，则其小者不能夺也。'人惟不立乎大者故为小者所夺，以叛乎此理，而与天地不相似。诚能立乎其大者，则区区时文之习，何足以汩没尊兄乎？"① 象山又言："孟子曰：'存乎人者，岂无仁义之心哉？'…又曰：'君子之所以异于人者，以其存心也。'…又曰：'人所以异于禽兽者几希，庶民去之，君子存之。'去之者，去此心也；存之者，存此心也，故曰：'大人者，不失其赤子之心。'四端者，即此心也；天之所以与我者，即此心也。人皆有是心，心皆有是理，心即理也。"② 由此可知，象山以天地之理说，结合孟子的四端说、存心说，建构了由"心即理"展开的"立乎其大"说。

徐先生进一步说明：象山"心即理"之心，名为"本心"，乃人自发作主之心；"心"所发之"志"，与天地万物不相隔，亦与天地之理相通；因为"理"为天、地、人三极所共，故"理"即是公，即是义；"本心"亦即是公，即是义。但一般人由于"本心"常为"物欲"与"意见"所遮断，故其"本心"未能作主；一旦明辨其志，行义利之辨，"本心"也就同时恢复作主。盖义为人所固有，利欲意见是后来、外来的，义为主，利为客，主客分明；故在念虑初始之"志"处，自有义利之辨，义利之辨即本心作主；义利之辨的同时，即"复其本心"了。因为本心即理，本心既复，天理流行。而此从辨志、到义利之辨的"复其本心"的过程，实即"先立乎其大"的体证。③

徐先生并引象山之言阐述象山"复其本心"的为己之学——"本心之理"乃天地所赋，非由外烁，亦不能为外物所移、邪说所惑，并可为夫妇之愚所与知；而"志"是人的行为的"端绪""本""始"，"辨志"又称为"知止"或"知至"，也就是明辨为人的价值根源；故为学即应先着重本末先后的秩序，也就是须先讲求"辨志"而"复其本心"，以"先立乎其大"，并自为主宰。④ 象山曰：

> 此理本天所与我，非由外烁。明得此理，即是主宰真能为主，则外物不能移，邪说不能惑。……圣人赞易则曰：干以易知，坤以简能。……孟子曰：夫道若大路然，岂难知哉。夫子曰：仁远乎哉？我欲仁，斯仁至矣。⑤

> 学问固无穷已，然端绪得失，则当早辨。……物有本末，事有终始，知所先后，则近道矣。于其端绪知之不至，悉精毕力，求多于末，沟浍皆盈，涸可立待。⑥

徐先生又以象山对"持敬"思想的批判，来说明象山对"辨志"和"立乎其大"的重视。徐先生分析：象山认为古今言敬，总是结合某对象而言，未曾单言持敬者；这是因为象山认为仅仅说敬，只是一种精神的收敛，其本身并无内容；若不先由辨志以立乎其大，则敬反可为藏奸慝忒之地；盖象山紧承孟子性善之说，在根源上不承认有理气之对立，及天理人欲之对立；也不卷入

---

① （宋）陆九渊：《陆九渊集》，卷11，书，《与朱济道》，第142页。
② （宋）陆九渊：《陆九渊集》，卷11，书，《与李宰》，第149页。
③ 徐复观：《象山学术》，载徐复观：《中国思想史论集》，第17—19页。
④ 徐复观：《象山学术》，载徐复观：《中国思想史论集》，第19页。
⑤ （宋）陆九渊：《陆九渊集》，卷1，书，《与曾宅之》，第4页。
⑥ （宋）陆九渊：《陆九渊集》，卷1，书，《与邵叔谊》，第2页。

已发未发的公案，只问心正与否。① 如象山所言："本心若未发明，终然无益。若自谓已得静中工夫，又别作动中工夫，恐只增扰扰耳。何适而非此心？心正则静亦正，动亦正。心不正则虽静于不正矣。若动静异心，是有二心也。"② 由此可见，对象山而言，涵养工夫的关键不在持敬与否，而在于辨志、复其本心以立乎其大。

徐先生认为：因此，象山只从"存心""养心""求放心"处用力，以"复其本心"，本心在内作主，则一切道理皆从本心内在出来；又象山自谓"治其大而不治其小，一正则百正"，并认为不宜在细节处遽责于人，如同不可在非礼勿视听言动上评断颜子一样；也就是象山不主张从外在形迹上去看人，因为形迹是末，并视"梏于末节细故"之弊并不下于"溺于声色货利"。③ 徐复观先生并在此理解基础上进一步认为，此是象山对程朱理学在精神上的一大解放。曰：

> 他（象山）的情形有点像获得良心自由后的马丁路德，从宗教的繁琐仪式中解放出来，以向世俗中大步走去，这便在精神上为近代的各种现实活动敞开了一条大路。所以象山在这一点上，可说是对程朱理学系统在精神上之一大解放。但他自己却经常是仪容整肃，也教学生留心"九容"。……（此）也和读书问题一样，不是束书不读，是要在立其大本的前提条件下去读。……所以他不从末下手，并不是忽视末。④

徐先生企图强化象山思想的世俗化倾向，以便将其与西方宗教改革后的"自由"意识相连结，并把程朱思想的角色同等于基督教的神权意识，不免有过度诠释之虞，而且论述未见深入；但他借此强化象山心学不拘泥形迹末节，而重视在各种现实活动体证，无非亦为论证象山心学的实践性格。顺此思路，徐先生也关注象山强调"复其本心"、治大而不治小，不受限于外在形迹的工夫论，而重视"宽平乐易"的境界问题。"宽平"是指人之省过，当在平淡中老实省察，不可太过激烈；"乐易"就是孔子的"成于乐""乐以忘忧"，孟子的"无日不乐"。徐先生认为：贯通于道德的内发性，自然趋于乐易；不过，经过坚苦阶段才能得到真正的乐易；以坚苦为入门之德，根基才能结实，流弊较少。就此而言，朱陆俱同。故徐先生一面赞叹朱子由"坚苦"而成为"泰山乔岳"的精神人格，也肯定象山讲求道德的自主内发，故能在优游宽容中有不颓废的严谨自省。⑤ 象山曰：

> 人之省过，不可激烈，激烈者必非深至，多是虚作一场节目，殊无长味，所谓非徒无益而又害之。久后看来，当亦自知其未始有异于初，徒自生枝节耳。若是平淡中实省，则自然优游宽容，体脉自活矣。……。优游宽容，却不是委靡废放，此中至健至严，自不费力。⑥

要之，徐复观归纳象山思想的总关键，是要在念虑起处辨志，作一价值的转换也就是义利

---

① 徐复观：《象山学术》，载徐复观：《中国思想史论集》，第 43—44 页。
② （宋）陆九渊：《陆九渊集》，卷 4，书，《与潘文叔》，第 57 页。
③ 徐复观：《象山学术》，载徐复观：《中国思想史论集》，第 44 页。
④ 徐复观：《象山学术》，载徐复观：《中国思想史论集》，第 44 页。
⑤ 徐复观：《象山学术》，载徐复观：《中国思想史论集》，第 44—45 页。
⑥ （宋）陆九渊：《陆九渊集》，卷 6，书，《与包详道》，第 82—84 页。

之辨，由此而复其道德主体之心，使心作主宰；则一切作为，皆由此心流出，此即孟子所谓"践形"，即所谓"形色性也""即身是道"；唯在此之前，须经复其本心的工夫，若未经此复其本心，则程朱的持敬工夫，不但未必见道，象山所说的"宽平乐易"也只是模拟形似，毫无意义。①

三、"心即理"的实践发用

（一）实理、实事、实行

徐复观先生认为：象山不但把"义利之辨的价值转换"放在读书之前，并重视其于实理、实事、实行的作用，以此说明象山"心学"涵有实践的动力。徐先生着眼于"心即理"阐述象山学说的实践性。曰：

> 天地之理，全赋于人的心，故说"心即理"。心止理，则是人的心乃与天地相通而同量，故谓"宇宙内事，乃己份内事。己份内事，是宇宙内事。"又曰："宇宙便是吾心，吾心便是宇宙"，由外撼拾来的"意见"，是无根的东西，是虚；由天地赋予人心的理，是有根的，是"实在"的，所以称为"实理"。同时象山所指的是伦理，伦理是以身心家国天下之所当然者为其内容，所以理之本身即涵有身心家国天下之"实事"；此身心家国天下之"实事"，乃理之内容，亦即心之内容，是与人的生命连结在一起，所以自然对之而负起行的责任，以成其为"实行"。由辨志，义利之辨，复其本心，一路下来的结果，便是"实理""实事""实行"。……他自称其学为"实学"，或自称"朴学"。……又谓"一意实学"。……由实理流出而为实事实行，这是陆学精神之所在。②

徐先生指出：象山以"辨志"为"正端绪"的治学方法，其主要功夫不在于书册，而是直接落在"事"上；盖象山所谓"理"，"皆吾身吾心之事，而达天下者也"，③ 并主张实理即有实事，常说"道外无事，事外无道"④，谓"古人皆是明实理，做实事"。⑤ 并自认"千虚不博一实，吾平生学问无他，只是一实"。⑥ 徐先生指出：象山所谓"道"，即其所谓"理"；其既认为"心即理"，则心与理是一；也可说心即事，心与事也是一；因此，象山一说到"心"，便常说到"事"，并重视在人情事势物理上作工夫。⑦ 如象山确有言曰：

> 古人质实，不尚智巧。言论未详，事实先著。……所谓先知觉后知，先觉觉后觉

---

① 徐复观：《象山学术》，载徐复观：《中国思想史论集》，第45页。
② 徐复观：《象山学术》，载徐复观：《中国思想史论集》，第20页。
③ （宋）陆九渊：《陆九渊集》，卷20，序赠，《送毛元善序》，第241页。
④ （宋）陆九渊：《陆九渊集》，卷34，语录上，第395页。
⑤ （宋）陆九渊：《陆九渊集》，卷34，语录上，第396页。
⑥ （宋）陆九渊：《陆九渊集》，卷34，语录上，第399页。
⑦ 徐复观：《象山学术》，载徐复观：《中国思想史论集》第26页。

者，以其事实，觉其事实。故言即其事，事即其言。所谓"言显行，行显言。"①

日享事实之乐，而无暇辨析于言语之间。②

古之学者以养心，今之学者以病心。古之学者以成事，今之学者以败事。③

复斋家兄一日见问云："吾弟今在何处做工夫？"某答云："在人情、事势、物理上做些工夫。"复斋应而已。若知物价之低昂，与夫辨物之美恶真伪，则吾不可不谓之能。然吾之所谓做工夫，非此之谓也。④

上达下达，即是喻义喻利。人情物理上作工夫。……须是下及物工夫，则随大随小有济。⑤

孔子十五而志于学，是已知道时也。虽有知，未多乍出乍入，乍明乍晦，或警或纵，或作或辍。至三十而立，则无出入、明晦、警纵、作辍之分矣。然于事物之间，未能灼然分明见得。至四十始不惑。不惑矣，未必能洞然融通乎天理矣，然未必纯熟。至六十而所知已到，七十而所行已到。⑥

学问于大本既立，而万微不可不察。

依上所述，象山学问不只强调在"志"上行"义利之辨"以"复其本心"以"立乎其大"，亦讲求在人情、事势、物理上，随时辨别义利，以求上达可以顺应实理、下达可以成就实事；但在现实上，及物应事并不容易，即便是孔子，在四十岁以前，对事物之间也未必能灼然分明，一直至六十岁才能"所知已到"，七十岁才能"所行以到"，象山借此提醒"及物应事"乃是一生践行不辍的修行之路。

除此之外，徐先生又以"义利之辨"加强说明陆学重视应世实践的精神。他解释"义利之辨"为象山思想结构中之向内向外的总枢纽——由"义利之辨"向内，本心自不同于虚无寂灭之心；由"义利之辨"向外，则对社会人生，自不能安于消极苟且。其中儒家以孝弟为人之德性所自发，以孝弟为仁之本，这是儒家的根本教义，但也使儒家道德家庭意味超过社会意味；针对于此，徐先生强调象山经常以"义利之辨"绾带一切，直接面对利己利他、私情公义之辨，使儒家道德由家庭贯通于社会国家，而使儒家精神能大步向前伸展，不以家庭为限。⑦

徐先生还剖析：宋学一开始便负有一种消极的任务，那就是既要吸收佛老的成果，又要从佛老中转出来，只有两条路可走：其中一路，是将禅宗寂照同时、无善无恶的心，坐实为道德主体的心，使其对当下人伦日用负责，这便回到儒家本位了，此即陆象山所走的路——象山由义利之辨进入复其本心，使心为主宰，做为心在道上的主人；又由义利之辨出来入世，应事体践，使心

---

① （宋）陆九渊：《陆九渊集》，卷2，书，《与朱元晦二》，第27页。

② （宋）陆九渊：《陆九渊集》，卷10，书，《与詹子南》，第140页。

③ （宋）陆九渊：《陆九渊集》，卷12，书，《与陈正己一》，第162页。

④ （宋）陆九渊：《陆九渊集》，卷34，语录上，第400页。

⑤ （宋）陆九渊：《陆九渊集》，卷35，语录下，第435—436页。

⑥ （宋）陆九渊：《陆九渊集》，卷35，语录下，第476页。

⑦ 徐复观：《象山学术》，载徐复观：《中国思想史论集》，第20—21页。

学从禅宗转出回到儒家本位。① 象山心学常被世人视为禅、为异端，及王阳明出，始断象山之学为孟子之学，系儒非禅，此为史上第一人。② 如上所述，徐先生的见解，也突破了世人质疑象山心学不重读书、讲求顿悟、有入禅之虞的偏见，还象山心学讲求实践的本来面目。

徐先生总结：陆学是以"事"为骨干，以"义利之辨"为总枢纽，强化了儒家精神的社会性与事功性；据此，徐先生认为陆学重事功的精神超过于程朱。徐先生指出：象山主张道德的行为、道德的生活，系从各人的道德主体，即"心"流出，并客观化而为实行实事；由此心推而上之，同时亦推而外之；若仅是去认识、去捉摸，如同西方的概念与知识，并不能真正成为一个人行为的推动力；照象山的说法，因其不是实理，故不会有实事实行；只有自本心流出才有实理、实事、实行可言。③

徐先生认为：象山虽站在人本立场以求物理为末，但他重在由实理直接落在实事上以成就实行，必在伦理之外，更追求物理，也就是在道德之外追求知识。因为象山能将二者分清界域，故不致像朱子两相混淆；④ 且象山重视在心上立教，其子弟行谊概多能卓然自立，连朱子都称象山弟兄为"操持谨质，表里不二"⑤，并赞曰"今浙东学者，多子静门人，类能卓然自立。相见之次，便毅然有不可犯之色。"⑥"子静之门，如杨简辈，躬行皆有可观。"⑦ 徐先生认为，这是因为象山学问在心上立脚，即是自己把握主体而站稳脚跟，才能自尊自信。故象山以"复其本心""立其大本"为前提的实践之路，是一条既讲求在每个人心上显发价值根源，并重视应事实践，以成就人格，信而有征的人生大道。⑧

（二）主客交融：辨志、即事、实行

徐先生以"义利之辨"为象山思想结构中之向内向外的总枢纽——向内是本心自不同于虚无寂灭之心，向外则使儒家道德由家庭贯通于社会国家，此直接面对利己利他、私情公义之辨的心的作用，实为主客交融的产物。徐先生分析：象山的"理"，包含着身心家国许多实践的"事"；事为吾心所主宰，但亦须受体客观条件的限定；因此，当吾心在实践而为"事"的过程中，客观

---

① 徐复观：《象山学术》，载徐复观：《中国思想史论集》，第34—35页。
② 徐复观：《象山学术》，载徐复观：《中国思想史论集》，第46页。
③ 徐复观：《象山学术》，载徐复观：《中国思想史论集》，第27页。
④ 徐复观：《象山学术》，载徐复观：《中国思想史论集》，第25—38页。
⑤ （宋）朱熹：《答张敬夫》，载《晦安先生朱文公文集》，卷31，收入朱杰人等编《朱子全书》，上海／合肥：上海古籍出版社／安徽教育出版社2002年版，第21册，第1350页。
⑥ （宋）朱熹：《朱子十·训门人一》，载《朱子语类》，卷113，收入《朱子全书》，第18册，第3603页。
⑦ 徐复观所引谓朱子赞"子静之门，如杨简辈，躬行皆有可观。"见徐复观《象山学术》第40页，系出自（宋）陆持之引用《朱子语类》内容所撰文字，见陆氏编写的象山先生《年谱》，收入（宋）陆九渊：《陆九渊集》，卷36，第503页。《朱子语类》的原文实为："从陆子静学，如杨仲敬辈，持守得亦好。"见（宋）朱熹：《陆氏》，《朱子语类》，卷124，收入《朱子全书》，第18册，第3895页。
⑧ 徐复观：《象山学术》，载徐复观：《中国思想史论集》，第39—40页。

的限定与吾心互相连贯；此时之理，尽管为吾心所主宰，但并不妨碍主客相融、内外共此一理的发用；象山将此理平铺于主客之间，经由"事"的媒介，依然混融无间，并不夹杂；并且由此可使吾人主观之精神，落实于客观世界，能向"事"上切实用力。徐先生认为，象山心学的好处还在于，在承认心与天地共此一理的前提下，以"义利之辨"为总枢纽，上焉者固可满心而发，次焉者亦可因客观的制约而不致中风狂走，故流弊自无王学之大。① 故陆门无流入狂放一途者。②

徐先生进一步阐述：象山心学讲求主客交融，其基本思路在于象山承认"理"贯穿于心之内外，故立其大本、正其端绪之后，还须向外用力；其所谓在人情事变上做工夫，即是向外用力而言，故象山门生袁燮有言："学贵自得，心明则本立，是其入门也；入门以后，正须向外用力。"向外用力，亦为尽吾心之理之量，不同于阳明"心外无理"之说，而此正是象山学问之儒释大防所在；此因象山直承孟子，受禅学影响较轻。③ 就此而言，徐先生虽和王阳明一样，以象山学说实直承孟子，而判定陆学实儒非禅；但徐先生从主客交融、本心出入内外的发用体践论证，为阳明所无，比阳明更深入有力。

徐先生认为，"义利之辨"为贯穿象山思想的枢纽，由此向内探索显发道德之心，此道德之心较朱子的"虚灵明觉"更合乎儒家本意；由义利之辨向外发展，成就"举而措诸天下之民，谓之事业"。完全担当得起儒家的民本思想。故徐先生给予正面评价，认为象山心学内外兼管、恰到好处，其思想流弊最少，能真正代表儒家的精神。④

如上所述，徐先生着眼于"心学"的实践动力，一反世人多以为象山束书不观、空疏无根的偏见，论证象山以本心应对实事为前提的心学，不但补充说明了象山思想的重要内涵，也扩增了儒家读书应世的现实意义，可谓陆学实践论的先驱之一。半世纪后，续有其他的学者相继阐述。晚近学者也继承了徐先生陆学实践论的观点，如杜保瑞指出：陆象山重视儒学义理的实践落实，也就是将儒家义理进一步转为实践动力；他认为此乃陆学的创见与新意，谓象山学即是一种功夫实践的要求之学，象山不但对儒学教育多所贡献，本身也是事功领域的实践者。⑤ 黄信二则以"明体达用"来表述象山的心性论对其读书方法的影响，并指出象山透过心性论建构读书学习的实践动力，并认为只有在读书人的主体明澈后，各种读书方法才具有得到信赖的稳定基础，方能具备源泉滚滚的实践动机，此即陆象山"明心性之体"以求"达用"之读书方法的理论内涵。⑥ 杜和黄基本上呼应了徐复观所阐发的陆学实践论，但未能如徐先生着眼于象山"心即理"和"对应实事"的观点，来解释何以本心的动机可以实践而达用。

---

① 徐复观：《象山学术》，载徐复观：《中国思想史论集》，第51—52页。
② 徐复观：《象山学术》，载徐复观：《中国思想史论集》，第59页。
③ 徐复观：《象山学术》，载徐复观：《中国思想史论集》，第52—53页。
④ 徐复观：《象山学术》，载徐复观：《中国思想史论集》，第59页。
⑤ 杜保瑞：《南宋儒学》，台北：台湾"商务印书馆"2010年版，第523、538—539页。
⑥ 黄信二：《明体达用：评象山心性论对其读书方法之影响》，《哲学与文化》第三十九卷第十期，2012年。

四、与牟宗三观点的比较

徐复观先生阐述象山心学，强调其直承孟子学，对内正其端绪、立乎其大为先，对外在世应事体践，同时兼顾内外以成就人格的思想特色。牟宗三先生则较倾于哲学的思辨与诠解，二者的观点有所异同与偏重，并相为补充。兹略较如下。

（一）象山直承孟学系儒非禅

如前所述，徐复观先生强调孟子学说才是象山思想的本源，高度肯定王阳明论断陆氏之学为孟氏之学，系儒非禅；并论证象山讲求从端绪处辨志，就事物行义利之辨，以复其本心的思想特色，实乃孟学的发扬。牟宗三先生亦认同王阳明论断象山直承孟学的说法，并更系统地加以梳理分析。牟先生认为象山之学系"非分解的性格"，无概念的分解，却义理精熟，事理分明，显然有所本，其所本者即是孟子；象山本人无分解，其预设的分解尽在孟子，而着重在指点启发以示学者。其举例说明曰：①

（Ⅰ）辨志：此则本于孔孟义利之辨以及孟子之言"士尚志"；

（Ⅱ）先立其大：此则本于孟子大体小体之辨；

（Ⅲ）明"本心"：此则本于孟子之言四端；

（Ⅳ）"心即理"：此则本于孟子之言"仁义内在"以及"心之所同然"乃至"理义悦心"等；

（Ⅴ）简易：此则易传虽有明文，而精神实本于孟子之言良知良能，"道在迩而求诸远，事在易而求诸难"，以及"学问之道无他，求其放心而已矣"，"尧舜之道孝弟而已矣"等语；

（Ⅵ）存养：此则本于孟子之"操则存，舍则亡"，"存其心，养其性"，以及"苟得其养，无物不及"等语。

牟先生指出：象山系就第一义非分解地以启发、指点、训诫、遮拨的方式继承孟子，更警策有力，足以豁醒人，因为他着眼于孟子所昭显的实事实理，只需以吾人的生命顶上去，不落虚见虚说和文字纠缠，令归于实处的坦然明白，归于实事实理的践履，更为直截，更为朴实，故说"简易"；是故象山先令人辨志，先明本心即理，其经典的宗主即在孟子，而实事实理的宗主则在道德的实践；象山思想虽为非分解的形态，但他非必抹杀分解，亦非不能分解，唯其所着重者，系在于先明轻重本末，早辨端绪得失。②

徐、牟皆把握了象山直承孟子学明辨端绪的要点，但徐先生强调以利他、利己的义利之辨，为直接省察端绪得失的判准；而牟先生则着重于以哲学概念说明诠释。如牟先生认为：象山之言"简易"正是康德所谓"依意志自律原则而行"之所应有而必有者，此则得其端绪；康德言意志

---

① 牟宗三：《象山之"心即理"》，载牟宗三：《从陆象山到刘蕺山》，第3—5页。

② 牟宗三：《象山之"心即理"》，载牟宗三：《从陆象山到刘蕺山》，第7页。

自律，象山本孟子言"本心即理"，此盖同于意志之自律，意志能为其自己立法，亦甘愿遵守其自己所立之法而受其决定；孟子的"本心即理"正能表示康德所说之自律与自由，"本心即理"此本心之自律与自由乃是一具体而真实地呈现；就自由而言，这不是一设准，而是一呈现，因而使道德成为可能，则道德实践始有力而不落空；而象山所说"本心即理"的本心是神圣的心，而且放失的本心能通过逆觉而被体证，亦即呈现而存之，可经由"存在的实践"而达至，虽不无险阻，亦非永不能企及；易传之言"简易"，只是就"本心无外，实理无外"、良知良能之宇宙论地说，故"简易"明文虽见于易传，但其精神必本于孟子，亦象山系真能知见于孟子而得之于心者。牟先生指出，象山挥斥议论与非分解的指点方式，旨在归于朴实之途，以扭转朱子以知识之途讲道德实践的端绪之失，根本与禅无关，朱子却误想其为禅，无视象山直承孟子学的事实。①

如上所述，牟先生擅于以丰富绵密的概念，深入析论象山之学直承孟子并非禅学；相对于此，徐先生则强调"心"彰显道德主体并在具体人生实践的作用，认为象山学之"心"，有别于禅宗"寂照同时"的心，而是坐实为道德主体的心，当下对人伦负责，自是儒家本宗而非禅学。②此外，他更直接检视象山文集"皆以义利之辨为中心，几无一禅语"。并根据象山自述其以义利判儒、释之经世、出世，论断象山讲学的立脚点及其精神与禅全异。徐先生所引象山之文曰：

> 某尝以义利判儒释，又曰公私，其实即利义利也。儒者以人生天地之间，灵于万物，贵于万物，与天地并而为三极。天有天道，地有地道，人有人道。人而不尽人道，不足与天地并。人有五官，官有其事，于是有是非得失，于是有教有学。其教之所从立者如此，故曰义、曰公。释氏以人生天地间，有生死，有轮回，有烦恼，以为甚苦，而求所以免之。其有得道明悟者，则知本无生死，本无轮回，本无烦恼。故其言曰："生死事大。"如兄所谓菩萨发心者，亦只为此一大事。其教之所从立者如此，故曰利、曰私。惟义惟公，故经世；惟利惟私，故出世。儒者虽至于无声、无臭、无方、无体，皆主于经世；释氏虽尽未来际普渡之，皆主于出世。③

徐先生不但着眼于象山比较儒释的根本差别，并评断只有象山学讲求由义利之辨向内显出道德之心，向外成就举而措之天下的事业，具有内外兼管的特性，才能完全担当中绝千余年的孟子学与民本思想，以此论证象山之学非但不是禅，而系真正代表儒家的基本精神。④

（二）辨志、明本心、复其本心

象山讲学重视辨志以及在端绪处克己省察，并认为只有使心在道，才能保障心在端绪处立大志，明辨义利，复其本心，而不致失去方向；心之在道与否，决定能否先立乎其大以及为学作

---

① 牟宗三：《象山之"心即理"》，载牟宗三：《从陆象山到刘蕺山》，第10—17页。
② 徐复观：《象山学术》，载徐复观：《中国思想史论集》，第34页。
③ （宋）陆九渊：《陆九渊集》，卷2，书，《与王顺伯》，第17页。
④ 徐复观：《象山学术》，载徐复观：《中国思想史论集》，第52页。

人的方向。徐复观先生阐释：象山的用心，是要人在念虑初起之处，先作一价值的转换，由此而复其道德主体之心，使此心作主宰。① 但并未深究象山所谓"在道"或"见道"问题。相对于此，牟先生则对见道与否有较多关心。他认为象山所谓见不见道的关键，即在义利之辨；辨志、明本心、直达实事实理之坦然明白，即为见道，否则为不见道；他认为象山与朱子论辩时的诗句"欲知自下升高处，真伪先须辨只今"中的"辨只今"乃是"当机指点，本心当下呈现，道在眼前，不假外求"之意；亦即道之或真或伪只在是否能辨识当下呈现本心的切要工夫，其又涵有二义：一、此本心随时可呈现，不是一幽暗的假定；二是逆觉体证才是本质的工夫，其他都只是助缘，见不见道正系于此；并借而批评朱子反讥此义为禅，终不免"外绕成习，以逆旅为安宅，总不知返"，而丧失了直截的朴实。②

牟先生并阐明：象山讲学其端绪唯在孟子的发明本心，除去一切虚说浮论及时文之见，即象山所谓"朴实"；盖实事实理之顺本心自律而发者，本坦然明白，除去虚说浮论、扭曲杜撰的蔽障，则显朴实。牟先生强调象山讲学宗旨定在道德实践，不再追求知识；但其挥斥议论不是挥斥知识本身，而是挥斥朱子依知识之路讲道德，此就道德实践而言为不中肯，不中肯由于不见道，不见道者即是不明本心自发自律之实事实理也，故为象山所挥斥。③ 牟先生指出：内圣之学之端绪在孟子，而为象山讲学之所本；但朱子学路之端绪则全依伊川，故象山总谓其"不见道"，"讲学之差蔽而不解"，即在于其端绪定在伊川，以知识讲道德，已非孔孟之统也，盖顺其路前进，所成者只为静涵系统（横摄系统）下之他律道德（本质伦理），而非纵贯系统下的自律道德（方向伦理）。牟先生指出：朱陆之同在于同讲道德，其异即在于端绪之异。④ 牟先生比较朱陆根本差异在于端绪之异以及他律道德和自律道德之别，尚称言简意赅；但谓指朱子讲学已非孔孟之道，徐先生并未尽同意，故晚年以"为己之学"为核心，论证朱子仍继承了孔孟之道。⑤ 间接表达了与牟先生不同的看法。

徐牟同样重视象山学说的端绪问题，但徐先生首言"辨志"，牟先生则先讲"本心"。牟先生认为陆子寿的"提孩知爱长知钦，古圣相传只此心"、陆象山的"墟墓兴哀宗庙钦，斯人千古不磨心"等诗句，皆本孟子措辞，"只此心"即指仁义的本心；讲内圣之学，自觉的作道德实践工夫，首应辨此本心，若不正视此义，亦是歧出。牟先生说：陆象山的"墟墓兴哀宗庙钦，斯人千古不磨心"中的悲哀感和钦敬心所表示的道德之心，乃正是人千古不磨之永恒而相同的本心；象山直下指出此乃人所以为人，人人所俱有之永恒而普遍、超越而一同的本心，此超越的本心即是

① 徐复观：《象山学术》，载徐复观：《中国思想史论集》，第 45 页。
② 牟宗三：《象山之"心即理"》，载牟宗三：《从陆象山到刘蕺山》，第 31—33 页。
③ 牟宗三：《象山之"心即理"》，载牟宗三：《从陆象山到刘蕺山》，第 36—37 页。
④ 牟宗三：《象山之"心即理"》，载牟宗三：《从陆象山到刘蕺山》，第 49—50 页。
⑤ 徐复观：《中国思想史论集续编自序》，载《中国思想史论集续编》，台北：时报出版社 1985 年版，第 1 页；贺照田：《徐复观的晚年定论及其思想意义》，《中国图书商报》2005 年 7 月 22 日；黄丽生：《上下贯通与实践穷理：徐复观对朱子学的时代反思》，《第十二届当代新儒学国际学术会议论文集》（贵阳：孔学堂、贵州大学哲学与社会发展学院、武汉大学国学院与哲学学院，2017 年 10 月）。

仁心。牟先生以象山"欲知自下升高处，真伪先须辨只今"为例，说明象山直就内圣之学而言讲学入路之真伪，端在于是否能当下肯认此道德的创造之源的本心；象山的"先须辨只今"即辨此当下呈现的之本心，即此而有其所谓"辨志""义利之辨""先立其大"与"尊德性"；象山言本心，言辨志，直翻上来言朴实，斥议论，系针对为时文利欲所陷溺的时风而发，并非高远虚诞，而是真正平实。牟先生更借由孔子"下学而上达，知我其天乎？"之言，意指此仁义本心沛然莫之能御，涵有与天地生命为一之形上学和宇宙论的理据。① 牟先生言：道德的本心即是形而上的宇宙心，此理论基础亦与其强调逆觉体证与觉悟本心无限量的提法相呼应。②

相对于前述牟先生的说明只在"明本心"的层次，徐先生则直接以"在事上行义利之辨"为核心，阐述象山"复其本心"的讲学宗旨，已如前述。牟先生亦讲"复其本心"，唯其系着眼于直贯的道德践履以及如何复其本心加以阐述。牟先生认为孔孟仁教的精神乃是以立体直贯为本质，直承孟学的象山虽批评朱子为支离，但并非不读书不理会文字，然必以本心之直贯、沛然莫之能御为头脑；其讲求涵养操存、讲明、博学、审问、慎思、明辨、格物致知、重智之事与读书文字，无非为此。③

由于牟先生系在象山与朱子争辩的脉络下讨论"本心"，相对于朱子不承认心的超越性，且主张以"敬"为工夫使心与理关联的贯通为一，牟先生乃兴象山如何复其本心的问题，其结论是，相对于朱子系独辟的静摄的形态，象山一路则属本体论的创生直贯形态，或形著实现的形态，由此保住仁之感通性而为一道德的真实生命，而为一形上的真实的生化原理与实现原理；就工夫而言，则有别于朱子之讲求"敬"工夫论的静摄形态，而着重察识本心之逆觉体证，当下判开感性界与超感性界而直指超越的本心；即就自己的本心当下呈露警觉而肯认之，使此本心提起来而觉其自己，使其归于其正位而呈现其主宰的作用，也就是求其放心，使放失之心复位。④ 牟先生以为"如何复其本心"的解答，在于本心自己的警觉与震动，本心之不容已的力量使觉悟成为可能，亦为其必然之最内在的根据，着眼于此而言道德实践之本质的工夫即为"觉悟"，此亦为孟子学所必有的含义。直认本心之为觉，觉而有的痛感，知汩没之为非；并直下肯认渗透本心之无限性而名"顿悟"；由觉而悟，必须悟到此境，始达"本心"之义，而为道德实践成圣所必须。⑤

牟先生有关"复其本心"的结论与徐复观先生所论虽基本一贯，唯徐先生直截简易，点出象山教人克己省察，在念虑初始处作价值转换，行义利之辨，恢复本心自为主宰的作用即是"复其本心"。牟先生则概念丰富、说理细腻，偏重于建构哲学性概念，如本体论的创生形态以及形上论的生化实现原理等，来解析"本心"之作用。虽然牟先生亦肯定象山平情而落实，能将观念议论皆融化于人伦真情之实事实理中，真切平正；但也批评象山对天道、天命、太极及其与心性

---

① 牟宗三：《象山与朱子之争辩》，载牟宗三：《从陆象山到刘蕺山》，第83—88页。
② 牟宗三：《象山与朱子之争辩》，载牟宗三：《从陆象山到刘蕺山》，第169页。
③ 牟宗三：《象山与朱子之争辩》，载牟宗三：《从陆象山到刘蕺山》，第91—92页。
④ 牟宗三：《象山与朱子之争辩》，载牟宗三：《从陆象山到刘蕺山》，第121—125、127、163—167页。
⑤ 牟宗三：《象山与朱子之争辩》，载牟宗三：《从陆象山到刘蕺山》，第167—169页。

的关系不感兴趣，分解工夫不够，只好复归于孟子，故无法予朱子以制衡。① 此处牟先生显然想表述象山分解思辨和知识论方面略逊朱子一筹，也反映他论述象山其实有偏于知识概念建构的倾向。

姑不论徐先生本来就无意深究象山的形上思想，但象山对天道、天命、太极及其与心性的关系真的不感兴趣吗？上述牟先生对象山的批评与论断，只凸显了象山心学的片面，后来其他学者有所补充。如日本学者福田殖就指出：相对于朱熹的"理性的哲学"，陆九渊的心学是"生命哲学"；他继承程颢把"理"和宇宙生机一体化的思想，使充塞在宇宙的"理"和跳动的人心一体化了，因此认为"理"乃宇宙所固有，并非无物；又他教民"洪范九畴"的"皇极"就是"道""理"，是充塞宇宙之物，舍此"极"言福就是虚妄，人应该在此"皇极"中，追求行动的原理，而且只要保住此心不陷于邪恶就能保住此"极"；田氏认为象山心学贯通内在的心至明的理，既体现了实践善政的动力，也具有感召庶民的力量。② 福田殖的解析系着眼于象山"生命哲学"将宇宙论与心性论联结合一的特质，与牟先生着眼于知识概念的建构而为象山解析工夫不足感到惋惜，二者立论角度截然不同，形成鲜明的对比。

（三）心即理与道德实践

1. 心即理

其实牟先生并非轻忽象山"心即理"所涵"此心此理充塞宇宙"的深意，唯在比较朱陆的脉络下，其强调象山并不采取"分解以立义"而是采"非分解以指点"的方式明辨端绪得失，以扭转朱子以知识途径论道德的端绪之失。总体而言，徐、牟皆能把握象山"心即理"此重要概念的宇宙论和普遍原理的含义，但徐先生从"心即理"的实践发用面，解释心何以能辨志、行义利之辨、复其本心，并强调与此呼应之实理实事实行的应世体践。牟先生则从诠释分解的面向，强调"心即理"归于实事实理的践履，乃指道德实践；③ 故其具有道德秩序即宇宙秩序意涵，可为儒教式之道德界、存在界、本体论、宇宙论通而为一之圆教的立论基础；而且其为本体论之创生直贯、形著实现的型态，可保住天道太极之创生性的生化原理和实现原理。④

牟先生指出：孔孟仁教的精神系以立体直贯为本质，象山继承了这种"本体论的直贯"，而朱子将之转为"认识论的横列"；象山的"心即理"讲求以本心之沛然成就一切，以及归于实事实理的道德实践，即是本体论直贯实现之平铺，重生化创造，以实事实理皆一心出，出此理即有此事，有此事即见此理，故言"满心而发，充塞宇宙，无非斯理"。象山此创生直贯的型态比朱

① 牟宗三：《象山与朱子之争辩》，载牟宗三：《从陆象山到刘蕺山》，第142—144页。
② ［日］福田殖：《陆九渊心学的特质》，载张立文、［日］福田殖编：《走向世界的陆象山心学》，北京：人民出版社2008年版，第16—25页。
③ 牟宗三：《象山之"心即理"》，载牟宗三：《从陆象山到刘蕺山》，第7、11—13页。
④ 牟宗三：《象山之"心即理"》，载牟宗三：《从陆象山到刘蕺山》，第122—123页。

子认知横列的形态更接近孔孟立教的直贯形态。^① 在此根本问题上，牟先生肯定象山直下指出人所以为人之超越的本心，乃是人人所具有之永恒而普遍、超越而一同，具有道德的创造性，并在内圣践履的过程中与天地生命合一。^② 也就是承认象山思想含摄了与心性的联结的本体论、宇宙论。此与前述牟先生自己认为"象山对天道、天命、太极及其与心性的关系不感兴趣"的批评立场明显有异。

2. 道德实践与知识事功

徐、牟都重视象山学讲求实理实事的道德实践性格；徐先生重视从心即理－理即事－心即事的思路，强调心在现实世界主客交融的作用，须在事上行义利之辨，决定人生的方向，成就道德实践，故言实理、实事、实行一贯，突显象山学的事功性和社会性。牟先生则在思辨原理上，直指实事实理之宗主即道德实践；但未深究实行问题，亦不论具体事务，而是从自由自律言本心之呈现与道德实践，较着重象山内圣之学的一面。

此外，牟先生认为象山重视道德而不重知识，只承认在尊德性的前提下，助成道德践履的道问学；但又认为象山虽不抹杀知识，却未具随时正视知识的"穷理细密工夫"，且难免有轻易天下事之讥。牟先生的批评或因针对象山未能发展分解式的论辩概念而言，但未免太过忽视象山具体事功背后所含巨大的知识能量。牟先生认为象山"格物致知"中的"物""知"皆指彝伦良知而言，^③ 也反映他论述象山心学倾向聚焦于道德实践之一斑！这与徐复观先生从象山担任军政官职时具体的事功，^④ 来合理推断象山应重视知识的说法，有明显不同。事实上，象山之学不仅是心学、人学，更是实学，离开不了社会经济和伦理的现实情境。象山的经济思想和实际建设，不但含有大量的客观知识，并与道德实践密切关联，体现了义与利的结合。^⑤ 故牟先生批评象山"难免有轻易天下事之讥"，并不尽如理。相对于此，徐先生论述象山心学的同时，亦罗列象山的具体建树以为参考，更突显其论象山心学的实践性格。

五、结语

徐复观先生论陆象山实践心学观最大的贡献与特点，在于同时确立"立乎其大：辨志、义利之辨、复其本心"之内在价值转换的进路，以及"本心发用主客交融：实理、实事、实行"的应世实践之路，兼顾内外对成就人格的重要。牟先生则概念丰富、说理细腻，对象山心学偏重于哲

---

① 牟宗三：《象山之"心即理"》，载牟宗三：《从陆象山到刘蕺山》，第97—99页。
② 牟宗三：《象山之"心即理"》，载牟宗三：《从陆象山到刘蕺山》，第85—89页。
③ 牟宗三：《象山之"心即理"》，载牟宗三：《从陆象山到刘蕺山》，第37、45、51、92、94—95页。
④ 徐复观：《象山学术》，载徐复观：《中国思想史论集》，第69—71页。
⑤ 吴牧山：《陆九渊心学的特质》，载张立文、〔日〕福田殖编：《走向世界的陆象山心学》，第598—608页。

学性知解，以本体论的创生直贯形态以及形上论的生化实现原理等概念，说明"本心"真义，以及辨志、明本心、先立其大之逆觉体证与道德实践的工夫路向。

徐、牟对象山心学之道德实践的根本问题有高度共识，对象山的实理、实事说也同样重视；但徐先生强调主客交融，实理、实事、实行并重的应世实践，重视象山学强调剥落自省的工夫，以及追求"宽平乐易"的修为境界。牟先生虽亦肯定象山能将观念议论皆融化于人伦真情的实事实理中，真切平正；但其论实理、实事，但主要是为了道德实践，且未言具体实行；此外，相对于徐先生的"复其本心"，牟先生则仅言"明本心"，说明徐先生更强调象山心学的实践性。而牟先生论象山则以知解性的哲学概念为主，表现出对建构知识论的关注，此所以他批评象山对形上论与心性关系的分解不足。总括而言，徐先生对象山心学的理解比较接近象山的本然；而牟先生则概念丰富、剖析深入，反而比较接近朱子追求知识分解的路数。徐牟论述象山心学的差异，并不构成对立的关系，而是相互印证互为补充。透过两者的比较，更能凸显徐复观先生论述象山实践心学的贡献。

作者简介：黄丽生，台湾海洋大学人文社会科学院前院长，台湾海洋大学海洋文化研究所教授、人文社会教学研究中心合聘教授、海洋文创设计产业系合聘教授，研究方向：中国思想史、海洋文化、客家文化。

熊十力习心论发微

王巧生

摘要：熊十力形上学之纲要大体为："体用不二""翕辟成变"（辟主翕辅，相反相成），"刹那生灭"。以当代哲学衡之，此套形上学是绝对唯心论、泛神论与"内涵进化的循环论"。这三种定性能精要地统摄其理论特征。熊先生的习心论以其形上学为基础，剖析入微，论述深邃，指明了习气的起源，习气的不同状态（潜藏为习气，显现于意识层为习心），习心的净染（善恶）之别，及其不同性质与作用；恶之来源问题亦在其中获得较为妥善之说明。

关键词：熊十力；形上学；习心；绝对唯心论；泛神论；内涵进化的循环论

一、熊十力形上学纲要及其性质

一较为完善的哲学体系，必有形上学（metaphysics）部分为其根基。盖作为一个完善的哲学体系所必不可少的其他部分（如人性论、知识论、价值论等）的探索，最终必将回溯至对最一般意义上所谓实在之性质、组成等问题的思考。这即是传统所谓"形上学"的任务。易言之，缺少一套明晰、确定的形上学理论或原则以为终极依据，其他领域的哲学问题无法获得彻底解决，哲学体系的大厦也无从树立，或者就是不胜拷问的空中楼阁。

作为中国现代一位体系性、长于思辨的哲学家，熊十力对上述简单道理自然认识得很清楚。他说："（儒释道）三家为道之学，都由参究人生，而上穷宇宙根源，以解释人生所由始，以决定人生修养之宜与其归宿，故宇宙实体之追求，在古代各宗中皆为根本问题也。"[①] 在他看来，以儒释道为主流的中国哲学，其发源之问题意识虽皆为人生哲学的，但皆不得不穷本溯源至宇宙根源或实体问题（即形上学问题）；由形上学问题的确定解决，而后才能牢固树立其人生论与工夫论。这种了解是中肯的。其实，这不仅是中国哲学的内在理路，而是系统性哲学思考的一般理路，熊十力对此有清晰认识，且是执着的探索者、践行者，他袒露心声说："我的作书，确是要以哲学

---

① 熊十力：《明心篇》，北京：中华书局 1994 年版，第 273 页。案：下引此书，唯出页码。

的方式建立一套宇宙论①。这个建立起来，然后好谈身心性命切实工夫。……这个（宇宙论）成立了，方可讲身心性命。"②确如其言，他的哲学体系即是以体用(宇宙本体及其功用、表现)问题为核心逐层展开的，其用思之最重最精皆在是；其知识论的性质、心性论的基本结构皆由形上学决定，而前者又决定了认识和人生修养（工夫）的方法论性质。总之，在熊十力哲学体系中，形上学是其他一切领域开展论述的基础，或者说，后者是形上学在其领域中的自然伸展、推绎。

既如此，这里尝试阐发熊先生习心论要义，不得不先概述其形上学之主要内容，括约其要义，执简以御繁；衡定其性质，居高以握实。熊十力认为，万象纷然、变化无穷的宇宙有其超越而内在的本体。本体是绝对实在的（本体论上的绝对实在，唯一无待，超越一切限制，如时空等），是至善的（绝对之善），是无穷的创造性（"生生"）、是永贞而圆神（无感不通、无物不照）的精神（"圆觉""灵明"等），等等，总之，本体具有无限的原理或性质③、功用，且恒守其本性而不移。现象宇宙是万殊而有限的，本体是无限的、绝对的（即绝待的）、圆满的，故相对于现象宇宙，本体是超越的（transcendent），或者说本体超越于现象宇宙。本体虽是超越的，然其与现象宇宙非如天壤悬隔，毫无关联，相反，后者正是本体自身的显现。盖本体非是死寂无用之物，本体自身恰是恒动的，即具有永恒的、无穷的创造性（"生生"），恒举其自身而全现为无尽功用。本体之恒动或永恒发用，便展现为万象纷纭、变动不居的宇宙；本体虽不即是宇宙万象，然脱离宇宙万象，并无本体可寻。易言之，本体内在于现象宇宙，或曰其为内在的（immanent）。一言以蔽，宇宙本体是超越而内在的，④此即熊先生反复宣称"体用不二"的要义所在。

---

① 熊先生常以"宇宙论"来表示当今所谓"形上学"（metaphysics）。盖他所谓"宇宙论"，虽然也包括了对物质宇宙的起源和进化的论述（即属于当今所谓 cosmology），但其主要内容是讨论体用、翕辟等通常所谓"形上学"问题。就西方哲学传统而言，形上学（metaphysics）与宇宙论（cosmology）所指不同，非同一概念。然而不能因此批评熊先生用词不当，因他似从未指明他所谓"宇宙论"对应西方的 cosmology，故只能说熊先生心中的"宇宙论"可包涵当今所谓"形上学"。

② 熊十力：《与梁漱溟》，载熊十力著，萧萐父主编：《熊十力全集》第八卷，武汉：湖北教育出版社 2001 年版，第 759 页。

③ 所谓"无限的原理"，熊十力原语是"备万理"（熊十力：《新唯识论》语体文本，转变，北京：中华书局 1985 年版，第 313 页。案：下引此书，唯出页码），意为：本体具有无限的理则，宇宙中已经表现出来的理则，如物理学之理、伦理之理等等，皆根源于本体已具之理。相对于已经表现出来之理，本体尚有无限未表现出来之理。若将来某理新现，亦非本体原本不具此理，而只是已具之理初次显现而已。此义，见《新唯识论》语体文本，成物，第 537—539 页。所谓"无限的性质"，熊先生原语作"含万德"。德者，熊先生从古训训"得"，言本体含万德者，谓万德"是乃本体之所以得成为宇宙本体者也"。（《新唯识论》语体文本，第 468 页）易言之，此即表示本体具有无限之德或性质。虽然熊先生主张"德"字有德性、德用二义，而"德性之性不可以西文性质字译，此性字极灵活也"（《新唯识论》语体文本，第 468 页），然实质上"性质"（attribute）一词含义甚广，且熊先生所表达的本体含万德之义理，完全可用"本体具有无限的性质"一语表述，如斯宾诺莎哲学所谓唯一的本体（substance），即具有无限的性质。从逻辑上言，所谓本体"备万理"和"含万德"其实同义，唯从不同角度言之而有异。"含万德"者乃就本体自身言其具有无限性质，"备万理"者乃就大用流行（现象宇宙）所体现出来的无穷的理则性，溯本反推而言本体原本蕴涵此无限的原理。归根结底，二者皆指向本体之无限性。所以，兹叙述熊先生之说，以"或"字联结二者。熊先生本人亦有此意和相同表述，如谓："（本体）具备万德或万理。"（《新唯识论》语体文本，第 463 页）

④ 就某种哲学理论而言，transcendence 与 immanence 二义可共存。此种观点多见于泛神论（pantheism）与万有在神论（panentheism）。前者主张神（god）等同于宇宙（注意：此"等同"非完全同一、无任何差别之谓，许

　　本体之恒动或展现为宇宙，遵循相反相成原则，具体而言，乃由性质相反的翕辟两种势用互相配合而成。翕是"摄聚"（收摄和凝聚）的力用，其本身非物质，但其作用有形成物质的趋向。物质世界即由翕势作用逐渐积累而成，易言之，翕是物质世界或现象的直接根源，是物质的原则。本体是恒动的、生生不已的，而翕之作用则趋向于收敛、凝聚，趋向于形成无生命的物质，故翕与本体自性相反①。因此，若宇宙中仅有翕，则终将形成一个无生命或无精神的死寂物质世界。然而真实的宇宙恒是生机勃勃、发展进化的有机整体。其故在于：本体必然永远保持其恒动或生生的本性，是以宇宙中尚有性质与翕正相反的、且能主宰翕或物质的势用（辟）存在。辟之性质与本体自性相同，即是恒动或生生的、至善无恶的，是超越时空范畴的（或谓恒在、遍在），是精神性的等等②；翕因其"摄聚"，分化为多，但辟与之相反，恒为一体。故辟包乎翕或物质之外，又彻乎其中。虽然翕之力用甚大，物质世界因之而成，但宇宙的主宰力量毕竟是辟，换言之，翕或物质皆顺从辟之主宰或运转。是故，宇宙就不仅是一个无生命的物质世界，而是一个由生命或精神主导的、发展进化的有机整体。辟就是此宇宙的精神，或曰宇宙的心。宇宙中生命、精神、心灵现象归根结底都是辟之显现，故三者异名同实。相对于翕之为物质的原则，辟即是生命的或精神的或心灵的原则。辟虽为宇宙精神，是主宰力量，翕则是趋向物化的、顺从的力量，但翕辟本来一体，且若无由翕所成之物质世界，则辟之主宰力亦不可见，盖辟是超越时空等有限范畴的。故由此而言，翕或物是辟显发其主宰作用的资具。总之，本体发用或展现为变动不居的宇宙，本然具有翕辟二种相反势用，翕辟一体，辟主翕辅（"翕以显辟，辟以运翕"③），相反相成，由是本体显现为万殊变迁的宇宙。辟是宇宙的精神原则，翕是物质原则。

　　本体之发用，由翕辟相反相成，变现出万象灿然、流行不息的宇宙，然须知翕辟及其所变现的宇宙皆是"刹那生灭"的，故皆无独立实在性；具有独立实在性的，唯有本体自身。"刹那"本是佛教用语，其义概指极小的时间，然熊十力借用此语，并无时间义，因翕辟是超时空的。于熊先生，"刹那"只是譬喻生灭变化之极其突然、极其短暂。所谓"刹那生灭"者，大意为翕辟突然肇生，但生后无一刻暂留，即于生之同时彻底灭亡；然而灭亡之同时，又突然而新生；然此新生亦是才生即灭；如是生灭灭生永无穷尽。既然每一灭是完全灭尽，则前不留后，每一生皆为新创。这不断的生灭灭生，或者说不断地新生，不得已勉强形容之，好似电光迅疾地一闪一闪。

　　多泛神论者肯认的"等同"或"同一"（identity）是一种包涵差异的、辩证的同一），后者主张神（god）既超越于宇宙，又"在"宇宙之中。举例而言，前者如爱尔兰哲学家 John Scottus Eriugena 和穆斯林哲学家 ibn 'Arabi，后者如已故当代英国神学家、生物化学家 Arthur Peacocke。参见：Mander, William, "Pantheism" ,The Stanford Encyclopedia of Philosophy（Winter 2016 Edition），Edward N. Zalta（ed.），URL = <https://plato.stanford.edu/archives/win2016/entries/pantheism/>.Culp, John, "Panentheism" ,The Stanford Encyclopedia of Philosophy（Summer 2017 Edition），Edward N. Zalta（ed.），URL = <https://plato.stanford.edu/archives/sum2017/entries/panentheism/>.

①　关于翕与本体自性相反，参见《新唯识论》语体文本，第 321—323、546 页。
②　此义以熊先生之言概括，即辟是"称体之用"。称者，称当、等同之义。熊先生曰："至所谓辟者，才是称体起用。此中称字，甚吃紧，谓此用是不失其本体的德性。"（《新唯识论》语体文本，转变，第 323 页）又曰："唯辟，则以其至健而不有，至动而恒寂，乃全与其本体相称。"（《新唯识论》语体文本，转变，第 330 页）
③　《新唯识论》语体文本，转变，第 328 页。

既然每一生即于生之同时，完全灭尽，无一刻暂存，故可谓翕辟根本就没有存在过，换言之，翕辟本身无独立实在性。"刹那生灭"的翕辟无独立实在性，由其所变现出来的宇宙自然也是"刹那生灭"，无有独立实在性的。既如此，吾人何以能见到万象灿然、广阔难测的物质世界？此物质世界只是翕幻现出来的迹象而已，如同电光一闪一闪，本无延续，当其迅疾之甚，则看上去好像一直存在一般。① 因物质世界并无实在性，而只是迅猛的翕势所显现出来的一种迹象，故谓之幻现或诈现。熊十力否定翕辟与宇宙的实在性，出于其本体一元论的逻辑必然，盖除（宇宙）本体之外，如何可能承认有其他（独立的）实在性？

以上简述了熊十力的形上学，这套理论之肯綮，可用熊十力自己的概念勾勒描绘，即"体用不二""翕辟成变"（具体内涵是：辟主翕辅，相反相成），"刹那生灭"。此形而上学理论的性质，约略而言，首先，这是一种**绝对唯心论**（absoluteidealism）。"绝对唯心论有多种形式，其核心观点是：唯有一个终极真实的事物（即'绝对'）存在，此'绝对'的性质是精神的。其他事物或是它的局部性方面，或是它所生成的虚幻表象。在此，唯心论变成了一种一元论：'绝对'之所以被称为绝对的，乃是因为其自身不依赖其他任何事物或以之为前提，也不具有与其他事物相关联的性质。"② 据此而言，熊十力的形上学无疑是一种绝对唯心论：其一，此形上学所确证的绝对的宇宙本体，其本性是精神或心灵的。本体自身不可感知，也不可凭理智把握，然现象宇宙是本体发用所成，或曰本体之显现，故可即用见体。现象宇宙不是一个纯物理世界，而具有一带着特定方向性的宇宙精神。此宇宙精神是宇宙的主宰力量，是至善无恶的，是反物化的，此即所谓辟。辟或宇宙精神的明智、生生（永恒创造性）等等特性，与本体自性相同，或曰辟正是本体自性的显现。与之相对，翕虽亦是本体之用，但毕竟有与本体自性相反的趋向。③ 故本体自身虽不可见，然即用见体而言，由辟之性可知，熊十力所谓绝对的宇宙本体，虽然具万理、备万德（即具有无限的性质与功用），但至善的精神性，而非物质性，才是其本性。其二，唯有本体是实在的，现象宇宙只是此本体的显现，只是本体发用所成之幻相，其自身不具有实在性。此绝对的精神性本体，发用为翕辟二势（更准确地说是发用的两个方面）；翕辟相反相成，于是本体显现为有精神主宰的现象宇宙。现象宇宙虽蔚然可观，灿然夺目，然皆为"刹那生灭"，生之同时即灭，灭之同时即生（翕辟本不可以时间范畴描述，此所谓"时"只是譬喻），故无实在性，其为有相，如同电光一闪一闪，本无有物，而现似有物相而已。综上所述，一方面，熊先生形上学的绝对本体，其本性是精神的，绝对本体自身显现为宇宙精神，一方面，唯有此绝对的精神性本体是实在的，现象宇宙是本体之显现，不具有实在性，故就这些特点而言，这是一种绝对唯心论。④

---

① "譬如电光一闪一闪，诈现延续的光相，虽非实在的东西，却亦不是全无。"（《新唯识论》语体文本，转变，第345页）除此之外，熊先生还有一善喻："如燃香楮，迅转则见火轮，此火轮本非实有，而宛如实物。"（《新唯识论》语体文本，功能下，第436页）
② A.R.Lacey：A *Dictionary of Philosophy*. 3rded. London: Routledge, 1996.p.143.
③ 见《新唯识论》语体文本，转变，第321—322页。
④ 案：这里须做一简释，即熊十力明确反对他所谓"唯心论"，因此说主张宇宙中唯有精神（辟）是实在的，而把物质（翕）约归为精神（辟）。既如此，兹定性熊先生形上学为一"绝对唯心论"是否合适？答曰：十分合

其次，此形上学是一种**泛神论**（pantheism）。何谓泛神论？"在最一般的意义上，泛神论可以被正面理解为神与宇宙为一的观点，也即是主张神之外不存在任何事物，或者从反面理解为拒绝任何认为神与宇宙不同的观点。"① 换言之，泛神论之特色在于反对以某种方式把神与宇宙分割开来（如神从无中创造宇宙，且相对于宇宙而为其唯一的判决者），而主张宇宙即神，神即宇宙。泛神论的本质内涵虽可简单表述如前，然其中尚有许多问题须辨析、澄清，兹仅对与此所探讨问题相关的二点略加说明。其一，被称作泛神论者（学说或个人）之所谓"神"，未必是某种人格神；事实上，"拒斥人格神是许多泛神论者之学说的明确特征或最重要因素"。② 其二，对许多泛神论者而言，所谓神与宇宙的"同一"或"等同"，并非是经典逻辑意义上排除任何差异的彻底同一，而是一种涵摄差异的同一，即辩证的同一；"若以更具神学性的语言来表述此点，那即是（主张）神（相对于宇宙）同时是超越而内在的"。③ 在上述理论的比照下，现在可以转而判定熊十力形上学是一种泛神论。熊十力提出，恒动的（恒发用或生生不已）本体全体幻现为大千宇宙，一面言之，"此用（宇宙）即是体（本体）之显现，非有别异于体而独在的用"，另一面言之，"亦非有别异于用而独在之体"④，于是，"用外无体，体外无用，体用只是随义异名，二之则不是"。⑤ 显然，这是主张本体与宇宙为一，易言之，本体在特定意义上内在于宇宙。然而本体与宇宙是同一的，非谓二者全然无异，盖在逻辑上仅就本体之自身而言（因本体并无不发用之状态，或曰本体恒显现为大用流行或宇宙，故不存在脱离宇宙或大用之本体自身，是以所谓本体之自身只是在逻辑上言之），其是唯一绝待的，无限的，超时空的，而在逻辑上仅就宇宙现象自身而言，其是多而非一，是有限的，是有"迹象"的，⑥ 故相对于宇宙而言，本体具有超越性，易言之，本体与宇宙虽为一，然毕竟非无别。至此，晓然可知的是，在本体相对于宇宙的关系上，熊先生是鲜明地主张即超越即内在的，或者如前所言，主张一种涵摄差异的同一，或辩证的同一。这种关系，他谓之"体用不二"，"不二"既强调了内在性，又隐含着超越与差别义，且言辞精简，可谓

其故在于，熊先生所批评的那种唯心论，固属于广义的唯心论之一种。然兹所谓"绝对唯心论"是当代哲学界对于费希特、谢林、黑格尔所开创的一种唯心论新形态的专称。这种新形态的唯心论主张"实在（reality）可知在根本上是精神性的，然而客观物质要素也是必需的，因若无客观物质要素，精神不能实现其自身。客体暗示着主体，但主体也暗示着客体，即便主体在根本上是优先的。……此观点强调宇宙的统一与理性，甚至把其描述为完美的。"（The Concise Encyclopedia of Western Philosophy. edited by J. O. Urmson and Jonathan Rée.3rded. p.178.Routledge, 2005）总之，就其大端而言，这是一种在肯认精神根本性基础上的、强调统一、进化的新型唯心论，而非熊先生所批评的那种唯心论。比照起来，熊先生的形上学确乎可归为当代哲学所谓"绝对唯心论"之类。

① Mander, William, "Pantheism" ,The Stanford Encyclopedia of Philosophy（Winter 2016 Edition）, Edward N. Zalta （ed.）, URL = <https://plato.stanford.edu/archives/win2016/entries/pantheism/>.

② Mander, William, "Pantheism" ,The Stanford Encyclopedia of Philosophy（Winter 2016 Edition）, Edward N. Zalta （ed.）, URL = <https://plato.stanford.edu/archives/win2016/entries/pantheism/>.

③ Mander, William, "Pantheism" ,The Stanford Encyclopedia of Philosophy（Winter 2016 Edition）, Edward N. Zalta （ed.）, URL = <https://plato.stanford.edu/archives/win2016/entries/pantheism/>.

④ 《新唯识论》语体文本，功能下，第 435 页。

⑤ 《新唯识论》语体文本，功能下，第 463 页。

⑥ 关于体用之别，参见《新唯识论》语体文本，功能上，第 387 页；与卷中后记，"释体用"，第 465 页。

善言语者矣。综合考虑，熊十力形上学中本体与宇宙的关系完全符合泛神论的特征观点，而其非人格神的本体又不碍其为泛神论，故此形上学无疑是泛神论的一种。

再次，就物质宇宙或当代哲学意义上的宇宙论（cosmology）而言，熊先生的哲学是**内涵进化的循环论**。所谓"进化的"，其义显明。物质宇宙在辟之潜移默运下，历甚长之时期，表现出由简单至复杂、由粗笨至精巧的进化，其目的在于演变成为辟（精神、心灵、生命）显发其盛大、无穷作用的最佳工具。这是自物质或翕的一面言之。就辟而言，亦表现出由植物暧昧的心理现象、至动物心理，再到人类心灵的从低级到高级的递显，然须注意的是，辟或精神从低至高的递显，非如物质或翕那样是其自身在进化，而只是本来完具、自身圆满的辟或精神在显露上之升进。其初也，因物质结构之简单、钝浊，辟或精神之作用隐蔽不显，后来随物质结构的进化，辟或精神作用愈来愈明著地显露出来，故谓之显露上的升进。此如浓雾渐退，太阳益显，非是太阳自身在增亮。总之，依熊先生的宇宙论，在辟或精神的主宰下，物质世界恒趋进化，换言之，这是一种进化论。既是进化的，则恒指向更加复杂、高级的发展方向，也即是说此过程是单向而不可逆的，此正与所谓循环相反，如何又言熊先生的宇宙论也是一种循环论？因熊先生在主张进化论之同时，又认为宇宙虽然不断发展、进化，但终究有彻底毁灭之时。是故，单就某一物质宇宙观之，则其必然经历一成一毁之过程，此谓（物质宇宙的）"一期成毁"。[①] 但本体的本性是生生不已的，故此物质宇宙虽必毁，但毁灭之后，新的物质宇宙又必然渐渐升起，重新开始一段漫长进化、发展的历程，但与前宇宙相同，最终亦必然灭亡殆尽。此新物质宇宙灭尽，则又有后续的物质宇宙渐行生起……如是，物质宇宙生灭灭生，以至无穷。无疑，这是一种物质宇宙的循环论。是以总而言之，熊先生的宇宙论，自某一物质宇宙阶段观之，是进化论的，而通无穷物质宇宙生灭灭生的过程观之，则又是循环论的，故兹将其宇宙论称作"内涵进化的循环论"。

大略而言，以上三种定性具有两方面之益，是对熊十力哲学性质较为准确的把握。第一方面之益是，它们可以涵盖熊先生哲学的重要特征。如前所述，熊先生哲学的纲要是体用不二、翕辟成变（辟主翕辅）、刹那生灭。"体用不二"主要表述了两个核心观点，其一，本体不是死寂之物，而本身即是一种不息的、无穷的创造性；其二，本体恒是创造的，其表现为万殊、变迁的现象宇宙，是以本体与现象宇宙是辩证统一的，或者说，相对于现象宇宙，本体是即超越即内在的。泛神论、绝对唯心论可以涵盖"体用不二"的核心内涵。泛神论可涵盖"体用不二"前文已详述，兹不重复。绝对唯心论何以能体现"体用不二"之义？盖绝对唯心论只承认绝对的（唯一无对）精神本体，现象宇宙或者是其虚幻表象或者是其一部分，这其实也是一种泛神论。[②] 其实，熊先生的"体用不二"学说，究其具体内容，无非是一种绝对唯心论。"翕辟成变、刹那生灭"主言现象宇宙何以成，略其细节，观其要旨，其哲学观点之重，在于突显体现本体自性的"辟"（精

---

① 《新唯识论》语体文本，成物，第 543 页。

② 绝对唯心论也是一种泛神论，参见 Mander, William, "Pantheism", The Stanford Encyclopedia of Philosophy（Winter 2016 Edition）, EdwardN. Zalta（ed.）, URL = <https://plato.stanford.edu/archives/win2016/entries/pantheism/>.

神、心）在宇宙中的主宰作用，在于表明物质世界只是"辟"或本体①显现自身之工具；这种以精神为本、以物质为从属的主张，绝对唯心论恰可统摄。以上是简要解释绝对唯心论、泛神论何以能涵盖熊十力哲学纲要。至于第三种"内涵进化的循环论"的定性，虽非是最根本的（因圆满精神主导的世界，自然是进化的），但对于反映熊十力哲学的特色亦不可缺。总之，前面对熊先生哲学的三定性，可以简而赅地概括其特征。第二方面之益是，熊十力哲学的其他一些性质，也为前述定性涵盖，或曰可由之导出。举要者言，如本体是能动的或具有永恒创造性的（"生生"），此是绝对唯心论的必然观点之一。本体的本性（即自性）既然是精神的，精神性与物质性或机械性相反，则本体必然是能动的。又如，熊先生的形上学是一种目的论②，此特点亦为绝对唯心论所涵。以精神性为本性的本体全副展现为现象宇宙，现象宇宙由此精神性作用（辟）主导，这属于一种绝对唯心论。既由辟主导，则宇宙发展何能不具有目的性或方向性？故熊氏形上学的目的论特点亦为绝对唯心论涵盖。综上所述，有前述两方面益处，故谓前面的三种定性是对熊十力形上学较为贴切的把握，实不为过。

二、习气、习心与恶之来源

超越物理世界的、圆满之辟，通宇宙而言，谓之宇宙精神或宇宙之心，就显现于吾人而言，即是吾人之本心（故宇宙之心亦即吾人之本心），亦是吾人之本性。本心是先天的，盖其先吾人之形体而恒在（本心或辟超越时间范畴，故"先"非时间义，乃借用），亦不因吾人之亡而遂亡。人赋形而生，即获得生理生命之后，遂有诸多心理的、语言的、行为的活动。就活动自身言，可谓有始有终，然这些活动将产生复杂的心理余势，并不因活动结束而遽亡，而是潜藏于当前意识层之下，方未来机缘应合，将再次现起，发挥巨大力量，影响吾人现实生命。此心理力量，方其

---

① 区分而言，辟为用，非本体自身。但因本体恒发用，绝无一个脱离用之自身存在，又，辟之性与本体自性同，故即用见体而言，又可谓辟即是体。此义熊先生数言之。故兹表述为"辟或本体"，非谓不知辟与本体之分也。其实，言禽或物质是本体显示其自身之资具，相较言是辟显示自身之资具，更具玄义，更值得玩味，盖辟无非是本体自性之显示或作用也。

② 熊十力表示若对所谓"目的论"作特殊限定，则他不反对此理论；换言之，他的形上学也可以称作一种"目的论"。其实，凡是某种学说主张自然或至少有意向的主体是目的导向的，或功能地组织起来的，当代哲学都视作"目的论"（"Teleology"，The Cambridge Dictionary of Philosophy, 2rded. Robert Audi（generaleditor），Cambridge University Press 1999, p.905.）故当代哲学所谓"目的论"涵盖甚广，熊十力的形上学亦无外其域。他所作更细致的辨析，只是在目的论的大类中，指出一种特殊的目的论而已。熊先生对他所认可的"目的论"的特殊限定如下：其一，此"目的论"非表示万物构造之精妙与进化，是本体有意为之，预先计划其范型而为之。其二，此"目的论"的真实含义表现在两方面。第一，就各个物而言，万物的生成是自然而然，辟或本体未有意为之，亦未预先确定其范型，然当其成为此物，则辟或本体即使之各有其正；如天地运行自然有序，地理现象各有其则，动植物有动植物之正，人有人之正等等。第二，就宇宙演变而言，其演变表现出发展进化、反物化的大方向。此二类现象反映出宇宙的变化确乎不是盲目的或迷闇的，而是在辟或本体的主宰下表现出特定的方向性。见《新唯识论》语体文本，成物，第528—534页。

潜藏谓之习气，方其现起谓之习心。与本心相对，习气或习心是后天的，盖其为人始生而后才有。自真际（真理）言，吾人之先天本心或本性是人生之主宰，然自实际言，人生中常混杂着后天之习心的力量，而非全副为本心主宰。是以，探究人生之渊奥，以图践形尽性（人生修养实践）之功，必须对复杂的、强大的习气、习心做深入考察。

（一）习气与习心

简言之，依熊十力，所谓"习气"指人的一切内外活动（心理的活动为内，与外在世界发生直接关系的为外）中所形成的复杂的、具有延续性余势的、潜藏于意识层之下的心理力量。"习气"由潜藏而显现于意识界，则谓之"习心"。熊十力曰：

> 凡人意念乍动之微，与发动身语或事为之著者，通名造作，亦名为业。一切造作不唐捐故，必皆有余势续起而成为潜存的势力，是名习气。这千条万绪的习气，所以各各等流不绝者，注意各各字。等流，谓各各习气的自身均非固定的，都是刹那刹那生灭灭生，相续流去，故云等流。等者，似义，后起似前曰等。就因为人生有储留过去一切作业，以利将来之欲。……一切习气恒互相倚伏，成为吾人生活的内在的深渊，可以说为习海。①

> 此不常不断的物事，实为潜在于吾人生活的内部之千条万绪互相结合之从聚体，是故喻如暴流。……当其潜伏于吾人内在的深渊里，如千波万涛鼓涌冥擘者，则谓之习气。即此无量习气有乘机现起者，乃名习心。②

> 夫习气千条万绪，储积而不散，繁赜而不乱。其现起则名以心所，其潜藏亦可谓之种子。……今心理学有所谓下意识者，傥亦略窥种子之深渊而遂以云尔耶？③

熊十力认为，人的所有活动，无论是唯独己知的内在心理活动，还是外显的语言或行为活动（皆是所谓"业"），在心理上会造成一种余势（余留的势用），并不随活动结束而消逝，而是潜存于吾人的心理世界中。这种由活动而产生并潜存不散的心理余势，谓之"习气"。所谓潜存者，习气因活动结束而退藏，不显现于当前意识中，然而当人遇到相似境况或者又作出相关活动④，则从前潜藏的习气便牵连而起，再次出现在当前意识中，并发挥其势用，造成新的影响，故谓之潜存。习气的潜存非是以恒定保持其同一性的方式存在，而是才生即灭，才灭又生（所谓刹那生灭灭生），如是生灭灭生相续流转下去；虽然处于不断的生灭灭生之中，似乎分裂为一系列无穷的小片段，但在性质上非前后截然不同，而是前后相似，此之谓"等"，"等"者，相似也。刹那生

---

① 《新唯识论》语体文本，功能下，第450页。
② 《新唯识论》语体文本，明心上，第549页。
③ 《新唯识论》语体文本，明心上，第596页。
④ 习心再现的内外机缘，熊先生所举黎明贪睡之例可资参考："凡人所习，便留下种子。余就小事举例：有时不欲早起，多睡一会，到第二天黎明便更贪睡，可见昨天不欲早起便是一种恶习，这个恶习已留下种子，到第二天黎明，那种子便发现。"（《明心篇》，第233页）

灭灭生流转下去，又前后相似，故谓之"等流"。当然，在熊先生的形上学中，凡用皆是如此"等流不绝"的，非仅习气如此，这是从佛教汲取的思想。就习气潜藏于意识之下、可乘机再现而发挥势用言之，可譬为"种子"（这自然是借鉴了大乘唯识学的思想），因植物种子本潜藏于地下，当机缘成熟便生根发芽，露于地面，正与习气之特点相似。不同活动产生相应的各各习气，各各习气皆潜存不散，于是在吾人的心理世界中便形成了千条万绪、互相关联的极为复杂的整体。此潜伏而无量复杂的整体，可形象地谓之"习海"。当习气乘机显露于意识层，发挥势用，此时谓之"习心"，或者借用佛教用语谓之"心所"。总之，或言习气，或言习心，或言习海，称名虽异，其指则一，皆谓吾人活动所致的心理余势，唯就其不同状态或角度言之不同而已。

习气既然是吾人活动之心理余势，而吾人的活动有善恶之别，故相应的，习气便也有净染或善恶之分。熊先生曰：

> 其（习气）性不一，有漏无漏，犖然殊类。无漏习气，亦名净习。有漏习气，亦名染习。夫习所以有染净异性者，揆厥所由，则以吾人一切作业有染净之殊故。染业者，如自作意至动发诸业，壹是皆狥形躯之私而起者。……染即是恶。须知，恶本无根。吾人本性无染，何故流于恶耶？只狥形骸之私，便成乎恶，王阳明先生所谓"随顺躯壳起念"是也。……净业者，如自作意至动发诸业，壹是皆循理而动，未尝拘于形骸之私者。……净即是善。循理者，即凡意身等业，壹皆顺从乎天性本然之善，而动以不迷者也。《中庸》所谓"率性"是也。[1]

依熊先生之见，万物（含人）之生皆有其所以生之理（理则或原则），此即宇宙本体。易言之，就宇宙本体为万物所以生之理言之，便谓之性或本性。又就宇宙本体可主宰吾人之身而言，谓之本心（即辟）。[2] 他说："本心亦云性智，是吾人与万物所同具之本性。本性犹云本体。以其为人物所以生之理，故说为性。性者，生生义。"[3] 又说："夫性者，吾人与天地万物所同具之本体；但以其为吾人所以生之理而言，则谓之性。以其主乎吾身而言，亦谓之（本）心。"[4] 总之，所谓本体、本性、理、本心者，其名虽异，其指则同。上述引文中，所谓"循理"明显与顺性同义，易言之，理与性同义，便有此说之背景。一切活动若是率循吾人的至善本性或本心或理的，由此生发的习气便是所谓"净习"或善习；若是随顺吾人形躯之私而发动，由此生发的习气便是所谓"染习"或恶习。净习之率循至善本性的内涵易于理解，即完全遵从本性之至善、明觉（绝对之智）、刚健（主宰物化）等性质。染习之随顺形躯之私的起源与内涵则相对模糊。然则其起源与实质到底如何？熊先生曰：

> 本体之显现其自己，不得不凝成为各各独立之形物，以为显现之资具。而形物

---

① 《新唯识论》语体文本，功能下，第455页。
② 本心或辟是用，非即是本体自身，然又谓本心或辟即是本体者，乃因前者与本体同德（性质一致），可即之而知本体，是谓"即用见体"。从"即用见体"之义，便可谓本心即本体。此义，熊先生数言之，参见《新唯识论》语体文本，明心上，第550—551页。
③ 《新唯识论》语体文本，明心上，第548页。
④ 《新唯识论》语体文本，明心上，第557页。

既成，便自有权能，即有不顺其本体之趋势。易言之，即得假其本性力用，以成为形物之灵明本性谓本体，亦云本心，亦云自性……。形物之灵明，其运用皆从形骸上打算，即妄执有小己而计为内；同时亦妄见有外，而不息其追求。此其虚妄分别，孰明所以，①而相状复杂，尤难究诘。要不妨总名为惑。……此诸惑余势、潜伏而不绝者，即名染污习气。②

相对而言，这里对染习起源与实质的表述较为清晰。染习的起源是所谓"形物之灵明"，其实质是"形物之灵明"之"虚妄分别"所造成的心理余势。所谓本体为了显发自身，故凝成形物，以为自身显发之资具或凭借，这显然是前述熊先生形上学中辟主翕辅、翕辟相反相成等义的重复。据这套形上学，从根本上说，或终极言之，本体必能主宰形物，形物必顺从本体之主宰，从而达至生生不已之和（即生生不已的和的状态或世界）；换言之，虽然本体必须通过形物才能显现，但形物只是一种资具，地位是辅助性的，只具有相对的、而非绝对的力量。但形物毕竟有一种与本体德性相反的动势或作用（源于翕），因此有可能不顺从本体（也即本性）的主宰，反而役使本体之力用，以为己用，从而形成形物自身的灵明。这即所谓"形物之灵明"。③本体或本性或本心，是刚健、明觉、仁爱的，以万物为一体的。而"形物之灵明"恰相反，认定并固执一个与万物相对待的、而非一体的自己（所谓"小己"），于是一切活动皆为此"小己"谋划，尽力满足自己的私心私欲。这是一种妄见、妄为。缘何谓之妄？因其虚妄分割我与万物。熊先生认为，宇宙是一体的。此一体之义，可从两点来说明。其一，已如前述，从辟势（也即精神、生命、心灵）的角度来看，宇宙是统一的，即宇宙为此唯一的精神所贯通、主宰，且宇宙中所有精神性现象皆根源于此唯一宇宙精神。人的本心或生命皆是此唯一的宇宙生命和宇宙精神。④其二，不单从精神的角度观之，而就宇宙的全体来看，它是一个内部"互相贯通""互相依持"的完整体。因此，尽管地位特殊，人也只是这完整体的一部分。⑤既然人与宇宙本来一体，故人之形躯假借本心之

① 所谓"孰明所以"者，孰，谁也；"所以"者，所以然也，谓其发生之缘由也。此其虚妄分别，谁能明了其所以然呢？言难知其何以发生。须注意的是，这非是就虚妄分别之总体而言，而是就其中之个体与部分而言。因前面熊先生已经就虚妄分别之整体之来源做了说明，故此所谓不明其所以便绝非就其整体而言，只能理解为是就其中之个体与部分而言。

② 《新唯识论》语体文本，明心上，第591页。

③ 根据熊先生的形上学，此非就全体现象世界而言，而特就动物与人类而言。因在植物，只有"暧昧的知觉"，精神尚未显发（熊十力：《体用论》，北京：中华书局1994年版，第151页），故严格来说，无所谓"假借其本性力用"、以成其灵明之说。在动物，其形体构造进化地更加精致，因而具有了知觉与本能的心理活动。这种心理活动虽然根源于本心之作用，但不可谓其即是本心的显露，盖它只知护持躯体，不知其他。也即是说，动物的本心完全被其形躯所役使（所谓"心为形役"），而成为形躯之灵明。就人而言，人体的构造已经极为精妙，故本心可得显露；但形躯既由翕势而成，故其自有与本心相反的倾向，因此亦可假借本心之明以为己用，而成为"形物之灵明"，换言之，吾人仍有动物"心为形役"之患（《体用论》，第210页）。总之，"形物之灵明"是专就动物和人而言；另外，因其在此是为说明染习的起源和实质而提出，故实乃主人而发。

④ 此是熊十力形上学的基本要义之一，熊先生屡加申明，在《新唯识论》（语体文本）与《体用论》中多见，故此不予引证。前者集中于"转变"章和"成物"章，后者集中于"明变"章和"成物"章。

⑤ 《新唯识论》语体文本，成物，第523—525页。案：据熊十力形上学，其实此说明宇宙一体的二义，只是一义，即第二义是第一义的必然推论。

灵明，而成为"形物之灵明"；"形物之灵明"在与外物相区别乃至相敌对之下，向内固执一个虚妄的或假的自己，竭力追求自己的私欲，就是莫大的错误了。这种错误的见识与行为一旦发生，根据熊先生的理论，便不会过即散亡，而将形成余势潜存，这便是染习。

习气之善恶既就顺违本心而分别之，则染习对于本心的作用完全是障蔽、阻碍的，而净习的作用主要是助益的，但也可能对本心有所障蔽。熊十力曰：

> 吾人很容易为形躯所使，而动念即乖，以障碍其自性。乖者，阳明所云顺躯壳起念，而违其自性之本然也。有生之伦，由顺形而起染习。染习即形之流类，所谓障碍，即此为之。由障碍故，本性虽至足，却是潜伏不显。①

> 反是而一任染心所猖狂以逞，心乃受其障蔽而不得显发，是即习之伐性也。②

吾人"为形躯所使"，即是说形躯役使本心之明，形成了"形物之灵明"。"形物之灵明"妄执与物对待的"小己"，故一切活动莫不为满足"小己"的私欲，于是"动念即乖"。所谓"动念即乖"，盖言凡动必与吾人至善本性相乖违。前述这个过程也即是染习产生的过程。染习由潜伏显露于意识层即是染心所或染习心，其性质与吾人本性或本心截然相反，势不两立，故染习心出现便障碍吾人的本性或本心，使不得显发。故说染习对于本心的作用完全是障蔽、阻碍的。与染习正相反，净习既然由顺从本心的活动产生，自然对于本心的作用主要是促进其显发的。熊十力曰：

> 如操存、涵养等工夫，此类作业所成习气，无障染性故，其潜力恒使吾人生活日益向上故，吾人本来的生命，恒赖有此净习而后得显发。③

所谓"吾人本来的生命"即是吾人先天的本性或本心，以"生命"言本性、本心，以及宇宙本体，是熊先生常见的用法。净习既然性质与本心一致，其力用自然有益于本心的显发或主宰。或者更加简洁透辟地说，净习即是以显发本心为目的的活动而产生的，其本身的目的就是为了显发本心。然而须留心的是，虽然吾人的本心恒须修德工夫与净习来显发或扩充，但当工夫与净习尚未完全达至"从心所欲不逾矩"的自然境界，还是可能对本心有所障蔽。熊十力说：

> 但人生的通患，常是把资具当做了本来的生命；不独染习乘权，是取生命而代之的；即净习用事，亦是以人力来妨碍天机，人力谓净习，天机谓生命。……所以前哲用功，染习固克治务尽，即净习亦终归浑化。……必使本体毫无蔽障方是明得尽，至此，则净习亦浑融无迹，即习乃转化而成性也。……孟子谈工夫，以勿忘勿助长为极。助长，即是习心未浑化故。④

修德工夫与净习之善性虽与本心相同，但作为一种造作及其心理余势，未必与本心浑沦为一，或者说与本心完全合一。本心之为善是纯粹天然的，是无为而无不为的，但工夫与净习可能有勉强的性质，如孟子所谓"强恕而行"之强。勉强虽未必障道，但亦有可能障道，如熊先生所举助长

---

① 《新唯识论》语体文本，明心上，第583页。
② 《新唯识论》语体文本，明心上，第596页。
③ 《新唯识论》语体文本，功能下，第453页。
④ 《新唯识论》语体文本，功能下，第454页。

之例，则是"非徒无益，而又害之"（《公孙丑上》）。唯有净习浑融无人为之迹，与本心化而为一，才能说其完全无害。故说净习对于本心主要、而非完全是助益的。

从上述习气的起源和性质加以推理，可知染习能全部断绝，而净习无全断之理。染习何以能全部断绝？这是从可能性上言，非谓现实必如此。染习的产生，源于吾人的形躯役使本心之明，而成为"形物之灵明"，以遂其自私之欲。但吾人毕竟有先天至善的本心，这既是吾人的本性，也是宇宙的本体。它毕竟是宇宙的主宰力量。染习对本心的障蔽，对于吾人至善的本心自身而言，毫发无损；只是在吾人生活中，本心暂不能处于主宰地位罢了。因此，从可能性上讲，或从理论上讲，只要吾人能立志发心，恒保持本心的主宰，不使形躯役使本心，反客为主，由是真积力久，则新的染习不生，旧的染习也逐渐消灭，终至于染习全部断绝。熊十力说：

> 虽人生限于形气，故所习不能有净而无染，此为险陷可惧。然吾人果能反身而诚，则舍暗趣明，当下即是。本分原无亏损，染污终是客尘。本分谓性。染习虽障碍本性，然本性要不因染障而有改易，故云无亏损。譬如客尘虽障明镜，然明镜实不因尘障而有改易，故拂拭尘垢，则鉴照朗然如常也。①

> 又若净习创生，渐次强盛。虽复有生以来，染恒与俱，而今以净力胜故，能令染习渐伏，乃至灭断。②

虽然人为形躯误导、限制，多见恶的活动与染习，然此毕竟对吾人本性之至善与主宰力毫无影响，因此，只要吾人肯认自己的本性或本心，努力依之创生善的活动，即所谓作修德工夫，则净习之力逐渐增强，能令染习潜伏而不能现起于意识界，长此以往，染习终至于完全断灭消失。故从理论上说，染习是可以完全断灭的，唯在于吾人愿与不愿。若染习终不能绝，则如孟子所言，非吾人不能也，是不愿也。但相对而言，净习无全断之理，熊十力说："净习虽无全断之理"③，又说："净习毕竟不可断。"④其根本原因在于，净习是本性或本心的发用或显露所致。熊十力说：

> 一切净业或净习，如强恕与无贪等三善根，乃至种种，都是顺性而起的修为，故说为业或习。⑤

> 夫保任此本体，方名工夫；但保任实由本体之自明自觉，易言之，即工夫实自本体出，非是离本体别有一心来用工夫。……工夫既非离本体别有物，只是本体之发现而已。⑥

> 故净习者，实以本心发用而有余势，故名。⑦

顺性或循理的活动，因其本质属善，故可谓之净业。净业之心理余势为净习（气）；净习现

---

① 《新唯识论》语体文本，功能下，第 462 页。
② 《新唯识论》语体文本，功能下，第 461 页。
③ 《新唯识论》语体文本，功能下，第 462 页。
④ 《新唯识论》语体文本，明心上，第 563 页。
⑤ 《新唯识论》语体文本，功能下，第 458 页。
⑥ 《新唯识论》语体文本，明心上，第 567 页。
⑦ 《新唯识论》语体文本，明心下，第 620 页。

起于意识界为净心所或净习心。净业虽与本心皆善，但若分别观之（自其异者观之），净业属于人为的、勉强的、刻意的活动，而本性或本心之显现则是天机自发，毫无勉强。故熊先生又谓净业是"修为"，即吾人修德的工夫。当然，当人做困勉的工夫已久，至于义精仁熟，净业或工夫之勉强的意思冰释，则净业已与本体完全合一了。或者说，此时净业即是本体之充周的显现其自身。净业虽是勉强的活动，非完全等同于本心之自然显发，然不能因此而以为净业非根源于本心之力，而其力别有来源，此是大误，或有二元本体之嫌。其实，净业源于本心之"自明自觉"，其力量来源于本心。易言之，净业源于本心之不忍或不容已。试以孟子所说上世不葬其亲者为例言之，其视亲之尸，"狐狸食之，蝇蚋姑嘬之，其颡有泚，睨而不视"，则是其本心之有不忍与不容已也，于是"归反虆梩而掩之"。（《滕文公上》）是其造掩亲之净业，出于本心之不忍或不容已也。净业既源于本心，其力来源于本心，则实质上就是"本心之发现而已"。须留心的是，净业虽是本心之发现或发用，但非本心全副发现或发用。净业是本心之发现，则净习自然是本心发用的心理余势。至于本心之发现或发用，熊十力接受儒家传统之说认为，这是人人必有的。他说：

> 无论如何陷溺的人，他虽良知障蔽已久，然他若对人说一句欺心的话，他底本心总知道他是欺了人。……他（良知）是本来明明朗朗的，不能瞒昧的。……须知良知在人，不患他不自识，而人之患只是分明自识却不肯致其良知。①

孟子认为人皆有不忍人之心，故乍见孺子将入于井，皆有怵惕恻隐之心；换言之，即是说人皆有仁心，且仁心必应机显现。王阳明说："良知在人，随你如何，不能泯灭。虽盗贼亦自知不当为盗，唤他做贼，他还忸怩。"②这表示人皆有良知，且良知必然显现。良知即是本心。因此，阳明所言相当于表示人皆有本心，且本心必然显现。总之，儒家传统中，有认定本心即是道体或性体或理体、且本心必然发用或显现之义。熊先生上述所言之义，即表示无论何人，其本心必有显现之时。这显然是对一种儒家传统的继承。既然心体或形上（metaphysical）本心必然发用或显现，从造业或习的角度来表示此义，等于说净习必然有所显现，从反面言之，便可谓净习无全断之理。

（二）恶之来源：根（形物）与习对本心的障蔽

一元论哲学，若同时主张本体是圆满的（perfect，自然包涵至善义），从理论上言，必须对现实世界中显见的恶现象作出合乎其理论自身逻辑的解释，否则便是未完成的或无法自圆其说的理论。熊先生的哲学便属于此种一元论，另外，他主张本体亦是万物（含人）之本性或本心，易言之，万物之本性或本心也是圆满的。是故，对恶现象的说明应是其哲学必涵之义。实际上，熊先生对此确有较为自洽的论述，此在前文已可概见其浑沦模样，其故在于恶之来源问题与其习气、习心论实有密切关系。亦正因二者关系紧密，剖析熊先生之习心论，须对恶之来源问题略加

---

① 熊十力：《与友人》，载熊十力：《十力语要》卷一，北京：中华书局1996年版，第75页。
② 王阳明：《传习录》下，王阳明著，吴光等编校：《王阳明全集》上，上海：上海古籍出版社1992年版，第93页。

澄清。

恶之来源，简言之，是"形物之灵明"与习心相协和，障蔽本心，使不得主宰、显现之故。吾人既天生具有至善本心，且本心必然显现，因此，若本心恒能显现于、主宰于吾人全部的生活世界，则何恶之有？譬如太阳若恒不被乌云遮蔽，则何阴暗之有？但当云翳蔽天，虽于太阳自身之明毫发无损，然自地球上观之，则或阴暗其甚，不辨牛马。吾人的本心即如太阳，光明自如，然而有障蔽其明者在，即"形物之灵明"与习心是也。前文已言"形物之灵明"是形物假借本心之力用、以成为形物自身之灵明。在熊先生那里，"形物之灵明"有更深入的说明，即"根明"（"根之灵明"）。所谓"根"，本是佛教的概念。佛教有所谓眼耳鼻舌身"五根"之说，五根又总称为"根身"。"五根"具有感知能力，如眼根可以见色，耳根可以闻声，等等。熊先生指出，佛教主张"五根"的形相精微，非目可见；力用（作用）神妙不测。这些特点非物质所能有，故佛教所谓"五根"概念的内涵虽然不能剥离物质性身体器官，或者说若无物质性身体器官，"五根"的感知作用不可能成立，但"五根"毕竟不即是物质性身体器官本身。熊先生吸收了佛教"五根"与物质性身体有关、又非纯物质性的而具有力用的思想，与自己的思想体系相融合，提出"根"是"生命力"（即本体、本心）欲表现自身，从而形成的一种见闻觉知的生活机能。"生命力"（本体、本心）由"根"显现，故"根"可谓一种"生命力"显现的资具。"生命力"恒在，然若无根之见闻觉知的作用，"生命力"也无从表现，不可得知，如无生命者没有"根"，其中便无心的现象。"根"虽然是"生命力"显现的一种资具，但其非完全被动的，而自有一种权能，可以反而假借本心之明以成为自身之明（即"根明"或"根之灵明"）。"根之灵明"之性与本心之明不必相同，其实常常相违，盖"根之灵明"恒欲追求物，以至殉物。当"根之灵明"殉物而动，则产生相应的染习气潜藏，如"根之灵明"贪着某种物质生活的享受，则产生贪之染习气潜藏，等等。当"根之灵明"异时再殉物而动，则相应的染习便自潜藏中再次显露于意识层（染习显露于意识层谓之染习心），与"根之灵明"合流而动。[1] 至此可见，熊先生所谓"根之灵明"与前述"形物之灵明"同义。他说："吾言根义，与佛家本义有别。盖根非可离肉体而存在，只是肉体中最精粹的一种生活机能而已。根虽不同于具有拘碍性的物质，然究属形物。不径言根者，形物义宽故，亦赅肉体而言之故。"[2] 根虽不即是物质，但终究属于或源于形物。因此，阐述习气的产生，若精细地讲，便言根与根之灵明，若大体上讲，便言形物与形物之灵明。

一方面，"根之灵明"或"形物之灵明"追逐物，殉物，以遂其小己之私；其与本心之明正相反，且主导、支配了吾人的生活世界，能障蔽本心的显现；一方面，当"根之灵明"或"形物之灵明"殉物、遂私而动，则过去潜藏的相应染习气再次出现于意识界（即染习心）；染习心也有障蔽本心的力量；二种性质相似的力量结合起来，则障蔽本心的势用更大，本心之显现或几乎息；本心被障蔽，即是恶之来源。熊十力曰："心之力用流行乎根门，[3] 而根假之以自逞其灵明，

---

① 以上有关"根之灵明"与染习的论述，皆根据《新唯识论》语体文本，明心上，第557—560页。
② 《新唯识论》语体文本，明心上，第591页。
③ "根门"只是"根"的别名。熊十力曰："根门者，门以出入为义。万感来入乎根，而根出其灵明以立应之，故

即根乃乘权，而心之力用始受障碍；且根乘权，则染污习气与之俱行，益以锢蔽此心。"①

综上所述，吾人本性至善，然现实人生多见恶者，乃在于吾人的"根身"或宽泛地言即形躯假借本心之明，反奴为主②，从而形成"根之灵明"或"形物（形躯）之灵明"；"形物之灵明"恒误执一个与物对待的小己（实则万物一体），故发意、动作皆为此虚妄小己打算，以遂其私欲；由"形物之灵明"的这些自私造作，生成了潜藏于内心的染习气；当"形物之灵明"再有造作，则相应的染习气便从潜藏中显露于意识层而为染习心；于是，"形物之灵明"的力量与染习心的力量结合起来，主宰吾人的生活世界，障蔽本心的呈露。人生之恶，由此而起。熊先生有一语谓"根与习用事"，③"用事"者本为政治上当权之义，此引申为作主之义。此语用来描述恶之起源或本心之失，可谓善形容。

由以上恶之来源论可见，恶之来源最终可以归结为翕。盖虽然翕势只是一种"摄聚"的作用，不能言翕本身是恶的，但在翕的作用下，物质世界逐渐生成，凡物质现象都属于翕。"五根"或形躯是物质在辟作用下逐渐形成的，易言之，无辟亦不可能有"五根"或形躯的出现，然它们毕竟是属于形物或物质的（也即是属于翕的），而与刚健、至善、无定在而无所不在的辟性质不同，非属同类。"五根"或形躯既是属于翕的，故其自有的、可以役本心以遂其私的权能终归是源于翕。易言之，本身不可谓是恶之翕，其作用最终导致了恶之出现。

作者简介：王巧生（1977—　），男，湖北郧阳人，哲学博士，湖北省社科院哲学所副研究员，主要研究宋明理学、儒家哲学、周易哲学。

名根以门。"（《新唯识论》语体文本，明心上，第559页）
① 《新唯识论》语体文本，明心上，第561页。
② 这是熊先生的一个譬喻，见《新唯识论》语体文本，明宗，第249页。
③ 《新唯识论》语体文本，明心上，第561页。

江右王门王钊文献辑佚*

摘要：王钊，江西安福县人，江右王门重要人物之一，王阳明弟子。其人一生未曾中举、入仕，优游林下，勤于讲会，以力学、讲学为志业，尤其致力于王阳明"良知说"的阐释、弘扬。其主要思想有二：一是"良知自然"说，二是"灵根"说。前者与泰州学派和王畿的思想有不谋而合之处，后者尤其进一步丰富、发挥了王阳明"良知"之内涵，呈现出良知的灵敏性、灵动性、空灵性、自然性。其学说与安福其他阳明学者如邹守益、刘邦采、刘文敏、王时槐等有较大的不同，其中有不少独到、精彩之处，是良知学发展脉络中不可忽略的一节。其文献仅存《安成复真书院志》中，包括传记和语录，约8千字，资料非常珍贵。现将其辑佚、整理、标点，以供学人研讨、参考。

关键词：王钊；江右王门；良知自然说；灵根说；复真书院志

王钊①，字子懋，号柳川，江西安福县金田人，王时槐同族伯叔辈，江右王门重要人物之一。初受学于刘晓，后受王阳明"格致"（即"致良知"）之说，最后卒业于邹守益。② 其中受王阳明的影响最大。其人一生未曾中举、入仕，优游林下，参与讲会，如勤于惜阴会，晚年又为家族"九老"会；主要以力学、讲学为志业，尤其致力于王阳明"良知说"的阐释、弘扬。黄宗羲《明儒学案》有其学案（附刘阳学案中），但未选录其语录。因文献缺乏，目前学界尚未关注其人。王钊未有著作传世，其文献现仅存于康熙三十二年刊本《安成复真书院志》，其中卷三《先贤列传》收录其传记，卷五《先贤语录》收录其语录。语录部分包括《学语》34则，以及《答刘两峰暨诸同志》《简萧谷泉》《简方南侄》《呈邑侯松溪程先生》4文，传记和语录共计约8千字。

从现存文献看，王钊的主要思想有二：一是"良知自然"说。王钊认为，良知常知，良知本

---

* 本文为国家社会科学基金一般项目"明代江右王学重镇安福县学人群文献整理与研究"（17BTQ082）的阶段性成果之一。

① 按：由于文献缺乏，王钊生卒年无考。

② （清）王吉编：《安成复真书院志》卷三，清康熙刻本，第12—13页。按：黄宗羲《明儒学案》谓王钊"始受学于梅源（即刘晓）、东廓（即邹守益），既学于文成"，本文采用前书之说。

体自然流行，无思无为，"真机活泼，犹源头活水，无盈时，亦无涸时"；所谓工夫"只是率自然之性"，即抓住当下流行、呈现的良知而用功，即已发处出求未发，已发即是未发，本体即是工夫。从这一角度看，王钊虽然没有受泰州学派和王畿的直接影响，但其思想与泰州学派的"自然"说心有灵犀，又与王畿的"良知现成"说有相通之处，这是江右王门中值得关注的现象。二是"灵根"说。王钊认为，灵根"无善无恶，是为至善"，灵根无不周知，贯通于天地万物，尽乎古今人物事变。从工夫上讲，灵根是个"几"（即灵根之发窍），它会自动灵光闪现，所谓"自照自悟，自通自达"，所谓工夫就是抓住这闪动的良知灵光，让其自然流行而已，如此"灵根说"其实又通于"良知自然"说。王钊还以灵根贯通心性，使心性合一，他认为率性即是率此灵根，存心即是存此灵根，率性到极处，就透入心关，使心体全体透明、毫无杂质。所谓率性、存心，就是领略、通晓此灵根而已。其实，王钊的"灵根"，就是王阳明的"良知"，只是前者更强调良知的灵敏性、灵动性、空灵性、自然性，将王阳明"良知"此一内涵做了进一步的丰富、发挥和强化。从良知学的发展来看，王钊"良知自然"说、"灵根"说，与安福其他阳明学者，如其师邹守益的"主敬戒惧"说、刘邦采的"悟性修命"说、刘文敏的"以虚为宗"说、王时槐的"透性研几"说又有较大的不同，其中有不少独到、精彩之处，是良知学发展脉络中不可忽略的一朵浪花，与安福其他阳明学者一起丰富了阳明的良知学。

鉴于王钊学说在阳明学思想发展史上仍有一定的价值，而他又只有少量文献传世，资料非常宝贵，故将其传记和语录辑佚、整理、标点如下，公之于众，以供学人研讨、参考。

一、王柳川先生列传

柳川王先生讳钊，字子懋。年十六，入邑庠，勤书史，分更分漏。及弱冠，与王听斋、刘月山、张石屏、刘三五诸子从学刘梅源先生，始相率惇实行，骎骎不懈。又数年，偕诸同志及弟铸往南浦，受王文成"格致"之说，欣然而归，卒业于邹东廓先生之门。盖其学凡三变云。继是，勤于取友，闻四方惜阴之会，辄往相质正。而本邑同志尤胥协于公，其倡会讲学之力实居多焉。每见朋友之过，如痛乃身，或当会讲中，直规之；而见人有善，亦每每于会中赞扬。盖欲成人之美，而无负于会也。有一友闻规不能受，目先生为攻击。公曰："学求自真而已矣，人之攻击与否，苟一计焉，则人在怀中坐矣。大舜之所以过人者，只是取诸人以为善，无顺无逆，皆其所取也。苟顺于尔心者取之，其逆于尔心者拒焉，是不能取诸人。此吾辈之学，在于相下而已，相下则虚，虚则能受，然则惟患吾之不能攻击，而岂拒吾之攻击乎？"其友卒谅其相成之德而心服焉。

公读书善思，于圣贤奥义处，尤反复研究。一日，往访莲坪甘先生，与之论《易》，甚见契合，曰："予得《易》旨矣。"于是往复论学，无虚岁。晚合家长为九老会，必使公参焉。公性至孝，服阕，过南都，干名文以表隐德。其有事于先祠，必斋戒致诚，如事生然。其事兄犹父，有命，唯唯不敢违。其于诸弟，则兼切偲之义。虽缌服，子弟稍败德者，不少宽假。盖其孝友之性，济之以严毅者如此。

初理家政，必先公事，见于勤公者，辄为之喜。尝书条例于公簿，以示子姓，欲其怡愉而永先业。其有懦而弗振、孤寡而弗能自树者，必率家庭长幼共为保障，曰："此吾祖宗流派，恶可坐视其失所而弗顾耶？"一切淡薄，群居缊袍，不以为陋。不疑人欺，不逆人诈，不与人争胜，客气或萌，顿觉消释。病且亟，未闻有虑后之语。狮泉、三五、秋渠、听斋诸先生视病，胥祝曰："柳川子修短有数，无忘此学。"则皆唯唯。诸先生方别，而病益笃，连声呼曰："琢磨琢磨。"子泣以请，答曰："读我书，学我所学。"言讫，瞑目遂绝。子孙历今七传，家学弗坠。

二、学语

明道曰："以明觉为自然。"白沙曰："学以自然为宗。"真法藏眼，良知流行，虽穷天竭地，只是自然。思虑一起，便生劳扰。所恶于智，为其凿也，思虑正是凿智。古今难事有过于禹之治水者，谓之行所无事者，只是率自然之性，故中心妥帖。中节是率性，故乐须如文王于后妃，哀须如孔子于颜渊，自是不伤不淫。不善学者，守个恰好处为中节，是自生缠缚矣。宋儒有曰：才高声一句语，便是罪过。如是，则学是绳索。

良知常知也，须臾离不得。故时有昏塞，则离也；无昏塞处，便是工夫。思索可离也，生灭相因，自不能常，后儒以此为工夫，岂知可离者非道也？心体流行，真机活泼，犹源头活水，无盈时，亦无涸时。若安排，思虑昏塞，犹黄潦之水，可立而盈，可立而退。吾辈工夫，只是事来随机，应时无一毫倚着，开一面之网，来者不拒，去者不追，便超脱凡笼，跃此身于云霄矣。

寂寞之地，其景清，幽闲清淡之人，乐享此福；闹市之处，其景浊，饱暖逸乐之人，非此不能。若有道者，不倚着一偏，可以清寂，可以喧嚣。

一身之病，只是个骄吝。骄是添病，吝是不能去病。程子云："骄吝最是不善之总名。"诚然。

今世以举业取士，是学者一大毒窟。今人穷年只在陈编上弄过精神，才去理落些身家之事，恐又躭阁此业矣。他日出去，将平日所学无分毫用处，虽豪杰之士，亦弄得此气消缩。是故高爽之士真不能耐烦，柔弱之资日落废矣。洗此酷毒，有望于圣君贤相。

天下一体，只无相形而已。不相与谋者，不见其相形也。相形之病，每起于同事同乡，虽今之共学者不能免也，而况于他乎？大抵学不识真，皆养成相形之病也。

从来学者，只在已发、未发文义上讨分晓，愈思愈远。而今先师一句道破矣，只依此良知以应事接物，已发此也，未发亦此也，更何思量？

天地真是万物父母，其动静阖辟，只是造化万物；人身真是万事父母，其动静阖辟，只是造化万事。是故性命一源。而今说工夫，只是尽足自性分量。充其分，天地不能了，圣人不能了。故曰："天地之大，人犹有所憾"，"尧舜其犹病诸"。

与人处事，要包容，要果断。果断者不能包容，则直遂攻击，人不能堪；包容者不能果断，则依随唯诺，事无倒断。此资质之病，倒居一边。工夫到手者，无包容，无果断，心中空虚，自是知刚知柔，知微知彰。噫！一毫沾染处洗刷不尽，则推之事为，便落一边。故程子云："道未尽乎圣人，推而行之，必有害矣。"

此心中不可有些子沾滞，柳下惠之和，伯夷之清，伊尹之任，犹是沾滞。稍一沾滞，则民可名矣，故非时中。夫人之用情有不同，厚者一于厚，薄者一于薄。圣人则无厚无薄，故厚薄适宜。然则人情之厚也，亦是留情，谓之贤于薄者，则可矣。

古人厚于义，今人厚于情，是故孔子三代出妻。事之有无，固不可知，大抵今人之所以论其事之有无者，皆系于情而已矣。岂知圣人之心浑然是义，岂以姑息为情之厚哉？夫妇、朋友，一也。朋友之贤者自不可离，其次则可以离，可以不离也，夫妇亦然。今人之系情于妻者，谓夫妻之伦重。噫！不识"伦"字。

子和惓惓以悟教人。予曰："有真悟，有虚悟，真悟根于天命之灵窍，虚悟生于资禀之聪慧。且要肯学，肯学纵未能尽悟，只凭见在悟处实落用工，则根脚日实，悟窍日通。故尝曰：'学力充一分，则悟窍长一分；学力充到十分，则悟窍长到十分。'然悟处终是不齐，虽充到十分处，只要满自己分量。是故观天地时，此灵根之精神命脉贯乎天地矣；考古今人情物理时，此灵根之精神命脉贯乎古今人物事变矣。今人观天文，便要在天上讨消息；察地理，便要在地理上讨消息。只是想过一场，毕竟何益？有一言，恐诸公不信：说圣人悟到处，众人不能悟，人皆信之；说众人有悟到处，圣人不能悟，虽诸公恐亦不及尽信。"

友有论及知，曰："某也举一，知只得一二件；某也举一，知得十余件。此以较之优劣。"予曰："此是孔门别一派学问，不是真诀。子贡落此窠里，以此歉于颜子，所以孔子箴之曰吾不与汝。然以知之多寡为学，是不知知之宗旨，信乎不及颜子矣，故曰'弗如也'。我辈学问，不如一无所知，只精此灵根，随来随知而已。一来知一，二来知二，十百千万来知十百千万，即《易》所谓极天下之至精，其受命如响，无远近，无幽深，遂知来物。是所存也神，所过也化。"

罗子近溪论及明德、亲民、止至善。予曰："明德、亲民，其归宿只在止至善。有善有恶者，意念也。本来面目，只此灵根而已，无善无恶，故曰至善。以此而事亲，则精神命脉与亲无障隔；以此而事长，则精神命脉与长无障隔。达之天下国家，精神命脉无不贯彻，非亲民乎？反观此心，广大配天地，高明配日月，非明德乎？然则至善者，学者之止宿也。知此而止之，则定静安虑，庶乎能得矣。或有以明德为浅、止至善为深，是不识《大学》一贯之旨也。"

子和谓："悟在先，学在后。"予曰："悟是悟个甚？学是学个甚？灵窍虚空，自知自悟，此学此悟，只是一个，乌得言先后？"曰："学问精一番，则悟窍通一番；学问精到极处，则悟窍通到极处。此为实悟实学，不落虚见。若曰悟在先，学在后，则悟为影响，学为支离矣。"或曰："如此说，则硬致其良知而已，仰观天文，俯察地理，皆不消得。"曰："良知非死物也，酬酢万变，此其把柄。仰观者，任此良知以观也；俯察者，任此良知以察也。仰首观天，则此良知之精神命脉与天文贯彻无碍矣；俯首察地，则此良知之精神命脉与地理贯彻无碍矣。如此，其庶乎知幽明之故，知死生之说，知鬼神之情状。我与人讲论，只是言志。志立矣，则于精神命脉皆在此，自有悟处。然而悟处任其悟，悟不得任其不悟，庶几不困人于悟也。子以悟立说，吾恐外面之知识日长，自己之灵根日凿。"

学之见处是悟，悟之实处是学，学悟非二物，安得有先后？学有生熟，则悟有精粗。由生入熟，由粗入精，此自然之势也，岂能躐等？所可着力处，只是奋发、严密，一任此灵根，自通自达，神化之极，待其自熟。然亦生有生之神化，熟有熟之神化，不可想象，不可点检，想象、点检不化不神。

或问存神过化。予曰："天地流行，无一息之或停；吾心之流行，亦无一息之或停。天地之流行，自神自化；吾心之流行，亦自神自化。神化非二物，存过无二件。过谓应事，存谓本主，存处过，过处存，本体流行，一而已矣。神为妙物，化谓变通，惟化故神，惟神故化。要而言之，只是灵根发露，不沾滞而已矣。如杀之而不怨，无心于杀也，杀自神化；利之而不庸，无心于利也，利自神化。不怨者，我自不怨也；不庸者，我无所庸也。盖有所怨，则杀必任气矣；有所庸，则利必起念矣。不怨不庸，此之谓行所无事，所以神，所以化，达之天下，一无所倚，则神化不可穷。"

刘真兆问曰："天理人欲，认不真，恐以人欲为天理。"曰："以人欲为天理者，毕竟不肯用工，自为人欲开方便门也。灵窍分明无不周知，焉有自家不能辨别耶？自知，此知也；知人，此知也；知古今宇宙，此知也；知物理事情，此知也。岂有人能分辨他人事，不能分辩自己事耶？"

予曰："心一也，有照心，有妄心。妄心是病痛，照心是本体，虽然，妄不离照。"彭时超曰："妄不离，照不达。"曰："妄因照起，如赤子入井，乍见必怵惕，纳交要誉从而生矣，是妄根乎照。"

虚明神化谓之圣。不着便虚，虚则明；不滞便神，神则化。

言天下之至赜而不可齐，言天下之至变而不可恶，言天下之至动而不可乱，非天下之至健乎？是故事变无常，而应改念矣。犹客来无数，接管为礼，只是一主人，客有来去，主人依旧。

日用工夫只在几上。几者，此灵根发窍，微而显也，故曰"动之微"。长动长微，其知几乎？

学贵知病。不知病，虽奋发勇往、真切笃实者，亦是以病为学。是故自孔孟以后，拳拳服膺者无限，其得于一善者寡矣。一善即良知，不知致此良知，皆是以意见为学。致此良知，非于良知而有加也，只是良知清明无病。不知今日致知更无病，正是不知病，蔽于意见，不知所谓致知矣。《记》曰："嗜欲将至，有开必先。"正是知病也，非清明在躬，能如是乎？孔子称颜子为庶几，只是知不善。知不善，故虽过不能贰；知过便无过，故不患过而患不知。

学求自真而已矣，人之攻击与否，苟一计焉，则人在怀中坐矣。使吾之学真耶，则攻击者自攻击，其何损于吾之真？使吾不真耶，则人虽不攻，我将自攻击矣，其何能益于我之真？大舜之所以过于人者，只是取诸人以为善，无顺无逆，皆其所取也。苟顺于尔心者取焉，其逆于尔心者拒之，便是不能取诸人。此吾辈之真，在于相下而已。相下则虚，虚则能受，然则将患人之不吾攻击，而岂拒人之攻击乎？

复古大会，告诸同志曰："窃观三代之英也，心术正，风俗美，无他道也，盖人不嫌于相箴也。是故百僚师师，君臣相儆戒，下至比闾族党，虽妇人童子，皆知所以相成。降及季世，心术不正，风气颓败，岂季世之运也？如此其殊，盖规讽之风微，而附比之习炽，虽君子尚同，而况于小人乎？呜呼！其何以成之？同理曰朋，同俗曰党。今日之会，其称名也，惇礼让。诸君子其乐于为朋，耻于为党，则在座也，举相师矣，其慕义趋善也，不占而已矣。否则，风不动也，虽豪杰之士，亦将曰宁无会，离群索居，固无益也，将免于损矣。"

"诚者，天之道也"，曰天者，言自然也。"不思而得"，自然而知也；"不勉而中"，自然而能也。此正指出天道是本来面目，无所思，无所为，其得其中，一任自然而已矣，焉往不诚？今日之学，只是思此诚，亦只是任自然，复本来之诚而已矣。本来所得者，不容于思，今日不可思量，任其自然而知；本来所中者，不勉而能，今日不可勉强，任其自然而能。是自然处，完全具足，无所用力。其所谓用力者，只是任其自然，以去其妄思妄为而已矣。是之谓思诚，故曰"人之道也"。知必假穷索，以此为择善，是外本体以求知矣；能必假勉强，以此为固执，是外本体以求能矣。孟子所谓"义袭"之学，与"克复"之旨，胡越异道矣。是择善者，择此"从容中道"之善也；固执者，固此"从容中道"之善也。呜呼！"从容中道"，作之的矣乎！

本体即工夫，便是圣；本体离工夫，谓之众。日往月来，寒往暑来，天之本体；尺蠖之屈以求伸，龙蛇之蛰以安身，物之本体；喜则笑，怒则啼，孩提之童之本体。天机自动，何思何虑？是故无思无虑，则本体精，即所谓工夫。噫！安得天下之人皆无思无虑？

"所以行之者一也"，率性而行，故一。常人不能率性，任气而动，则柔者懦、刚者暴。执一，圆通快乐；愁闷各一其行，乌得而一乎？是故率性者，虽质气不一，听性而运，乌得而各行其术乎？此千万其变，而变者不千万矣。

"天命之谓性"，谓天命是性也。天命非自天言，自人言，一切流行处，即心之命。今谓之天，非人力所能为，皆出于自然矣。生生不息，故流行即性。率此性，则生生之妙，超然于形气之上，无罣无碍。所谓"何天之衢"，非道乎？修道谓性，落形体，不免牵滞。修也者，非有所增减，运化气禀，脱落世情，此勉强以率性也，罣碍处超出来，不谓之教乎？

工夫无他，只发处求未发而已矣。喜怒哀乐，发也；各求中节，无非率性，则未发矣。故曰："戒慎乎其所不睹，恐惧乎其所不闻。"

中庸，性也，分于君子、小人。时中，率性也，惟君子能之，一切形气俱从性化，故随时处中，更无滞碍。小人无忌惮，一切任资质，性从气转，不见虚灵。此所以语率性之功，则小人别矣。

时中者，发中节，中节之外，更何处语未发？率性，故中节，喜怒哀乐，各适其时而已矣。发由性化，妙不可言，何所睹、何所闻也？莫见莫显，则实睹实闻，见性之学，如斯而已矣。分已发、未发，不见性也，反贰其性矣。

君子自强不息，只是本体硬健，外面多少牵引者，不劳力驱遣，自然退听矣。

友中有问曰："心与性何别？意谓性为生理，心为主宰，今之学者但率得性，不知存心。"予应曰："心性有异名，无异物，今曰率得性，不知存心，指何为性，性在何处？指何为心，心又在何处？可见心性只是一件，说心不必说性，说性不必说心，兼搭说便晦了。人只有此灵根，视听言动，皆此主宰，皆此生息。生息便是主宰，主宰便是生息。欲视则视，欲听则听，欲言则言，欲动则动。视听言动，耳目四体之司也；欲则，灵根之运动也。这是一个发窍，则千万矣。如今工夫，这是灵根不坏，随处发见，千条万绪，不可得而指。拟心与性，言可分别，而义无两端，欲其中指点安顿，便是粘皮着骨，不知心性之体矣。"友曰："孔子有命有性，有道有教，血脉精髓俱要明白悟通，庶几入于无声无臭。不然，只是率性，谓之入门可矣。究竟心源，入于无声无臭，然后谓知心。止于率性，不能透此心关，终无归宿。"予曰："说得好听，岂知灵根是心，灵根是性，无所沾染。则着于视听言动，气脉则充实无亏，无沾染则无声无臭矣，便是透入于心关。此率性之功。谓未到极处，时有渣滓，未可谓无声臭，则可也。若谓透入心关为存心，感于视听言动为率性，率性为浅，存心为深，是裂心性为二物，存率为二功矣。便使有两截工夫，弄得人精神破裂，终无归宿矣。"友曰："学这在悟，悟窍不开，无以言学。"予曰："然亦要识得悟之面目，苟不识得，便入于测度。心也者，这些灵根，悟只此灵根之领略、通晓而已。是故上而天文，下而地理，幽而鬼神，散而物理，古往今来之事变，上下四傍之人情，其所周知者，盖有灵根之自不外也。夫然学也者，无他，这尽足吾灵根之自照自悟，不容思索，不容补足。如此，则吾灵根不蠹，虽悟到无穷尽处，此间自是安妥。后之学者不识此面目，以为一处不悟，便不足以言学。故仰观天文，便在天上想，以为默识天之脉络精髓；俯察地理，便在地上想，以为默识地之脉络精髓。用心精密，蚕丝牛毛，说得出来，皆是片团。这是丢却自家，弄过精神。先儒云：'一物不知，儒者所耻。'又打入此窠里矣。"友曰："仰观天文，俯察地理，近取诸身，远取诸物，今曰悟只求精，不求广，此何说？"予曰："吾之灵窍不外于天地万物、古今事变也，自照自悟，不容思量。日月星辰在上，起头观之，则灵悟之精神命脉与天文相贯彻矣；草木飞跃在下，俯首察之，则灵悟之精神命脉与地理相贯彻矣。更于其中探讨消息，察知命脉，只在自己之灵根上求之，使之相与流通，则可。若在天地上察见，便是外求矣，虽无限知识出来，反之于身，无分毫之益。"

三、答刘两峰暨诸同志

大抵今之学者，只是要见尽，只是要①思量，只是要解释，只是要写讲章，只是要腾论说。凡此时刻，起念因缘相成，殆无休息。虽善善相承，多思多念，便不干净；多言多文，无非浮泛矣。以致至大至刚之精神，时刻漏泄，时刻傍倚，时刻更换，时刻就乐，时刻逐驰，何得专一藏聚？钊尝对廓翁曰："学失其旨，则神气飘散，如人死魄降，魂无依归，倚草附木而已矣。"廓翁长叹曰："今无他法，只是舍抛家当，从新专志，依却自性而已，便洁净，便安妥，便专一，便

---

① 要：底本脱，据上下文意补。

万事一念，如此而已矣。"夫复何言？相见诸公，幸出此求正。

讲论浮一字，便是念不洁净。念头洁净，则一言成单，两言成双。观《论语》，知圣学之皜皜，问答间，无一浮词，就义发明止矣，并不见缘引。今时之牵引兼搭，由念不干净。

一窍生万象，定天下之象，成天下之文，岂逐一为之哉？天下象文，总归一窍，微之显矣。

君子以虚受人，虚者，性也。性无物，故虚；物来便承接，故受。遇亲受亲，遇兄受兄，遇家国天下受家国天下，遇富贵受富贵，遇贫贱受贫贱，遇色受色，遇声受声。人有异来受，更无念也。长虚长受，任来而已矣。

四、简萧谷泉

近来脚力稳定，方能有成。天道之所以悠久不息者，亦至健而已矣。故君子之学，亦惟自强不息耳。果能自强，虽万钟衮冕，亦浮云过目也；虽夷狄患难，亦衽席坦途也。况虫臂功名，乳口毁誉，奚足以动吾心哉！且吾之学也，为子学孝，为父学慈，为臣学忠，为朋友学信，为夫学义，吾何慊乎哉？彼之非笑诋毁我孝乎、慈乎、忠信乎、义乎，则彼为不知美恶也，犹饮食不辩甘苦也，亦病狂丧心矣，吾何以此而易其志哉？若非笑诋毁我徒冒名称而无其实也，则我将求其实矣，如此则彼亦我之师也，吾安得而不喜乎？若因此而自沮而徒以免谤，则志趋之卑陋，不可言矣。且近闻有沮于妇人者，尤可丑也。妇人之不能以有成者，亦富贵之念蔽固已深也。我能喻之以道，而躬行实践，又足为法，则今日虽蔽，他日不惕然而省乎？方洲志趣最清雅，亦牵于毁誉，而不肯弘尔，幸出此以告之。

五、简方南侄

士君子立志，要当与日月争光，与山岳争重，与古人相颉颃，世俗之强弱长短，何足较者也？夫然所争者礼让也，所行者节义也，所培植扶持者教化也。无补于风俗，无关于伦理，不顺于人情，不宜于土俗，君子曰既损于我，又损于人，非义事也，弃之恐后，况肯勇于有为乎？若今日之事，其中固有可责者。君子以量容人，更有浮于此焉，亦在所必恕矣。况今已警之，过此已往，谓之大甚，幸俯听之。

六、呈邑侯松溪程先生

学以明心，为政之本也。盖心犹尺度权衡，定则长短轻重不可胜用矣。心性明，则形诸事为，缓急先后自不可欺其则矣。是故事上也，不谄不漫，絜矩之道行于上矣；使下也，不骄不渎，絜矩之道行于下矣。其簿书期会、钱谷狱讼，虽纷然杂出，凡不外于心，凡不累于心，即此是学，即此是政，即此是事，即此是心。一贯之道，夫岂甚高难行哉？为政者诚能从事于学也，则此心之虚，犹太空之无物；此心之运用，犹化机之流行。虽不拘于践迹守辙，凡以兴利除弊而与民更生者，犹慈母于赤子，瘙痒摩痛，自中其所欲矣。孔子之所以能使民无讼者，更无他法，亦只是心虚无物，听断裁决得乎时中而已矣。苟政不急于学，则事不本于心，计度安排，日亦不足，纵有利于民，亦非与时偕行，求中民所欲，亦寡矣。何也？不明心以从政，何啻舍权衡而定轻重，弃尺度而计短长，几何不相远哉？然则善为政者，学焉尔矣。敝邑亦繁剧也，利可兴，弊可革，虽终日言之，不可尽。惟益精此学，则摘奸发隐，殆若前知。愚生偃蹇林下，不有他望，惟惓惓思沐德教而已。

作者简介：彭树欣，1968年生，江西莲花人，江西财经大学人文学院教授，硕士生导师。现主要从事阳明后学文献整理与研究。

知"评"论"人"：做一个真诚、坦荡的人文研究者

丁为祥

题解：作为一个出身于草根的人文学者，笔者常常落伍于时代，当大家都开始玩微信时，自己学不会，但每次外出，总会遇到"加微信"之类的邀请，于是便让研究生帮我搞了一个微信。但由于自己根本不会发帖，于是就只能以"潜水"式的跟读，或以"跟帖"的形式发几句"咩咩"怪叫，以宣泄胸中的郁闷感奋之气。

孟子曾以"知人论世"表达儒家对人最深切的认知，对于作为现代人的笔者而言，通过论世以知人固然已不可能；而通过论文以知人似乎也仍属不可能的范围（盖因为现代人的文已经远远不同于古人之文了）。于是，笔者也就私改孟子的原话而为知"评"论"文"进而知人。而知"评"论"文"并不仅仅是一个知文论人的问题，同时也与儒家经典——《中庸》《大学》的慎独诚意之说一脉相承。因为当一个人内省性地"自评"或"评他人之文"抑或是回应"他人之评"时，是最能显现一个人之本真的。如果说这就是一个人的"德性"与"用心"，那么这一点也同样应当从"我"做起。

下面所附的几个评，既有内省性的"自评"，也有对"他人之文"的审评，同时还有自己对"他人之评"的回应。我觉得这几个方面，也就足以表现一个人的内外两面了，因而借以表达笔者作为一个人文研究者应有的基本立场。

一、再版序言

给自己的第一本书写再版序按理说是一件值得高兴的事，但我非但没有一丝高兴的心理，反而有一种难以言说的沉重。而这种沉重感既有我自己的因素，但又不全然是因为我的原因。

记得是在 2019 年 11 月 1 日孔学堂的学术委员年会上，徐圻书记提出应当将改革开放以来还有学术价值或学术影响的著作加以再版，并建议大家拟一个名单，以便孔学堂书局操作。当时就有老师提出《实践与超越——王阳明哲学的诠释、解析与评价》也应当再版，我当时几乎是不假思索地回应说："25 年前的书啦！完全不值得。"因为我是作者，所以也就等于是一锤定音了。

临近寒假时，忽然接到负责出版的张发贤兄的电话，言说他把拙著翻了一下（我都不知道发贤兄从哪里找到的），觉得还有再版的必要。我仍以前述原因谢绝，并补充说，仅我这几年的阳明论文都可以出一本集子啦。发贤兄说出论文集也可以，但我又觉得一时抽不出时间整理，最后发贤兄建议我再考虑一下，无论是拙著还是论文集都可以。

放下电话，我这才不得不寻思自己那种说不清道不明的沉重感究竟何来？

20世纪80、90年代，由于时代的机缘，阳明心学一度成了我的全部世界。作为一个三家村走出来的学子，我对阳明学就像当年背语录、玩魔方一样用心体贴，但比照当时学界的研究，又发觉与自己的认知根本不是一个路子，当然也没有办法表达。但由于自己毕竟用了多年的心思，所以就想着要把自己的看法写出来。这就是当时写这本书时的情景，所以写完了，算是给自己的一个交代，根本没有再回头去看。

2020年3月，孔学堂发来了照排本，我不得不回过头去看自己近30年前的思考。这一通诵读居然使我有一点受惊的感觉：英国有一部纪实电视片，叫作"七岁知天命"；中国民间也有相近的说法，意思是"3岁看大，7岁看老"，虽然这些年我基本上是通过阳明学与学界交流的，但翻检自己这几年所写的文章，却基本上都是出自当年对阳明学的认知，不过有个论文的模样而已。原来最初对阳明学的认知，居然成了我自己学术视角的塑造者。所以，这一通诵读的结果，就是不再羞涩于自己当年三家村学子的视野，而是羞愧于自己至今并没有走出当年那个阳明学的世界。

这时候，我不得不重新回忆自己当年那种不愿见人的感觉。现在人们说起20世纪的80、90年代，往往有所谓"文化热""国学热"的概括，这自然属于学界关于时代主题的宏大叙事。就我个人的感觉而言，80年代的研究主要是一种认识论范式，90年代则属于一种本体论视角（所谓气学、理学与心学），而这两个十年的研究，说到底不过是一种"旧学商量加邃密"而已。对于我这个三家村学子来说，当时根本就没有按照这种进路走。所以，当我撰写自己对阳明学的认知时，就觉得自己是将阳明学"作为人生之书来读"而不是"作为理论著作来读"的，并且也明确认为："阳明哲学的主要命题，首先是他在自己的人生实践中遇到的问题；作为命题，也无疑是其人生实践的结晶。"由于当时的阳明研究只有学界这一个领域，所以出版之后自己也不愿回顾，只当完成了自己的一份夙愿而已。

但21世纪以来尤其是近几年来，传统文化的复苏几乎成为一种全民性的思潮，按理说，这已经不再是那个年代三家村学子的一种踽踽独行了，而我也确实积极参与了各种各样的学术交流。但感触如何呢？这就涉及我的另一层沉重。

由于一直任教于高校，自然也属于学界，但我却始终觉得学界的阳明热只是一种"学术热"。这又往往表现为两种情形：第一种就是"旧学商量"式的研究，对于学界来说，这又是有其悠久的历史传统的，比如阳明的"知行合一"原本就是针对程朱的"知先行后"说而提出的，但到了黄宗羲，却又明确赞叹说"伊川先生已有'知行合一'之言矣"。看起来，这是将程颐拉到知行合一的视角来评价，实际上却是将阳明的知行合一重新纳入到程朱理学的思想谱系中来理解。另一种则往往从西方现代哲学借取一种诠释框架，然后就可以运用于陆象山、王阳明，当然也可运用于刘蕺山，这样一来，研究对象就无不随着其诠释视角的需要而一一呈现。而这两种研究方法的一个共同特征就是特别重视学术规范，即其所有的结论都是通过对文献的解读得出的；但对研究者而言，则所有的文献资料都是平面的、等值的，至于究竟从那种文献中得出结论，这就像现代随机性的社会调查一样。所以，对这种进路的研究，人们也可以说：给我一份文献吧，我将给你一个学术世界！

对我并不完全认同学界的阳明研究这一点，人们可能会觉得我属于民间进路式的阳明研究，而在重视阳明人生实践这一点上，我也确实属于草根进路：当年，我首先是把阳明作为一种人生榜样来研究的；这几年，我也走访过不少的民间书院，尤其对各地如雨后春笋般的阳明书院感到新奇。此中当然有许多我并不理解的因素，但就我所看到的而言，则所谓成功学与鸡汤学可能正代表着民间阳明热的两伤：所谓成功学的阳明热往往陶醉于阳明的事功；而鸡汤学的阳明热则又陶醉于阳明的语录与名言，包括其破解各种精神难题之高屋建瓴的视角。但阳明的事功，正如他自己所言，"不过一时之应迹"而已；至于其思想深度，则首先是阳明深入体察人心之是非善恶以及对恶之所以发生追究于"一念发动"的结果。但在我对阳明热的走访中，我感觉普遍欠缺一种对阳明学理之穷根究底的追溯。

虽然我对这两系阳明学研究并不完全赞同，但这绝不是说我认为自己的进路就是完全正确的，而仅仅在于表明，我的这种研究进路与这两大主流都存在着较大的差异。那么，在这种状况下，再版自己一本旧书究竟给谁看？给研究生看，可能根本就找不到能够接近学术与理论前沿的感觉；让民工兄弟看，则民工根本就没有出任赣南军区司令的机会，甚至连给阳明"驭役夫以什伍法……暇即驱演八阵图"当个小卒的机会都没有。那么再版一本旧书给谁看、谁又愿意看？这才是我感到沉重的根本原因。

话虽如此说，自己毕竟答应了孔学堂，因而这里也就不得不把自己修订的情况作一说明。拿到照排本之后，我用了3天时间通读一遍，除了随手修改错别字和个别不适当的表达外，行文基本没动。但毕竟已经过去了这么多年，仅我自己的知识背景就有不少改变，所以我又准备从三个方面进行修订：第一，原来写此书时，我用的是万有文库的《王文成公全书》，当时的引文也全用随文夹注的形式。感谢已经毕业的刘峰存和孙德仁博士，他们两位用了一周多的时间将原来的夹注全部改为最新版本的页下注，以适应现在普遍接受的页下注形式。第二，阳明是我所进入的第一个古人世界，此后又对张载、朱熹的思想世界进行过个案解剖，因而从宋明理学的角度看，我似乎也有了更多的底气，思想方面也会有一些变化，所以我将自己有明显变化的思想通过页下注的方式做了说明。之所以要保持原样，并不是说自己原来的看法都是正确的，而是因为当时撰写时精神紧峭，一气呵成，现在即使想加上几句说明的话语，居然加不进去，试了几次之后终于决定对原稿让步。第三，阳明学是我第一个解剖的儒家哲学个案，没想到居然成了我的精神家园。近三十年来，我尽可能收集所能见到的阳明文集，也带着研究生读阳明的书札和语录，并且也不时撰写关于阳明哲学的论文。为了尽可能地向现在的论文体系靠拢，我特将自己近几年发表的关于阳明哲学的 7 篇论文作为"续篇"，以从学理阐发的角度助力于现在的研究生培养。

从最初接触阳明到现在已经 35 年了，对阳明学研究来说，我也算是一个老人啦。所以这里特提出自己对阳明学的几点认知以与后来者共勉：阳明学是一种真正的人生哲学，对于这种人生哲学，只有以心灵碰撞与视域交融的方式才能亲切有见；而阳明的哲学命题也往往是其对宋明理学实践落实的产物，只有将其命题放在自己的实践生活中用心体贴而又能够时时纠偏，才能理解其"求真是真非"的用心。至于阳明精神，也可以说是儒家人生主体精神的一种集大成，对于这种主体精神，只有将其放在儒家"天人合一"的思想背景以及"人皆可以为尧舜"的精神方向下，才可以理解其一生对"人间第一等事"的不懈追求！

作者于 2020 年 4 月 5 日

二、《明嘉靖初王阳明世爵终止问题考论》评语

《明嘉靖初王阳明世爵终止问题考论》[①] 是一篇好文章，值得刊用。

关于阳明嘉靖初世爵终止问题，作者首先通过历史上前后迥异之不同评价的概述，明确将其置于从政治与从学术两个不同角度的背景下进行讨论；然后，作者又通过《明世宗实录》公布前后人们不同看法的比较，一步步澄清阳明在嘉靖初世爵被终止问题的真相。这就不仅是对一件重大历史事件的考订，同时也是对中国历史上政治权力与学术关系的一次深入思考，有其较为普遍的学术史意义。

问题的缘起在于阳明弟子黄绾于嘉靖八年向明世宗所上的《明是非赏罚疏》，而其起因则在于阳明因平藩所得到的世爵遭到当时朝廷的终止。作为阳明的弟子与儿女亲家，黄绾的这一举措无疑是合情合理的。但蹊跷之处在于，黄绾将这一事件完全归罪于当时的吏部尚书桂萼。由此之后，钱德洪、湛甘泉以至于黄宗羲都坚持这一看法，几乎成为从学术角度评价这一事件的一个基本定论。但作者却通过《明世宗实录》公布前后人们不同看法的比较，尤其是通过当时弹劾桂萼的奏章都未提及桂萼在此事上自作主张的现象，明确地将此事归因于当时的最高权力明世宗，从而成为皇权违背历史真实而独自裁断社会事件与学术是非的一个典型案例。

特别值得庆幸的是，新近出版的束景南先生《王阳明年谱长编》（上海古籍出版社 2017 年版）也为澄清此事的真相提供了有力的证据。当王阳明向明世宗"上《八寨断藤峡捷音疏》……世宗以为奏捷'夸诈'，'恩威倒置'"（第 1991 页）；而明世宗的这一批文当即遭到首辅杨一清的如下反驳："今既付王守仁以专征之任，而又沮其成功；兵部以本兵之责，而又疑其过听……若不信守臣，不听大臣，而一以圣意裁处，万一有失政，坏地方大事，则臣下皆得以辞其责，恐非社稷

---

① 由于该评语是匿名评审，所以笔者对作者一无所知，甚至分不清是港台学者还是大陆学者。直到该论文刊发后，编辑部寄来 2019 年 1 月的《中国文化研究所学报》（第六十八期）时，笔者才看到该文的作者为中山大学历史系的莫德惠教授，所以这里也向莫德惠教授致谢。

之利也……"（第 1994 页）这就清楚地表明，终止阳明世爵之谋主要在于明世宗一心要"沮其成功"，所以也就有了"恩威倒置"以及"擅离职守"之类的归罪。所以，当阳明捷音遍传，"方献夫、霍韬联名上疏，辩白阳明江西平宸濠之功与广西平思、田、断藤峡、八寨之功，再为阳明辨谤雪冤，乞功赏阳明以励忠勤。世宗不允。"（第 2038 页）而阳明去世后，"世宗命会官议定阳明功罪是非。给事中周延上奏辨阳明平江西功与平广西功，学术纯正，谪太仓判官。"（第 2055 页）这充分说明，当时打压阳明的力量主要来自明世宗，而非当时的议事大臣；仅从明世宗在入继大统一事上的表现，也就可以看出其人一意孤行的性格特征。以上文献，该著都有可以相互证明的征引。

但束著主要在于搜集各种评论，而不在于辨析正误，所以其仍然载有湛甘泉当面质问桂萼的"阳明冤案是否其一手操就，桂萼默认"（第 2063 页）一说（当然从"年谱"的角度看，这一记载也确有其必要性），实际上，桂萼这里的"默认"不过是其一言难尽或有口难言而已；由此反推，作为桂萼的多年知交，黄绾之所以一定要将阳明的冤案归罪于当时的吏部尚书桂萼，又不过是故意让桂萼来为明世宗担责，间或也以此希冀明世宗有所悔悟而已。所以说，该文对这一事件的澄清，也是对历史上政治权力干预社会事件真相与学术是非的一种典型表现。

在随读的过程中，发现该文还有几处错别字，这里一并指出：

1. 第 21 页第 10 行《明世宗实录》疑为《明武宗实录》之误。

2. 第 24 页倒数第 10 行、第 25 页倒数第 10 行都存在字序颠倒或用语不顺之处，请作者自行校改。

敬颂

编安！

末学：丁为祥敬上
2017 年腊月 27 日

三

尊敬的吴老师：

您好！收到您的来信①，为祥认真拜读了两位专家的评审意见，觉得两位专家基本把握了拙文的主要观点和大致思路。总体上说，为祥将专家的意见概括为四点，也尽可能地做了吸取。这里作一简单的说明。

第一位专家的意见主要表现在两个方面：其一是认为"诚"就可以代表周敦颐的本体意识，其根据在于《通书》一开篇便说"诚者，圣人之本"。专家的看法有一定道理。但鉴于"诚"本

---

① 该文是笔者《从"太虚"到"天理"——简论关、洛学旨的承继与转进》一文在投给台湾《哲学与文化》以后对两位评审意见的答复，该文发表于（台北）《哲学与文化》2018 年第 9 期。

身即《中庸》原有的概念，且"诚者"的说法也显然是从人的角度而言（即"诚"就是圣人之道的起始），这无疑属于工夫论的用语，虽然也可以蕴含一定的本体意识，但其直接指谓与天道本体还有一定的距离。从尊重专家的意见出发，为祥引用了周敦颐的"志伊尹之所志，学颜子之所学"，以凸显其人生的超越追求精神。在为祥看来，理学本体意识固然发端于人生的超越追求，但超越追求精神本身还不足以表达形上本体意识，尤其不足以表达天道本体意识。其二是建议为祥可通过张程之学一些重要命题的比较以凸显二程对张载关学的吸取。关于这一方面，为祥作了尽可能地吸取，只因限于篇幅，这方面内容未敢全面展开，因为张程之学的共同用语是远远大于二程与周敦颐的共同用语的。

第二位专家的意见也可分为两个方面：其一是指出为祥在简繁文字转换过程中将范育之"范"字转错而未能校改。关于这一方面，为祥重新审读全文，将范育以及注释中出现的范仲淹包括引文中的其他别字都一并校改。其二则是指拙文中还存在着书名、篇名的错用现象。对于这一错误，为祥未敢贸然乱改，包括对双引号、单引号都未敢改动。这一点只能请编辑老师代劳了。

为了充分吸取专家的评审意见，也为了让人们更易于接受拙文的观点，为祥分别在第3、5、8、10、11页各加了一个说明性的注释，同时也对第2页原来的注释做了一点补充。

最后还要说明一点，拙文属于为祥主持的国家社会科学基金重大招标项目"宋明道学核心价值研究"（编号：15BZD008）的阶段性成果，但不知这一信息应当注于何处，所以也请编辑老师根据林乐昌先生的注释形式（林也是该课题的成员）一并注释。

多多有劳！

敬颂

编安！

末学：丁为祥敬上

2018 年 7 月 5 日

四

尊敬的 XX 老师：

您好！最近一周，为祥将拙文① 认真修订了一遍，第一，是以页下注的方式给"超越"做了一个说明，并划分了超越的三层含义及其最高指向。造成这一缺失的原因在于文章连续写，有许多应当交代的往往作为不言自明的前提省略了。第二，关于孔老对话以及儒道视角之差别，这完全是来自他们二人的问答以及其各自不同的关怀侧重，并非为祥自己故意错置他们思想的不同层级；至于儒道互补，为祥以为文章本身的叙述还是比较明确的，即使是时代常识，也首先是

---

① 该文是笔者以张载和王阳明为案例，专门探讨儒家超越意识如何落实的文章，由于该文已经基本通过外审（该答书即是对作为外评之一的"评审建议"的答复）。由于该文尚在待刊状态，因而题目、刊物暂时还不能公开。

出自儒道两家。第三，关于汉儒宇宙生化论的叙述，对现代人而言，淮南子、董仲舒固然影响大，但从汉儒的角度看，纬书则是对经典的解读，而在当时，也是作为青年学子的教科书来运用的，——汉人正是通过"纬"来理解"经"的，因而纬书要比所谓子书更能代表汉代儒学的共识。第四，牟宗三先生固然是当代心性儒学的集大成，其对佛学的认识也确实高一世人，但引不引其心性之学要服从于拙文思路的需要，而不必处处拿牟宗三说事。第五，为祥将拙文作为一篇完整的文章来审读，在第一部分不仅增加了说明性的注释，而且也增加并调整了征引文献的次序；而在最后一节，又通过增加文献、案例及其分析的方式，凸显了从张载天道本体之遍在性到阳明道德本体之内在性的深入与发展。但拙文在字数上则有一千多字的增量（仍不出 10 个页码），反复掂量，觉得对于这一重要问题还是值得的，所以敢于呈请 XX 老师再审阅。

敬颂

编安：

老草根：为祥敬上

2020 年 7 月 12 日

作者简介：丁为祥，1957 年生，哲学博士，陕西师范大学哲学系教授，博士生导师。主要研究方向为宋明理学，对儒学的未来命运尤为关注。

《阳明学研究》征稿

　　《阳明学研究》是由武汉大学国学院与贵阳孔学堂文化传播中心联合主办的学术性研究期刊，每年两期。由武汉大学资深中国哲学史专家、武汉大学国学院院长郭齐勇教授担任主编。本期刊秉持自强不息、厚德载物的精神，客观理性、开拓创新，系统研究以王阳明思想为中心的中国传统心学，深入挖掘王阳明以及阳明后学的思想资源和当代价值，立足经典，面向现实，密切关注世界各地相关的研究成果，充分展示当代学人的思想智慧，努力打造国内阳明学研究的高端平台。欢迎您踊跃投稿。请您仔细阅读我们的征稿启事，严格按照我们的格式排版，然后再投稿。

一、本刊栏目

　　1.心学源流；2.朱陆异同；3.程朱理学；4.阳明心学；5.阳明后学；6.阳明与贵州；7.阳明与浙江；8.阳明与楚中；9.阳明与江西；10.阳明兵学思想；11.阳明学与道家；12.阳明学与禅宗；13.东亚阳明学；14.西方阳明学；15.阳明学文献与版本。

二、本刊选题

　　1.先秦儒家心性学研究；2.先秦道家心性学研究；3.心性学在中国思想史上的发展；4.心性学在现实中的作用；5.心性学与事功学的关系；6.陆九渊心学研究；7.北宋五子研究；8.朱熹与陆九渊的异同；9.陆王心学与程朱理学的关系；10.王阳明的心学思想；11.王阳明的教育思想；12.王阳明的兵学思想；13.王阳明思想的地缘研究；14.王阳明与道家、禅宗的关系；15.王阳明后学研究；16.东亚阳明学研究；17.西方阳明学研究；18.阳明学文献及版本研究。

三、特别启事

本刊根源性与多元性、学术性与思想性、理论性与现实性彼此融汇，数据的全面性、出处的准确性、理解的准确性与学术的规范性相得益彰，是严肃的学术性杂志，严禁投机取巧、凌空蹈虚之作。禁止剽窃抄袭。文责自负。

四、撰稿须知

1. 文稿请提供文章篇名、作者姓名、关键词（4—5个）、摘要（300字左右）、作者简介、当页注释等。并请提供内容提要、关键词，若文章有课题（项目）背景，请标明课题（专案）名称及批准文号等。从第四辑开始，本刊采用简体字编辑出版。

2. 请随文稿附上作者的相关信息：姓名、性别、出生年份、籍贯、学位、职务职称、专业及研究方向、工作单位、联系方式（电话、电子邮箱）及详细通信地址。

3. 注释统一采用当页形式，每页重新编号。全文以①②③的形式连续编号。

4. 参考文献用［1］［2］［3］标出，在文末按顺序排列。参考文献书写格式："［序号］主要责任者：文献题名，出版地：出版者（或者报刊名），出版年（报刊年出版日期），起止页码（当整体引用时不注）"。

5. 文章5000字以上，12000字以内，优稿优酬。请勿一稿多投，凡投稿三个月后未收到刊用通知者，可自行处理稿件。

五、联系方式

地址：湖北省武汉市珞珈山武汉大学国学院

武汉大学《阳明学研究》杂志社　邮编：430072

电话：（027）—68761714　戴芳、肖航　邮箱：ymxyj_whu@163.com

六、编辑部成员

学术顾问（以拼音为序）：

成中英（夏威夷大学）、陈来（清华大学）、陈立胜（中山大学）、丁为祥（陕西师范大学）、